高等教育财税系列精品规划教材

税 收 筹 划

孙 辉 等/编著

中国财经出版传媒集团

经济科学出版社

Economic Science Press

图书在版编目（CIP）数据

税收筹划/孙辉等编著. -- 北京：经济科学出版社，2022.11
高等教育财税系列精品规划教材
ISBN 978 - 7 - 5218 - 4270 - 8

Ⅰ.①税… Ⅱ.①孙… Ⅲ.①税收筹划 - 高等学校 - 教材 Ⅳ.①F810.423

中国版本图书馆 CIP 数据核字（2022）第 214166 号

责任编辑：于　源　陈　晨
责任校对：郑淑艳
责任印制：范　艳

税 收 筹 划

孙　辉　等/编著

经济科学出版社出版、发行　新华书店经销
社址：北京市海淀区阜成路甲 28 号　邮编：100142
总编部电话：010 - 88191217　发行部电话：010 - 88191522
网址：www. esp. com. cn
电子邮箱：esp@ esp. com. cn
天猫网店：经济科学出版社旗舰店
网址：http://jjkxcbs. tmall. com
北京季蜂印刷有限公司印装
787 × 1092　16 开　20.75 印张　373000 字
2022 年 11 月第 1 版　2022 年 11 月第 1 次印刷
ISBN 978 - 7 - 5218 - 4270 - 8　定价：83.00 元
（图书出现印装问题，本社负责调换。电话：010 - 88191545）
（版权所有　侵权必究　打击盗版　举报热线：010 - 88191661
QQ：2242791300　营销中心电话：010 - 88191537
电子邮箱：dbts@ esp. com. cn）

《税收筹划》编著组

组　长　孙　辉

成　员　（排名不分先后）

强昊南　费美欣　刘怡辰

刘园月　李晨茜　赵　乐

前　言

　　税收筹划最早起源于西方，尤其是在第二次世界大战以后，随着西方各国经济复苏，税务代理等咨询业蓬勃发展，这就促进了税收筹划的快速成长。在中国，税收筹划这一概念的引入是在20世纪90年代初期，尤其是伴随着法治体系及市场经济体制的不断完善，税收筹划也越来越为纳税人所重视。但总体而言，我国的税收筹划研究起步较晚，相关课程的发展也不成熟。因此，与税收筹划相关的教材、书籍对于促进理论研究的深入，完善专业人才的培养起到越来越重要的作用。近年来针对我国社会经济形势的变化，税收制度也进行了一定程度的调整与改革，这对于当前的税收筹划的发展研究也提出了新的要求，尤其是在各高校中，税收筹划已经成为一门重要的课程。也正是在这一背景下，本书以中国税制为基础编写而成。

　　目前一些关于税收筹划的著作及教材的体例编排主要分为以下两类：一类是以税收筹划的基本理论为前提，按照不同的税种逐一介绍税收筹划的相关应用。毫无疑问，这样的安排，结构清晰，层次分明，方便读者阅读，但是税收筹划是一项极具综合性的活动，单一税种的筹划过于片面，在实务中缺乏可操作性。另一类同样是基于基本理论，然后根据不同的经济活动，从筹资、投资、生产经营等方面分别阐述各环节的税收筹划安排。值得肯定的是，这样的编排很好地弥补了前者过于单一、片面的缺点，对于税收筹划实务有较大的参考意义，但是各税种筹划的相互穿插，会使得结构相对混乱，给读者的阅读造成较大的障碍。本书在综合两者的基础之上，取长补短，首先是对税收筹划作出一个细致全面的概述，其次在分税种进行税收筹划相关说明的基础上，又在每一章的结尾对该税种的税收筹划与其他税种之间的对应关系进行阐述，力图弥补单一税种筹划的缺点，形成本书的一个特色。

本书是在孙辉副教授及其课题组在对近年来的科研、教学和实践进行总结的基础上一同探究与当前税制环境相适应的税收筹划方案，通过提出问题，解决问题并最终形成文字。具体分工如下：第一章由孙辉副教授编写；第二章由强昊南编写；第三章由费美欣编写；第四章由刘怡辰编写；第五章由刘园月编写；第六章由李晨茜编写；第七章由赵乐编写；李林、项加宇参与校稿。

由于编写者们的水平有限，书中的不足之处在所难免，我们恭候您的批评指正。

目　录

第一章　税收筹划概述 …………………………………………… 1

第一节　税收筹划的背景 …………………………………… 1

第二节　税收筹划的概念 …………………………………… 11

第三节　税收筹划的原则 …………………………………… 19

第四节　税收筹划的特点 …………………………………… 21

第五节　税收筹划的方法 …………………………………… 23

第二章　增值税税收筹划 ………………………………………… 37

第一节　增值税纳税人的税收筹划 ………………………… 37

第二节　增值税计税依据的税收筹划 ……………………… 42

第三节　增值税税率的税收筹划 …………………………… 71

第四节　增值税减免税的税收筹划 ………………………… 74

第五节　增值税出口退税的税收筹划 ……………………… 81

第六节　增值税税收筹划对其他税种的影响 ……………… 90

第三章　消费税的税收筹划 ……………………………………… 100

第一节　消费税纳税人的税收筹划 ………………………… 100

第二节　消费税计税依据的税收筹划 ……………………… 103

第三节　消费税税率的税收筹划 …………………………… 121

第四节　消费税税收筹划对其他税种的影响 ……………… 124

第四章　企业所得税的税收筹划 ………………………………… 130

第一节　企业所得税纳税人的税收筹划 …………………… 131

第二节　企业所得税计税依据的税收筹划 ………………… 138

第三节　企业所得税税率的税收筹划 ………………………………… **173**

第四节　企业所得税税收优惠政策的税收筹划 ………………………… **176**

第五节　企业重组业务企业所得税的税收筹划 ………………………… **188**

第六节　企业所得税税收筹划对其他税种的影响 ……………………… **196**

第五章　个人所得税的税收筹划 …………………………………… **203**

第一节　个人所得税纳税人的税收筹划 ………………………………… **203**

第二节　个人所得税计税依据的税收筹划 ……………………………… **209**

第三节　个人所得税税率的税收筹划 …………………………………… **237**

第四节　个人所得税税收优惠政策的税收筹划 ………………………… **242**

第五节　个人所得税税收筹划对其他税种的影响 ……………………… **245**

第六章　契税、城镇土地使用税、房产税、土地增值税的税收筹划 …………………………………………… **248**

第一节　契税的税收筹划 ………………………………………………… **248**

第二节　城镇土地使用税的税收筹划 …………………………………… **260**

第三节　房产税的税收筹划 ……………………………………………… **266**

第四节　土地增值税的税收筹划 ………………………………………… **279**

第七章　其他税种的税收筹划 ……………………………………… **297**

第一节　资源税的税收筹划 ……………………………………………… **297**

第二节　车辆购置税的税收筹划 ………………………………………… **303**

第三节　车船税的税收筹划 ……………………………………………… **307**

第四节　印花税的税收筹划 ……………………………………………… **309**

第五节　关税的税收筹划 ………………………………………………… **312**

第六节　环境保护税的税收筹划 ………………………………………… **318**

主要参考文献 ………………………………………………………… **321**

第一章

税收筹划概述

第一节 税收筹划的背景

税收是政府以满足社会需要为目的，凭借政治权力，在合法的基础上，强制、无偿、固定地取得财政收入的一种重要工具。首先，税收的本质是一种社会分配关系，政府通过税收参与国民收入的分配，从而调节一国经济的发展。其次，也有学者认为，税收更多地体现了政府与纳税人之间的一种利益交换关系，政府以提供公共产品为手段，满足社会需要，而税收是公共产品的价格，是纳税人为充分享受公共产品带来的便利需要付出的代价。由此可见，税收必然导致纳税人经济利益的流出，形成税收负担。我们认为，随着税负的形成，税收筹划的影子开始出现在纳税人的日常经济活动之中。刘桓教授曾经说过："征税如同天下雨，而税收筹划便如同遮雨的伞。"就如同雨和伞，税收与税收筹划之间相互依存。对于税收筹划产生的原因，主要可以从主客观两个方面进行分析。

一、主观因素

经济人假设是经济学理论的基石，也是研究税收筹划主观因素的理论支撑。[①] 经济人的思想最早出现在亚当·斯密于 1776 年出版的著作《国富论》

---

① 盖地：《税务筹划理论研究——多角度透视》，中国人民大学出版社 2012 年版，第 35 页。

中。斯密认为："我们每天所需要的食物和饮料，不是出自屠户、酿酒家和面包师的恩惠，而是出于他们自利的打算。我们不说唤起他们利他心的话，而说唤起他们利己心的话，我们不说我们自己需要，而说对他们有好处。""每个个人……所盘算的也只是他自己的利益……他追求自己的利益，往往使他能比在真正出于本意的情况下更有效地促进社会的利益。"之后，西尼尔定量地确定了个人经济利益最大化公理。1836 年约翰·斯图亚特·穆勒在整合前两者理论的基础上，提出了"经济人假设"的概念，并对其加以界定：第一，经济人是自利的，即策动人的经济行为的根本动机是追求自身利益；第二，经济人是理性的，即人能根据自己所处的环境条件来判断自身利益并决定行为指向，尽可能实现利益最大化；第三，人理性地追求个人利益最大化的自由行为往往会无意识地、客观地增进公共利益。[①] 最后，由意大利经济学家帕累托将"经济人"这个名词引入经济学，至此"经济人"的概念确定下来。

"经济人"都是以利己为目的，其中消费者以个人的效用最大化为目标，生产者则以利润最大化为目标，这些经济主体旨在通过最小的成本获取最大的收益，追求自身经济利益最大化。这一观点与税收筹划的目的不谋而合，基于理性经济人的假设分析税收筹划，纳税人作为理性经济人，理应最大限度地寻求投入最少、产出最大的均衡，其进行税收筹划的初衷就是在法律的框架内，在特定的税收环境下，通过一系列的谋划活动，实现税负最小化，企业经济利益最大化。

除此之外，从社会资源具有稀缺性的角度出发进行分析，与之相对应的是人们欲望与需求的无限性，税收筹划也可视为资源有效配置的一个过程，对于企业而言，资产就可视为相对稀缺资源，而纳税义务需要通过经济利益流出得以履行，企业为了获得资源的最大效用，在享受定量公共产品的前提下，必然努力实现支付公共产品的价格——经济利益流出额最小。

二、客观因素

（一）法制环境的完善

法制的完善包括法律体系的完善和执法环境的优化，这也是税收筹划最主要的客观因素。《中华人民共和国宪法》（以下简称《宪法》）2018 年最新修订版的第五十六条规定："中华人民共和国公民有依照法律纳税的义

---

① 盖地：《税务筹划理论研究——多角度透视》，中国人民大学出版社 2012 年版，第 35～37 页。

务。"这虽然明确了国家的征税权和税收法定原则，但并未提及纳税人的权利。除此之外，《中华人民共和国刑法》（以下简称《刑法》）对税收也有明确的规定。

但需要强调，法律并非只是对纳税人应尽义务的陈列，它同样赋予纳税人一定的权利，使得在法律框架内，征纳双方处在一个相对平等的位置，在一定程度上成就了税收筹划的发展。根据《中华人民共和国税收征收管理法》（以下简称《税收征管法》）及其实施细则和相关税收法律、行政法规的规定，纳税人具有以下权利：

（1）知情权，纳税人有权向征税机关了解国家税收法律、行政法规的规定以及与纳税程序有关的情况。

（2）保密权，纳税人有权要求征税机关依法为其商业秘密和个人隐私保密。

（3）税收监督权，纳税人有权对征税机关违反税收法律行政法规的行为进行检举和控告，同时对其他纳税人的税收违法行为也有权进行检举。

（4）纳税申报方式选择权，纳税人可以选择直接到办税服务厅办理纳税申报或者报送代扣代缴、代收代缴税款报告表，也可以按照规定采取邮寄、数据电文或者其他方式办理上述申报、报送事项。

（5）延期申报权，纳税人如不能按期办理纳税申报或者报送代扣代缴、代收代缴税款报告表，应当在规定的期限内向征税机关提出书面延期申请，经核准，可在核准的期限内办理。

（6）延期缴纳税款权，纳税人因有特殊困难，不能按期缴纳税款的，经省、自治区、直辖市国家税务局、地方税务局批准，可以延期缴纳税款，但是最长不得超过三个月。计划单列市国家税务局、地方税务局可以参照省级税务机关的批准权限。

（7）申请退还多缴税款权，对纳税人超过应纳税额缴纳的税款，征税机关发现后，将自发现之日起 10 日内办理退还手续；如纳税人自结算缴纳税款之日起三年内发现的，可以向征税机关要求退还多缴的税款并加算银行同期存款利息。征税机关应自接到纳税人退还申请之日起 30 日内查实并办理退还手续，涉及从国库中退库的，依照法律、行政法规有关国库管理的规定退还。

（8）依法享受税收优惠的权利，纳税人可以依照法律、行政法规的规定书面申请减税、免税。

（9）委托税务代理权，纳税人有权就以下事项委托税务代理人代为办理：办理、变更或者注销税务登记、除增值税专用发票外的发票领购手续、纳税申报或扣缴税款报告、税款缴纳和申请退税、制作涉税文书、审查纳税情况、建账建制、办理财务、税务咨询、申请税务行政复议、提起税务行政诉讼以及国家税务总局规定的其他业务。

（10）陈述与申辩权，纳税人对征税机关的决定享有陈述、申辩权。

（11）对未出示税务检查证税务检查通知书的拒绝检察权，征税机关派出的人员进行税务检查时，应当向纳税人出示税务检查证和税务检查通知书；对未出示税务检查证和税务检查通知书的，纳税人有权拒绝检查。

（12）税收法律救济权，纳税人对税务机关作出的决定，依法享有申请行政复议、提起行政诉讼、请求国家赔偿等权利。

（13）依法要求听证的权利，对纳税人作出规定金额以上罚款的行政处罚之前，征税机关会向纳税人送达《税务行政处罚事项告知书》，告知纳税人已经查明的违法事实、证据、行政处罚的法律依据和拟将给予的行政处罚。对此，纳税人有权要求举行听证。征税机关将应纳税人的要求组织听证。

（14）索取有关税收凭证的权利，征税机关征收税款时，必须给纳税人凭证。扣缴义务人代扣、代收税款时，纳税人要求扣缴义务人开具代扣、代收税款凭证时，扣缴义务人应当开具。征税机关扣押商品、货物或者其他财产时，必须开付收据；查封商品、货物或者其他财产时，必须开付清单。由此可见，我国的法律要求纳税人守法、懂法，履行其应尽的义务，与此同时，也给予纳税人一定的权力去保障自己的利益最大化。

综上所述，现代法律制度日趋完善，良好的税收执法环境是进行税收筹划的必要前提，通过健全的法律体系将大大减少纳税人偷、逃、抗税等违法行为的发生，促使征纳双方在合法合规的框架内规范自身行为，让税收筹划行为成为其必然选择。

（二）税法的适用原则[①]

在进行税收筹划时，应该遵循税法在适用性和法律效力判定上的原则。

1. 法律优位原则

法律优位原则明确了税收法律的效力高于税收行政法规的效力，对此还可以进一步推论为税收行政法规的效力优于税收行政规章的效力。效力低的法律与效力高的税法发生冲突，效力低的税法即是无效的。

2. 法律不溯及既往原则

一部新税法实施后，对新税法实施之前人们的行为不得适用新法，而只能

---

① 中国注册会计师协会：《注册会计师考试教材——税法》，中国财政经济出版社 2022 年版，第 7～8 页。

沿用旧法。如果进行追溯，那么纳税人就要对未来不可知的税收规范进行遵从，这显然是有悖税法精神的。

3. 新法优于旧法原则

新法优于旧法原则也称后法优于先法原则，其含义为新法、旧法对同一事项有不同规定时，新法的效力优于旧法。新法优于旧法原则在税法中普遍适用，但是当新税法与旧税法处于普通法与特别法的关系时，以及某些程序性税法引用"实体从旧，程序从新原则"时，可以例外。

4. 特别法优于普通法原则

特别法优于普通法原则指两部法律对同一事项分别有一般和特别规定时，特别规定的效力高于一般规定的效力。普通法指在效力范围上具有普遍性的法律，特别法是指对特定主体、事项，或在特定地域、特定时间有效的法律。当对某些税收问题需要作出特殊规定，而又不便普遍修订税法时，即可通过特别法的形式予以规范。

5. 实体从旧、程序从新原则

这一原则的含义包括两个方面：一是实体税法不具备溯及力。即在纳税义务的确定上，以纳税义务发生时的税法规定为准，实体性的税法规则不具有向前的溯及力。二是程序性税法在特定条件下具备一定的溯及力。即对于新税法公布实施之前发生，却在新税法公布实施之后进入税款征收程序的纳税义务，原则上新税法具有约束力。

6. 程序优于实体原则

程序优于实体原则是关于税收争讼法的原则，其基本含义为，在诉讼发生时，税收程序法优于税收实体法。适用这一原则，是为了确保国家课税权的实现，不因争议的发生而影响税款的及时、足额入库。

（三）税收空间差异

空间差异指同一个经济活动，发生在不同的地区将承担不同的税负。

税制差异既表现在一个国家的税收环境下，又体现在不同国家（地区）的税收环境中。一方面，国家根据不同地区的经济基础和发展现状，会制定出不同的税收政策。例如，我国西部大开发税收优惠政策，就是通过国家政策帮扶，以减轻税负的形式，促进地区的经济发展。另一方面，从国际税收的角度出发，各国的经济背景不同、税收法律环境不同，其税收管辖权不同，各国对居民收入来源地的判定标准也不相同。这些差异的存在都为税收筹划提供了一定的执行空间。

（四）税收时间差异

税收时间差异是指同一个经济活动，发生在不同的时间将承担不同的税负。税收是调控经济运行的重要手段，是调节收入分配的重要工具，为了适应社会经济发展的需要，税收法律法规具有较强的时效性。尤其我国正处于改革的重要阶段，为了满足社会体制改革、产业结构调整、国民收入合理分配的需要，税收法律法规的更迭替换较为频繁。税制体系的不断更迭，是税收筹划的一大契机。例如，在"营改增"的背景下，税制体系有较大的变动，被列入计划进行改革的营业税纳税人如果能够对改革的时间作出准确的预判，事先对于经济活动的发生时间进行合理安排，就能把握变革机遇，保障自身经济利益最大化。

（五）税制要素差异

税制要素差异是指经济活动发生之前，纳税人利用不同的税制要素差异，将承担不同的税负。我国当前的税制结构相对比较复杂。本书从税制要素的构成进行分析：

（1）纳税人差异。纳税人是指税法规定的直接负有纳税义务的单位和个人。对于成为何种纳税人，作出不同的选择，将导致税负差异的产生。例如，我国的增值税，将纳税人分为一般纳税人和小规模纳税人，两者之间的税率、征收管理等截然不同，最终将导致纳税人的税负不尽相同。个人所得税，分为居民纳税人与非居民纳税人，两者之间的税收负担也存在较大差异。

（2）征税对象差异。征税对象是指根据什么征税，是征税的标的物，也是缴纳税款的客体。征税对象存在差异，按其性质不同通常划分为商品流转额、所得额、财产、资源、特定行为五大类。税务机关对征税对象作出不同的界定，将产生税负差异。例如，增值税以商品（应税劳务和应税服务）在流转过程中产生的增值额作为征税对象；消费税以消费税条例所列举的应税消费品为征税对象。与征税对象相关的另一个概念是计税依据，它是征税对象的计量依据和征税标准。值得关注的是，同一征税对象也会产生不同的计税依据，这也将导致纳税人产生税负差异。例如，房产税以房屋为征税对象，是按照不同的经济活动可分为按房屋计税原值或者是租金收入作为计税依据。综上所述，每一个税种都有其特定的征税对象，而同一征税对象形成不同的计税依据产生的税负也存在差异。

（3）税率差异。税率是税额与征税对象数额之间的比例，反映征税的深度，是税收制度的核心指标。我国现行的税率主要有比例税率、定额税率、超额累进税率、超率累进税率四大类。纳税人选择不同的适用税率，将导致税负差异的产生。例如，增值税存在多档税率，其基本税率为 13%，低税率为 9% 与 6% 两档，除国务院另有规定外，纳税人出口货物和财政部、国家税务总局规定的应税服务实行零税率，除此之外，小规模纳税人采用简易征收办法，使用 3% 的征收率，同时，在国务院及其有关部门的规定中，若一般纳税人销售自己使用过的固定资产或有形动产时，依照 3% 征收率减按 2% 征收增值税，或者当一般纳税人销售自产税法条例规定范围内的货物，如县级及县级以下小型水力发电单位生产的电力；生产建筑材料所用的砂、土、石料等，按照 3% 的征收率计算缴纳增值税。"营改增"以后，增值税的税率进行了多次调整，2019 年 4 月 1 日起我国的税率情况为：提供交通运输业服务的税率为 9%，邮政服务 9%，基础电信服务 9%，增值电信服务 6%，部分现代服务 6%，有形动产租赁服务适用 13% 的税率，金融保险业 6%，建筑业 9%，文化体育业6%，生活服务业 6%，转让土地使用权 9%，销售不动产 9%，这些税率差异的存在会使纳税人税负高低也存在较大差异。

（4）纳税环节差异。纳税环节是指商品流转过程中应当缴纳税款的环节。纳税人在不同纳税环节对于经济活动作出不同安排，将导致税负差异的产生。例如，增值税在生产流通环节道道征税；消费税的征税环节具有单一性，主要集中于生产和进口环节；所得税在分配环节纳税；资源税分布在资源生产环节；契税在取得土地和房屋环节纳税。于纳税人而言，经济活动具有复杂性，各税种的纳税环节也存在差异，对于自身涉税经济活动的不同安排，采用不同的方式调节各环节的应纳税额，都会产生税负差异。

（5）纳税期限差异。纳税期限是指纳税人缴纳税款的法定期限。一方面，每一个税种都有明确规定的纳税期限，纳税人对于纳税期限的把握不同，也将导致税负差异的产生。例如，增值税与消费税的纳税期限同样分别为 1 日、3 日、5 日、10 日、15 日、1 个月或者 1 个季度；企业所得税则按年计征，分月或者分季预缴，年终汇算清缴，多退少补。如果不按时缴纳税款，纳税人所面临的滞纳金、罚款将加重企业负担。另一方面，需要强调纳税人具有延期缴纳税款的权利，按照法定程序申请延期纳税，合理安排资金，充分利用货币时间价值也是税收筹划的着力点。

（6）减税、免税差异。减税、免税主要是对某些纳税人和征税对象采取减少征税或者免于征税的特殊规定。这一部分优惠政策是税制体系的重要组成部分。在各税种、各环节、各地区及不同的时期都有相关的减免税规定。例如对于环保产业、高新技术产业、小微企业，国家针对企业所得税有不同程度的政策帮扶。由此可见，纳税人充分利用减税、免税政策将形成税收负担差异。

（7）罚则差异。罚则是对纳税人违反税法行为所采取的处罚措施。对于违反税法行为的认定，根据《税收征管法》一般有偷税、欠税、抗税和骗税四种情况。例如，《税收征管法》第六十三条规定："纳税人伪造、变造、隐匿、擅自销毁账簿、记账凭证，或者在账簿上多列支出或者不列、少列收入，或者经税务机关通知申报而拒不申报或者进行虚假的纳税申报，不缴或者少缴应纳税款的，是偷税。"《税收征管法》第四十六条："纳税人有欠税情形而以其财产设定抵押、质押的，应当向抵押权人、质权人说明其欠税情况。抵押权人、质权人可以请求税务机关提供有关的欠税情况。"《税收征管法》第六十七条："以暴力、威胁方法拒不缴纳税款的，是抗税，除由税务机关追缴其拒缴的税款、滞纳金外，依法追究刑事责任。情节轻微，未构成犯罪的，由税务机关追缴其拒缴的税款、滞纳金，并处拒缴税款一倍以上五倍以下的罚款。"骗税的处罚则在《税收征管法》第五十二条有所提及。

《税收征管法》的处罚规定中相关的处罚力度有一定的幅度，而纳税人面对违反税法行为处理的不同作为（积极、消极、主动、被动），将导致税收负担差异的产生。

从上述条文的规定中我们可以看出，即使纳税人同样被认定为偷税行为，他们所面临的税收罚款也是不同的，这在很大程度上取决于纳税人面对税收处罚时的态度和应对策略。纳税人是积极同税务机关沟通，及时补缴税款，减轻处罚，还是消极对抗，逃避税务机关管理，拖欠税款，最终决定了纳税人承担税收负担的差异。

从上述税制要素差异的分析中可以判定，纳税人合理地选择、把握、控制自身的税制要素构成，是税收筹划的着力点。

（六）税制的不断完善

当前的社会环境下，法制的日趋完善是必然趋势，但我国的法治建设尚处于不断完善发展的过程中，税制体系的成长也只历经了几十年，任何税收法规都不可能天衣无缝。我国企业所得税的历史沿革、现行体系和未来发展方向可以说明这一问题。

中国的企业所得税制发展经历了一段曲折的过程，清宣统年间就曾起草过《所得税章程》，但未公布施行。1936年，国民政府颁布《所得税暂行条例》，这是中国历史上第一次实质性开征所得税。1943年由国民政府公布的《所得税法》是中国历史上第一部所得税法。

1949年中华人民共和国成立到1978年中国实行改革开放政策以前的30年

间，企业所得税制的建立也备受重视：一是 1949 年 11 月底至 12 月初首届全国税务会议上，探讨了对企业所得和个人所得征税的办法。二是 1950 年，政务院发布了《全国税政实施要则》，其中涉及对企业所得征收工商业税，主要征收对象是私营企业、集体企业和个体工商户的应税所得，国营企业归国家所有，实行利润上缴制度，而不缴税。三是 1958 年工商税制改革，针对企业所得缴纳的税收从工商业税中分离出来，定名为工商所得税，这是中华人民共和国成立后"所得税"成为一个独立税种的标志，为以后的企业所得税制建立打下了基础，其征税对象主要是集体企业，同时也对未纳入国家预算的国营企业、个体工商户征收。

1978 年改革开放以后，我国的企业所得税制建设进入了一个新的发展时期，这一阶段最大的特征是内、外资企业遵从不同的企业所得税制。

对于外资企业：（1）1980 年 9 月，全国人大通过了《中华人民共和国中外合资经营企业所得税法》，税率 30%，附征 10% 地方所得税。（2）1981 年 12 月全国人大通过了《中华人民共和国外国企业所得税法》，实行 20% ~ 40% 的五级超额累进税率，另附征 10% 地方所得税。（3）1991 年 4 月全国人大通过了《中华人民共和国外商投资企业和外国企业所得税法》，1991 年 7 月执行。

对于内资企业：（1）我国分别于 1983 年和 1984 年对国有企业进行了两步"利改税"。（2）1984 年 9 月，国务院发布了《中华人民共和国国营企业所得税条例（草案）》和《国营企业调节税征收办法》，对大中型企业实行税率 55%，对小型企业实行 10% ~ 55% 的八级累进税率。（3）1985 年 4 月国务院发布了《中华人民共和国集体企业所得税暂行条例》，实行 10% ~ 55% 的超额累进税率。（4）1988 年 6 月国务院发布了《中华人民共和国私营企业所得税暂行条例》，税率 35%。（5）1993 年 12 月国务院将以上几部条例法规整合为《中华人民共和国企业所得税暂行条例》，1994 年 1 月起执行。在这一时期，我国的企业所得税制有了较为显著的进步，内、外资企业所得税两制并存，对于税收收入的增加、吸引外资、引进技术起到了一定的促进作用。但由于两制并存易导致税收征管低效，同时"内外有别"的做法使得税收负担不公，扭曲了市场竞争，同时也让不法分子利用税法漏洞，进行疯狂的偷逃税活动，一系列问题的产生以及社会主义市场经济发展的需要必然导致新的变革。

1994 年税制改革以后，中国开始酝酿统一内外资企业所得税，几经周折，经历了十多年的时间才最终完成。（1）1996 年 3 月 17 日，第八届全国人民代表大会第四次会议明确提出统一内外资企业所得税。而后 2001 ~ 2003 年多次会议的相关文件重复了这一观点。（2）从 2004 年 3 月召开的第十届全国人民代表大会第二次会议以后，共有 541 位全国人大代表提出 16 项议案，要求将内、外资企业所得税统一起来。仅在 2006 年 3 月召开的十届全国人大四次会议期间，全国人大提出的 8 项涉税议案中就有 6 项涉及内、外资企业所得税制合并。（3）2006 年 3 月十届全国人大四次会议后，全国人大常委会已经将内资企业所得税制度与外资企业所得税制度的统一列入了当年的立法计划。同年 8 月，国务院常务会议通过了《中华人民共和国企业所得税法（草案）》，并决定提交全国人民代表大会常务委员会审议。同年 12 月 29 日，第十届全国人民代表大会常务委员会第二十五次会议经过审议决定将《中华人民共和国企业所得税法（草案）》提请 2007 年 3 月召开的第十届全国人民代表大会第五次会议审议。（4）2007 年 3 月召开的第十届全国人民代表大会第五次会议，国务院提请会议审议的《中华人民共和国企业所得税法（草案）》得到与会各界代表的普遍认同，顺利通过，《中华人民共和国企业所得税法》（以下简称《企业所得税》）于 2008 年 1 月 1 日起正式施行。至此，中国的企业所得税法才正式确立。其后更是不断地颁布各类文件来完善这一法律，规范征纳双方的行为，保障国家的财政收入。

从我国企业所得税法的上述变革历程中可知，所有税收法律的完善需要随着社会的发展不断修复补充，不存在一经确立就完美无缺的法律制度，在税制以及其他法律法规中存在逻辑矛盾等问题，导致税收的失效、低效也在所难免。在这一情形下，遵从法律是税收筹划的理性前提，而利用现行法律规范之中的不完善之处，以实现自身税收筹划的最终目的，是经济人本性的自然流露。

（七）税负过重

当纳税人税负过重时，会导致其经济利益以税收的形式大量流出，立足于理性经济人的假设，税收筹划是纳税人的必然选择，纳税人会尽可能地减少经济利益流出，保障自身税负最小，经济利益最大化。在当前的税制下，不同行业开展的经济活动所涉及的税种存在较大差异，税收负担也不尽相同。通常房地产行业的税收筹划行为较为活跃，对于房地产行业，在整个建设经营、房产流转的过程中涉及的税种繁多，税收负担沉重。取得土地使用权或房产所有权环节需缴纳契税、耕地占用税；保有土地使用权或房产所有权环节涉及缴纳城镇土地使用税、房产税；转让土地使用权或房产所有权涉及土地增值税、营业税、印花税等；最终分配环节根据企业的年度盈利水平需要承担企业所得税。通过上述房地产企业涉税情况的简单描述，其对于税收筹划的需求本质上源于税收负担过重，也进一步说明税负过重催生了税收筹划行为。

第二节　税收筹划的概念

一、税收筹划的概念

本书从六个角度把国内外理论界对税收筹划的概念进行了梳理，分别从税收筹划目的、合法性、事前性、专业性、综合性、综合阐述六方面梳理了税收筹划概念。通过集百家之长，本节在文末对税收筹划的概念作出了界定。

（一）侧重税收筹划目的的概念梳理

（1）荷兰财政文献局在《国际税收辞汇》一书中，对税收筹划的定义如下，"税收筹划是指通过纳税人经营活动或个人事务活动的安排，实现缴纳最低的税收"。

（2）印度税务专家 N. J. 雅萨斯威在《个人投资和税收筹划》一书中说，"税收筹划是纳税人通过财务活动的安排，以充分利用税务法规提供的包括减免在内的一切优惠，从而享得最大的税收收益"。

（3）美国学者简·R. 威廉姆斯等在《会计学：企业决策的基础（财务会计分册)》一书中说，"税务规划是指预测经营业务的税务影响，并对这些业务进行规划，以使纳税义务最小化"。

（二）侧重合法性的概念梳理

（1）当代著名经济学家萨缪尔森在其《经济学》一书中分析美国联邦税制时指出，"比逃税更加重要的是合法地规避税负。原因在于议会制定的法规中有许多'漏洞'，听任大量的收入不纳税或以较低的税率纳税"。

（2）美国华盛顿大学教授斯特温·J. 赖斯说，"税收筹划是纳税人控制自己的经营行为以避免不希望的税收后果的过程，你可以把税收筹划看成是挖掘现行税法中的理论漏洞并设计自己的交易行为以利用这些漏洞的过程"。

(三) 侧重事前性的概念梳理

(1) 美国加州大学 W. B. 梅格思博士在与别人合著的《会计学》中援引知名法官汉德的一句话，"法院一再声称，人们安排自己的活动以达到低税负的目的，是无可指责的。每个人都可以这样做，不论他是富翁还是穷光蛋，而且这样做是完全正当的，因为他无须超过法律的规定来承担国家赋税；税收是强制课征的，而不是靠自愿捐款。以道德的名义来要求税收，不过是奢谈空论而已"。之后，做了如下阐述："人们合理又合法地安排自己的经营活动，使之缴纳可能最低的税收，他们使用的方法可称之为税收筹划……少缴税和递延缴纳税金是税收筹划的目标所在。美国联邦所得税已变得如此复杂，这使为企业提供详尽的税收筹划，成为一种谋生职业。现在几乎所有的公司都聘用专业的税务专家，研究企业主要经营决策上的税收影响，为合法地少纳税制订计划。在纳税发生之前，有系统地为企业经营或投资行为作出事先安排，以达到尽量地减少缴纳所得税，这个过程就是筹划，如选择企业的组织形式和资本结构、投资采取租用还是购入的方式，以及交易的时间。"

(2) 1935 年英国上议院议员汤姆林爵士针对"税务局长诉温斯特大公"一案，作了有关税收筹划的声明："任何一个人都有权安排自己的事业，依据法律这样可以少缴税。为了保证从这些安排中得到利益……不能强迫他多缴税。"该观点赢得了法律界的认同，英国、澳大利亚、美国等在以后的税收判例中经常援引这一原则精神。

(3) 唐腾翔和唐向在《税收筹划》一书中指出，"税收筹划指的是在法律规定许可的范围内，通过对经营、投资、理财活动的事先筹划和安排，尽可能地取得'节税'的税收利益"。

(四) 侧重专业性的概念梳理

(1) 从已有的文献记载中探讨税收筹划的起源，最早可以追溯到 19 世纪税务咨询业务中已存在税收筹划行为，意大利的税务专家地位不断提高，这可以看作是税收筹划的最早萌芽。

(2) 税收筹划的正式提出始于美国的财务会计准则，美国财务会计准则委员会《美国财务会计准则 109 号公告——所得税的会计处理》(以下简称"SFAS109")中提出了"税收筹划战略"，并将"税收筹划战略"的概念表述如下："一项目满足某种标准，其执行会使一项纳税利益或营业亏损或税款递延扣减在到期之前得以实现的举措。在评估是否需要递延所得税资产的估价准备及所需要的金额时，要考虑税收筹划策略。"

SFAS109 的表述较为准确地说明了税收筹划与税务会计的关系，尽管现代税收筹划的边界远远超出了 SFAS109 所定义的范围，但税收筹划始终是税务会计的重要组成部分。

（3）王锐强在《税收筹划：让企业免交冤枉税》一书中指出，"税收筹划是专业机构在合法的前提下，充分利用有关法律、法规为企业进行税务服务，从而有效利用企业的资源，降低成本，提高回报率"。

（五）侧重综合性的概念梳理

（1）宋献中在《税收筹划与企业财务管理》一书中指出，"税收筹划是指纳税人为实现自身价值最大化和使其合法权利得到充分的享受和行使，在既定的税收环境下，对多种纳税方案进行优化选择的一种理财活动"。

（2）王兆高在《税收筹划》一书中说，"税收筹划是纳税人在不违反现行税法的前提下，对税法进行精细比较后，对纳税支出最小化和资本收益最大化综合方案的优化选择，它是涉及法律、财务、经营、组织、交易等方面的综合经济行为"。

（3）印度专家 E. A. 史林瓦斯在他编著的《公司税收筹划手册》中说道，"税收筹划是经营管理整体中的一个组成部分……税务已成为重要的环境因素之一，对企业既是机遇，也是威胁"。

（六）综合阐述的概念梳理

（1）中国注册会计师协会所编的《税法》中对税收筹划做出如下定义，"税收筹划是指在纳税行为发生之前，在不违反法律、法规（税法及其他相关法律、法规）的前提下，通过纳税主体（法人或自然人）的经营活动或投资行为等涉税事项作出事先安排，以达到少缴税或递延纳税目标的一系列谋划活动"。

（2）教育部经济管理类主干教材《税收筹划学（第四版）》一书中指出，"税收筹划是纳税人依据所涉及的税境，在遵守税法，尊重税法的前提下，规避涉税风险，控制或减轻税负。以有利于实现企业财务目标的谋划、对策与安排"。"税收筹划有狭义与广义之分，狭义的税收筹划仅指节税；广义的税收筹划既包括节税，又包括避税和税负转嫁。在税收筹划实务中，节税与避税在实务中往往难以严格划分"。

（3）李大明在《企业税收筹划原理与方法》一书中指出，"税收筹划是指纳税人在符合国家法律及税收法规的前提下，按照税收政策法规的导向，事前选择税收利益最大化纳税方案处理自己的生产、经营和投资、理财活动的一种财务筹划行为"。

（4）蔡昌和李为人在中国社科院研究生院税务硕士重点教材《税收筹划理论与实务》一书中把税收筹划定义为"纳税人和扣缴义务人在既定的税制框架内，通过对纳税主体（法人或自然人）的战略模式、经营活动、投资行为、理财涉税事项进行事先规划和安排，以达到节税、递延纳税或降低税务风险为目标的一系列税务规划活动"。

综合以上定义，本书认为，税收筹划是指纳税人依托于具有财税专业技能的人员或第三方机构，在纳税人纳税行为发生之前，以税收政策为导向，在不违反法律、法规（税法及其他相关法律、法规）的前提下，经过综合考量，对纳税人的经营活动的涉税事项作出事先安排，以期少缴税或递延纳税，最终实现企业经济利益最大化的一项具有风险的谋划活动。

二、税收筹划与逃（偷）税、欠税、抗税、骗税、漏税、节税、避税的本质区别

税收筹划的基本含义之一是不违反税法，而逃（偷）税、欠税、抗税、骗税、漏税等则是违反税法的。违法行为较轻者，根据《税收征管法》给予行政处罚，处以罚款；情节严重、触犯刑律的属于涉税犯罪，要按《刑法》规定追究刑事责任；属"危害税收征管罪"，除了依法判刑外，还要认定附加刑。节税和避税是与税收筹划相近的两个概念，节税是税收筹划的低级阶段，是合法的，而避税也是不违法的。

（一）逃（偷）税

逃税也称偷税，是在纳税人的纳税义务（应税行为）已经发生并且能够确定的情况下，采取不正当或不合法的手段以逃脱其纳税义务的行为，具有故意性、欺诈性、隐蔽性，使国家税收遭受严重的损失。目前，《税收征管法》中引用的是偷税，而《刑法》则引用的是逃税，两者之间只是称谓不同，其本质都具有欺诈性与隐瞒性，基本特征也都一致。

《税收征管法》第六十三条除对偷税行为有所定义外，还规定："对纳税人偷税的，由税务机关追缴其不缴或者少缴的税款、滞纳金，并处不缴或者少缴的税款百分之五十以上五倍以下的罚款；构成犯罪的，依法追究刑事责任。扣缴义务人采取前款所列手段，不缴或者少缴已扣、已收税款，由税务机关追缴其不缴或者少缴的税款、滞纳金，并处不缴或者少缴的税款百分之五十以上五倍以下的罚款；构成犯罪的，依法追究刑事责任。"

偷税罪是偷税情节严重的行为。偷税罪的犯罪主体包括纳税人和扣缴义务人，含自然人和单位。

2009年2月28日第十一届全国人民代表大会常务委员会第七次会议通过的《中华人民共和国刑法修正案（七）》（以下简称《刑法修正案（七）》）明确规定逃避缴纳税款罪取代原来的偷税罪。对于逃税的处罚，依据《刑法》第二百零一条规定："纳税人采取欺骗、隐瞒手段进行虚假纳税申报或者不申报，逃避缴纳税款数额较大并且占应纳税额百分之十以上的，处三年以下有期徒刑或者拘役，并处罚金；数额巨大并且占应纳税额百分之三十以上的，处三年以上七年以下有期徒刑，并处罚金。扣缴义务人采取前款所列手段，不缴或者少缴已扣、已收税款，数额较大的，依照前款的规定处罚。对多次实施前两款行为，未经处理的，按照累计数额计算。有第一款行为，经税务机关依法下达追缴通知后，补缴应纳税款，缴纳滞纳金，已受行政处罚的，不予追究刑事责任；但是，五年内因逃避缴纳税款受过刑事处罚或者被税务机关给予二次以上行政处罚的除外。"

（二）欠税

欠税是纳税人超过税务机关核定的纳税期限而发生的拖欠税款的行为。造成欠税的原因，有主观原因也有客观原因。因为主观原因造成的欠税属于故意欠税，因为客观原因造成的欠税属于非故意欠税。前者是纳税人、扣缴义务人有意多开户头，用现金进行货款结算，资金进行体外循环，并非真正缺乏资金，而是不想按时缴纳，足额缴纳，甚至根本不想缴纳税款。后者是由于确实无款或者没有足够的款项按期缴纳。不论故意欠税还是非故意欠税，均属于违反税法的行为。

《税收征管法》第六十五条规定："纳税人欠缴应纳税款，采取转移或者隐匿财产的手段，妨碍税务机关追缴欠缴的税款的，由税务机关追缴欠缴的税款、滞纳金，并处欠缴税款百分之五十以上五倍以下的罚款；构成犯罪的，依法追究刑事责任。"

对欠税行为，除了按上述规定进行处罚外，为了减少或杜绝欠税的发生，还应正确界定故意欠税与非故意欠税，采取不同的解决方法或措施。如对故意欠税者，不能获得减税、免税待遇，停止领购增值税专用发票（改由税务机关代开）等。而对非故意欠税，除了进行法制教育外，应分清原因、区别对待，如因自然灾害、意外事故造成的欠税，纳税人应及时申请减免税款或缓缴税款，因购方拖欠货款而造成的欠税，除应做好货款催收外，今后应改变结算方式（工具）、销售方式等。

逃避追缴欠税罪是指纳税人欠缴应纳税款，采取转移或者隐匿财产的手段致使税务机关无法追缴欠缴税款且数额较大的行为。构成逃避追缴欠税罪的是纳税人中的欠税人，包括自然人和单位。从广义上讲，逃避追缴欠税属于无暴力威胁的抗税行为。这也正是抗税罪与逃避追缴欠税罪的关键区别所在。

构成逃避追缴欠税罪应当同时具备四个条件：其一，有欠税的事实存在，即行为人没有按照规定的期限纳税，这是构成逃避追缴欠税罪的前提。其二，行为人为了不缴纳欠缴的税款实施了转移或隐匿财产的行为。其三，由于行为人转移或隐匿财产致使税务机关无法追缴到其欠缴的税款。如果行为人虽转移或隐匿了财产，但税务机关通过采取强制措施等追缴到了税款；或者税务机关虽无法追缴到欠缴税款，但并不是因为行为人转移或隐匿财产造成的，均不能构成逃避追缴欠税罪。其四，税务机关无法追缴的欠税数额达到了 1 万元以上。依据《刑法》第二百零三条规定："纳税人欠缴应纳税款，采取转移或者隐匿财产的手段，致使税务机关无法追缴欠缴的税款，数额在一万元以上不满十万元的，处三年以下有期徒刑或者拘役，并处或者单处欠缴税款一倍以上五倍以下罚金；数额在十万元以上的，处三年以上七年以下有期徒刑，并处欠缴税款一倍以上五倍以下罚金。"

（三）抗税

以暴力或威胁方法拒不缴纳税款的是抗税。抗税是纳税人抗拒按税收法规制度的规定履行纳税义务的违法行为。如拒不按税法规定进行税务登记和纳税申报，拒不提供纳税资料，拒绝接受税务机关依法进行的检查，拒不执行税法规定缴纳税款，采取聚众闹事、威胁围攻税务机关和殴打税务干部等，均属抗税行为；唆使、包庇上述违法行为的，也属于抗税行为。《刑法》和《税收征管法》对抗税均有相关的规定。

《刑法》第二百零二条规定："以暴力、威胁方法拒不缴纳税款的，处三年以下有期徒刑或者拘役，并处拒缴税款一倍以上五倍以下罚金；情节严重的，处三年以上七年以下有期徒刑，并处拒缴税款一倍以上五倍以下罚金。"

《税收征管法》第六十七条规定："以暴力、威胁方法拒不缴纳税款的，是抗税，除由税务机关追缴其拒缴的税款、滞纳金外，依法追究刑事责任。情节轻微，未构成犯罪的，由税务机关追缴其拒缴的税款、滞纳金，并处拒缴税款一倍以上五倍以下的罚款。"

抗税罪的主体由具备刑事责任能力、负有纳税、扣缴义务的自然人构成，单位不能构成抗税罪。法律之所以要如此规定，是因为抗税罪侵害的是双重客体，它不但侵害了国家的税收征管制度，而且还侵害了税务工作人员的生命健康权。作为一种暴力犯罪，即便抗税罪是以单位行为的形式做出的，也不以单位犯罪论，而只以自然人共同犯罪处理。

（四）骗税

在国外税务理论中，一般没有骗税这个概念。我国是在实行改革开放后，尤其是进入 20 世纪 80 年代，随着出口货物退（免）税的增多，有些人（不仅是纳税人，还有某些相关单位和部门）缺乏法治观念，为一己（单位、地区、个人）之利，发生骗取出口退（免）税的行为。

骗税是采取弄虚作假和欺骗手段，将本来没有发生的应税（应退税）行为虚构成发生了应税行为、将小额的应税（应退税）行为伪造成大额的应税行为，事先根本没有向国家缴税或没有缴那么多税，而从国库中骗取了退税款，这是一种非常恶劣的违法行为。《税收征管法》第六十六条规定："以假报出口或者其他欺骗手段，骗取国家出口退税款的，由税务机关追缴其骗取的退税款，并处骗取税款一倍以上五倍以下的罚款；构成犯罪的，依法追究刑事责任。对骗取国家出口退税款的，税务机关可以在规定期间内停止为其办理出口退税。"

依据《刑法》第二百零四条的规定："以假报出口或者其他欺骗手段，骗取国家出口退税款，数额较大的，处五年以下有期徒刑或者拘役，并处骗取税款一倍以上五倍以下罚金；数额巨大或者有其他严重情节的，处五年以上十年以下有期徒刑，并处骗取税款一倍以上五倍以下罚金；数额特别巨大或者有其他特别严重情节的，处十年以上有期徒刑或者无期徒刑，并处骗取税款一倍以上五倍以下罚金或者没收财产。纳税人缴纳税款后，采取前款规定的欺骗方法，骗取所缴纳的税款的，依照本法第二百零一条的规定定罪处罚；骗取税款超过所缴纳的税款部分，依照前款的规定处罚。"

（五）漏税

漏税是纳税人无意识（非故意）发生的漏缴或少缴税款的行为。漏税虽然是无意识地少缴或不缴税款，但它也是一种损害国家利益的违反税法的行为。因为有意、无意往往很难准确判断，我国的《税收征管法》没有单列漏税条款的法律责任，所以偷税与漏税在纳税实务中难以区别，故其法律责任是一致的。

（六）节税

税收筹划与节税都是在遵从税法前提下纳税人对生产、经营、投资、理财活动的纳税方案的一种安排，主要区别在于其筹划目的不同。节税以减少税收支出和减轻税负为最终目的，而税收筹划则以减轻税负和企业税后利润最大化为最终目标。从这个意义上来看，可以说节税是税收筹划的低级阶段。在税收筹划中要运用包括节税在内的许多方法，但并非局限于此。高水平的税收筹划不仅要实现节税目标，更要追求企业税后利润最大化。这种由单纯追求节税目标向追求企业税后利润最大化目标的转变，反映了纳税人现代理财观念不断增强的发展过程和趋势。

（七）避税

所谓避税是指纳税人通过不违反税收法规的手段，利用税法的漏洞、特例和缺陷，规避或减轻纳税义务的行为。可以说避税较之偷税是一种历史的进步，它的出现首先是在跨国纳税人的跨国所得如何规避税收减轻税负的运用上的，后来也为纳税人规避国内所得的税收所运用。避税是在纳税人的经营活动出现了大规模的跨地区、跨国家行为，国际贸易和国内经营关联程度越来越高的经济条件下，且各国税制差异及政策差别普遍存在的税收条件下出现的。避税是不违法行为，由于它是纳税人利用税法漏洞或缺陷来减少或规避税收，其本身并未违反税收法律，政府不得认定其违法也不能对此予以制裁。如《税收征管法》中并没有规定有关避税的法律责任，但避税与政府的立法精神相悖，因此政府对避税是反感的，避税所带来的税收减少是政府非自愿的，避税所产生的经济效应是政府所不愿意看到的，因此各国政府都采取了各种反避税措施，通过不断完善税法来弥补漏洞。如《中华人民共和国企业所得税法》针对关联企业通过转让方式避税的各种情况，规定税务机关有权对不正常企业转让价格进行调整以确定应纳税所得额。纳税人通过研究税法和纳税实践发现，充分运用税收政策，尤其是运用税收鼓励政策减轻税负，按照税收政策导向去安排自己的生产、经营、投资、理财活动，于己于国都是有利的，这是减轻税负的一条新路。

上面对逃（偷）税、欠税、抗税、骗税、漏税、节税、避税进行了界定和区分，我们利用图1-1形象地表示它们之间的关系。

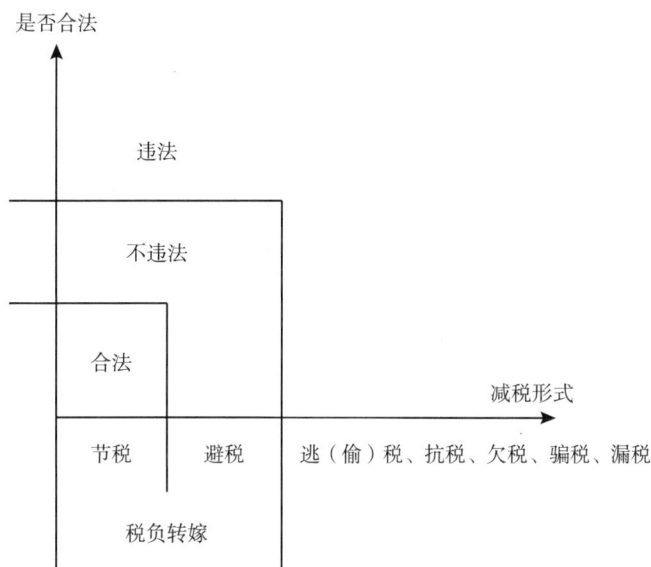

图 1 - 1　税收筹划与逃（偷）税、欠税、抗税、骗税、
漏税、节税、避税的界定和区分

第三节　税收筹划的原则

税收筹划的原则是指纳税人为了达到税收筹划的目的而遵循的规则，税收筹划的原则是规范税收筹划行为的标杆，是整个税收筹划过程中不可逾越的标准。一旦违背税收筹划原则，则筹划结果可能无法达到预期目的，甚至与筹划目的背道而驰。

一、合法性原则

合法性原则是指纳税人在法律框架下对自身的经济活动进行合理安排，以达到税负最小化、整体经济利益最大化的目标。需要强调的是，上文所谈及的法律不仅涉及税收法规，还包括《中华人民共和国民法典》《中华人民共和国劳动法》等其他法律规章。另外，伴随经济全球化的不断发展，纳税人的经济活动不再局限于一国一地，也与其经济活动的涉税国家（地区）的法律法规相关，同样对纳税人的税收筹划行为具有约束性。

本书认为的合法性原则是指对法律的恪守，而不是形式上的尊重。尊重是道德层面的行为，以道德的名义让人多纳税不过是奢谈空论而已。我们认为，税收筹划是法律层面的行为。所以，近些年来的研究发现：税收筹划和合理避税在实践中的目的和手段是没有实质区别的。

二、成本效益原则

成本效益原则是指，税负最小化是企业的当前和局部利益，而实现经济利益最大化是从长远和整体利益考虑。税收筹划需要付出成本，因此，进行税收筹划过程中，成本和效益的合理配比是重中之重。

（1）切忌以大成本配比小收益。这相当于捡了芝麻丢了西瓜，与税收筹划的最终目的背道而驰。

（2）切忌只顾及当前成本而忽视未来收益。企业的持续经营要求纳税筹划必须站在时间维度，以发展战略的角度去统揽全局。不能只执着于当前利益，而要把握企业发展期间的整体效益，不能只顾及节约成本，而放弃未来的收益契机，立足长远才能保障经济利益最大化的实现。

三、风险提示原则

风险提示原则是指税收筹划具有风险性，没有一个方案能尽善尽美，合理的风险提示能完善整个筹划方案，更精准地把握税收筹划进程，有利于实现税收筹划目的。对于税收筹划方案制定者，无论是第三方机构还是内部财务人员，他们在税收筹划过程中，都会受到不可预测因素的影响，由此造成筹划方案风险。一般从以下四个方面进行风险提示：

1. 税收政策因素

我国的税收政策正处于发展完善阶段，不断变化的税收政策加大了纳税人对税收政策发展方向的预判难度，一旦税收政策发生大的变动，税收筹划方案可能全盘皆输。

2. 经营性质因素

税收筹划方案是在纳税人既定经营性质下制定的，假若纳税人的经营性质发生变化，可能导致税收筹划方向错误，造成税收筹划方案失败。

3. 企业战略因素

税收筹划只是企业经济活动的一个层面，单纯追求税负最小化，可能有悖于企业整体发展战略，偏离企业的品牌定位，阻碍其长远发展。

4. 其他法律因素

税收筹划是在不违反税法的前提下开展的，但一项经济活动可能涉及不同层级或不同类型的法律法规，例如会计法或公司法等，制订一项可行的筹划方案时也应注意是否有违背其他法律的风险。

第四节　税收筹划的特点

一、目的性

目的性是指纳税人以实现税负最小化，整体经济利益最大化为税收筹划的最终目标。对于纳税人而言，税收实质是一种成本费用，会导致经济利益的流出。税收筹划人员通过对经济活动的合理安排以减少税收支出和经济利益流失，以实现税收筹划的最终目标。

二、事前性

事前性是指纳税人税收筹划方案的制订、实施应先于其应税行为的发生。从理论上讲，经济活动的发生会导致应税行为的发生。而在实践中，经济活动的发生与应税行为的发生有一定的时间差异，一般而言，纳税义务的发生具有滞后性。这在客观上为纳税人对整个经济活动的事前安排、事中控制、事后调整提供了一定的空间。企业的日常经济活动涉及筹资、经营、投资等多个方面，税收筹划人员在法律框架下，通过合理设计与安排来改变经济活动涉税本质，实现税负最小，进一步助推整体经济利益最大化。如果应税行为已经发生，应纳税款也已经确定，此时再去"谋求"税款的减少则为时已晚。例如经济活动中交易双方对增值税票权的争夺，若乙方不在应税行为发生之前对这一事项进行事前筹划，当出现甲方开票后不付款或以未开票为由不付款的情况时，乙方很可能出现无法收回货款但依然需要缴纳增值税的结果。

三、导向性

导向性是指企业的战略发展规划应当立足于国家宏观政策的引导，税收筹划是服务于企业的战略发展规划，因此，企业税收筹划的实施不仅要熟知现行税制的具体规定，还必须了解税制的立法精神和立法意图，以利于充分理解和把握政府税收立法原则和政策导向。由此观之，企业在进行税收筹划时，应当顺应国家税制的立法意图和政策导向，对鼓励什么、限制什么，差异何在，做到心中有数。

四、综合性

综合性是指纳税人在税收筹划过程中应当各方兼顾、统筹规划。从四个角度（经济活动涉税主体、涉税种类、经营环节、筹划方案）一个维度（时间跨度）综合考量。其中四个角度主要是指：

（1）涉税主体。税收筹划方案应当是基于多边关系形成的，而不是局限于单边利益。对于企业，每一项经济活动的开展都存在着多个契约方，保障各方税收利益的实现是税收筹划得以执行的必要前提。

（2）涉税种类。经济活动涉及多个税种，税收筹划要着眼于整体税负最小化，而不只是单个税种税负的减少。

（3）经营环节。税收筹划要立足于经济活动各环节，不能局限于单一环节税负的减轻，而要从整个经济活动出发，降低企业税负。

（4）筹划方案。税法的复杂性决定了筹划方案的多样性，只有提供两个以上筹划方案，才能供纳税人权衡，作出最利于企业发展的选择。

成功的税收筹划要求税收筹划人员对于时间跨度的把握游刃有余，它强调纳税人要立足于自身发展战略，制订符合其长远发展的筹划方案，同时关注国家相关法律法规的历史沿革和发展趋势，认清既定的政策导向，同时作出专业的预判。

五、专业性

专业性是指税收筹划方案的制订、执行，应当以专业素质为依托，主要包括两个方面：一方面，企业内部的税收筹划通常由财务部门专业会计人员完成。对于任何一个企业，会计核算都是对企业日常经济活动的反映与监督，而每一项经济活动都无一例外地与税收紧密相连，因而，税收筹划和会计核算具有极高的关联度，通过企业专业会计人员架设起两者之间的桥梁，有利于实现企业经济利益最大化。另一方面，在经济全球化的大背景下，世界范围内的贸易往来日趋频繁，面对复杂的国际税收环境，仅靠纳税人自身进行税收筹划难免显得捉襟见肘，力不从心。在这一形势下，会计师事务所、律师事务所、税务事务所、税务咨询公司，这些作为第三产业的税务代理、税务咨询业务应运而生，税收筹划朝着专业化的方向稳步发展。但是，需要强调的是，企业在委托第三方进行税收筹划时，应该保持自身的独立性，重视内部税收筹划团队的培养，不能过度依赖第三方。

六、风险性

风险性是指存在着多种不确定因素对预期的筹划结果产生不利影响。

（1）成本风险。税收筹划活动需要纳税人以人力、物力、财力为成本，而最终收益的获得可能远小于付出。

（2）专业技术人员素质、税收筹划技术手段、税收筹划时机选择和税收筹划时间跨度的确定等因素的风险，一旦出现误判，就可能导致单一税种筹划风险、单一目的筹划风险、单一方案筹划风险和单一时点筹划风险。

（3）征纳双方对税收筹划方案认定的差异风险同样不容忽视。由于税收筹划方案的成功与否最终取决于税务机关的裁定，因此，当企业在进行重大的税收筹划活动时，必须要积极及时地与税务机关进行沟通。

（4）委托第三方税收筹划存在的泄密风险。由于第三方税收筹划的前提是必须对企业的战略发展、规划、经营数据、涉税信息等资料进行全面了解。在这一情况下，第三方机构对企业的战略机密一览无余，一旦缺乏完善的保密协议和合理的制约机制，就会导致企业机密外泄。

需要指出的是企业开展的税收筹划活动不能有悖于自身的发展战略。企业一旦遭遇筹划失败，就会造成企业税收负担不减反增，甚至面临破产风险。

第五节　税收筹划的方法

一、税收筹划步骤

第一步：全面掌握纳税人信息，了解涉税经济活动。

由于纳税人性质及其涉税经济活动不尽相同，税收筹划人员在进行税收筹划时必须首先全面分析和掌握纳税人的组织形式、行业背景、经营范围、业务模式、财务状况、经营情况、投资管理意向以及未来发展战略；其次查阅与经济活动有关的会计信息、工商资料、原始凭证等，从时间维度全面了解涉税经济活动的形成与发展，以更好地把握经济活动未来的发展方向。在全面了解纳税人及其涉税经济活动全貌的基础上，寻找税收筹划的着力点，为税收筹划方案的制订奠定基础。例如，纳税人以房地产进行投资，税法规定暂免征收土地增值税，如果投、受资双方有任何一方具有房地产开发资质，则应当征收土地增值税。如果事先没有充分了解投、受资双方是否具有房地产开发资质，则这一筹划活动将失去意义。

第二步：全面掌握相关经济活动所涉及的税收法规。

基于对纳税人及涉税经济活动全貌的了解，税收筹划人员应全面掌握经济活动所涉及的税种、税率等税收要素和税收征管方式，大量阅读相关行业各项税收政策及规定。税收筹划的时效性要求税收筹划人员要了解税收法规的历史沿革，对现行税收法规进行缜密梳理，与此同时，在国家宏观政策调控的前提下，理解国家税收政策及精神，要对税收法规未来变化进行合理的预判。对于散见于人大常委会、国务院、财政部等国家部委颁发和其与国家税务总局联合发文以及地方政府的特殊规定同样需要全面掌握。同时，税收筹划方案也需要合乎其他经济法律的要求，比如公司法与合同法当中对各种经济活动的相关规定。

第三步：确立税收筹划目标。

首先，以纳税人整体战略为出发点，明确经济利益最大化是税收筹划的最终目标；其次，对上述信息进行综合分析，将税收筹划有机地融入纳税人整体战略中，确定各个环节的具体目标。通过一系列经济活动的安排，最大限度地控制税收风险；避免操作失误而导致涉税风险；避免遗漏利用优惠政策，而导致经济利益流出；降低经济活动各环节税收负担；最大化地获取资金时间价值，最终使税收筹划方向与纳税人未来发展方向一致。

第四步：制订税收筹划方案，作出最优选择。

纳税人结合自身战略目标制订税收筹划方案。税收筹划方案的制订首先必须进行可行性分析，得出是否可行的结论；其次税收筹划人员需要在税收法律法规框架下草拟多个方案，建立数学模型，对每个方案的应纳税额等因素进行计算，定量分析各个方案的优劣。同时，对经济活动所涉及合同的签订、会计原始凭证的获取、税务会计的处理作出事先考虑和安排，在综合权衡税收筹划成本和实施便利等因素对纳税人的影响后，最终选择企业承担税负最小、经济利益最大、最利于企业发展的方案。另外，一个完善的税收筹划方案一定要出具风险提示说明，制订备选方案。税收筹划方案和税收筹划备选方案必须在得到纳税人相关决策层批准和税务机关认可后方可实施。

第五步：税收筹划方案的实施及调整。

税收筹划方案在执行过程中，要及时监控出现的问题，对实施的效果进行即时评估，并根据实际情况作出适时调整。

最佳税收筹划方案是在特定的环境下形成的，税收法律法规的时效性是税收筹划的最大风险；纳税人战略目标的改变也是税收筹划的另一风险所在。在实际操作中，会出现某些变化有悖于之前的预判，因此，要及时判断其是否与税收筹划预期目标一致。同时，向税务机关和纳税人相关决策层反馈方案实施的差异信息，并根据实际状况适时地改进、调整方案，甚至可以启动备选方案，以便更好地适应当下的经济环境与相关政策，进一步保障税收筹划目标的实现。

二、税收筹划方法

我国税收筹划理论与实务界经过多年发展，对税收筹划方法的研究与实践已经相对完善，本书通过整理盖地、计金标、蔡昌、李大明等学者的观点，系统总结了税收筹划方法。

（一）税收优惠政策筹划方法

国家在制订具体的税收政策时，对于需要鼓励的经营活动或纳税人，通常会规定具体的税收优惠政策。纳税人利用税收优惠政策是税收筹划常用的方法之一。

1. 减税免税方法

减税免税主要是对某些纳税人和征税对象采取减少征税或者免予征税的特殊规定，尽量争取更多的减免税待遇、尽量使减免税期最长化，具体分为以下三种方式：

（1）税基式减免。税基式减免是指通过缩减税基的方式实现的减免税。主要有规定起征点、免征额和列举减免项目等方法。

（2）税率式减免。税率式减免是指通过降低税率的方式实现的减免税。包括对特定地区的纳税人降低税率、对特定产品或行业降低税率、对特定收入或所得降低税率等。

（3）税额式减免。税额式减免是指通过直接减少应纳税额的方式实现的减免税。主要有对应纳税额直接减少一定数额或减征一定比例等方式。[1]

与减免税容易混淆的概念还有不征税。如企业所得税不征税收入有：财政

---

[1]　李大明：《企业税收筹划原理与方法》，武汉大学出版社 2008 年版，第 71 ~ 72 页。

拨款、依法收取并纳入财政管理的行政事业性收费、政府性基金、国务院规定的其他不征税收入、专项用途财政性资金。

2. 扣除、抵免技术

税收筹划的扣除、抵免方法是纳税人在合乎税收法律法规的前提下，尽可能争取扣除项目最多化、扣除金额最大化、扣除最早化的谋划行为。本书以企业所得税为例，详细说明扣除方法的具体应用。企业所得税扣除方法以《企业所得税法》为既定框架，以收入总额、应纳税所得额、应纳税额为扣除基础，具体分为三个阶段。首先以收入总额为基础通过据实扣除、按比例扣除、加计扣除、加速折旧等方式，扣除不征税收入、免税收入、各项税前扣除项目，以及弥补允许扣除的以前年度亏损，或者减计收入得到应纳税所得额，在收入既定的情况下，税收筹划应着力于实现扣除金额最大，应纳税所得额最小；其次按一定比例直接扣除应纳税所得额，进一步缩小税基。例如，创业投资企业从事国家重点扶持和鼓励的创业投资，可以按投资额的一定比例抵扣应纳税所得额；最后应纳税额仍具有一定的抵免空间，例如，《企业所得税法》第二十三条规定："企业取得的下列所得已在境外缴纳的所得税税额，可以从其当期应纳税额中抵免，抵免限额为该项所得依照本法规定计算的应纳税额；超过抵免限额的部分，可以在以后五个年度内，用每年度抵免限额抵免当年应抵税额后的余额进行抵补：（一）居民企业来源于中国境外的应税所得；（二）非居民企业在中国境内设立机构、场所，取得发生在中国境外但与该机构、场所有实际联系的应税所得。"另外，《中华人民共和国企业所得税法实施条例》（以下简称《企业所得税法实施条例》）第一百条相关规定，企业购置并实际使用《环境保护专用设备企业所得税优惠目录》、《节能节水专用设备企业所得税优惠目录》和《安全生产专用设备企业所得税优惠目录》规定的环境保护、节能节水、安全生产等专用设备的，该专用设备投资额的10%可以从企业当年的应纳税额中抵免，当年不足抵免的，可以在以后5个纳税年度结转抵免。

上述的第一、第二层次指的是扣除方法，第三层次指的是抵免方法，企业所得税在计算、缴纳等环节均有不同的扣除、抵免规定。

此外，在增值税、营业税、消费税、房产税等税种中，也涉及诸多相关的扣除、抵免项目，例如《中华人民共和国增值税暂行条例》（以下简称《增值税暂行条例》）规定，应纳税额为当期销项税额抵扣当期进项税额后的余额；再者根据《财政部 国家税务总局关于增值税税控系统专用设备和技术维护费用抵减增值税税额有关政策的通知》（财税〔2012〕15号）的规定，自2012年12月1日起，增值税纳税人初次购买增值税税控系统专用设备支付的费用以及缴纳的技术维护费可在增值税应纳税额中全额抵减；在现行的消费税体系中，为了避免重复征税，若纳税人将外购应税消费品和委托加工收回的应税消费品继续生产应税消费品销售的，可以将外购应税消费品和委托加工收回应税消费品已缴纳的消费税予以扣除；针对房产税，《中华人民共和国房产税暂行条例》（以下简称《房产税暂行条例》）第三条规定，房产税依照房产税原值一次减除10%～30%后的余值计算缴纳。综上所述，合理地应用扣除方法有利于实现纳税人税负最小化、经济利益的最大化。

3. 退税方法

退税方法就是尽量争取获得退税待遇并使退税额最大化的节税方法。许多国家的税法都规定了投资退税、出口退税、先征后退等退税政策，纳税人在已缴纳税款的情况下，退税无疑会降低税负。

4. 行业差异筹划方法

税制设计也考虑行业性差异，国家对于特殊的行业有一定的税收倾斜政策，这是宏观调控和产业政策调整的要求。因此，客观上会造成不同行业的纳税人之间存在较大的税负差异。国家对于所支持的教育产业、信息产业、高新技术产业、环保产业、农牧业、第三产业等实施优惠政策。因此，纳税人可以响应国家号召，利用战略转移、经营调整等手段进入税收优惠行业并充分享受税收优惠。

（二）选择性条款筹划方法

选择性条款适用于以下情况，即对于同一纳税事项，因其前提条件发生变化而可以选择适用不同的税收政策，这就使得同一纳税事项会出现不同的纳税处理方式，这往往会形成税负的差别。因此，选择适用纳税最优化的税收条款可以取得较好的税收筹划效果。

选择性条款在税制中普遍存在，分布广泛，表现在诸多方面，如小规模纳税人与一般纳税人的选择权限、经营租赁与融资租赁的选择、经营范围的选择、经营地区的选择等。

我国税法对征税对象有明确的界定，在一定条件下合理安排企业的经济行为和业务内容及纳税事项，避免其进入纳税范围，则可以合理规避税收支出，甚至彻底免除纳税义务。例如，我国现行消费税的征税范围比较窄，仅对14类消费品征税。因此，在纳税范围上可以进行适当的筹划，即企业在投资决策时，可避开上述消费品，而选择其他符合国家产业政策，在流转税及所得税方面有优惠政策的产品进行投资。实际上，有很多高档消费品并没有被列入消费税征税范围，在市场前景看好的情况下，企业也可以选择此类项目投资，以规避消费税。如，财政部、国家税务总局《关于调整消费税政策的通知》（财税

〔2014〕93 号）规定"取消汽车轮胎税目；取消酒精消费税等"；《关于对电池 涂料征收消费税的通知》（财税〔2015〕16 号）规定"自 2015 年 2 月 1 日起对电池、涂料征收消费税"。纳税人可以选择税收政策扶持的领域开展经营活动，进行税收筹划。

国际上存在一些税率较低、税收优惠政策多、税负较轻的国家和地区，比如巴哈马、百慕大、巴拿马、摩纳哥等。同样，我国的经济特区、国务院批准的经济技术开发区、新技术产业园区、边境对外开放城市、高新技术产业开发区、保税区、国家旅游度假区、老少边穷地区等地区也属于低税区，纳税人可以选择在低税区注册公司，开展经济活动，这样就可以减轻税负，实现经济利益最大，但需要指出的是各国的税务当局对这些避税地也给予了"特别关注"，纳税人的税收筹划方案需要周全考虑，严谨实施。

（三）缺陷性条款筹划方法

缺陷性条款筹划方法是纳税人利用税制结构内部体系的不协调与不完善之处，在合法的条件下，合理规避税收的行为。面对税制上的缺陷性条款，对于征管方而言，需要不断完善税制，弥补税收法律法规中的缺陷；而对于纳税人而言，充分利用这一缺陷，在不违法的前提下争取实现税负最小化，企业经济利益最大化，也是理性经济人的必然选择。

当前对于房产再转租行为是否缴纳房产税的相关规定就存在一定的缺陷性。承租人租入房屋再转租是否需要缴纳房产税，《房产税暂行条例》中没有明确说明，只在条例第二条规定"房产税由产权所有人缴纳"，模糊的规定让各地地方税局对条例的解读和对上述行为的规定相去甚远，云南省、浙江省、江苏省等地规定转租行为人不需要缴纳房产税，但是吉林省规定对转租行为人实行差额征税。税收法律法规的漏洞为纳税人提供了税收筹划空间，纳税人可通过底价租入，高价再转租的方式合理地规避房产税，从而降低税负。

另外，"挂靠"也是一种常见的税收筹划形式，即企业或个人通过挂靠享受国家税收优惠政策，以利用这些产业或企业的名义争取税收减免的一种方法。这种方法已被许多企业所认同和采用。《增值税暂行条例》《中华人民共和国进出口关税条例》规定，对大中院校、科研单位和专门从事科学研究的机构进口的仪器、仪表等，免征进口关税与增值税。

（四）转化方法

转化方法是指纳税人通过安排经济活动，灵活地转化经济活动形式，达到减轻税负的目的。

（1）通过改变收入性质降低税收负担。例如纳税人出租闲置仓库，租金收入主要涉及增值税、房产税的缴纳，如果将这一租赁业务合理转化为提供仓储服务，收入性质的变化将使得纳税人缴纳的税负发生变化。

（2）通过转换雇员的身份降低税收负担。例如在企业的人事结构中，员工、股东、债权人这些身份可能存在重叠，具有较大的转化空间，而对其相应支出的工资薪金、股息红利、利息支出，在企业所得税应纳税所得额的计算中具有不同的扣除标准，在个人所得税中不同的收入类型纳税标准也不同。

（3）通过转变销售标的物性质降低税收负担。例如纳税人转让国有土地使用权这一行为主要缴纳增值税与土地增值税，针对这一情况，纳税人可将土地使用权作价投资成立一家全资子公司，然后将公司股权作价销售，以达到转让土地使用权的目的，这一经济活动在投、受资双方均不具备房地产经营资质的情况下可以成功规避土地增值税。再例如纳税人销售自产建筑材料适用增值税最高一档税率，而将建材用于修建不动产后再销售则可以适用较低一档税率。因此，纳税人可以通过转变销售标的物性质以适用较低税负政策来减少税收负担。

（4）通过转化费用（支付）性质降低税收负担。例如企业在各种融资渠道中，如企业自我积累、向银行或金融机构贷款、企业之间拆借、向社会或企业内部发行债券、吸收入股等方式中，应尽量提高债权性融资比重，转化费用性质，扩大财务费用，增大企业所得税税前扣除额。

（5）通过转化资产转移性质降低税收负担。例如，归属于同一投资主体的 A、B 两家公司，B 公司欲将一处国有土地使用权转移至 A 公司（A、B 双方均不具备房地产开发资质），以销售、捐赠、投资三种方式转移，A 公司作为土地使用权产权承受人均需要缴纳契税。若 B 公司采用划转方式进行资产转移，则根据《财政部 国家税务总局关于继续执行企业 事业单位改制重组有关契税政策的公告》（财税〔2021〕17 号）第六条规定："同一投资主体内部所属企业之间土地、房屋权属的划转，包括母公司与其全资子公司之间，同一公司所属全资子公司之间，同一自然人与其设立的个人独资企业、一人有限公司之间土地、房屋权属的划转，免征契税。"B 公司可以规避契税。

综上所述，转化方法的使用使纳税人的税负产生了较大的差异，也在一定程度上显现了税收筹划的空间。

（五）分拆方法

分拆方法是指依据国家税收法律法规或政策规定，对经营活动产生的计税依据进行分拆。例如，电梯生产企业，销售电梯并提供安装服务，取得的收入可以分为销售电梯收入和安装电梯收入。"营改增"之前，安装电梯属于建筑安装业，按3%税率缴纳营业税，"营改增"之后，安装电梯适用9%的增值税税率。两者均将收入分拆，前者分拆成增值税、营业税两种不同税种；后者将同一税种分拆成两个不同税率。

也可以将涉税财产进行分拆，以减小适用高税率税种的税基。例如，纳税人在销售房屋时需要缴纳土地增值税，为了减轻土地增值税沉重的税收负担，纳税人将收入分拆成销售家具收入和销售房屋收入，以适用不同的税种和税率。

或者将征税对象进行分拆，以增大扣除。例如，纳税人获得一笔劳务报酬所得，需要预缴个人所得税，为了减轻税负导致的资金占用压力，将劳务报酬所得分拆后分次取得，增大计税依据的扣除额度或频度，降低适用的预扣预缴税率，从而减小需要预缴的税额。

需要指出的是，纳税人利用分拆法进行税收筹划时，必须在经济活动发生之前，即在合同签订时就规定好拆分的方式和比例。

（六）税负转嫁方法

税负转嫁是纳税人将自己的税收负担全部或部分转移给其他人的过程，在税收筹划中，通过各种合法途径，将税负转移给他人承担，可以消除或减轻企业负担，这也是税收筹划的一种方法。

税负转嫁既可以视为避税方法的一种特殊类型（税负转移避税），也可以作为独立的税收筹划方法。

按照税负转嫁的不同途径，一般可以将税负转嫁分为以下形式。

（1）顺转即纳税人将其所纳税款，通过提高商品或生产要素价格的方法，向前转移给商品或生产要素的购买者或最终消费者负担的一种形式。一般来说，前转是税负转嫁最典型和最普遍的形式，多发生在商品和劳务的应税行为上。如对某个生产环节的消费品课税，生产厂商提高出厂价，将税负转嫁给批发商，批发商提高批发价，将税负转嫁给零售商，零售商再提高零售价，将税负转嫁给消费者。在这一过程中，名义上的纳税人是生产厂商，而税负的实际承担者是商品和劳务的消费者。税负顺转方法一般适用于市场紧俏的生产要素或知名品牌商品。

税负顺转方法很难将企业所有税负都实现转嫁。从实践情况来看，能够进行顺转的，主要是那些难以查定税源的商品，即那些征税时无法确定其最终负担者的税种。比如对香烟缴纳的消费税，香烟的消费者实际上是香烟消费税的承担者，但由于预先并不能确定每包香烟的消费者（或购买者），因而只能以香烟为标准，以其制造者和贩卖者为纳税人，由制造者和贩卖者将税负转移给消费者和购买者。类似香烟消费税的还有其他消费税、关税、营业税等税种，它们的共同点在于，税款可以加在商品价格上，通过提高产品售价的方法将税负转移给消费者，实现税负转嫁。

（2）逆转即纳税人将其所纳税款，通过压低生产要素进价的方法，向后转移给生产要素的提供者负担的一种形式。后转一般是在市场供求条件不允许纳税人以提高商品销售价格的办法向前转移税收负担时发生的，而且大多发生在生产要素的应税行为上。对某个零售环节的消费品课税，零售商要求批发商降低购货的进价，将税负转嫁给批发商，批发商再降低购货的出厂价，将税负转嫁给生产厂商，生产厂商再降低原材料或者劳动力的价格。在这一过程中，名义上的纳税人是零售商，而实际的税负承担者是商品和劳务的供应者。逆转的一种特殊形式叫税收资本化，最突出的例子是对土地交易征税。政府征收土地税，土地购买者便会将预期应纳的土地税折入资本，将税负转嫁给土地出售者，从而表现为地价下降。此后，名义上虽由土地购买者按期纳税，但实际上税款是由土地出售者负担。

（3）消转，亦称税收转化，即纳税人对其所纳税款，既不向前转嫁，也不向后转嫁，而是通过改善经营管理、改进生产技术、延长劳动时间、压低工薪的方法，自己消化税收负担。因为消转并没有把税负转移给他人，也没有特定的赋税人，因而严格地说，消转是一种特殊的税负转嫁形式。

（七）公司组织形式选择法

企业组织形式不同，其账务处理和税负也不尽相同，考虑采用有利的公司组织形式是税收筹划常用的方法之一。

公司组织形式可以从以下两个角度进行划分：

（1）按信用基础分类。公司组织形式按公司信用基础的差别分为人合公司、资合公司、人合兼资合公司。人合公司是自然人，是个人担保性质的，这类形式是一种人的结合，而不是资本的结合。人合公司在会计师事务所、律师事务所、经纪业等行业和个体工商户中较为常见。人合公司可以看作是具有法人外衣的合伙制企业，一旦破产以全部个人财产作数，承担无限责任，无限责任公司是典型的人合公司。资合公司是法人，主要是指有限责任公司和股份有限公司，是资本担保性质的，一旦破产，以全部注册资本作数，不涉及个人财产。而就企业的纳税情况而言，人合公司属于合伙企业的范畴，按规定，合伙企业的合伙人，按照合伙协议约定的分配比例确定每个合伙人的应纳税所得额，分别征收个人所得税；而资合企业以企业的生产经营所得和其他所得，扣除税收法律法规中允许扣除的项目，缴纳企业所得税；人合兼资合公司则分别涉及企业所得税和个人所得税。一般来讲，从总体税负上资合企业与人合企业、人合兼资合企业有明显区别，企业应综合衡量税负高低，考虑采用最有利的组织形式。

（2）按照控制（内部关系）分类。根据一个公司对另一个公司的控制关系，将公司分为母公司与子公司；根据公司内部间的关系，可将公司分为总公司与分公司（非法人）。分公司和子公司由于出资不同，各自的法律地位也不同，子公司具有法人资格，而分公司一般都不具有法人资格。当公司企业发展到一定规模时，为扩大经营规模，通常在不同地区设立分支机构，从涉税角度讲，两类分支机构各有利弊。通常情况下，子公司以独立法人身份向新的注册地进行投资，可以享受当地政府提供的各种税收优惠待遇，例如子公司所处地区不同而引起的税率高低的差异。而分公司不具有法人身份，它只是作为总公司的组成部分派往外地，因而不能获得当地政府给予的税收优惠；与此同时，分公司的收入、成本费用等财务数据都汇入总公司账目，与总公司实行汇总纳税申报。这样，如果总公司内部的分公司中，可能存在初期亏损的分公司，则在汇总纳税时，总公司和各分公司可以盈亏互抵，产生较好的亏损抵税效应，降低纳税人税收负担。鉴于上述的分公司与子公司的税收分析，企业可以依据投资资金状况实际情况，选择适宜的分支机构组织形式。

（八）企业重组法

企业重组是指企业在日常经营活动以外发生法律结构或者经济结构重大改变的交易，包括企业法律形式改变、债务重组、股权收购、资产收购、合并、分立等。本书以合并、分立为例阐述纳税人利用企业重组进行税收筹划的原理。

（1）企业通过合并改变组织形式及股权关系，实现税负降低的筹划方法。一是合并后的企业可以进入新领域、新行业，税收待遇自然不同；二是合并有大量亏损的企业，可以盈亏抵补，实现低成本扩张；三是企业合并可以实现关联性企业或上下游企业流通环节的减少，合理规避流转税和印花税；四是企业合并可能改变纳税主体性质。譬如，企业可能因为合并而由小规模纳税人变为一般纳税人，或由内资企业变为中外合资企业。

企业合并可能实现资产转移环节税负减小。例如，当 A 企业以一处国有土地使用权投资 B 企业（A、B 企业一方具有房地产开发资质），则根据《国家税务总局关于营改增后土地增值税若干征管规定的公告》（国家税务总局公告 2016 年第 70 号）第二条"纳税人将开发产品用于职工福利、奖励、对外投资、分配给股东或投资人、抵偿债务、换取其他单位和个人的非货币性资产等，发生所有权转移时应视同销售房地产"，A 企业视同销售房地产，需缴纳土地增值税。若 B 企业按照公司法规定的程序合并 A 企业，则根据财政部、国家税务总局《关于继续实施企业改制重组有关土地增值税政策的公告》（财政部〔2021〕21 号）第二条"按照法律规定或者合同约定，两个或两个以上企业合并为一个企业，且原企业投资主体存续的，对原企业将房地产转移、变更到合并后的企业，暂不征土地增值税。"第五条"上述改制重组有关土地增值税政策不适用于房地产开发企业"规定，当 A 企业具有房地产开发资质，则 A 企业按增值部分缴纳土地增值税；若 A 企业不具有房地产开发资质，即使 B 企业是房地产企业，该合并行为也无须缴纳土地增值税。

（2）企业分立实现财产和所得在两个或多个纳税主体之间分割，或者有效改变组织形式，降低企业整体税负。一是企业分立为多个纳税主体，可以形成有关联关系的企业群，实施集团化管理和系统化筹划；二是企业分立可以将兼营或混合销售中的低税率业务或零税率业务独立出来，合理节税；三是企业分立使适用累进税率的纳税主体分化成两个或多个适用低税率的纳税主体；四是企业分立可以增加一道流通环节，有利于流转税抵扣及转让定价策略的运用。

企业分立可能实现资产转让环节税负减小。例如，当 A 企业以一处国有土地使用权投资成立 B 企业，按《中华人民共和国契税法》（以下简称《契税法》）规定，作为土地使用权产权承受的 B 企业需要缴纳契税。若 A 企业将投资成立企业行为转变为企业分立行为，把 A 企业分立出 A1 企业，并将土地使用权作为 A1 企业的资产，则根据《财政部　国家税务总局关于继续执行企业　事业单位改制重组有关契税政策的公告》（财税〔2021〕17 号）第四条规定"公司依照法律规定、合同约定分立为两个或两个以上与原公司投资主体相同的公司，对分立后公司承受原公司土地、房屋权属，免征契税"纳税人可以规避契税。

综上所述，企业不仅在常规经济活动中可以通过合并、分立的方式进行税收筹划减轻企业税负，而且当增值税、消费税、营业税等发生视同销售情况时，也可以通过合并、分立方式进行税收筹划。需要指出的是，实践中基于公司面临复杂的债权结构，企业合并、分立协议的达成并非易事。

（九）延期纳税方法

递延纳税是纳税人根据税法的规定可将应纳税款推迟一定期限缴纳。递延纳税虽不能减少应纳税额，但纳税期的推迟可以使纳税人无偿使用这笔款项而不需支付利息，对纳税人来说等于是降低了税收负担，纳税期的递延有利于资金的周转，节省了利息的支出，还可使纳税人享受通货膨胀带来的好处，因为延期后缴纳的税款由于通货膨胀币值下降，更加降低了实际的税额。纳税人在某一年内取得特别高的所得，有可能被允许将这些所得平均分散到数年之后去计税和纳税，或是对取得高所得年度应纳税款采用分期缴纳的方式，以避免纳税人的税负过重。若允许纳税人对其营业财产采用初期折旧或自由折旧法可以减少折旧额高的年度的应税所得，从而实现延期纳税，鼓励投资。如国家规定公司国外投资所得只要留在国外不汇回，就可以暂不纳税，那么把国外投资所得留在国外，就会有更多的资金可供利用，将来可取得更多的收益。税收递延的途径很多，纳税人可充分利用税法给予的优惠，积极创造自身条件，在遵守法律规范的前提下进行税收筹划，享受应得的税收实惠。

（十）价格转让法

价格转让亦称转让价格、转让定价。它是指两个或两个以上有经济利益关系的经济实体（关联企业）为共同获取更多利润和更多地满足经济利益的需要，以内部价格进行的销售（转让）活动。内部价格即转让定价，是关联各方之间在交易往来中人为确定的价格。这是避税实践中最基本的方法。企业（经济实体）之间的经济往来有两种情况：一是没有经济利益联系的企业之间经济往来；二是有经济利益联系的企业之间经济往来。前者在购销活动中不易在价格方面做文章（一般由市场供求关系决定其价格），后者之间会经常发生大量的交易往来，不论是内部定价还是协商定价，都是非常复杂的问题，局外人很难获得定价的真实资料。为确保双方或集团（公司）的最大利润，其价格会有扭曲现象，可能高于或低于成本，甚至根本不考虑成本。价格转让法一般都是在后者之间的业务往来中采用。经济合作与发展组织（OECD）的《转让定价指南》明确："转让定价对纳税人和税务部门均具有重要意义，因为它们在很大程度上决定了在不同税制国家中各关联企业的收入、支出以及应纳税利润。"

关联企业之间转让定价的动机有税务动机和非税务动机。前者如减轻公司所得税、预提税、关税和增加外国税收抵免额等动机，后者如进入和控制市场、调节利润、转移资金、避免外汇奉献、加速成本回收和利润汇回、侵占合资方利益等动机。

（十一）税务会计法

会计是一项经济管理活动，税务会计在处理涉税经济活动时作出的不同选择会对纳税人的税收成本、涉税风险等造成不同的影响。例如，A企业发生了一项"买一赠一"的促销活动，每出售一台电冰箱赠送一个电饭煲，已知冰箱成本1 000元，售价1 200元，电饭煲成本100元，售价120元。针对该业务税务会计处理一般分为以下三种（单位：元）。

1.（1）按赠送处理：

借：银行存款　　　　　　　　　（1 200 + 1 200 × 13%）1 356
　　　贷：主营业务收入　　　　　　　　　　　　　　　　1 200
　　　　　应交税费——应交增值税（销项税额）（1 200 × 13%）156
借：主营业务成本　　　　　　　　　　　　　　　　　　1 000
　　　贷：库存商品——冰箱　　　　　　　　　　　　　　1 000

（2）赠送电饭煲：

借：营业外支出——捐赠支出　　　　（100 + 120 × 13%）115.6
　　　贷：库存商品——电饭煲　　　　　　　　　　　　　　100
　　　　　应交税费——应交增值税（销项税额）（120 × 13%）15.6

2.（1）按促销处理：

借：银行存款　　　　　　　　　（1 200 + 1 200 × 13%）1 356
　　　贷：主营业务收入　　　　　　　　　　　　　　　　1 200
　　　　　应交税费——应交增值税（销项税额）（1 200 × 13%）156
借：主营业务成本　　　　　　　　　　　　　　　　　　1 000
　　　贷：库存商品——冰箱　　　　　　　　　　　　　　1 000

（2）促销费用：

借：销售费用——业务宣传费　　　　　　　　　　　　　　100
　　　贷：库存商品——电饭煲　　　　　　　　　　　　　　100

3. 按捆绑销售处理：

借：银行存款　　　　　　　　　（1 200 + 1 200 × 13%）1 356
　　　贷：主营业务收入　　　　　　　　　　　　　　　　1 200
　　　　　应交税费——应交增值税（销项税额）（1 200 × 13%）156
借：主营业务成本　　　　　　　　　　　　　　　　　　1 100
　　　贷：库存商品——冰箱　　　　　　　　　　　　　　1 000
　　　　　　　　——电饭煲　　　　　　　　　　　　　　100

在上述方法中，按赠送处理，将赠品支出视同销售，纳税人没有收到同等收入的情况下，这一处理给其造成了一定的涉税风险，如按方法二，将赠品的支出作为销售费用处理，在与税务机关达成一致的情况下，该处理可避免增值税的缴纳。而方法三将其作为捆绑销售业务，将赠品支出直接入成本，将涉税风险降到了最低，成功规避了赠品产生的增值税的视同销售。

需要指出的是，特别纳税调整是税务机关对以上税收筹划方法的修正。一方面纳税人利用税收法律法规合理巧妙安排经济活动，进行税收筹划，以减轻税收负担，另一方面税务机关积极开展反避税活动，以减少税收流失，企业所得税法中关于特别纳税调整的规定就是税务机关进行反避税的鲜明举措。特别纳税调整的范围是指，企业与其关联方之间的业务往来不符合独立交易原则而减少企业或者其关联方应纳税收入或者所得额的，税务机关有权按照合理方法调整。企业与其关联方共同开发、受让无形资产，或者共同提供、接受劳务发生的成本，在计算应纳税所得额时应当按照独立交易原则进行分摊。税务机关可以利用可比非受控价格法、再销售价格法、成本加成法、交易净利润法、利润分割法等符合独立交易原则的方法对关联企业所得不实的情况进行调整；当企业不提供与其关联方之间业务往来资料，或者提供虚假、不完整资料，未能真实反映其关联业务往来情况的，税务机关核定其应纳税所得额；企业实施以减少、免除或者推迟缴纳税款为主要目的的安排而减少其应纳税收入或者所得额的，税务机关有权按照合理方法调整，补征税款并加收利息。

第二章

增值税税收筹划

　　增值税是以货物、劳务、服务以及无形资产不动产在流转过程中产生的增值额作为征税对象而征收的一种流转税。1979 年我国开始在部分城市试行增值税，1984 年我国颁布了《中华人民共和国增值税条例（草案）》，正式确立实行增值税制度。2004 年开始在部分地区试点并于 2008 年全面进行增值税转型改革，由生产型增值税逐渐转变为消费型增值税；2011 年底国家决定在上海试点"营改增"工作，2016 年 5 月 1 日，金融业、建筑业、房地产业和生活性服务业四大行业全部纳入"营改增"，"营改增"全面完成；2018 年减税降费政策实施以来，增值税进入深化改革阶段，成为减税降费的重点。纵观我国增值税制度的改革历程，增值税的改革一直围绕着扩大征收范围、降低并简并税率、畅通抵扣链条、完善税收优惠、健全退税制度等方向进行。

　　在我国增值税制度的改革历程中，增值税的征税范围不断扩大，覆盖多个行业和众多的经济活动，与其相关的税率级次较多，相应的税收优惠政策规定也较为复杂，在一定程度上会增加企业会计核算的难度，造成相关的税收负担。在诸多因素的影响下，增值税税收筹划成为纳税人越来越重视的一项工作。

第一节　增值税纳税人的税收筹划

一、纳税人的法律界定

　　由于增值税的征收管理制度不同，增值税的纳税人又分为一般纳税人和小规模纳税人。不同的纳税人，计税方法和征管要求也不同。

一般纳税人是指年应征增值税销售额，超过财政部、国家税务总局规定的小规模纳税人标准的企业和企业性单位，除另有规定外，其应向主管税务机关申请一般纳税人资格认定。而小规模纳税人是指年销售额在规定标准以下，并且会计核算不健全，不能按规定报送有关税务资料的增值税纳税人。这两类纳税人的一般划分标准为：自 2018 年 5 月 1 日起年应税销售额 500 万元（含）以下的为小规模纳税人。其中年应税销售额是指不含增值税的销售额，包括纳税人在连续不超过 12 个月或 4 个季度的经营期内累计应征增值税销售额，主要为纳税申报销售额、稽查查补销售额、纳税评估调整销售额。对于销售服务、无形资产或者不动产有扣除项目的纳税人来说，其年应税销售额按未扣除之前的销售额计算。此外须注意纳税人偶然发生的销售无形资产、转让不动产的销售额，不计入年应税销售额。

在某些特殊情况下，年应税销售额未超过上述规定标准以及新开业的纳税人，也可以向主管税务机关申请一般纳税人资格认定，对提出申请并且符合下列规定的纳税人可准予其办理一般纳税人资格认定：第一，有固定生产经营场所。第二，能够按照国家统一的会计制度规定设置账簿，根据合法、有效凭证核算，能够提供准确税务资料。另外，年应税销售额超过小规模纳税人标准的其他个人按小规模纳税人纳税。非企业性单位，年应征增值税销售额超过规定标准但不经常发生应税行为的单位和个体工商户，亦可选择按小规模纳税人纳税。旅店业和饮食纳税人销售非现场消费的食品，属于不经常发生增值税应税行为，根据《中华人民共和国增值税暂行条例实施细则》（以下简称《增值税暂行条例实施细则》）的规定，可以选择按小规模纳税人缴纳增值税，兼有销售货物、提供加工修理修配劳务以及应税服务，且不经常发生应税行为的单位和个体工商户可选择按照小规模纳税人纳税。

销售货物或者提供加工、修理修配劳务、提供有形动产租赁服务的一般纳税人的增值税基本适用税率为 13%，少数几类货物适用 9% 的低税率，提供交通运输业、邮政业、基础电信、建筑、不动产租赁服务，销售不动产，转让土地使用权的一般纳税人增值税基本适用税率是 9%，提供现代服务业服务（不包括有形动产租赁服务）、增值电信服务、金融服务、生活服务、销售无形资产（含转让补充耕地指标，不含转让土地使用权）的一般纳税人增值税基本适用税率是 6%，一般纳税人允许进项税额抵扣。小规模纳税人适用 3% 的征收率，不得抵扣进项税额。

二、纳税人的税收筹划

由于不同类别纳税人的税率和征收方法不同，产生了进行纳税人筹划的空间。纳税人可以根据自己的具体情况，在一般纳税人或小规模纳税人之间作出选择。

一般纳税人与小规模纳税人的适用税率和计税方法是不同的。在销售收入相同的情况下，一般纳税人与小规模纳税人的税收负担状况孰高孰低，在很大程度上取决于毛利率，所谓毛利率即是产品不含税销售额减不含税成本购进额之差与产品不含税销售额之比。从上述税法规定可以看出，在销售额既定的情况下，小规模纳税人应缴税款即已确定，但一般纳税人的应缴税款还需依据其可抵扣的进项税额与需缴纳的销项税额而定。在销项税额既定的情况下，可抵扣的进项税额与应缴税款成反比；或者说，假设进项税额既定，则销项税额与应缴税款成正比。在一个特定的毛利率下，增值税一般纳税人与小规模纳税人应缴税款数额相同，我们把这个特定的毛利率称为"无差别平衡点毛利率"。当毛利率低于这个点时，增值税一般纳税人的税负低于小规模纳税人；当毛利率高于这个点时，增值税一般纳税人的税负高于小规模纳税人。

以不含税销售额计算"无差别平衡点毛利率"：设 X 为毛利率，S 为不含税销售额，P 为不含税购进额，并假定一般纳税人适用税率为 13%，小规模纳税人适用征收率为 3%。

一般纳税人毛利率为：$X = (S - P) \div S$

一般纳税人应纳增值税 $= S \times 13\% - P \times 13\%$

$$= S \times X \times 13\%$$

小规模纳税人应纳增值税 $= S \times 3\%$

两种纳税人纳税额相等时，即

$$S \times X \times 13\% = S \times 3\%$$

$$X = 23.08\%$$

当毛利率低于"无差别平衡点毛利率"23.08% 时，一般纳税人的税负低于小规模纳税人，即成为一般纳税人可以节税。当毛利率高于"无差别平衡点毛利率"23.08% 时，一般纳税人的税负高于小规模纳税人，即成为小规模纳税人可以节税。企业可以按照本企业的实际购销情况，根据以上情况作出选择。

用同样的方法可计算出其他部分"无差别平衡点毛利率"，如表 2－1 所示。

表 2-1 无差别平衡点毛利率 单位：%

项目	一般纳税人税率	小规模纳税人征收率	无差别平衡点毛利率
销售货物；提供加工、修理修配劳务；提供有形动产租赁服务	13	3	23.08
农产品、图书、自来水、饲料等	9	3	33.33
交通运输业、邮政业、基础电信服务	9	3	33.33
提供现代服务业服务（不包括有形动产租赁服务）、增值电信服务	6	3	50.00

纳税人可以计算企业产品的毛利率，按适用的税率查表。若毛利率高于"无差别平衡点毛利率"，可以通过企业分立选择成为小规模纳税人；若毛利率低于"无差别平衡点毛利率"，可以通过合并选择成为一般纳税人。

【例2-1】甲、乙两个企业均为工业企业小规模纳税人，加工生产机械配件。甲企业年销售额为400万元，年可抵扣购进货物金额350万元，乙企业年销售额为430万元，年可抵扣购进货物金额375万元（以上金额均为不含税金额，进项可取得增值税专用发票）。由于两个企业年销售额均达不到一般纳税人标准，税务机关对两企业均按小规模纳税人简易方法征税，征收率为3%。甲企业年应纳增值税12万元（=400×3%），乙企业年应纳增值税12.9万元（=430×3%），两企业年应纳增值税共为24.9万元（=12+12.9）。

根据"无差别平衡点毛利率"原理，甲企业的毛利率（不含税毛利率，下同）为12.5%［=（400-350）÷400］，小于"无差别平衡点毛利率"23.08%，选择作为一般纳税人税负较轻。乙企业毛利率为12.79%［=（430-375）÷430］，同样小于"无差别平衡点毛利率"23.08%，选择作为一般纳税人税负较轻。因此，甲、乙两个企业如通过合并方式，组成一个独立核算的纳税人，年应税销售额830万元，符合一般纳税人的认定资格。企业合并后，年应纳增值税13.65万元［=（400+430）×13%-（350+375）×13%］，可减轻税负11.25万元（=24.9-13.65）。

从上述"无差别平衡点毛利率"的计算及相关的案例分析当中，还需关注几个问题：

第一，"无差别平衡点毛利率"的计算是基于理论假设，所以其结果是在一定的条件限定下形成的。计算"无差别平衡点毛利率"，是基于纳税人所有的进项税额获得均来自购进货物这一假设，而在实际的经营活动当中，纳税人的日常经济活动极具复杂性，特别是随着"营改增"的深入，获取进项税额的渠道也多样化，脱离现实的假设也使得"无差别平衡点毛利率"的应用具有一定的局限性。

第二，税收筹划的最终目标是实现纳税人经济利益的最大化，而不仅是税负的最小化。纳税人经营的目标是追求经济利益的最大化，这就决定其必须根据市场需求不断扩大生产和经营规模，塑造自身的品牌实力，除此之外，小规模纳税人无法开具增值税专用发票的制约，也将使其丧失一定的市场竞争力。这种情况下，由于小规模纳税人的身份很难实现经济利益最大化，极少数企业会选择长期作为小规模纳税人，纳税人筹划的空间也将急剧缩小。

第三，小规模纳税人无法抵扣进项税额，若该企业的销项税额小于进项税额，显然企业登记为一般纳税人更有利于利润的最大化。这种情况多发生于企业刚刚成立时或企业购置大量机器设备用于开拓新业务时，此时有大量的进项税额可以抵扣，而收入相对很少。

【例 2－2】甲企业为交通运输业小规模纳税人（交通运输业一般纳税人的税率为 9%，小规模纳税人的征收率为 3%）2020 年经营状况良好，应税服务年销售额预计将超过小规模纳税人的规定标准 500 万元，但甲企业在生产经营过程中很难获得增值税专用发票，无法抵扣进项税额。因此，如果甲企业成为一般纳税人将面临沉重的增值税税收负担。在这一情况下，有何办法能使其增值税负最小化、经济利益最大化？

方案一：甲企业预测出年销售额将超过小规模纳税人标准，那么在销售额超过小规模纳税人标准之前，可通过企业分立的形式将甲企业分立成甲和甲1两个企业（也可分立为两个以上的企业）。根据《国家税务总局关于纳税人资产重组有关增值税问题的公告》（国家税务总局公告 2011 年第 13 号）规定，纳税人在资产重组过程中，通过合并、分立、出售、置换等方式，将全部或者部分实物资产以及与其相关联的债权、负债经多次转让后，最终的受让方与劳动力接收方为同一单位和个人的，仍适用《国家税务总局关于纳税人资产重组有关增值税问题的公告》（国家税务总局公告 2011 年第 13 号）的相关规定，其中货物的多次转让行为均不征收增值税。这一情况下企业分立的资产转让无须缴纳增值税，同时销售收入的合理划分也使其避免了在下一年度成为增值税一般纳税人。

方案二：在实际的经济活动当中，由于企业分立具有较大的阻力，如果甲企业的销售额确定已超过小规模纳税人的既定标准，而其在纳税年度终了之前又无法成功分立，则其在 2021 年就将成为一般纳税人。在这一情况下，甲企业可在 2021 年投资成立一家全资子公司乙，乙公司登记为小规模纳税人并且企业所得税采用定率征收，甲企业将经营业务全部转移至乙公司，以此将自身税收负担最小化。当然，这一行为在成功减轻增值税负的情形下，也在一定程度上限制了企业的发展规模及品牌效应形成，同时会引起企业所得税的变化。企业需要权衡利弊，作出最有利于自身的选择。

方案三：甲企业以一般纳税人的方式存续，并且持续生产经营，同时成立一家全资子公司乙，乙公司登记为小规模纳税人并且企业所得税采用定率征收。母子公司内部通过完善进项税额管理机制，将产生进项税额的生产经营业务尽可能地集中在甲企业，使甲企业实际税负控制在合理范围内；乙企业作为小规模纳税人将承担剩余无进项税额抵扣部分的经营业务。从而实现企业内部的综合税负最小化，经济利益的最大化。

上述这一业务在企业实际的生产经营活动当中时有发生，而纳税人结合上述三种方案，以及自身的发展战略，可以作出最有利于企业长远发展的选择。

第二节　增值税计税依据的税收筹划

一、计税依据的法律界定（以一般纳税人为例）

在一般情况下，一般纳税人应纳增值税额的计算公式是：

应纳增值税额＝当期销项税额（含视同销售）－（当期进项税额－进项税额转出）－上期留抵税额

（一）销项税额

销项税额是指纳税人销售货物或者提供应税劳务和应税服务，按照销售额或提供应税劳务和应税服务收入及规定的税率计算并向购买方收取的增值税额。其计算公式为：

销项税额＝销售额×税率

（特殊情况下，销项税额＝组成计税价格×税率）

由上述公式可知，销项税额的大小主要取决于销售额和适用税率两个方面，在税率既定的前提下，销项税额的大小主要取决于销售额。

从定义出发，销售额是纳税人销售货物或者提供应税劳务和应税服务向购买方收取的全部价款和价外费用。价外费用是指价外向购买方收取的手续费、补贴、基金、集资费、返还利润、奖励费、违约金、延期付款利息、滞纳金、赔偿金、包装费、包装物租金、储备费、优质费、运输装卸费、代收款项、代垫款项及其他各种性质的价外收费。上述价外费用无论其在会计制度上如何核算，均应并入销售额计税。但下列项目不包括在内：

（1）受托加工应征消费税的消费品所代收代缴的消费税。

（2）同时符合以下两个条件的代垫运费：

①承运部门的运费发票开具给购买方的。

②纳税人将该项发票转交给购买方的。

（3）同时符合以下条件代为收取的政府性基金或者行政事业性收费：

①由国务院或者财政部批准设立的政府性基金，由国务院或者省级人民政府及其财政、价格主管部门批准设立的行政事业性收费。

②收取时开具省级以上财政部门印制的财政票据。

③所收款项全额上缴财政。

（4）销售货物的同时代办保险等而向购买方收取的保险费，以及向购买方收取的代购买方缴纳的车辆购置税、车辆牌照费。

（5）向购买方收取的销项税额。

另外，针对包装物，根据税法规定，纳税人为销售货物而出租出借包装物收取的押金，单独记账核算的，时间在一年以内，又未过期的，不并入销售额征税，但对因逾期未收回包装物不再退还的押金，应按所包装货物的适用税率计算销项税额。"逾期"是指按合同约定实际逾期或以 1 年为期限，对于收取 1 年以上的押金，无论包装物周转使用期限长短，无论是否退还均并入销售额征税。《国家税务总局关于加强增值税征收管理若干问题的通知》（国税发〔1995〕192 号）规定，从 1995 年 6 月 1 日起，对销售除啤酒、黄酒外的其他酒类产品而收取的包装物押金，无论是否返还以及会计上如何核算均应并入当期销售额征税，对于销售啤酒、黄酒所收取的押金，按上述一般押金的规定处理。

应当注意的是，根据国家税务总局的规定，对增值税一般纳税人（包括纳税人自己或代其他部门）向购买方收取的价外费用以及包装物押金，应视为含税收入，在征税时将其换算成不含税收入再并入销售额。

这里的销售额是指不包含增值税的销售额，纳税人销售货物或者应税劳务采用销售额和销项税额合并定价方法的，应当按照以下公式计算不含税销售额：

$$不含税销售额 = 含税销售额 \div (1 + 税率)$$

销售额以人民币计算。纳税人以外币结算销售额的，应当折合成人民币计算。折合率可以选择销售额发生的当天或者当月 1 日的人民币汇率中间价。纳税人应当在事先确定采用何种折合率，确定后 12 个月内不得变更。

纳税人销售货物、提供应税劳务或者应税服务的价格明显偏低或者偏高且不具合理商业目的的，或者发生视同销售、视同提供应税劳务及应税服务而无销售额的，主管税务机关有权按下列顺序确定销售额：

第一，按纳税人最近时期同类货物的平均销售价格确定。

第二，按其他纳税人最近时期同类货物的平均销售价格确定。

第三，按组成计税价格确定，计算公式为：

$$组成计税价格 = 成本 \times (1 + 成本利润率)$$

属于应征消费税的货物，其组成计税价格应加上消费税税额。公式为：

$$组成计税价格 = 成本 \times (1 + 成本利润率) + 消费税税额$$

或者：

$$组成计税价格 = [成本 \times (1 + 成本利润率) + 从量计征的消费税税额]$$
$$\div (1 - 消费税税率)$$

在上式中，"成本"分为两种情况：属于销售自产货物的为货物的实际生产成本；属于销售外购货物的为货物的实际采购成本。"成本利润率"由国家税务总局确定。

（二）视同销售

视同销售货物或视同提供应税劳务、服务行为，属于增值税征税范围的特殊行为。单位或者个体工商户的下列行为，视同销售货物：

（1）将货物交付其他单位或者个人代销。

（2）销售代销货物。

（3）设有两个以上机构并实行统一核算的纳税人，将货物从一个机构移送至其他机构用于销售，但相关机构设在同一县（市）的除外；"用于销售"是指受货机构发生以下情形之一的经营行为：

①向购货方开具发票。

②向购货方收取货款。

受货机构的货物移送行为有上述两项情形之一的，应当向所在地税务机关缴纳增值税；未发生上述两项情形的，则应由总机构统一缴纳增值税。

如果受货机构只就部分货物向购买方开具发票或收取货款，则应当区别不同情况计算并分别向总机构所在地或分支机构所在地缴纳税款。

（4）将自产或者委托加工的货物用于非增值税应税项目（"营改增"全面推行后，实际上已不存在非增值税应税项目）。

（5）将自产、委托加工的货物用于集体福利或者个人消费。

（6）将自产、委托加工或者购进货物作为投资，提供给其他单位或者个体工商户。

（7）将自产、委托加工或者购进货物分配给股东或者投资者。

（8）将自产、委托加工或者购进货物无偿赠送其他单位或者个人。

提示：①自 2019 年 1 月 1 日起至 2022 年 12 月 31 日止，对单位或者个体工商户将自产、委托加工或购买的货物通过公益性社会组织、县级及以上人民政府及其组成部门和直属机构，或直接无偿捐赠给目标脱贫地区的单位和个人，免征增值税。

②根据国家税务总局《关于土地价款扣除时间等增值税征管问题的公告》（国家税务总局公告 2016 年第 86 号）规定：纳税人出租不动产，租赁合同中约定免租期的，不属于视同销售服务。

③药品生产企业销售自产创新药的销售额，为向购买者收取的全部价款和价外费用，其提供给患者后续免费使用的相同创新药，不属于增值税视同销售范围。

（9）单位或者个体工商户向其他单位或者个人无偿提供应税服务，但用于公益事业或者以社会公众为对象的除外。

（10）单位或者个人向其他单位或者个人无偿转让无形资产或者不动产，但用于公益事业或者以社会公众为对象的除外。

（11）财政部与国家税务总局规定的其他情形。

上述 11 种行为应该确定为视同销售货物行为，均要征收增值税。

（三）可以抵扣的进项税额

进项税额是购进货物、无形资产不动产或者接受应税劳务和应税服务支付或负担的增值税税额。增值税的核心就是用纳税人收取的销项税额抵扣其支付的进项税额，其余额为纳税人实际应缴纳的增值税额。需要注意的是，并不是纳税人支付的所有进项税额都可以从销项税额中抵扣。

由于在增值税的计算中，进项税额是作为销项税额的减项在公式中出现的，故哪些可以抵扣，哪些不可以抵扣就成为必须掌握的重要问题。凭票抵扣是增值税管理的重要特点，但是在某些特殊情况下，允许纳税人按符合规定的非增值税专用发票（如农产品收购发票、农产品销售发票等）自行计算进项税额扣除。

1. 凭票抵扣

（1）从销售方或提供方取得的增值税专用发票（含税控机动车销售统一发票）上注明的增值税税额。

（2）从海关取得的海关进口增值税专用缴款书注明的增值税税额。

（3）自境外单位或者个人购进劳务、服务、无形资产或者境内的不动产，从税务机关或者扣缴义务人处取得的代扣代缴税款的完税凭证上注明的增值税税额。

（4）收费公路通行费增值税电子普通发票上注明的进项税额。

（5）购进国内旅客运输服务取得的增值税电子普通发票上注明的进项税额。

2. 计算抵扣

（1）购进农产品的进项税的计算抵扣。

购进方没有取得增值税专用发票、海关进口增值税专用缴款书，但可以自行计算进项税额抵扣的情况——购进农产品，除取得增值税专用发票或者海关进口增值税专用缴款书外，按照农产品收购发票或者销售发票注明的农产品买价和规定的扣除率计算进项税额抵扣。进项税额抵扣公式：

$$进项税额 = 买价 × 扣除率$$

上式中的"买价"是指纳税人购进农产品在农产品收购发票或者销售发票上注明的价款。公式中的"扣除率"自 2019 年 4 月 1 日起调整为 9%，但购进后用于深加工适用基本税率的目的货物的，扣除率有不同的规定。针对纳税人购进农产品用于生产或委托加工 13% 税率货物的，在 9% 扣除率的基础上加计 1% 扣除，实际扣除率为 10%。

（2）桥闸通行费的进项税计算抵扣。

通行费，是指有关单位依法或者依规设立并收取的过桥和过闸费用。具体规定为：

$$可抵扣进项税额 = 桥闸通行费发票（不含财政票据）上注明的金额$$
$$÷ (1 + 5\%) × 5\%$$

（3）购进国内旅客运输服务的进项税计算抵扣。

纳税人允许抵扣的国内旅客运输服务进项税额，是指纳税人 2019 年 4 月 1 日及以后实际发生，并取得合法有效增值税扣税凭证注明的或依据其计算的增值税税额。以增值税专用发票或增值税电子普通发票为增值税扣税凭证的，为 2019 年 4 月 1 日及以后开具的增值税专用发票或增值税电子普通发票。

3. 核定抵扣

2012 年 7 月 1 日起，以购进农产品为原料生产销售液体乳及乳制品、酒及酒精、植物油的增值税一般纳税人，纳入农产品增值税进项税额核定扣除试点范围，其购进农产品无论是否用于生产上述产品，增值税进项税额均按照《农产增值税进项税额核定扣除试点实施办法》的规定抵扣。上述规定以外的纳税人，其购进农产品仍按现行增值税的有关规定抵扣农产品进项税额。

（四）进项税额不得抵扣的具体规定和处理方法

纳税人购进货物或者接受应税劳务和应税服务，取得的增值税扣税凭证不符合法律、行政法规或者国务院税务主管部门有关规定的，其进项税额不得从销项税额中抵扣。所称增值税扣税凭证，是指增值税专用发票（含税控机动车销售统一发票）、海关进口增值税专用缴款书、农产品收购发票和农产品销售发票、收费公路通行费增值税电子普通发票以及从税务机关或者境内代理人取得的解缴税款的税收缴款凭证。

1. 不得抵扣的具体规定

按《增值税暂行条例》和"营改增"的规定，下列项目的进项税额不得从销项税额中抵扣：

（1）用于简易计税方法计税项目、免征增值税应税项目、集体福利或者个人消费的购进货物、应税劳务、服务、无形资产和不动产。

其中涉及的固定资产、无形资产、不动产，仅指专用于上述项目的固定资产、无形资产（不包括其他权益性无形资产）、不动产。但是发生兼用于上述不允许抵扣项目情况的，该进项税额准予全部抵扣。另外纳税人购进其他权益性无形资产无论是专用于简易计税方法计税项目、免征增值税项目、集体福利或者个人消费，还是兼用于上述不允许抵扣项目，均可以抵扣进项税额。

（2）非正常损失的购进货物及相关的应税劳务和服务。

（3）非正常损失的在产品、产成品所耗用的购进货物和相关的应税劳务及服务。

（4）非正常损失的不动产和不动产在建工程，以及该不动产或不动产在建工程所耗用的购进货物、设计服务和建筑服务。

（5）特殊政策规定不得抵扣的进项税，包括购进的贷款服务、餐饮服务、居民日常服务和娱乐服务。此外保险公司以现金支付赔付，其进项税额不得抵扣。

2. 不得抵扣增值税进项税额的具体处理方法

（1）购入时不予抵扣。

（2）已抵扣进项税额后改变用途、发生非正常损失、出口不得免征和抵扣税额——作进项税额转出处理。

（3）向供货方收取的返还收入——追加冲减进项税额处理。

二、计税依据的税收筹划

（一）销项税额的税收筹划

1. 销售方式的税收筹划

销售方式是指企业以何种形式将产品销售出去。产品的销售方式多种多样，随着经济的发展，产品的销售方式也将越来越多。在产品销售过程中，纳税人对销售方式有自主选择权，这为利用不同销售方式进行纳税筹划提供了可能。销售方式不同，往往适用不同的税收政策，也就存在着税收待遇差别的问题。

（1）采取折扣方式销售。

折扣方式销售是指销售方为达到促销的目的，在向购货方销售货物或提供劳务时，因为购货方信誉较好、购货数额较大等原因而给予购货方一定的价格优惠的销售形式。折扣方式销售一般分为折扣销售、销售折扣和销售折让三种方式。

折扣销售在税法中的定义是指销货方在销售货物或提供应税劳务和应税服务时，为鼓励对方多购买而给予购买方价格上的优惠形式。折扣销售也称商业折扣。由于折扣销售发生在销售行为之前，销售价格多以合同形式约定形成，因此作为计税依据的销售额多为扣除折扣额后的余额。根据税法规定，采取折扣销售方式，如果销售额和折扣额在同一张发票上的"金额栏"分别注明，可以以销售额扣除折扣额后的余额作为计税金额；如果销售额和折扣额不在同一张发票上体现或仅在"备注栏"注明，无论企业在财务上如何处理，均不得将折扣额从销售额中扣除。

折扣销售一般都从销售价格中直接扣减，即购买方所付的价款和销售方所收的货款，都是按打折以后的售价来计算的。需要注意的是，折扣销售仅限于货物价格的折扣，如果销售者将自产、委托加工和购买的货物用于实物折扣的，则该实物款不能从货物销售额中减除，且该实物应按增值税条例"视同销售货物"中的"赠送他人"计算征收增值税。

销售折扣在税法中的定义是指销货方在销售货物或提供应税劳务的行为发生后，为尽快收回资金而给予购买方价格上的优惠形式。如10天内付款，货款折扣2%；20天内付款，折扣1%；30天内全价付款等。销售折扣又称现金折扣，销售折扣发生在销货之后，是一种融资性质的理财费用，因此销售折扣不得从销售额中减除。

销售折让是指货物销售后，由于产品质量、性能或规格不符合购方要求等方面的原因，购货方虽没有退货，但要求给予的一种价格上的优惠。根据税法规定，销售折让可以从货物或应税劳务的销售额中扣除，以其余额计缴增值税。如果销售方已开具增值税专用发票，并且购买方已经认证后发生销售折让的则销货方需开具红字专用发票，根据国家税务总局《关于修订〈增值税专用发票使用规定〉的通知》（国税发〔2006〕156 号）和《关于修订增值税专用发票使用规定的补充通知》（国税发〔2007〕18 号）首先应当由购买方填报《开具红字增值税专用发票申请单》并在申请单上填写具体原因以及对应蓝字发票的信息，交由主管税务机关，主管税务机关审核后出具《开具红字增值税专用发票通知单》购买方做进项转出处理，然后销货方开具红字专用发票并将该笔业务的相应的记账凭证复印件报送主管税务机关备案。

综合分析上述折扣方式，折扣销售与销售折扣均由销售方发起，而销售折让的发起方则是购买方，采取不同的折扣方式进行销售对纳税人的增值税税负影响是不尽相同的，任何一个纳税人都应当结合自身所处的经济环境、发展战略等各因素，明确税收筹划的最终目标，合理选择最适合于自身的折扣方式，从而实现税负最小化，经济利益的最大化。

（2）还本销售。

还本销售是指销货方将货物出售之后，按约定的时间一次或分次将购货款部分或全部退还给购货方，退还的货款即为还本支出。这种方式实际上是一种以货物换取资金的使用价值，到期还本不付息的筹集资金方式。税法规定，纳税人采取还本方式销售货物的，不得从销售额中减除还本支出。

（3）以旧换新。

以旧换新是指纳税人在销售货物时，以一定的价格同时回收相关的旧货，以达到促销目的。根据税法规定，纳税人采取以旧换新方式销售货物的，应按新货物的同期销售价格计缴税款，但考虑到金银首饰以旧换新业务的特殊情况，对金银首饰以旧换新业务，可以按销售方实际收取的不含增值税的全部价款征收增值税。无论纳税人在财务上怎样处理，除金银首饰外的旧货物支出均不得从销售额中扣除。

（4）以物易物。

以物易物是一种较为特殊的购销活动，是指购销双方不是以货币结算，而是以同等价款的货物相互交换，实现货物购销的一种方式。税法规定，以物易物双方都应作购销处理，以各自发出的货物核算销售额并计算销项税额，以各自收到的货物按规定核算购货额并计算进项税额。

（5）代理销售。

代理销售通常有两种方式：一是收取手续费的方式，即受托方根据代销的商品数量向委托方收取手续费，这对受托方来说是一种劳务收入，需要缴纳增值税；二是视同买断，即委托方不采用支付手续费的方式委托代销商品，而是通过制定较低的协议价格鼓励受托方买断商品，受托方再以较高的市场价格对外销售。如果委托方为了统一市场价格，执意要求受托方按一定的市场价格销售，那么双方可以调整协议价格以得到满意的合作结果。这种情况下，受托方无须缴纳增值税，但委托方、受托方之间的流通环节应视为正常销售行为，需要缴纳增值税。两种代销方式下，委托双方的税务处理及总体税负水平不同，合理选择代销方式可以达到合法节税的目的。

【例 2 – 3】方案一：A 商贸公司用收取手续费的方式为 B 制衣公司代销品牌服装，销售单价为 1 000 元每件，每销售 1 件收取手续费 200 元。A 商贸公司在第一季度共销售服装 100 件，收取手续费 20 000 元。不考虑城市维护建设税及教育费附加。

假设 A 商贸公司无进项税额，则

A 商贸公司应缴纳增值税 = $20\,000 \div (1 + 6\%) \times 6\% = 1\,132.08$（元）。

假定 B 制衣公司的进项税额为 7 000 元，则

B 制衣公司承担的增值税 = $1\,000 \times 100 \div (1 + 13\%) \times 13\% - 7\,000 - 1\,132.08 = 3\,372.34$（元）。

两家公司承担的增值税合计 = $1\,132.08 + 3\,372.34 = 4\,504.42$（元）。

方案二：如果 A 商贸公司按视同买断方式为 B 制衣公司代销品牌服装，B 制衣公司按 800 元每件售给 A 商贸公司，A 商贸公司再按 1 000 元每件对外销售。第一季度 A 商贸公司共销售服装 100 件，则双方的纳税额计算如下：

假设 A 商贸公司无其他进项税额，则

A 商贸公司应缴纳增值税 = $100 \times 1\,000 \div (1 + 13\%) \times 13\% - 100 \times 800 \div (1 + 13\%) \times 13\% = 2\,300.88$（元）。

假定 B 制衣公司的进项税额仍为 7 000 元，则 B 制衣公司承担的增值税 = $100 \times 800 \div (1 + 13\%) \times 13\% - 7\,000 = 2\,203.54$（元）。

两家公司承担的增值税合计为 4 504.12 元（ = $2\,300.88 + 2\,203.54$）。

比较上述两种方式，A、B 双方增值税的总体税负相同，将受托方委托方分开来看，委托方在视同买断方式下所缴增值税与收取手续费方式相比减少了 1 168.8 元（ = $3\,372.34 - 2\,203.54$），受托方在收取手续费方式下所缴增值税与视同买断方式相比减少了 1 168.8 元（ = $2\,300.8 - 1\,132.08$）。因此，在代理销售业务中，视同买断方式于委托方而言更有利，收取手续费方式于受托方而言更有利，双方应视情况争取于自身而言更有利的代理销售方式。

2. 销售价格的税收筹划

产品的销售价格对企业来说至关重要。在市场经济条件下,纳税人有自由定价的权利。纳税人可以利用定价的自由权,制定"合理"的价格,从而获得更多的收益。

与税收筹划有关的定价策略有两种表现形式:一种是与关联企业间合作定价,目的是减轻企业间的整体税负;另一种是主动制定一个稍低一点的价格,以获得更大的销量,从而获得更多的收益。

但需要注意的是,对于自由定价权的运用,纳税人必须合理把握尺度,税务机关有权对于异常价格采取组成计税价格的方式重新核定,大大缩小了自由定价所带来的税收筹划空间。

【例2-4】2016年2月,甲公司与乙公司形成了一笔交易,甲公司欲向乙公司购买一批生产用车,每辆车的销售价款应为40万元。为规避一部分车辆购置税的缴纳,双方经过协商,乙公司将车定价为26万元,剩余14万元则以出售汽车零配件的方式向甲公司开具增值税专用发票。该方法是否可行,能否成功规避这一部分的车辆购置税?

方案:从车辆购置税的角度分析,甲、乙两家公司协商,试图通过将车辆销售额一分为二,降低车价以减少车辆购置税的缴纳,这一分拆法的运用从理论上说是可行的。原价40万元,需缴纳车辆购置税4万元(=40×10%),如果将车辆定价为26万元,则可少缴纳车辆购置税1.4万元〔=(40-26)×10%〕。但在现实操作过程当中,主管税务机关对于该车辆的最低定价为38万元,在这一情况下,乙公司26万元的定价是不会被主管税务机关所认可的,如果乙公司将车价定为38万元,剩余2万元以销售汽车零配件的方式出售,那么可少缴纳车辆购置税0.2万元〔=(40-38)×10%〕。

由此可见,对于纳税人而言,"自由"定价权是有限的,税务机关在定价上的严格把控也使得通过这一方法进行税收筹划的空间大大缩小。

从税法的角度分析,销项税额的计算取决于销售额和适用税率两个因素,在适用税率既定的前提下,销项税额的大小主要取决于销售额的大小。销售额是指纳税人销售货物或者提供应税劳务和应税服务向购买方收取的全部价款和价外费用,并不简单地等同于产品的销售价格。

【例2-5】甲公司为食品加工生产企业,2019年1月将一批产品出售给乙公司,价款为20万元,收到带息商业承兑汇票22.6万元。6个月后,甲公司将商业汇票承兑,共收到总金额为27.6万元。甲公司就该项业务应采取何种会计处理方式?同时应当注意哪些税收问题?

方案:从财务会计的角度分析,甲公司应当采取的处理方式一般为

（单位：万元）：

（1）收到票据：

借：应收票据   22.6

  贷：主营业务收入   20

    应交税费——应交增值税（销项税额） 2.6

（2）承兑票据：

借：银行存款   27.6

  贷：应收票据   22.6

    财务费用   5

但是，如果甲公司采用此种记账方式，从税务会计的角度分析是存在一定涉税风险的。商业承兑汇票所产生的利息收入 5 万元虽然不是产品价款的一部分，但它属于价外费用，是该项经济活动销项税额计税依据的组成部分。因此，从税务会计的角度分析：甲公司应当采取的处理方式一般为（单位：万元）：

（1）收到票据：

借：应收票据   22.6

  贷：主营业务收入   20

    应交税费——应交增值税（销项税额） 2.6

（2）承兑票据：

借：银行存款   27.6

  贷：应收票据   22.6

    财务费用 $(5 - 5 \div 1.13 \times 13\%)$ 4.42

    应交税费——应交增值税（销项税额）

                $(5 \div 1.13 \times 13\%)$ 0.58

3. 销售地点的税收筹划

（1）地域界定，如表 2-2 所示。

表 2-2   地域界定

要点	具体规定
属于在境内销售服务、无形资产或者不动产的行为	①服务（租赁不动产除外）或者无形资产（自然资源使用权除外）的销售方或者购买方在境内 - 以销售方或者购买方位置区分境内与境外； ②所销售或者租赁的不动产在境内 - 以不动产位置区分境内与境外； ③所销售自然资源使用权的自然资源在境内 - 以自然资源位置区分境内与境外； ④财政部和国家税务总局规定的其他情形

续表

要点	具体规定
不属于在境内销售服务、无形资产或者不动产的行为	①境外单位或者个人向境内单位或者个人销售完全在境外发生的服务； ②境外单位或者个人向境内单位或者个人销售完全在境外使用的无形资产； ③境外单位或者个人向境内单位或者个人出租完全在境外使用的有形动产； ④财政部和国家税务总局规定的其他情形

（2）筹划要点。

筹划要点在于应税交易行为的发生地是否处于境内，如果应税交易行为同时在境内与境外发生，则最好将两种经济业务分别签订合同。

例如，境外一咨询公司与境内某公司签订咨询合同，就这家境内公司开拓境内、境外市场进行实地调研并提出合理化管理建议，境外咨询公司提供的咨询服务同时在境内和境外发生，属于在境内销售服务。如果分别就境内、境外市场实地调研并签订咨询合同，则境外咨询合同收入属于境外发生的服务，不属于我国增值税的征收范围。

4. 结算方式的税收筹划

应税销售行为纳税义务发生时间的具体规定：

（1）采取直接收款方式销售货物的，不论货物是否发出，均为收到销售款或者取得索取销售款凭据的当天。

（2）采取托收承付和委托银行收款方式销售货物的，为发出货物并办妥托收手续的当天。

（3）采取赊销和分期收款方式销售货物的，为书面合同约定的收款日期的当天，无书面合同的或者书面合同没有约定收款日期的，为货物发出的当天。

（4）采取预收货款方式销售货物，为货物发出的当天，但生产销售生产工期超过12个月的大型机械设备、船舶、飞机等货物，为收到预收款或者书面合同约定的收款日期的当天。

（5）委托其他纳税人代销货物，为收到代销单位的代销清单或者收到全部或者部分货款的当天。未收到代销清单及货款的，为发出代销货物满180天的当天。

（6）销售应税劳务，为提供劳务同时收讫销售款或者取得索取销售款的凭据的当天。

（7）纳税人发生除将货物交付其他单位或者个人代销和销售代销货物以外的视同销售货物行为，为货物移送的当天。

（8）纳税人提供租赁服务采取预收款方式的，其纳税义务发生时间为收到预收款的当天。

（9）纳税人从事金融商品转让的，为金融商品所有权转移的当天。

（10）纳税人发生视同销售服务、无形资产或者不动产情形的，其纳税义务发生时间为服务、无形资产转让完成的当天或者不动产权属变更的当天。

【例2－6】A公司以生产化妆品为主，以一个月为一个纳税期限。预计5月28日销售化妆品10 000盒给B商场，不含税单价为每盒100元。单位销售成本为40元。预计销售费用为50 000元。增值税税率为13%，消费税税率为15%，企业所得税税率为25%，城市维护建设税税率为7%，教育费附加征收率为3%。假设A公司与B商场均为增值税一般纳税人，所有购销业务均开具增值税专用发票。请比较A公司在不同销售结算方式下的税务方案的差异性。

解析：在选择销售结算方式时，A公司有以下几种方案。

方案一：直接收款销售结算。

5月28日，无论是否收到货款，A公司都应该确认收入，计算缴纳增值税、消费税和企业所得税。此方案的优点是可以在销售货物的同时及时收到货款，能够保证企业取得现金后再支出税金。

方案二：分期收款销售结算。

若预计5月28日无法及时取得货款，A公司可以采取分期收款的销售结算方式。假设将上述货款平均分成4个月收取，每个月收取250 000元，合同约定分别在6月、7月、8月、9月各月的10日收取货款。销售费用50 000元在6月发生。

如购销双方签订的书面合同约定收款日期为6月20日，则5月28日发出货物时美华公司无须确认收入，到6月20日再确认收入，缴纳税款。此方案虽然不能减少纳税总额，也未增加税后净收益总额，但可以延迟纳税义务发生时间，减轻企业资金支付压力。

方案三：委托代销结算。

若A公司于5月28日将化妆品委托给B商场代销，合同约定B商场以单价100元销售，每销售一盒化妆品可提取4元作为手续费（商场在交付销售清单时开具普通发票给A公司）。A公司5月的销售费用则减少为10 000元。A公司于7月20日收到B商场的代销清单，上列已销售数量为8 000盒，不含税价款为80 000元。B商场扣除手续费后，将余款通过银行支付给A公司。

5月28日，由于A公司尚未收到销售清单，所以无须确认该笔业务收入，也不需要计算缴纳相关税金，但5月发生的销售费用10 000元可以在计算5月的应纳税所得额时扣除。

7月20日，A公司收到B商场的代销清单时，确认收入并计算缴纳税金。

根据上述案例，可以得到以下结论：

（1）若预期在商品发出时可以直接收到货款，则企业选择直接收款方式较好；若商品紧俏，则选择预收货款销售方式更好，可以提前获得一笔流动资金又无须提前纳税。

（2）若预期在发出商品时无法及时收到货款，企业采取直接收款方式，则会出现现金净流出，表现为企业账面利润不断增加的同时，流动资金却严重不足。企业为了维持生产可以向银行贷款解决资金问题，但又需要承担银行利息，加上尚未收到的货款还存在坏账风险，所以，财务风险大大增加。此时宜选择分期收款或赊销结算方式，一方面可以减轻销售方的财务风险；另一方面也可以减轻购买方的付款压力。

（3）与自营销售相比，委托代销可以减少销售费用总额，还可以推迟收入确认的实现时间。但同时，委托代销可能使纳税人对受托方产生依赖性，一旦受托方出现问题，这种方式就可能给纳税人的生产经营活动带来很大危害。

（二）视同销售的税收筹划

所谓视同销售行为是指，企业利用其生产、委托加工或外购的货物进行非销售处理时（如捐赠），国家为保证税收链条（特别是增值税）的完整；防止企业滥用税收优惠政策规避国家税收，而强制对企业发生的非销售行为按正常销售征税的一种征管手段。视同销售涉及的税种有：增值税、消费税和企业所得税等。

从增值税的角度分析，纳税人发生的视同销售行为均需要缴纳增值税，而且其销售额的认定一般为市场平均销售价格或者是组成计税价格。与正常销售行为不同的是，视同销售对于纳税人而言并不产生收入，这就意味着在无法形成现金流入的情况下，纳税人还需支付相应的增值税额，因此，视同销售行为的发生会使纳税人产生较大的税收负担。另外，税法相关规定对于视同销售行为具有明确的导向性，在增值税税收筹划的过程中，纳税人同样需要重视相关的税收法律法规，所从事的经济活动更不要违背税制设计的意图和导向，尽量规避视同销售行为的发生，或者合理控制视同销售发生的销售金额有利于实现纳税人税负最小化，经济利益最大化。

【例2-7】甲企业为一家大型交通运输企业，2019年经营状况较为良好，年底购入一批新车，不含税价为200万元。2020年企业管理层年初准备以该批新车投资成立一家全资子公司。2016年1月，该批新车的平均销售价格为250万元（不含税）。针对这一行为，甲企业所在地主管税务机关要求其将该投资行为按照视同销售的相关规定缴纳相应的增值税税款。有何办法能够使甲企业成功规避这一税收负担?

方案:首先对案例进行简单分析,甲企业以购进新车投资成立一家全资子公司,该批新车应作为甲企业的视同销售货物缴纳相应的增值税,甲企业视同销售行为应纳增值税额为 6.5 万元(= 250 × 13% - 200 × 13%)。当然,该投资行为并不会对企业造成真正意义上的税收负担,在子公司成立之后,母公司视同销售产生的销项税额即为子公司可抵扣进项税额,企业内部的实际增值税税负为零。但缴纳税款会造成企业资金的流出,对企业的现金流产生一定的影响,并且从货币时间价值的角度分析,该项经济活动认定为视同销售也会对企业产生一定的负面影响。

在这一情况下,根据《国家税务总局关于纳税人资产重组有关增值税问题的公告》(国家税务总局公告 2011 年第 13 号)规定:"纳税人在资产重组过程中,通过合并、分立、出售、置换等方式,将全部或者部分实物资产以及与其相关联的债权、负债和劳动力一并转让给其他单位和个人,不属于增值税的征税范围,其中涉及的货物转让,不征收增值税。"甲企业可通过分立方式分立出甲1,然后将新车转让至甲1,那么该项经济活动就不会被视作视同销售行为,甲企业可成功地规避增值税的缴纳。

【例 2 - 8】2020 年年终大促销,甲商场举行了"买一赠一"的促销活动,每出售一台电冰箱赠送一个电饭煲,已知单台冰箱成本 1 000 元,不含税售价为 1 200 元,单个电饭煲成本 100 元,不含税售价 120 元。在活动期间冰箱的销售数量为 1 000 台,在这种情况下,甲商场对该项业务应当如何处理才能使得税负最小化?

方案:针对该项经济活动,甲商场一般的会计处理主要分为以下三种(单位:元):

1.(1)按赠送处理:

借:银行存款 (1 200 × 1 000 + 1 200 × 1 000 × 13%) 1 356 000

　　贷:主营业务收入 (1 200 × 1 000) 1 200 000

　　　　应交税费——应交增值税(销项税额)

　　　　　　　　　　　　(1 200 × 1 000 × 13%) 156 000

借:主营业务成本 (1 000 × 1 000) 1 000 000

　　贷:库存商品——冰箱 (1 000 × 1 000) 1 000 000

(2)赠送电饭煲:

借:营业外支出——捐赠支出

　　　　　　　(100 × 1 000 + 120 × 1 000 × 13%) 115 600

$$贷：库存商品——电饭煲　　　　　　（100×1 000）100 000$$

应交税费——应交增值税（销项税额）

$$（120×1 000×13\%）15 600$$

2.（1）按促销处理：

借：银行存款　（1 200×1 000+1 200×1 000×13%）1 356 000

　　贷：主营业务收入　　　　　　　　（1 200×1 000）1 200 000

　　　　应交税费——应交增值税（销项税额）

$$（1 200×1 000×13\%）156 000$$

借：主营业务成本　　　　　　　　　（1 000×1 000）1 000 000

　　贷：库存商品——冰箱　　　　　　（1 000×1 000）1 000 000

（2）促销费用：

借：销售费用——业务宣传费　　　　（100×1 000）100 000

　　贷：库存商品——电饭煲　　　　　（100×1 000）100 000

3. 按捆绑销售处理：

借：银行存款　（1 200×1 000+1 200×1 000×13%）1 356 000

　　贷：主营业务收入　　　　　　　　（1 200×1 000）1 200 000

　　　　应交税费——应交增值税（销项税额）

$$（1 200×1 000×13\%）156 000$$

借：主营业务成本　　　　　　　　　（1 100×1 000）1 100 000

　　贷：库存商品——冰箱　　　　　　（1 000×1 000）1 000 000

　　　　　　　——电饭煲　　　　　　（100×1 000）100 000

在上述的会计处理方法中，按赠送处理，将赠品支出视同销售，在商场没有收到同等收入的情况下，这一处理给其造成了较大的税收负担，而且根据《国家税务总局关于确认企业所得税收入若干问题的通知》（国税函〔2008〕875号）第三条的规定："企业以'买一赠一'等方式组合销售本企业商品的，不属于捐赠，应将总的销售金额按各项商品的公允价值的比例来分摊确认各项的销售收入。"虽然在增值税相关规定中尚没有明确说明，"买一赠一"行为不属于无偿赠送的行为，但企业所得税中的相关规定具有一定的参考价值。同时，按促销处理计入销售费用也有会被税务机关认定为视同销售的风险。综合上述因素考虑，在这一情况下企业的会计处理方式一定要恰当，将此项经济活动作为捆绑销售业务，把赠品支出直接入成本，涉税风险降到最低，同时成功规避了视同销售产生的应纳增值税额。

【例2-9】某市建材生产企业为增值税一般纳税人，2020年该企业有一批售价为2 000万元（不含税）的自产建筑材料存货（钢筋水泥和地板），该批材料的生产成本为 1 500 万元，其中可抵扣的增值税进项税为 117 万元。此外该企业还有 1 000 平方米的闲置土地，企业取得该土地的土地使用权时支付的成本为 1 000 万元。现有以下两种方案供企业选择。

方案一：该企业委托建筑企业在本企业自有的空闲用地上以该批材料建造住房，建造完成后支付建筑企业建造费用 500 万元，预计该企业销售住房收入共 8 000 万元（不含税）。

上述业务中该企业本年应纳税款如下：

增值税销项税额：$8\ 000 \times 9\% = 720$（万元）；

增值税进项税额：$117 + 500 \times 9\% + 1\ 000 \times 9\% = 252$（万元）；

应纳增值税额：$720 - 252 = 468$（万元）；

缴纳城市维护建设税及附加：$468 \times (7\% + 3\% + 2\%) = 56.16$（万元）；

应交印花税：$8\ 000 \times 0.05\% = 4$（万元）；

扣除项目金额：$1\ 500 + 500 + 1\ 000 + 56.16 + 4 = 3\ 060.16$（万元）；

增值额：$8\ 000 - 3\ 060.16 = 4\ 939.84$（万元）；

增值率：$4\ 939.84 \div 3\ 060.16 = 161.42\%$；

应纳土地增值税额：$4\ 939.84 \times 50\% - 3\ 060.16 \times 15\% = 2\ 010.90$（万元）；

税负总额：$468 + 56.16 + 4 + 2\ 010.90 = 2\ 539.06$（万元）；

税后净利润：$8\ 000 - 1\ 500 - 500 - 1\ 000 - 56.16 - 4 - 2\ 010.90 = 2\ 928.94$（万元）。

方案二：该企业直接将自产产品和土地使用权用于销售，自产产品销售价款为 2 000 万元，土地使用权转让价款为 5 000 万元。

上述业务中该企业本年应纳税款如下：

增值税销项税额：$2\ 000 \times 13\% + 5\ 000 \times 9\% = 710$（万元）；

增值税进项税额：$117 + 1\ 000 \times 9\% = 207$（万元）；

应纳增值税额：$710 - 207 = 503$（万元）；

应纳城市维护建设税及附加：$503 \times (7\% + 3\% + 2\%) = 60.36$（万元）；

转让土地使用权应交印花税：$5\ 000 \times 0.05\% = 2.5$（万元）；

土地增值税扣除项目金额：$1\ 000 + 2.5 + (5\ 000 \times 9\% - 1\ 000 \times 9\%) \times (7\% + 3\% + 2\%) = 1\ 045.7$（万元）；

增值额：$5\ 000 - 1\ 045.7 = 3\ 954.3$（万元）；

增值率：$3\ 954.3 \div 1\ 045.7 = 378.15\%$；

应纳土地增值税额：$3\ 954.3 \times 60\% - 1\ 045.7 \times 35\% = 2\ 006.59$（万元）；

税负总额：$503 + 60.36 + 2.5 + 2\ 006.59 = 2\ 572.45$（万元）；

税后净利润：2 000 + 5 000 - 1 500 - 1 000 - 60.36 - 2.5 - 2 006.59 = 2 430.55（万元）。

方案一与方案二的总体比较如表2-3所示。

表2-3 方案一与方案二的相关对比 单位：万元

项目	增值税	城市维护建设税及附加	印花税	土地增值税	税负总额	税后净利润
方案一	468	56.16	4	2 010.90	2 539.06	2 928.94
方案二	503	60.36	2.5	2 006.59	2 572.45	2 430.55
差额	- 35	- 4.2	1.5	4.31	- 33.39	498.39

从上述案例中我们可以看到，方案一在税后净利润大于方案二的同时，还达到了税负总额低于方案二的效果，具体到某一税种来看，方案一的土地增值税和印花税都略高于方案二。可以看出方案一的税负总额更低的原因是增值税税负相对来说处于一个更低的水平。

上述案例为企业的税收筹划提供了一种思路，"营改增"全面完成之后，非应税项目不复存在，原有的征收营业税的不动产项目同样改征增值税，因而企业自产产品用于在建工程自"营改增"之后不再视同销售，但是在我国增值税税率的规定中不动产适用9%的税率，绝大部分货物适用13%的税率。如上述案例所示，该企业自产建筑材料如果用于销售则适用13%的税率，用于建造不动产则适用了9%的税率，从而规避掉了一部分增值税。然而实际经营中将自产产品用于不动产的建造从而避税的操作往往会产生更大的成本支出，以及更多的土地增值税税款。因此本案例提供的筹划思路在实际应用中需要企业根据自己的实际情况进行合理的判断。

（三）进项税额的税收筹划

增值税一般纳税人当期应纳税额的多少，主要取决于销项税额和进项税额这两个因素（特殊情况下也会受到视同销售与进项税额转出的影响）。而进项税额作为应纳税额的抵扣项，纳税人在生产经营过程中尽可能地扩大其进项税额的获得渠道和抵扣额度是进行增值税税收筹划的重要立足点。

1. 进项税额抵扣的误区

需要注意的是，对于进项税额的抵扣，税法有严格的规定，在纳税人日常的生产经营活动当中，往往存在一些进项税额抵扣的误区会对增值税的税负产生一定的影响。本章节对于这些误区进行以下梳理，以此进一步优化增值税进项税额的税收筹划方案。

（1）取得增值税专用发票就可以抵扣进项税额。

增值税专用发票只是抵扣进项税额的"凭证"之一，也是进项税额抵扣的形式条件之一，但是即使取得增值税专用发票，如果属于不得从销项税额中抵扣的情形也不能进项税额抵扣，如企业租用一辆大客车专用于职工上下班班车，租车费用即使取得增值税专用发票，因属于用于集体福利购进应税服务，不能抵扣进项税额。

（2）只有专用发票才能抵扣进项税额。

"营改增"后，增值税抵扣凭证不仅包括增值税专用发票，而且还包括：①税控机动车销售统一发票；②海关进口增值税专用缴款书；③农产品收购发票；④农产品销售发票；⑤出口货物转内销证明（外贸企业）；⑥税收缴款凭证。

（3）跨年增值税专用发票不能认证抵扣。

根据相关规定，本年取得的进项发票不是必须在本年度内认定抵扣，而是在开具之日起180日内认证抵扣就可以。此期限可以跨年。

（4）一般情况下过了180天未抵扣的进项税额，就不能再抵扣了。

因客观原因导致增值税抵扣凭证未按期申报抵扣的，详细说明原因，经审批后仍可抵扣。客观原因包括：企业办税人员伤亡、突发危重疾病或擅自离职，未能办理交接手续；因自然灾害等不可抗力造成增值税抵扣凭证未按期抵扣。

（5）不知税控机以及技术服务费也可以全额抵扣。

纳税人首次安装使用增值税税控系统专用设备支付的费用，可凭购买增值税税控系统专用设备取得的增值税专用发票，在增值税应纳税额中全额抵减，不足抵减的可结转下期继续抵减。专用设备包括：金税盘和报税盘。已缴纳的技术服务费可以跨年结转全额抵减。

（6）办公用品的进项税额不能抵扣。

办公用品比较特殊，虽然不是直接用于产品生产的，但是办公使用属于企业正常的经营活动所需，可以理解为间接地用于生产经营活动，所以进项税额可以抵扣不用转出。

（7）损失报废的进项税额都需转出。

因管理不善造成的被盗、丢失、霉烂变质的损失，进项数额需转出。但是自然灾害、市场原因造成货物报废处理的损失，进项税额无须转出。

（8）免税项目的进项税额无须转出。

企业如果同时有增值税免税项目和应税项目，需分别核算进项税额，用于免税项目的进项税额需转出。也可先按照比例抵扣进项税额，年底再清算调整。

（9）视同销售的进项税额需要转出。

视同销售项目，除不得抵扣项目外，如将货物无偿赠送给其他单位或个人、用于投资，进项税额可照常抵扣。

（10）进价高于销售的价格要做进项税额转出。

不属于《增值税暂行条例》规定的不能抵扣及转出的情形，进价高于销售价格不需要做进项税额转出，但销售货物价格明显偏低并无正当理由的，由主管税务机关核定其销售额。

（11）对既有增值税应税业务，又有非增值税应税业务，无须按比例抵扣。

对既有增值税应税业务，又有非增值税应税业务，要合理划分应税项目与非应税项目，准确计算当期准予抵扣的进项税额。不得抵扣的进项税额＝当月无法划分的全部进项税额×（当月免税项目销售额、非增值税应税劳务营业额合计÷当月全部销售额、营业额合计）。"营改增"纳税人不得抵扣的进项税额＝当月无法划分的全部进项税额×（当期简易计税方法计税项目销售额＋非增值税应税劳务营业额）÷当月全部营业额。2016年5月1日，"营改增"已经在全国范围内推行，非增值税应税项目正式退出历史舞台。

（12）"营改增"后应税服务与货物劳务进项不能混淆抵扣。

增值税应纳税额＝销项税额－进项税额，没要求应税服务与货物劳务分开分别进行抵扣。但在财政部、国家税务总局《关于将铁路运输和邮政业纳入营业税改征增值税试点的通知》（财税〔2013〕106号）中有一项特殊规定：原增值税一般纳税人兼有应税服务的，截止到本地区试点实施之日前的增值税期末留抵税额，不得从应税服务的销项税额中抵扣。

（13）企业在税务稽查中被查补的税款和滞纳金不能抵顶企业现有的留抵税额。

根据相关文件规定，公司可用期末留抵税额抵减应补缴增值税款和滞纳金，但不能抵减罚款。

随着"营改增"的不断深入，增值税的征税范围持续扩大，纳税人获得进项税额的渠道也日趋多样化，这也为纳税人进项税额的税收筹划提供了较大的空间，利用这一契机，纳税人通过加强内部进项税额的管理，争取最大限度地获取进项税额抵扣凭证，合理控制纳税成本，例如可以通过统一采购的形式，将货物、应税劳务以及应税服务的采购集中化，或者将交易对象锁定为能够提供增值税专用发票的单位，这一系列手段均有利于进一步实现自身税负最小化和经济利益的最大化。

2. 进项税额的加强管理和扩大

【例 2-10】甲企业为大型服装加工企业，属于一般纳税人。2019 年 3 月，公司高层召开会议，针对企业的增值税纳税成本做了重要指示，由于近年来公司的增值税税负持续走高，管理层要求相关部门必须在本年度将增值税税负率控制在一定比率内，有何具体办法？

方案：通过分析甲企业上年度相关的财务数据，其上年生产成本为 800 万元，其中有 300 万元的支出没有取得增值税专用发票，无法抵扣进项税额；有 150 万元的支出只获得了税务机关代小规模纳税人开具的增值税专用发票，如果这一部分支出能够取得一般纳税人增值税专用发票，则当期增加的可抵扣进项税额为 54 万元 $[=300 \times 13\% + 150 \times (13\% - 3\%)]$。经深入调查发现，甲企业的采购存在较大的问题，除原材料采购获得进项税额外，其余部门的采购支出较为分散，多为零星支出，各部门各自为战，鲜少取得增值税专用发票。除此之外，企业上年度的相关法律工作由乙律师事务所（小规模纳税人）代理，代理支出为 15 万元，年度审计与丙会计师事务所（小规模纳税人）合作，审计费用 20 万元，上述两笔支出只获得增值税普通发票。由此可见，加强企业内部的进项税额管理机制是甲企业减轻增值税负的主要手段。

企业进项税额管理的最终目标是尽可能地扩大企业的可抵扣进项税额，一方面，甲企业可将采购业务集中化，将公司的人力资源部、市场部、销售部、财务部、后勤部等部门的办公用品、耗材、办公油耗及办公设备购置的零星支出，由采购部门进行统一，取得相应的增值税专用发票，进一步扩大进项税额。另一方面，在"营改增"背景下，增值税纳税人的范围不断扩大，企业进项税额的获得渠道也日趋多样化，甲企业在日常经济活动中，应尽可能从一般纳税人处购入应税货物、劳务及服务，例如，就年度审计费用、法律咨询费等支出，如果甲企业于下一年度选择与一般纳税人合作，则可节约税收成本为 1.98 万元 $[=(20+15) \div (1+6\%) \times 6\%]$。

由此可见，尽可能地扩大可抵扣进项税额，利用"营改增"的契机，拓展进项税额获取渠道是纳税人进行进项税额筹划的重要手段，纳税人应充分了解自身经营业务所涉及的税种、相关的税率、征收管理规定等，合理运用税收政策，减轻税收负担。另外，不断完善内部管理机制，加强进项税额的管理，并且在此基础上对经济业务活动进行合理安排，这也将助益于税负最小化，经济利益最大化的实现。

3. 进货渠道的选择

由于增值税实行凭增值税发票抵扣的制度，除特殊规定外只有一般纳税人才能使用增值税专用发票进行进项税额抵扣。一般情况下小规模纳税人不能开具增值税专用发票，但根据税法的规定，小规模纳税人可以到税务所申请代开小规模纳税人使用的专用发票，或者列入自开专票试点范围的满足条件的住宿业、鉴证咨询业和建筑业等小规模纳税人可以自行开具专用发票。一般纳税人从小规模纳税人处认购的货物或接受的劳务可根据发票上的税额计提进项税额，抵扣率为3%；如果购货方取得的是小规模纳税人自己开具的普通发票，不能进行任何抵扣（农产品除外）。因此，企业在选择购货对象时，必然要考虑到以上税收规定的差异。

【例2-11】某市的一家商贸公司为增值税一般纳税人，在购货时可以选择以下三个渠道：一是从小规模纳税人A处购进，每吨含税价为900元，A只能提供普通发票；二是从小规模纳税人B处购进，每吨含税价为1 000元，B可提供税务机关代开的3%的增值税专用发票；三是从增值税一般纳税人C处购进，每吨含税价为1 200元，C能提供13%的增值税专用发票。商贸公司购进货物后将以不含税1 500元每吨的价格出售，假设商贸公司需购进1吨货物，并且进货时均为一次性付款结清。购货发生的其他相关费用为30元，企业所得税税率为25%。

方案一：从小规模纳税人A处购进（取得普通发票）。

应纳增值税额：$1 500 \times 13\% = 195$（元）；

应纳城市维护建设税及教育费附加和地方教育附加：$195 \times (7\% + 3\% + 2\%) = 23.4$（元）；

应纳企业所得税：$(1 500 - 900 - 23.4 - 30) \times 25\% = 136.65$（元）；

税负总额：$195 + 23.4 + 136.65 = 355.05$（元）；

税后净利润：$1 500 - 900 - 23.4 - 136.65 - 30 = 409.95$（元）；

现金净流量：$1 500 \times (1 + 13\%) - 900 - 195 - 23.40 - 136.65 - 30 = 409.95$（元）。

方案二：从小规模纳税人B处购进（取得3%的增值税发票）。

应纳增值税额：$1 500 \times 13\% - 1 000 \div (1 + 3\%) \times 3\% = 165.87$（元）；

应纳城市维护建设税及教育费附加和地方教育附加 $= 165.87 \times (7\% + 3\% + 2\%) = 19.9$（元）；

应纳企业所得税：$[1\,500 - 1\,000 \div (1 + 3\%) - 19.9 - 30] \times 25\% = 119.81$（元）；

税负总额：$165.87 + 19.9 + 119.81 = 305.58$（元）；

税后净利润：$1\,500 - 1\,000 \div (1 + 3\%) - 19.9 - 119.81 - 30 = 359.42$（元）；

现金净流量：$1\,500 \times (1 + 13\%) - 1\,000 - 165.87 - 19.9 - 119.81 - 30 = 359.42$（元）。

方案三：从一般纳税人 C 处购进（取得13%的增值税发票）。

应纳增值税额：$1\,500 \times 13\% - 1\,200 \div (1 + 13\%) \times 13\% = 56.95$（元）；

应纳城市维护建设税及教育费附加和地方教育附加：$56.95 \times (7\% + 3\% + 2\%) = 6.83$（元）；

应纳企业所得税：$[1\,500 - 1\,200 \div (1 + 13\%) - 6.83 - 30] \times 25\% = 100.31$（元）；

税负总额：$56.95 + 6.83 + 100.31 = 164.09$（元）；

税后净利润：$1\,500 - 1\,200 \div (1 + 13\%) - 6.83 - 100.31 - 30 = 300.91$（元）；

现金净流量：$1\,500 \times (1 + 13\%) - 1\,200 - 164.09 - 30 = 300.91$（元）。

通过上述分析可知，在进价不相同的情况下，企业依然是向高进价的一般纳税人 C 进货承担的税负最低。但考虑到付款方式为一次性付清货款，因此企业不宜以税负最低为选择标准，应当选择税后净利润最高和现金净流量最大的方案。在本案例中，企业从小规模纳税人 A（取得普通发票）处购进货物得到的税后净利润最高，现金净流量最大，其支付的购货资金最少，所以企业应选择从小规模纳税人 A 处购进货物。

需要指出的是，上述进货渠道方案的选择是在货款一次性付清的情况下筹划的，如果企业可以采取赊账的形式进货，即采用商业信用方式结算，则本案例企业应当选择税负最低的方案即选择向高进价的一般纳税人 C 进货。商业信用方式结算不仅推迟了付款时间，获得了货币的时间价值，而且一般情况下无须支付额外的利息，但税款必须在规定的时间内缴纳，否则将产生承担滞纳金和罚款等违法风险。因此，企业在实际活动中应当将所有的因素均考虑到，合理规避纳税风险以及合理节税。

4. 进项税额抵扣时间的筹划

我国增值税法对允许抵扣的当期进项税额在时同上有严格的规定。其进项税额申报抵扣的时间为：

自2017年7月1日起，增值税一般纳税人取得的2017年7月1日及以后开具的增值税专用发票和机动车销售统一发票,应自开具之日起 360 之日内认证或登录增值税发票选择确认平台进行确认,并在规定的纳税申报期内,向主管国税机关申报抵扣进项税额。

增值税一般纳税人取得的 2017 年 7 月 1 日及以后开具的海关进口增值税专用缴款书,应自开具之起 360 日内向主管国税机关报送《海关完税凭证抵扣清单》,申请稽核比对。

纳税人取得的 2017 年 6 月 30 日前开具的增值税扣税凭证,仍按《国家税务总局关于调整增值税扣税凭证抵扣期限有关问题的通知》(国税函〔2009〕619 号)执行,认证期限为 180 天。根据进项税额抵扣时间的规定,对于取得的防伪税控系统开具的增值税专用发票,应在取得发票后尽快到税务机关进行认证。购进的多用途物资应先进行认证再进行抵扣,待转为非应税项目用物资时再做进项税额转出处理,以防止非应税项目用物资转为应税项目用物资时由于超过认证时间不能抵扣其进项税额的情况。

5. 兼营简易计税方法计税项目、免征增值税项目进项税额核算的筹划

根据增值税法律制度的规定,用于简易计税方法计税项目、免征增值税项目、集体福利或者个人消费的购进货物、服务、无形资产、不动产和金融商品对应的进项税额,不得从销项税额中抵扣。其中,涉及的固定资产、无形资产、不动产仅指专用于上述项目的固定资产、无形资产(不包括其他权益性无形资产)、不动产,对于固定资产、无形货产(不包括其他权益性无形资产)与不动产,兼用于允许抵扣项目和上述不允许抵扣项目情况的,其进项税额准予全部抵扣。同时,纳税人购进其他权益性无形资产,无论是专用于简易计税方法项目、免征增值税项目、集体福利或个人消费,还是兼用于上述不允许抵扣项目,均可以抵扣进项税额。

因此一般计税方法纳税人在购入固定资产、无形资产、不动产后,只要不是专门用于简易计税方法计税项目、免征增值税项目、集体福利或者个人消费,就可以得到全部增值税的抵扣。比如企业购进一栋楼房全部用于职工食堂,则其进项税额不能抵扣,但如果企业在职工食堂中设定一定的场所用于存放库存商品或者设立会议室,就可以抵扣全部进项税额。

(四) 进项转出的税收筹划

增值税进项税额转出作为进项税额的抵减额,其数额的大小同样是影响纳税人应纳增值税额的重要因素。纳税人进项税额转出数额越小,则有利于减少其应纳增值税额;反之,进项税额转出数额越大,则相应的应纳增值税额也会上升。对于纳税人而言,其通过购进货物、取得相应的增值税应税劳务及应税服务获得进项税额，而一般情况下进项税额的取得会导致现金的流出，并且进项税额作为销项税额的抵减额，它的作用具有唯一性，如果发生进项税转出额，就意味着纳税人产生了资金损失。因此，尽可能不转出或者减少进项税转出额是增值税税收筹划的又一手段。

【例2-12】甲企业为某市一食品加工企业，现有一批成本为100万元的原材料发生损失，无法正常使用。其中有20万元原材料属于过了有效期（保质期）无法使用的原材料损失，另有80万元原材料是因管理不善导致的霉烂、变质而引起的损失，在这一情形下，税务机关要求对这一损失做相应的进项税转出处理，甲企业如何通过相关的税收处理实现进项税额转出最小化？

方案：毫无疑问，如将这一批损失认定为非正常损失，则该批原材料的进项税额均须转出，这不利于降低增值税税负，而将该损失认定为正常损失，就不存在进项税额转出的问题。通过分析，因过了有效期（保质期）无法使用的原材料产生的20万元原材料的损失属于正常损失，不需要做进项税额转出处理；而由于霉烂变质引起的80万元原材料的损失则为非正常损失，需要进行相关的税务处理。按《增值税暂行条例》和"营改增"规定，非正常损失的购进货物及相关应税劳务不得抵扣进项税额。

当前在实际的经济活动当中，对于正常损失与非正常损失两者之间的界定较为模糊，通过对相关文件与现实案例的分析，可以总结归纳出两者之间的一些区别。首先，实物存在与否至关重要，正常损耗的情况下，实物通常都是存在的。其次，以行业标准损耗率为基准，在行业损耗率以内极有可能认定为正常损失。最后，损失的金额数量也将影响正常损失与非正常损失的界定，纳税人应在正常的数量金额内及时报损，规避纳税风险。

正常损失与非正常损失的划分直接关系到纳税人进项税额转出与否，因此，作为纳税人，应当重视对企业日常生产经营活动的管理，控制损失的发生，尤其是非正常损失，及时报损，将自身的生产经营成本最小化。

另外，对于非正常损失，如何合理界定进项税额转出数也将影响纳税人税负的大小。

【例2-13】甲企业为机床加工生产企业，2019年由于管理不善造成一批产成品毁损。这些产成品的生产成本为100万元。在这一情形下，甲企业应当如何确定进项税转出数额才能使增值税税负最小？

方案：企业的损失成本为100万元，但根据《中华人民共和国增值税暂行条例》（以下简称《增值税暂行条例》）和"营改增"规定，非正常损失的在产品、产成品所耗用的购进货物或者应税劳务以及交通运输业服务的进项税额不得从销项税额中抵扣。毁损产品成本的构成如表2-4所示。

表2-4　　　　　　　　　　产品成本构成

成本项目	产品	是否有进项税	金额（万元）	进项税转出额（万元）
直接材料	A	是	20	2.6
	B	否	31	0
直接人工	生产工人工资	否	20	0
制造费用	水费	否	4	0
	电费	是	10	1.3
	折旧费用	是	10	1.3
	车间管理人员工资	否	5	0
合计			100	5.2

　　通过分析该成本结构，产成品所耗用的直接材料A、电费以及相关生产设备的折旧费用（该项生产设备于2017年购入）中包含有进项税额，随着损失的发生产品所耗用的40万元的购进货物的进项税额应予以转出，但从小规模纳税人处购进的材料B、水费、直接人工以及制造费用中的人工成本并不含进项税额，不涉及进项税转出。该项损失应转出的进项税额为5.2万元（=40×13%）。

　　上述的案例旨在说明进项税额转出的筹划应着力于将进项税额转出数额最小化，纳税人可以通过合理划分非正常损失产品的成本构成，进一步缩小计算进项税额转出数的基数，以此实现税收负担最小化。

　　合理的进项税额转出筹划有利于减轻税收负担，但纳税人对税收政策的错误应用，也可能使其产生一定的涉税风险。

　　【例2-14】甲企业为交通运输公司，2019年6月通过采购部门采购一批汽油，并且以油卡的形式发放给职工，甲企业将这一部分油耗的进项税额计入公司当月可抵扣进项税总额。税务机关稽查时，要求甲企业将该批汽油的进项税额做进项转出处理，试分析相关原因。

　　按照《增值税暂行条例》和"营改增"规定，用于简易计税方法计税项目、免征增值税项目、集体福利或者个人消费的购进货物或者应税劳务发生的进项税额不得从销项税额中抵扣。对于交通运输企业而言，油耗的进项税额是企业进项税的主要组成部分，甲企业向职工发放油卡，是企图以生产经营为名，加大企业增值税进项税额，其实则是集体福利的行为。甲企业购进的这一部分汽油的进项税额应当转出。在这一案例中，甲企业希望通过混淆会计主体与自然人（股东、职工）的经济活动，利用自然人所发生的与企业生产经营无关的经济活动，规避增值税。但在实践中这样的实例比比皆是，企业确实很难分清会计主体与自然人的经济活动，并且往往利用这一模糊点来实现其节税目的。

（五）"先开票后付款" 行为的税收筹划

票权对甲方而言是指尚未付款取得乙方所开具的发票，从而进行进项税额的提前抵扣，对乙方而言是指收到款项后再开具发票从而规避"先开票后付款"行为带来的风险。在票权的争夺中甲方往往处于优势地位，导致了"先开票后付款"行为常见于商业活动的乱象。"先开票后付款"行为是指在商业活动中，甲方（通常为买方）为获取提前抵扣增值税进项税额的资金时间价值，要求乙方（通常为卖方）在其付款前先行开具增值税专用发票的情况。一般情况下乙方为了争取缔约机会或出于顺利收到款项的考虑，往往倾向于接受甲方提出的"先开票后付款"的缔约条件，甚至接受将该条款写入交易合同当中。这一行为对于甲方来说可以将原本归属于之后纳税期的进项税额于本期提前抵扣，从而获得资金的时间价值，但是对于乙方来说造成了未收到款项却要纳税的资金压力，这类情况的争议常见于司法案例。为了尽最大可能保护自身合法权益，做好风险防范，推动合同履行，乙方需要正确认识到"先开票后付款"行为所带来的风险并做好风险防范。

1. "先开票后付款" 行为中的常见争议

（1）案件一。某房地产公司与某建筑公司，在签署施工合同时，并未明确"先开票后付款"，工程结束之后，建筑公司向房地产公司索要工程款，被对方以未收到发票为由拒绝付款。于是建筑公司将房地产公司起诉至法院，法院判决结果表示本案双方当事人签订合同的目的在于对案涉工程进行施工开发，而未开具并交付工程款发票并不会对合同目的产生根本影响，且当事人并未明确约定先开具增值税发票再支付工程款的先后顺序，故原判决认定开具并交付工程款发票并非建筑公司的主要约定义务，房地产公司关于建筑公司迟延交付增值税发票导致其无法支付工程款的理由不成立。

《中华人民共和国民法典》（以下简称《民法典》）第五百九十五条规定买卖合同是出卖人转移标的物的所有权于买受人，买受人支付价款的合同。因此卖方的主要义务为转移标的物的所有权，买受人的主要义务为支付价款，开票只是附随义务，并不影响合同的实现，且税务发票体现的是国家与纳税人的纳税关系，是一种行政管理行为而非合同法上法定的先履行抗辩事项，所以开票既不是支付款项合约条件也不是法定条件，因此甲方不能拒付。

（2）案件二。甲公司向乙公司购买复合布料，双方签订的购销合同约定，买方在卖方开具发票后付款。乙公司依约供货后，甲公司未付款，遂被乙公司诉至法院要求其支付货款及逾期利息。法院经审理认为，双方在购销合同中明确约定付款以提供发票为前置条件，在卖方未开具发票的情况下，应认为付款期限尚未到达，故判决甲公司应在收到乙公司开具的合法有效的增值税票后30日内付清货款。

本案中法庭的判决本质上是"先开票后付款"的认可，这是因为对合同中有约定"先开票后付款"，因此开具发票就成为合同中的主要义务，且不违反法律法规，不违背公序良俗，所以法庭会尊重当事人之间的合同约定。

（3）案件三。2004年，原告向法院提起诉讼，称：于2003年8月接收其232万元石材但却拒绝付款，请求法院判决被告立即支付货款232万元及逾期付款利息。其依据是加盖被告仓库专用章的《发票签收单》（加注"金额未支付"）、总额232万元的增值税专用发票存根联及其会计账册无收款记录。

庭审中被告辩称：的确收到原告232万元石材，但已经通过现金支付方式支付货款。仓库注明"金额未支付"不等于财务部门也未付款，而事实上也不可能由仓库付款，正因为财务部门已经付款，原告才可能开出发票。仓库盖章确认《发票签收单》时只收到增值税专用发票的抵扣联而不是发票联，发票联是在财务支付货款后才收到的。

法院审理后认为：根据有关法规、规章，增值税专用发票的存根是开票方留存备查的凭据，发票联是收票方付款的凭据，抵扣联是收票方办理扣税手续的凭据。对于本案而言，发票联是被告主张已履行的证据，而原告无法证实加注"金额未支付"的《发票签收单》是否包括增值税专用发票的发票联。因此其证据不足以证明被告没有付款。据此，法院判决：驳回原告的诉讼请求。

2. "先开票后付款"行为中乙方的风险

（1）甲方取得发票后，双方对合同金额产生争议。

（2）甲方取得发票后延迟付款。

（3）甲方将取得的发票作为已付款的凭证。中华人民共和国发票管理办法第三条称本办法所称发票，是指在购销商品，提供或者接受服务以及从事其他经营活动中，开具、收取的收付款凭证。中华人民共和国发票管理办法实施细则中第三条称发票的基本联次包括存根联、发票联、记账联。存根联由收款方或开票方留存备查；发票联由付款方或受票方作为付款原始凭证；记账联由收款方或开票方作为记账原始凭证。实务中虽然不能仅以发票证明付款义务的履行，但为了减轻举证责任、防范诉讼风险，乙方应尽量避免"先开票后付款"的行为。

（4）乙方开具发票后，甲方破产，此种情况下，乙方不仅无法收回货款，开具发票时所缴纳的税收也无法退回。

3. 乙方如何保护自身的权益

第一，在能够掌握缔约主动权的情况下，尽量不约定"先开票后付款"。在买卖合同中，相对于供应货物和支付货款的主合同义务，开具发票属于附随义务，在双方没有明确约定未出具发票可不支付货款的情况下，买方不能以卖方未履行该开具发票的附随义务对抗其应当履行的支付货款的主合同义务。在买卖双方处于平等协商地位时，卖方应对相关条款引起足够重视，尽量不将"先开票后付款"订入合同。

第二，若是在合同中约定了"先开票后付款"应当在后续中注意留存交接证据。在"先开票后付款"交易中，当卖方为货款起诉至法院时，买方可能抗辩未收到发票，也可能以付款发票抗辩其已支付货款。实务中虽然不能仅以发票证明付款义务的履行，但为了减轻举证责任、防范诉讼风险，卖方可以要求买方在接受发票的同时，以书面形式签下类似于"先开发票，款未付或款日后再付"的单据回执，以防后患；如果以邮寄的方式送达发票，还应当注意留存好相应的签收记录，以防买家对发票的送达不认可；实务中部分买卖双方没有规范的结算流程，在完成发货情况下开具发票，还可在回执上注明类似"签收发票后数日内未提出异议，视为同意按照发票金额进行结算"等表述，防止日后在实际供货金额上产生争议。

第三，若双方存在多个买卖合同关系，开具发票应注意备注对应的项目。双方存在不止一个项目的合作时，司法实务中常见买方将多个项目的付款和发票混为一谈，并且不积极配合法院对账，企图通过主张账目混同逃避付款义务。事实上，该情况完全可以通过事先的防范加以化解。尤其在分期支付的情况下，卖方在开具发票时，应尽量使发票金额与每一期付款金额相对应，尽量避免将一次付款拆分为多张发票，甚至发票与付款金额完全无法形成明显对应关系的情况。同时，应当注意在开具发票时备注对应的项目或合同，防止买家钻空要赖，为日后诉讼中的举证"减负"，为合法权利的主张"护航"。

第三节　增值税税率的税收筹划

一、税率的法律界定

我国现行增值税有六个档次的税率：销售货物、提供加工修理修配和有形动产租赁劳务的一般纳税人适用税率13%，销售特殊商品一般纳税人以及提供交通运输业、邮政业服务、基础电信业务、建筑服务、不动产租赁服务、销售不动产、转让土地使用权的一般纳税人适用税率9%，提供部分现代服务业（除有形动产租赁）、增值电信服务、金融服务、生活服务以及销售无形资产的一般纳税人适用税率6%，出口货物以及跨境销售服务适用零税率，小规模纳税人和部分能够实行简易征收办法的销售行为适用征收率3%。表2-5对增值税税率及征收率做了系统的归纳。

表2-5　　　　　　　　　　增值税税率与征收率

适用范围	税率（%）	征收率（%）	备注
1. 销售或者进口一般货物 2. 提供加工、修理修配劳务 3. 提供有形动产租赁服务	13		
4. 销售或进口特定货物 5. 提供交通运输服务、邮政服务、基础电信服务、建筑服务、不动产租赁服务、销售不动产、转让土地使用权	9		粮食、食用植物油、自来水、冷气、暖气、煤气、石油液化气、天然气、沼气、居民用煤炭制品、二甲醚、图书、报纸、杂志、饲料、化肥、农药、农机、农膜、食用盐等
6. 提供现代服务业服务（有形动产租赁服务除外）、增值电信服务、金融服务、生活服务、转让无形资产	6		研发和技术服务、信息技术服务、文化创意服务、物流辅助服务、鉴证咨询服务、广播影视服务、商务辅助和其他现代服务
7. 出口货物 8. 跨境销售国务院规定范围内的服务、无形资产	零税率		国际运输服务、航天运输服务，财政部和国家税务总局根据国务院决定而有明确的增值税出口退税率的除外

适用范围	税率（%）	征收率（%）	备注
9. 小规模纳税人 10. 增值税一般纳税人（适用简易征收办法时）		3	"营改增"全面推行后： 建筑业小规模纳税人适用3%的征收率； 全面"营改增"后按照简易计税办法，适用5%征收率的纳税人除外
11. 全面"营改增"过程中的特殊项目		5	（1）与不动产相关； （2）其他相关：一般纳税人和小规模纳税人提供劳务派遣服务选择差额纳税的、一般纳税人提供人力资源外包服务选择适用简易计税方法的、纳税人提供安全保护服务选择差额纳税的

二、税率的税收筹划

（一）兼营

在税率的税收筹划中，应掌握低税率的适用范围。如低税率中的农机是指农机整机，而农机零部件则不属于"农机"范围，生产农机零部件的企业可以通过与农机厂合并、组合的形式，使产品符合低税率的标准，从而实现节税效益。另外，对于兼有高低不同税率产品的纳税人，一定要分别核算各自的销售额，杜绝从高适用税率的情况发生，在某些情况下，通过经营收入的合理分配，灵活运用分劈法，扩大低税率产品、劳务或服务的计税依据能够进一步实现纳税人整体税负的最小化以及经济利益最大化。

《财政部 国家税务总局关于全面推开营业税改征增值税试点的通知》（财税〔2016〕36号）的附件2《营业税改征增值税试点有关事项的规定》中指出，兼营业务试点纳税人销售货物、加工修理修配劳务、服务、无形资产或者不动产适用不同税率或者征收率的，应当分别核算适用不同税率或者征收率的销售额，未分别核算销售额的，按照以下方法适用税率或者征收率：

（1）兼有不同税率的销售货物、加工修理修配劳务、服务、无形资产或者不动产，从高适用税率。

（2）兼有不同征收率的销售货物、加工修理修配劳务、服务、无形资产或者不动产，从高适用征收率。

（3）兼有不同税率和征收率的销售货物、加工修理修配劳务、服务、无形资产或者不动产，从高适用税率。

【例2-15】甲公司属于增值税一般纳税人，销售机械设备也提供研发服务。2019年1月，甲公司的月销售额为1 000万元，其中有设备销售收入，同时包含一部分研发收入，但其未分开核算。在这一情形下，计算甲公司的增值税税负？有何处理方式能进一步缩小增值税税收负担？

方案：甲公司销售机械设备也提供研发服务，属于兼营不同税率的业务。如果未分开核算，则从高税率计征增值税。2019年1月，甲公司的销售额未分开核算，那么该销售额产生销项税额为130万元（=1 000×13%）。如果甲公司准确分开核算，假设设备销售收入为500万元，研发收入为500万元，则销项税额应变为95万元（=500×13%+500×6%），增值税税负较之未分开核算前降低了35万元，由此可见，兼营是分拆法的基础，通过对收入进行合理划分，也是增值税税率筹划的重要手段。

（二）混合销售

一项销售行为如果既涉及货物又涉及服务，为混合销售。从事货物的生产、批发或者零售的单位和个体工商户的混合销售行为，按照销售货物缴纳增值税；其他单位和个体工商户的混合销售行为，按照销售服务缴纳增值税。上述从事货物的生产、批发或者零售的单位和个体工商户，包括以从事货物的生产、批发或者零售为主，并兼营销售服务的单位和个体工商户在内。

【例2-16】某有限责任公司甲下设两个非独立核算的业务经营部门：煤炭加工部门和煤炭运输部门。煤炭加工部门主要负责煤炭开采和销售，运输部门主要提供煤炭的运输服务。公司销售收入为2 800万元（不含税），销售货物的同时取得运输服务收入为2 200万元；购买设备1 500万元，可抵扣的进项税额为195万元。公司为一般纳税人，因为该公司货物销售额达到总销售额的50%，所以按照销售货物缴纳增值税。

增值税销项税额：（2 800+2 200）×13%=650（万元）；

增值税进项税额：195（万元）；

增值税应纳税额：650-195=455（万元）；

税收负担率：455÷5 000×100%=9.1%。

假设甲公司进行合理规划，避免以从事货物生产、批发或者零售为主，按照销售服务缴纳增值税。假设销售收入为2 200万元，运输服务收入为2 800万元。

增值税销项税额：（2 800+2 200）×9%=450（万元）；

增值税进项税额：195（万元）；

增值税应纳税额：450 - 195 = 255（万元）；

税收负担率：255 ÷ 5 000 × 100% = 5.1%。

第四节　增值税减免税的税收筹划

一、税收优惠的法律界定

（一）增值税的法定免税情形

增值税的法定免税情形主要体现为国家对一些项目的特殊照顾。主要包括下列内容：

（1）农业生产者销售的自产农产品。

（2）避孕药品和用具。

（3）古旧图书。

（4）直接用于科学研究、科学试验和教学的进口仪器、设备。

（5）外国政府、国际组织无偿援助的进口物资和设备。

（6）由残疾人组织直接进口的供残疾人专用的物品。

（7）销售自己使用过的物品。自己使用过的物品，是指其他个人自己使用过的物品。

增值税的减免项目由国务院规定，任何地区或部门都不得规定减免税项目。

（二）增值税的具体减免税

增值税有多种减免税的形式，主要分为免税、即征即退、减半征收、规定起征点、规定法定征收率等。

1. 农业类

（1）自产农产品。农业生产者销售的自产农业产品免征增值税。

（2）粮食和食用植物油。粮食和食用植物油免征增值税的具体规定为：①对承担粮食收储任务的国有粮食购销企业销售的粮食免征增值税。②享受免税优惠的国有粮食购销企业可继续使用增值税专用发票。属于一般纳税人的生产、经营单位从国有粮食购销企业购进的免税粮食，可依照国有粮食购销企业开具的增值税专用发票注明的税额抵扣进项税额。③凡享受免征增值税的国有粮食购销企业，均按增值税一般纳税人认定，并进行纳税申报、日常检查及有关增值税专用发票的各项管理。

（3）农业生产资料。下列农业生产资料免征增值税：①饲料（不含宠物饲料）。②其他，包括：农膜；氮肥、磷肥及免税化肥为主要原料的复合肥（自 2008 年 1 月 1 日起，对纳税人生产销售的磷酸二铵产品免征增值税）；批发和零售的种子、种苗、化肥、农药、农机；有机肥。

（4）免征蔬菜流通环节增值税，对从事蔬菜批发、零售的纳税人销售蔬菜免征增值税。

（5）农业机耕、排灌、病虫害防治、植物保护、农牧保险以及相关技术培训业务，家禽、牲畜、水生动物的配种和疾病防治。

（6）纳税人将国有农地出租给农业生产者用于农业生产，免征增值税。

2. 军工类

（1）军队系统（含武警）。军队系统（含武警）的增值税具体规定为：①对系统内供军内使用的器材、装备以及调拨给国家安全系统、公安系统的警服免征增值税。②对外供应应税货物照章征税。

（2）军工系统（部、公司）。军工系统（部、公司）的增值税具体规定为：①列入原计划并按军品作价给军队、武警、军工厂的货物免征增值税。②系统外其他工业企业生产的武器、弹药、雷达、电台等军品，在总装企业总装成品的，免征增值税。③军队、军工系统进口专用设备免征进口环节增值税。④对系统外销售的照章征税。

（3）公安部门。系统内销售列明代号的侦察保卫器材产品的免征增值税；对系统外销售的照章征税。

（4）司法部门。劳改厂生产警服销售给公安、司法及国家安全系统的，免征增值税；销售给其他单位的货物照章征税。

3. 电力类

（1）农村电网维护费。对电管站改制后由县供电有限责任公司收取的农村电网维护费免征增值税。

（2）三峡电站、葛洲坝电站、黄河上游水电开发。其对外销售的电力产品按照增值税适用税率征收增值税，电力产品的增值税税收负担超过 8% 的部分实行增值税即征即退的政策。

4. 专项民生服务

（1）托儿所、幼儿园提供的保育和教育服务。

（2）养老机构提供的养老服务。

（3）残疾人福利机构提供的育养服务。

（4）婚姻介绍服务。

（5）殡葬服务。

（6）医疗机构提供的医疗服务。

（7）家政服务企业由员工制家政服务员提供家政服务取得的收入。

5. 修理修配类

（1）飞机修理。自2000年1月1日起，对飞机维修劳务增值税实际税负超过6%的部分实行即征即退的政策。对承揽国内、国外飞机维修业务的企业所从事的国外航空公司飞机维修业务，实行免征本环节增值税应纳税额、直接退还相应增值税进项税额的办法。

（2）铁路货车修理。铁路系统内部为本系统修理货车的业务免征增值税。

6. 软件产品

对自行开发生产销售软件产品（包括将进口软件产品进行本地化改造后对外销售）的增值税一般纳税人，对其销售自行开发生产的软件产品，按13%的法定税率征收增值税后，对其增值税实际税负超过3%的部分实行即征即退政策。增值税一般纳税人随同计算机网络、计算机硬件和机器设备等一并销售其自行开发生产的嵌入式软件，如果能够按规定分别核算嵌入式软件与计算机硬件、机器设备等的销售额，可以享受软件产品增值税优惠政策。凡不能分别核算销售额的不予退税。

7. 金融资产管理及债转股

四大资产管理公司接受国有银行不良资产，取得借款方抵债的货物进行转让的，免征增值税。债转股原企业将货物资产作为投资提供给债转股新公司的，免征增值税。

8. 教育类

（1）从事学历教育的学校提供的教育服务。

（2）政府举办的从事学历教育的高等、中等和初等学校（不含下属单位），举办进修班、培训班取得的全部归该学校所有的收入。

（3）政府举办的职业学校设立的主要为在校学生提供实习场所、并由学校出资自办、由学校负责经营管理、经营收入归学校所有的企业，从事《销售服务、无形资产或者不动产注释》中"现代服务"（不含融资租赁服务、广告服务和其他现代服务）、"生活服务"（不含文化体育服务、其他生活服务和桑拿、氧吧）业务取得的收入。

（4）境外教育机构与境内从事学历教育的学校开展中外合作办学，提供学历教育服务取得的收入。

9. 文化和科普类

（1）纪念馆、博物馆、文化馆、文物保护单位管理机构、美术馆、展览馆、书画院、图书馆在自己的场所提供文化体育服务取得的第一道门票收入。

（2）寺院、宫观、清真寺和教堂举办文化、宗教活动的门票收入。

（3）个人转让著作权。

（三）增值税起征点的规定

纳税人销售额未达到国务院财政、税务主管部门规定的起征点的免征增值税。增值税起征点的适用范围限于个人（不包括登记为一般纳税人的个体工商户）。

增值税起征点的幅度规定如下：

（1）按期纳税的，为月销售额5 000～20 000元（含本数）。

（2）按次纳税的，为每次（日）销售额300～500元（含本数）。

上述所称的销售额不包括其应纳税额的销售额。

省、自治区、直辖市财政厅（局）和国家税务局应在规定的幅度内，根据实际情况确定本地区适用的起征点，并报财政部、国家税务总局备案。

（四）按简易征收办法依照征收率计征增值税

当前增值税征收率一律调整为3%，一般纳税人销售自产的下列货物，可选择按照3%的征收率计算缴纳增值税：

（1）县级以及县级以下小型水力发电单位生产的电力。小型水力发电单位，是指各类投资主体建设的装机容量为5万千瓦以下（含5万千瓦）的小型水力发电单位。

（2）自产建筑用和生产建筑材料所用的砂、土、石料。

（3）以自己采掘的砂、土、石料或者其他矿物连续生产的砖、瓦、石灰（不含黏土实心砖、瓦）。

（4）用微生物、微生物代谢产物、动物毒素、人或动物的血液或组织制成的生物制品。

（5）自产的自来水。

（6）自产的商品混凝土（仅限于以水泥为原料生产的水泥混凝土）。

（7）单采血浆站销售非临床用人体血液。

一般纳税人选择简易办法计算缴纳增值税后，36个月内不得变更。

（8）寄售商店代销寄售物品（包括居民个人寄售的物品在内）。

（9）典当业销售死当物品。

（10）其他。

（五）其他有关减免税规定

（1）纳税人兼营免税、减税项目的，应当分别核算免税、减税项目的销售额，未分别核算销售额的，不得免税、减税。

（2）纳税人发生应税销售行为同时适用免税和零税率规定的，纳税人可以选择适用免税或者零税率。

（3）纳税人销售货物或者提供应税劳务和应税服务适用免税规定的，可以放弃免税，依照《增值税暂行条例》和"营改增"的规定缴纳增值税。放弃免税后，36个月内不得再申请免税。

二、税收优惠政策的税收筹划

（一）增值税免税规定的税收筹划

增值税税收优惠一般是国家对某种特定货物或劳务、服务的全部或某一阶段的生产和流通过程减免课征税款，意味着国家放弃一笔财政收入而给予纳税人优惠。根据增值税减免税的有关规定，纳税人可以充分利用法定的减免税规定以达到节税的目的。

【例2-17】甲市牛奶公司主要生产流程如下：饲养奶牛生产牛奶，将产出的新鲜牛奶进行加工制成奶制品，再将奶制品销售给各大商业公司，或直接通过销售网络转销给甲市及其他地区的居民。由于奶制品的增值税税率适用13%，进项税额主要由两部分组成：一是向农民个人收购的草料部分可以抵扣9%的进项税额；二是公司水费、电费和修理用配件等按规定可以抵扣进项税额。与销项税额相比，这两部分进项税额数额较小，致使公司的增值税税负较高。在这一情形下，公司高层应当如何加强管理，进一步减轻企业税收负担？

方案：为了取得更高的利润，公司除了加强企业管理外，还必须努力把税负降下来。从公司的客观情况来看，税负高的原因在于公司的进项税额太低。因此，公司进行税收筹划的关键在于如何增加进项税额。围绕进项税额，公司采取了以下办法。公司将整个生产流程分成饲养场和奶制品加工厂两部分，饲养场和奶制品加工厂均实行独立核算。分开后，饲养场属于农产品生产单位，按规定可以免征增值税，奶制品加工厂从饲养场购入的牛奶可以抵扣10%的进项税额。现将公司实施筹划方案前后的有关数据对比如下。

实施前：假定 2019 年度从农民生产者手中购入的草料金额为 100 万元，允许抵扣的进项税额为 9 万元，其他水电费、修理用配件等进项税额为 8 万元，全年奶制品销售收入为 500 万元，则：

应纳增值税税额 = 销项税额 - 进项税额 = 500 × 13% - (9 + 8) = 48（万元）；

税负率 = 48 ÷ 500 × 100% = 9.6%；

实施后：饲养场免征增值税，假定饲养场销售给奶制品厂的鲜奶售价为 350 万元，其他资料不变。则：

应纳增值税税额 = 销项税额 - 进项税额 = 500 × 13% - (350 × 10% + 8) = 22（万元）；

税负率 = 22 ÷ 500 × 100% = 4.4%；

方案实施后比实施前节省增值税额 = 48 - 22 = 26（万元）。

综合上述案例分析，公司通过适当的业务分离，同时充分利用税法对于农业的大力扶持，在销项税额一定的情况下，进一步扩大了进项税额，从而降低了增值税税收负担。在现实的生产经营活动中，增值税税收优惠政策涉及方方面面，纳税人应当结合自身的战略发展、市场环境、生产经营现状等，全面熟悉并掌握各项规定，让税收优惠政策为己所用，以进一步保障自身税负最小化，经济利益最大化。

（二）小规模纳税人起征点的税收筹划

自 2021 年 4 月 1 日起，小规模纳税人发生增值税应税销售行为，合计月销售额未超过 15 万元（以 1 个季度为 1 个纳税期的，季度销售额未超过 45 万元，下同）的，免征增值税。

小规模纳税人发生增值税应税销售行为，合计月销售额超过 15 万元，但扣除本期发生的销售不动产的销售额后未超过 15 万元的，其销售货物、劳务、服务、无形资产取得的销售额免征增值税。

【例 2-18】某个体工商户为小规模纳税人，每月收入约为 158 000 元，请计算该个体工商户应纳税额，并给出筹划方案。

个体工商户应纳增值税额 4 601.94 元 [= 158 000 ÷ (1 + 3%) × 3%]，不考虑其他税费，该个体工商户每月可支配收入为 153 398.06 元（= 158 000 - 4 601.94）。

如果该个体户将每月收入降至 154 500 元，则每月不含税销售额为 150 000 元，该纳税人可免于缴纳增值税，该个体工商户每月可支配收入为 154 500 元。

159 135 元为临界点，当小规模纳税人销售收入小于等于 154 500 元，不纳税；当小规模纳税人销售收入大于 154 500 元且小于 159 135 元时，每月可支配收入小于 154 500 元；当小规模纳税人销售收入大于 159 135 元时，每月可支配收入大于 154 500 元。

（三）放弃减免税的税收筹划

纳税人销售货物或者提供应税劳务和应税行为适用免税、减税规定的，可以放弃免税、减税，依照条例的规定缴纳增值税。纳税人一旦放弃免税权，其生产销售的全部应税销售行为均应按照规定征税，不能有选择地针对某些项目、对象放弃免税权，纳税人放弃免税权后，36 个月内不得再申请免税。

税法规定，纳税人购进专用于免税项目的货物、应税服务、无形资产或者不动产取得的增值税扣税凭证，一律不得抵扣。因此，若该免税项目的销项税额小于专用于该免税项目购进物资的进项税额，显然纳税人选择放弃免税优惠可以节税，更有利于利润最大化。

若未来 3 年的进项税额过大，纳税人可以选择放弃免税优惠政策。这种情况多发生于企业刚成立时或企业将购置大量资产设备开拓新业务时，此时有大量的进项税额可以抵扣，而收入相对很少。属于"高抵低征"行业的纳税人最好也选择放弃免税，因为他们需要较高的增值率才能使销项税额与进项税额持平，而一般情况下该类企业达不到这样的增值率。

【例 2-19】某小型航空运输企业将在未来 3 年内加大航空器材的投入，用于开拓货物运输业务，每年增加的进项税额比较大，而货物运输收入较少。经统计，该企业购买航空器材花费 1 亿元，取得增值税进项税额 1 300 万元，消耗航空油料以及后勤的进项税额为 700 万元，取得航空货物运输收入 1 000 万元（不含税）。从事国际货物运输代理服务收入 555 万元。该企业应如何进行增值税税收筹划？

（1）如果该企业对从事国际货物运输代理服务收入选择免税：

国际货物运输代理服务收入应分摊的进项税额 =（1 300 + 700）× 555 ÷（1 000 + 555）= 713.83（万元）；

企业应纳增值税税额 = 1 000 × 9% -（1 300 + 700 - 713.83）= -1 196.17（万元）。

（2）如果该企业对从事国际货物运输代理服务收入选择放弃免税：

销项税额 = 555 ÷（1 + 6%）× 6% = 31.42（万元）；

企业应纳增值税税额 = 1 000 × 9% + 31.42 - 1 300 - 700 = -1 878.58（万元）。

由此可以看出，企业选择放弃免税，可以节税682.41万元（＝1 878.58－1 196.17 或 ＝713.83－31.42）。由于公司在未来3年还要进行硬件投入，也就是进项税额比较大，而国际货物运输收入不会增加很多，所以在3年内放弃免税较为合理。

第五节　增值税出口退税的税收筹划*

一、出口退税的法律界定

（一）出口退（免）税的基本政策

出口货物、劳务和跨境应税行为退（免）税的税种仅限于增值税和消费税。《增值税暂行条例》规定：“纳税人出口货物，税率为零；但是，国务院另有规定的除外。”零税率不同于免税，免税往往指某一环节免税；而零税率是指整体税负为零，意味着出口环节免税且退还以前纳税环节的已纳税款，这就是所谓的“出口退税”。在不同处理情况下的出口企业增值税政策如表2－6所示。

表2－6　　　　　　　　出口企业增值税政策的不同处理情况归纳

增值税处理	适用情况
免税	税法规定免税货物的出口；增值税小规模纳税人出口的自产货物；来料加工复出口货物；非出口企业委托出口的货物；以旅游贸易方式报关出口的货物等
免退税	不具有生产能力的外贸企业或其他单位出口货物、劳务等
免抵退税	生产、外贸、其他出口企业自产货物、视同自产货物和对外提供加工修理修配劳务；列名生产企业出口非自产货物等
征税	取消出口退税的货物、劳务；特殊销售对象；有出口违规行为的企业；未从事实质性出口经营活动等

---

* 计金标：《税收筹划》（第七版），中国人民大学出版社2019年版，第104页。

（二）出口货物的退税率

1. 一般规定

除财政部和国家税务总局根据国务院决定而明确的增值税出口退税率外，出口货物、服务和无形资产的退税率为其适用税率。目前我国增值税出口退税率分为五档，即 13%、10%、9%、6% 和零税率。

2. 特殊规定

（1）外贸企业购进按简易办法征税的出口货物、从小规模纳税人购进的出口货物，其退税率分别为简易办法实际执行的征收率、小规模纳税人征收率。

上述出口货物取得增值税专用发票的，退税率按照增值税专用发票上的税率和出口货物退税率孰低的原则确定。

（2）出口企业委托加工修理修配货物，其加工修理修配费用的退税率，为出口货物的退税率。

（3）中标机电产品、出口企业向海关报关进入特殊区域销售给特殊区域内生产企业生产耗用的列名原材料、输入特殊区域的水电气，其退税率为适用税率。如果国家调整列名原材料的退税率，列名原材料应当自调整之日起按调整后的退税率执行。

3. 其他

适用不同退税率的货物、劳务及跨境应税行为，应分开报关、核算并申报退（免）税，未分开报关、核算或划分不清的，从低适用退税率。

（三）出口退税的计算方法

（1）实行免抵退税办法的"免"税是指生产企业出口的自产或视同自产货物，免征出口环节增值税；"抵"税是指生产企业出口自产或视同自产货物所耗用的原材料、零部件、燃料、动力等所含应予以退还的进项税额，抵顶内销货物的应纳税额；"退"税是指生产企业或视同自产货物在当月内应抵顶的进项税额大于应纳税额时，对未抵顶完的部分予以退税。

（2）不具有生产能力的外贸企业或其他单位出口货物、劳务等，其出口销售环节的增值税免税，由于其收购货物的成本部分也承担了前面环节已纳的增值税税款，因此在货物出口后按收购成本与退税率计算应退税款退还给外贸企业，征退税率之差计入企业成本。

二、出口退税业务的税收筹划

（一）选择经营方式

现行的出口退税政策对不同的经营方式规定了不同的出口退税政策，纳税人可以利用政策之间的税收差异，选择合理的经营方式，降低自己的税负。

目前生产企业出口货物主要有两种方式，即自营出口（含进料加工）和来料加工，分别按"免、抵、退"办法和"不征不退"的免税方法处理。

1. 退税率小于征税率时的税收筹划

【例 2 - 20】某出口型生产企业采用进料加工方式为国外 A 公司加工化工产品一批，进口保税料件价值 1 000 万元人民币，加工完成后返销 A 公司售价 1 800 万元，为加工该批产品耗用辅料、备品备件、动能费等的进项税额为 10 万元，该化工产品征税率为 13%，退税率为 10%。

免抵退税不得免征和抵扣税额抵减额 = 免税购进原材料价格 ×（出口货物征税率 - 出口货物退税率）= 1 000 ×（13% - 10%）= 30（万元）

免抵退税不得免征和抵扣税额 = 当期出口货物离岸价 × 外汇人民币牌价 ×（出口货物征税率 - 出口货物退税率）- 免抵退税不得免征和抵扣税额抵减额 = 1 800 ×（13% - 10%）- 30 = 54 - 30 = 24（万元）

当期期末应纳税额 = 当期内销货物的销项税额 -（进项税额 - 免抵退税不得免征和抵扣税额）= 0 -（10 - 24）= 14（万元）

企业应纳税额为正数，故当期应退税额为零。该企业应缴纳增值税 14 万元。

如果该企业改为来料加工方式，由于来料加工方式实行免税（不征税不退税）政策，则比进料加工方式少纳税 14 万元。

有关涉税会计处理如下（单位：元）：

购进货物支付的进项税额：

借：应交税费——应交增值税（进项税额）　　　　　100 000

　　贷：银行存款等　　　　　　　　　　　　　　　　　100 000

免抵退税不得免征和抵扣税额：

借：主营业务成本　　　　　　　　　　　　　　　　240 000

　　贷：应交税费——应交增值税（进项税额转出）　　　240 000

计算应纳税额：

借：应交税费——应交增值税（转出未交增值税）　　140 000

  贷：应交税费——未交增值税   140 000

【例2-21】 若［例2-20］中的出口销售价格改为1 200万元，其他条件不变，则应纳税额的计算如下：

进料加工方式下：

免抵退税不得免征和抵扣税额抵减额=免税购进原材料价格×（出口货物征税率-出口货物退税率）：1 000×（13%-10%）=30（万元）；

免抵退税不得免征和抵扣税额=当期出口货物离岸价×外汇人民币牌价×（出口货物征税率-出口货物退税率）-免抵退税不得免征和抵扣税额抵减额：1 200×（13%-10%）-30=36-30=6（万元）；

当期期末应纳税额=当期内销货物的销项税额-（进项税额-免抵退税不得免征和抵扣税额）：0-（10-6）=-4（万元）。

由于当期期末应纳税额为负数，因此为当期期末留抵税额。

免抵退税额抵减额=免税购进原材料价格×出口货物退税率：1 000×10%=100（万元）；

免抵退税额=出口货物离岸价×外汇人民币牌价×出口货物退税率-免抵退税额抵减额：1 200×10%-100=20（万元）；

若当期期末留抵税额≤当期免抵退税额，则当期应退税额=当期期末留抵税额。因此，该企业的应收出口退税为4万元。

也就是说，采用进料加工方式可获退税4万元，比来料加工方式的不征不退方式更优惠，应选用进料加工方式。

有关涉税会计处理为（单位：元）：

购进货物支付的进项税额：

  借：应交税费——应交增值税（进项税额）   100 000

    贷：银行存款等   100 000

免抵退税不得免征和抵扣税额：

  借：主营业务成本   60 000

    贷：应交税费——应交增值税（进项税额转出）   60 000

计算应退税额：

  借：应收补贴款——应收出口退税   40 000

    贷：应交税费——应交增值税（出口退税）   40 000

【例2-22】 若［例2-20］中的出口退税率提高为12%，其他条件不变，应纳税额的计算如下：

进料加工方式下：

免抵退税额抵减额=免税购进原材料价格×出口货物退税率=1 000×

12% = 120（万元）；

免抵退税额 = 出口货物离岸价 × 外汇人民币牌价 × 出口货物退税率 − 免抵退税额抵减额 = 1 800 × 12% − 120 = 96（万元）；

免抵退税不得免征和抵扣税额抵减额 = 免税购进原材料价格 ×（出口货物征税率 − 出口货物退税率）= 1 000 ×（13% − 12%）= 10（万元）；

免抵退税不得免征和抵扣税额 = 当期出口货物离岸价 × 外汇人民币牌价 ×（出口货物征税率 − 出口货物退税率）− 免抵退税不得免征和抵扣税额抵减额 = 1 800 ×（13% − 12%）− 10 = 18 − 10 = 8（万元）；

当期期末应纳税额 = 当期内销货物的销项税额 −（进项税额 − 免抵退税不得免征和抵扣税额）= 0 −（10 − 8）= −2（万元）；

由于当期期末应纳税额为负数，因此为当期期末留抵税额。

若当期期末留抵税额 ≤ 当期免抵退税额，则当期应退税额 = 当期期末留抵税额。因此，该企业的应收出口退税为 2 万元。

也就是说，采用进料加工方式可获退税 2 万元，比来料加工方式的不征不退方式更优惠，应选用进料加工方式。

【例 2 − 23】 若［例 2 − 20］中消耗的国产料件的进项税额为 30 万元，其他条件不变，应纳税额的计算如下：

进料加工方式下：

免抵退税不得免征和抵扣税额抵减额 = 免税购进原材料价格 ×（出口货物征税率 − 出口货物退税率）= 1 000 ×（13% − 10%）= 30（万元）；

免抵退税不得免征和抵扣税额 = 当期出口货物离岸价 × 外汇人民币牌价 ×（出口货物征税率 − 出口货物退税率）− 免抵退税不得免征和抵扣税额抵减额 = 1 800 ×（13% − 10%）− 30 = 54 − 30 = 24（万元）；

当期期末应纳税额 = 当期内销货物的销项税额 −（进项税额 − 免抵退税不得免征和抵扣税额）= 0 −（30 − 24）= −6（万元）；

由于当期期末应纳税额为负数，因此为当期期末留抵税额。

免抵退税额抵减额 = 免税购进原材料价格 × 出口货物退税率 = 1 000 × 10% = 100（万元）；

免抵退税额 = 出口货物离岸价 × 外汇人民币牌价 × 出口货物退税率 − 免抵退税额抵减额 = 1 800 × 10% − 100 = 80（万元）；

若当期期末留抵税额 ≤ 当期免抵退税额，则当期应退税额 = 当期期末留抵税额。因此，该企业的应收出口退税为 6 万元。

也就是说，采用进料加工方式可获退税 8 万元，比来料加工方式的不征不退方式更优惠，应选用进料加工方式。

通过以上案例可以看出，对于利润率较低、出口退税率较高及耗用的国产辅助材料较多（进项税额较大）的货物出口宜采用进料加工方式，对于利润率较高的货物出口宜采用来料加工方式。

目前在大幅提高出口退税率的情况下，选用"免、抵、退"方法还是"不征不退"的免税方法的基本思路就是，如果出口产品不得抵扣的进项税额小于为生产该出口产品而取得的全部进项税额，则应采用"免、抵、退"办法，否则应采用"不征不退"的免税办法。

2. 退税率等于征税率时的税收筹划

对于退税率等于征税率的产品，无论其利润率高低，采用"免、抵、退"的自营出口方式均比采用来料加工等"不征不退"免税方式更优惠，因为两种方式出口货物均不征税，但采用"免、抵、退"方式可以退还全部的进项税额，而免税方式则要把该进项税额计入成本。

（二）选择出口方式

对于有出口经营权的企业来说，出口方式有两种：一种是自营出口；另一种是通过外贸企业代理出口自产货物。以这两种方式出口货物都可以获得免税并退税，但获得的退税的数额却不同。

【例 2 – 24】某中外合资企业采购国内原材料生产产品并全部用于出口，2019 年自营出口产品的价格为 100 万元，当年可抵扣的进项税额为 10 万元，增值税税率为 13%，无上期留抵税额。

（1）当该企业的出口退税率为 13% 时：

第一，企业自营出口：

当期期末应纳税额 = 当期内销货物的销项税额 – （进项税额 – 免抵退税不得免征和抵扣税额） = 0 – （10 – 0） = – 10（万元）

由于当期期末应纳税额为负数，因此为当期期末留抵税额。

免抵退税额 = 出口货物离岸价 × 外汇人民币牌价 × 出口货物退税率 – 免抵退税额抵减额 = 100 × 13% = 13（万元）。

若当期期末留抵税额 ≤ 当期免抵退税额，则当期应退税额 = 当期期末留抵税额。因此，该企业的应收出口退税为 10 万元。

第二，该合资企业通过关联企业某外贸企业出口，合资企业将产品以同样的价格 100 万元（含税）出售给外贸企业，外贸企业再以同样的价格出口。应纳税额的计算如下：

合资企业应纳增值税税额：

$100 \div (1 + 13\%) \times 13\% - 10 = 11.5 - 10 = 1.5$（万元）。

外贸企业应收出口退税额：

$100 \div (1 + 13\%) \times 13\% = 11.5$（万元）；

两企业合计获得退税 10 万元（$= 11.5 - 1.5$）。

由此可以看出，在退税率与征税率相等的情况下，企业选择自营出口还是委托外贸企业代理出口，两者税负相等。

（2）当该企业的出口退税率为 10% 时：

第一，企业自营出口：

免抵退税不得免征和抵扣税额 = 当期出口货物离岸价 × 外汇人民币牌价 ×（出口货物征税率 − 出口货物退税率）− 免抵退税不得免征和抵扣税额抵减额 $= 100 \times (13\% - 10\%) - 0 = 3$（万元）；

当期期末应纳税额 = 当期内销货物的销项税额 −（进项税额 − 免抵退税不得免征和抵扣税额）$= 0 - (10 - 3) = -7$（万元）；

由于当期期末应纳税额为负数，因此为当期期末留抵税额。

免抵退税额 = 出口货物离岸价 × 外汇人民币牌价 × 出口货物退税率 − 免抵退税额抵减额 $= 100 \times 10\% - 0 = 10$（万元）；

若当期期末留抵税额 ≤ 当期免抵退税额，则当期应退税额 = 当期期末留抵税额。因此，该企业的应收出口退税为 7 万元。

第二，该合资企业通过关联企业某外贸企业出口，合资企业将产品以同样的价格 100 万元（含税）出售给外贸企业，外贸企业再以同样的价格出口。应纳税额的计算如下：

合资企业应纳增值税税额：

$100 \div (1 + 13\%) \times 13\% - 10 = 11.5 - 10 = 1.5$（万元）；

外贸企业应收出口退税额：

$100 \div (1 + 13\%) \times 10\% = 8.85$（万元）；

两企业合计获得退税 7.35 万元。

由此可以看出，在退税率与征税率不同的情况下，企业选择自营出口还是委托外贸企业代理出口，两者税负是不同的，即选择自营出口收到的出口退税数额小于委托外贸企业代理出口应获得的出口退税数额，选择外贸企业出口有利于减轻增值税税负。

（三）选择生产经营地

根据国务院《关于促进综合保税区高水平开放高质量发展的若干意见》（国发〔2019〕3 号），国家税务总局、财政部、海关总署决定在综合保税区推广增值税一般纳税人资格试点，综合保税区增值税一般纳税人资格试点（以下简称"一般纳税人资格试点")实行备案管理。符合条件的综合保税区,由所在地省级税务、财政部门和直属海关将一般纳税人资格试点实施方案(包括综合保税区名称、企业申请需求、政策实施准备条件等情况)向国家税务总局、财政部和海关总署备案后,可以开展一般纳税人资格试点。试点企业自增值税一般纳税人资格生效之日起,可适用下列出口退(免)税政策:销售的下列货物(未经加工的保税货物除外),适用出口退(免)税政策,主管税务机关凭海关提供的与之对应的出口货物报关单电子数据审核办理试点企业申报的出口退(免)税。(1)离境出口的货物;(2)向海关特殊监管区域(试点区域、保税区除外)或海关保税监管场所(不具备退税功能的保税监管场所除外)销售的货物;(3)向试点区域内非试点企业销售的货物。此外未经加工的保税货物离境出口实行增值税、消费税免税政策。

(四)选择进料加工保税进口料件组成计税价格计算方式的筹划

"免、抵、退"税计算公式中的"当期免税购进原材料价格"既包括当期国内购进的无进项税额且不计提进项税额的免税原材料的价格,又包括当期进料加工保税进口料件的价格。其中,当期进料加工保税进口料件的价格为组成计税价格,等于当期进口料件到岸价格、海关实征关税和海关实征消费税三者之和。

按照相关法规的规定,当期进料加工保税进口料件的组成计税价格的计算方法有两种,即"实耗法"和"购进法"。这两种方法对增值税出口退税的计算存在一定的差异,这些差异带来了一定的税收筹划空间。

【例2-25】某生产型出口企业在海关办理进料加工贸易手册,备案进口材料为1 000万元。出口额为2 000万元。料件于当月报关进口。该企业1月实现出口1 200万元(在当月收齐所有单证,下同),取得国内进项税额100万元;2月实现出口800万元,取得国内进项税额26万元。该企业在1月和2月的国内销售收入均为0。已知该企业出口产品适用的增值税税率为13%,退税率为10%。

(1)采用"购进法"时,"免、抵、退"税的计算如下所示。

1月:

"免、抵、退"税不得免征和抵扣税额 $= 1\ 200 \times (13\% - 10\%) - 1\ 000 \times (13\% - 10\%) = 6$ (万元);

应纳税额(期末留抵税额) $= 0 - (100 - 6) = -94$ (万元);

"免、抵,退"税额 $= 1\ 200 \times 10\% - 1\ 000 \times 10\% = 20$ (万元);

因为期末留抵税额 94 万元 >"免、抵、退"税额 20 万元，

所以应退税额 ="免、抵、退"税额 =20（万元）；

"免、抵"税额 ="免、抵、退"税额 - 应退税额 =20 - 20 =0；

期末留抵税额 =94 - 20 =74（万元）。

2 月：

"免、抵、退"税不得免征和抵扣税额 =800 ×（13% - 10%）- 0 =24（万元）；

应纳税额（期末留抵税额）=0 -（26 - 24）- 74 =- 76（万元）；

"免、抵、退"税额 =800 ×10% - 0 =80（万元）；

因为期末留抵税额 76 万元 <"免、抵、退"税额 80 万元，

所以应退税额 = 期末留抵税额 =76（万元）；

"免、抵"税额 ="免、抵、退"税额 - 应退税额 =80 - 76 =4（万元）；

期末留抵税额 =76 - 76 =0。

（2）采用"实耗法"时。"免、抵、退"税的计算如下所示。

1 月：

出口耗用的进口料件 =1 200 ×1 000 ÷2 000 =600（万元）；

"免、抵、退"税不得免征和抵扣税额 =1 200 ×（13% - 10%）- 600 ×（13% - 10%）=18（万元）；

应纳税额（期末留抵税额）=0 -（100 - 18）=- 82（万元）；

"免、抵、退"税额 =1 200 ×10% - 600 ×10% =60（万元）；

因为期末留抵税额 82 万元 >"免、抵、退"税额 60 万元，

所以应退税额 ="免、抵、退"税额 =60（万元）；

"免、抵"税额 ="免、抵、退"税额 - 应退税额 =60 - 60 =0；

期末留抵税额 =82 - 60 =22（万元）。

2 月：

出口耗用的进口料件 =800 ×1 000 ÷2 000 =400（万元）；

"免、抵、退"税不得免征和抵扣税额 =800 ×（13% - 10%）- 400 ×（13% - 10%）=12（万元）；

应纳税额（期末留抵税额）=0 -（26 - 12）- 22 =- 36（万元）；

"免、抵、退"税额 =800 ×10% - 400 ×10% =40（万元）；

因为期末留抵税额 36 万元 <"免、抵、退"税额 40 万元，

所以应退税额 = 期末留抵税额 =36（万元）；

"免、抵"税额 ="免、抵、退"税额 - 应退税额 =40 - 36 =4（万元）；

期末留抵税额 =36 - 36 =0（万元）。

由上述计算分析可知，从两个月静态总额的角度看，"购进法"和"实耗法"的计算结果并无差别，即"免、抵、退"税额都为 100 万元。实际应退税额都是 96 万元，"免、抵"税额都为 4 万元，但从资金时间价值的角度去考量，相对于"购进法"，本案例中该出企业采用"实耗法"可以在 1 月多取得出口退税款 40 万元（＝60－20），有利于缓解该企业的资金压力。

（五）确定征（退）税不同类别的筹划

国家出口退税政策的规定非常严格，出口退税也是税务机关管理的重要环节。一般来说，对出口退税政策的管理是非常严格的，但并不是说企业在出口退税环节就不存在税收筹划的空间。一个企业生产的产品是具体的，而国家出口产品的征（退）税是按照产品结构、性能和用途来确定的，有的产品既可能被归于这一类，也可能被归于哪一类。当归于不同类别将适用不同的征（退）税率时，企业的选择不同，其实际负担的税款也不相同。在这种情况下，就需要对相关业务进行税收筹划。

第六节　增值税税收筹划对其他税种的影响

增值税的税收筹划方法众多、切入点也各有不同，在日常经济活动中，应针对具体问题制定相应的税收筹划方案，以实现增值税税收筹划的最终目的。另外，需要注意的是税收筹划具有综合性，经济活动所涉及的税种也并不是单一的，税收筹划工作要着眼于整体税负最小化，而不只是单个税种税负的减少。因此，在考虑如何完善增值税税收筹划工作的同时，也要关注其他税种的税负变化情况，统筹兼顾多税种筹划，梳理清增值税与其他税种的税收筹划之间的关系，才能更好地保障实现纳税人整体税负最小、经济利益最大化。

一、增值税税收筹划对消费税的影响

（一）增值税与消费税的关系

在我国现行的税制体系当中，增值税一般是对普通货物在各个环节普遍课税，而消费税相较于增值税具有一定的特殊性，一般情况下，在普遍征收增值税的基础上，消费税是对需要限制和控制消费的特定的消费品和特殊的消费行为按消费流转额再征一道税，截至 2015 年，经过一定的调整，消费税共包含 15 条税目，具体变动有：取消了轮胎与酒精的消费税征收，对于涂料及铅蓄电池开征消费税等，我国消费税的具体征收环节主要集中于生产环节，在委托加工、进口以及零售环节也有部分特殊规定。按现行消费税法的基本规定，消费税应纳税额的计算主要分为从价计征、从量计征和复合计征三种方式。一般而言，其计税依据与增值税的计税依据具有同一性，但当将自产应税消费品用于换取生产资料和消费资料、投资入股、抵偿债务时，增值税是按同类应税消费品平均价计税，消费税则是按同类应税消费品最高价计税。

（二）增值税税收筹划对于消费税的影响

在消费税应纳税额从价定率计算方法下，应税消费品的应纳税额为销售额乘以适用税率，而销售额包括纳税人销售应税消费品向购买方收取的全部价款和价外费用，反观增值税，其销项税额同样为销售额与适用税率的乘积，这里所指的销售额为纳税人销售货物或者提供应税劳务和应税服务向购买方收取的全部价款和价外费用，因此对于从价征收消费税的应税消费品，计征消费税与增值税销项税额的计税依据是相同的，均以不含增值税的销售额为计税依据，那么增值税销项税额计税依据的扩大导致的增值税税负上升，必然会引起消费税额的同向增长，反之增值税销项税额计税依据的减少而引起的增值税税负降低，也会使得消费税额同向减少。

【例 2 – 26】甲公司为汽车生产企业，2019 年 12 月将其生产的 5 辆中轻型商用客车无偿捐赠于乙公益性组织。已知该月甲公司同类中轻型商用客车的平均不含税销售价格为 20 万元，假定在其余情况不变，就该项业务而言，分析甲公司增值税与消费税的具体涉税情况，并作出简要说明。

方案：从经济活动的性质分析，该项业务属于甲公司将自产货物无偿赠送于其他单位或个人，属于增值税的视同销售行为，同样也属于消费税及企业所得税的视同销售业务。在本案例中，一方面，无偿赠送的中轻型商用客车的不含税销售价格为 100 万元，产生的视同销售销项税额为 13 万元（＝100 × 13%），另一方面应缴纳消费税为 5 万元（＝100×5%）。

综合上述案例分析，此项视同销售的捐赠行为，使得增值税税负上升，基于同一计税依据下，消费税税负呈现同向变化。在增值税税收筹划的过程当中，纳税人应当把握其与消费税的这一关系，税收筹划工作在降低增值税税负的同时，可能也会使得消费税负减小，一举两得。另外，需要注意的是，税收政策具有一定的导向性，税收筹划工作要遵循税法的政策导向，因此作为纳税人应当基于自身经济利益最大化的条件下作出最有利的选择，避免因捐赠引起的视同销售产生不必要的税收负担。

二、增值税税收筹划对房产税的影响

(一) 增值税与房产税的关系

按照我国增值税法的规定，增值税是以货物、劳务、服务以及无形资产不动产在流转过程中产生的增值额作为征税对象而征收的一种流转税。而房产税则是以房屋为征税对象，按照房屋的计税余值或租金收入，向产权所有人征收的一种财产税。增值税与房产税的征税范围并无交集，两者没有直接联系。但基于特殊的经济业务活动下，当增值税视同销售产生的销项税额或者进项税转出额计入房屋的成本构成时，增值税税负变化会对房产税税负产生影响。

(二) 增值税税收筹划对房产税的影响

增值税与房产税的关联度较低，在现实的生产经营过程当中，只有比较特殊的经济活动才能将这两者联系起来，并且在这些特殊的经济业务活动下，增值税税负与房产税负呈同向变动，纳税人通过一定手段进行增值税税收筹划，在降低增值税税负的同时，也会使得房产税税负同向降低。

【例 2 - 27】甲公司为某市机械设备生产企业，2015 年初准备修建一栋办公大楼自用，购买中央空调设备的不含税价款为 1 000 万元，在这一情况下，分析甲公司购买中央空调这项业务，其所涉及的增值税与房产税应当如何缴纳？如果用同样的价款购买台式空调，涉税情况又将如何改变？

方案：基于其他条件不变的情况下，本案例就购买中央空调这一业务分析甲公司增值税与房产税的税负情况。首先该项业务产生增值税进项税额为 170 万元 (=1 000 × 17%)，由于购买中央空调用于修建自用办公大楼，且中央空调属于房屋不可分割的附属设备，税法有关规定指出，以建筑物或构筑物为载体的附属设备和配套设施，无论在会计处理上是否单独记账与核算，均应作为建筑物或者构筑物的组成部分，其进项税额不得在销项税额中抵扣。其中附属设备与配套设施是指：给排水、采暖、卫生、通风、照明、通信、煤气、消防、中央空调、电梯、电气、智能化楼宇设备和配套设施。因此该中央空调进项税额不得从销项税额中抵扣，增值税税负将上升 170 万元，基于此，不得抵扣的进项税额计入房屋原值，房产税将增加 2.04 万元 (=170 × 1.2%)。

"营改增"全面推行以后，修建自用办公大楼将不属于非增值税应税项目，中央空调所产生的进项税额允许从销项税额中抵扣，同时房屋成本也将降低 170 万元。

如果将中央空调改为台式空调，用同样的价款购买，台式空调可作为设备放置于大楼内，产生的增值税进项税额 170 万元可以抵扣，增值税税负将下降170 万元，另外台式空调成本与其所产生的进项税额也无须计入房产原值缴纳房产税，房产税将相应减少 14.04 万元（= 1 170 × 1.2%）。

综合上述案例分析，在该项业务中增值税税负的变化与房产税税负变化是同向的，而房产税的增加将直接导致企业所得税税前扣除额增加，应纳税所得额减少，应缴纳企业所得税额相应减少，反之则相反。可见，企业所得税与增值税和房产税的税负变化呈逆向关系。因此，全面综合地考虑各个税种的税收负担是税收筹划的重要原则。

【例 2 - 28】甲公司为某市玻璃生产企业，2015 年为修建一栋办公大楼自用，领用玻璃成本为 500 万元，市场销售价格为 700 万元，不考虑其他情况，就领用玻璃这项业务分析所涉及的增值税税负，另外其对于房产税有何影响？

方案：领用玻璃用于修建办公大楼，甲公司该项业务是将自产货物用于非增值税应税项目，应当将领用的玻璃视同销售，所需缴纳的增值税销项税额为119 万元（= 700 × 17%），不考虑其他情况增值税税负的上升显而易见。从房产税的角度分析，500 万元的成本以及 119 万元的销项税额都将计入房屋原值，领用玻璃导致的房产税增加额为 1.428 万元（= 119 × 1.2%）。

上述案例同样说明，基于一定的业务活动，增值税的税负变化与房产税是同向的。

"营改增"全面实施以后，类似于修建办公大楼的这一类业务将不再是非增值税应税项目，因此在不动产建造过程中无论是安装中央空调还是台式空调，增值税税负都是相同的，那么上述案例所做的分析结论也便不再成立。但我们也要看到在不动产的销售过程中，以中央空调为代表的以建筑物或构筑物为载体的附属设备和配套设施，会增加不动产的原值，从而增加增值税和房产税的应纳税额，增值税的税负变化与房产税仍然是同向的。

三、增值税税收筹划对土地增值税的影响

（一）增值税与土地增值税的关系

增值税与土地增值税同样将增值额作为计算税额时的重要依据，但两者的征收对象截然不同。土地增值税是对有偿转让国有土地使用权及地上建筑物和

其他附着物产权，取得增值收入的单位和个人征收的一种税。土地增值税实行超率累进税率，在实际工作中一般可以采用速算扣除法计算，即计算土地增值税税额，可按增值额乘以适用税率减去扣除项目金额乘以速算扣除系数，可见扣除项目是决定税额大小的关键因素。需要强调的是扣除项目一般由以下几方面构成：（1）取得土地使用权所支付的金额；（2）房地产开发成本；（3）房地产开发费用；（4）与转让房地产有关的税金；（5）其他扣除项目；（6）旧房及建筑物的评估价格。这两个没有直接联系的税种，只有基于特殊的经济活动下，增值税税收筹划所带来的增值税负的变化也会影响到土地增值税。

（二）增值税税收筹划对土地增值税的影响

增值税与土地增值税在一般情况下没有直接联系，在纳税人现实的生产经营过程当中，也只有在进项税额转出和视同销售等经济活动发生时才能将这两者联系起来，在这些特殊的经济业务活动下，纳税人通过一定手段进行增值税税收筹划，在降低增值税税负的同时，会使得土地增值税税负逆向上升，因此税收筹划工作的进行必须统筹兼顾，综合衡量整体税负的大小，而不仅是侧重于单税种税负的降低。

【例2-29】甲公司为某市机械设备生产企业，2015年初准备自建一栋办公大楼自用，购买中央空调的不含税价款为1 000万元，2016年初，甲公司出售该栋大楼。在这一情况下，分析甲公司购买中央空调这项业务，其所涉及的增值税税负情况以及其对于土地增值税税负的影响如何？假设用同样的价款购买的是台式空调，涉税情况又将如何改变？

方案：本案例单就购买中央空调这一业务进行分析，该项业务产生增值税进项税额为170万元（=1 000×17%），由于购买中央空调用于修建自用办公大楼，且中央空调属于房屋不可分割的附属设备，税法有关规定指出，以建筑物或构筑物为载体的附属设备和配套设施，无论在会计处理上是否单独记账与核算，均应作为建筑物或者构筑物的组成部分，其进项税额不得在销项税额中抵扣。其中附属设备与配套设施是指：给排水、采暖、卫生、通风、照明、通信、煤气、消防、中央空调、电梯、电气、智能化楼宇设备和配套设施。因此该中央空调进项税额不得从销项税额中抵扣，增值税税负将上升170万元，基于此，由于不得抵扣的进项税额170万元进入房产成本，那么在价格一定的情况下甲公司出售该栋大楼取得的增值额将相应降低，应交土地增值税额也将减少。

"营改增"全面推行以后，修建自用办公大楼将不属于非增值税应税项目，中央空调所产生的进项税额允许从销项税额中抵扣，同时房屋成本也将降低 170 万元，"营改增"完成后上述结论将不成立。

如果同样的价款购买的是台式空调，在自用阶段，台式空调置于办公楼内的增值税进项税额 170 万元可以抵扣，增值税税负将下降 170 万元。另外，台式空调不属于房屋不可分割的一部分，其价款不属于房产本身的成本构成，因此，甲公司在价格一定的情况下出售该栋大楼取得的增值额将上升，土地增值税税负也将相应增加。

综合上述案例分析，在该项业务中增值税税负的变化与土地增值税税负变化是逆向的，而土地增值税的增加又会直接导致企业所得税税前扣除额增加，应纳税所得额减少，应缴纳企业所得税额相应减少，反之则相反。可见，在该项业务中，企业所得税税负与增值税税负呈同向变化，与土地增值税税负变化呈逆向关系。

四、增值税税收筹划对城建税、教育费附加以及地方教育附加的影响

（一）增值税与城建税、教育费附加以及地方教育附加的关系

城市维护建设税是对缴纳增值税、消费税的单位和个人征收的一种税。教育费附加和地方教育附加则是对缴纳增值税、消费税的单位和个人，就其实际缴纳的税额为计算依据征收的一种附加费。根据税法有关规定城市维护建设税、教育费附加以及地方教育附加是以增值税、消费税税额为计税依据并同时征收，如果要减征或者免征增值税、消费税，也就要同时免征或者减征城市维护建设税，但对出口产品退还增值税、消费税的，不退还已缴纳的城市维护建设税、教育费附加以及地方教育附加。

基于上述的定义以及税法的相关规定，实际缴纳的增值税额作为城市维护建设税、教育费附加以及地方教育附加的计税依据，增值税税负的变化必然会影响到城市维护建设税、教育费附加以及地方教育附加。

（二）增值税税收筹划的影响

城建税、教育费附加以及地方教育附加以其实际缴纳的增值税、消费税的总和作为计税依据，并且在一般情况下是同征同免的。因此，在增值税税收筹划的过程当中，增值税税负的减小也会使得城建税、教育费附加以及地方教育

附加相应减少，呈现同向变化。

五、增值税税收筹划对企业所得税的影响

（一）增值税与企业所得税的关系

增值税与企业所得税分别是我国流转税与所得税制中的重要税种。不同于增值税，企业所得税是对我国境内的企业和其他取得收入的组织的生产经营所得和其他所得征收的一种税。

作为我国税制体系中的两大重要税种，增值税与企业所得税存在一定的联系和区别，首先从视同销售这一经济行为的角度分析，对于增值税的视同销售本章第二节有较为详细的阐述，而企业所得税的视同销售，以 2008 年企业所得税改革为时间节点，根据《中华人民共和国企业所得税法实施条例》（中华人民共和国国务院令第 512 号）第二十五条规定：企业发生非货币性资产交换，以及将货物、财产、劳务用于捐赠、偿债、赞助、集资、广告、样品、职工福利或者利润分配等用途的，应当视同销售货物、转让财产或者提供劳务，但国务院财政、税务主管部门另有规定的除外。

《国家税务总局关于企业处置资产所得税处理问题的通知》（国税函〔2008〕828 号）就企业处置资产的所得税处理问题通知如下：第一条，企业发生下列情形的处置资产，除将资产转移至境外以外，由于资产所有权属在形式和实质上均不发生改变，可作为内部处置资产，不视同销售确认收入，相关资产的计税基础延续计算。具体规定：（1）将资产用于生产、制造、加工另一产品；（2）改变资产形状、结构或性能；（3）改变资产用途（如，自建商品房转为自用或经营）；（4）将资产在总机构及其分支机构之间转移；（5）上述两种或两种以上情形的混合；（6）其他不改变资产所有权属的用途。第二条，企业将资产移送他人的下列情形，因资产所有权属已发生改变而不属于内部处置资产，应按规定视同销售确定收入。具体规定：（1）用于市场推广或销售；（2）用于交际应酬；（3）用于职工奖励或福利；（4）用于股息分配；（5）用于对外捐赠；（6）其他改变资产所有权属的用途。企业发生《国家税务总局关于企业处置资产所得税处理问题的通知》（国税函〔2008〕828 号）第二条规定情形的，除另有规定外，应按照被移送资产的公允价值确定销售收入。对于企业所得税而言，资产所有权属是否更改是判断视同销售行为发生与否的重要条件，也是其区别于增值税视同销售行为的关键点。具体情况归纳如表 2 - 7 所示。

表 2 – 7　　　　　　　　　增值税与企业所得税视同销售情况的比较表

项目		增值税	企业所得税
委托他人代销		是	是
销售代销货物		是	否
统一核算，异地移送（境外移送企业所得税例外）		是	否
用于职工个人福利	自产、委托加工	是	是
	外购	否	是
用于集体福利	自产、委托加工	是	否
	外购	否	否
用于投资（自产、委托加工、外购）		是	是
用于分配（自产、委托加工、外购）		是	是
用于赠送（自产、委托加工、外购）		是	是

同时，通过分析进项税额转出这一特殊情况，其对于增值税的影响也会造成企业所得税的变化。需要做增值税进项税额转出的具体情况，在上文有详细的列举，如果说纳税人发生增值税进项税额转出，那么这一部分不得抵扣的进项税额将直接转入纳税人购进货物、应税劳务以及应税服务的成本，该成本又作为计算企业所得税的扣除项目，对企业所得税税负产生一定的影响。

（二）增值税税收筹划对企业所得税的影响

正如上文所述，销项税额、视同销售产生的销项税额、进项税额、进项税转出是增值税税收筹划的要点，而这些要点对于企业所得税的税负同样会产生一定的影响。在特定的经济活动当中，企业所得税与增值税共同认定的视同销售行为下，伴随着纳税人销项税额的增加，增值税税负上升，会引起企业所得税税负的同向变化。而从进项税额的角度分析，基于其他条件不变的情况下，进项税转出额的增加会使得增值税税负上升，但进项税转出额最终将通过增加货物及劳务成本或者折旧等方式进入企业所得税的税前抵扣项目，因此，企业所得税的税负在这一情况下与增值税税负情况呈现逆向变化。

【例 2 – 30】甲公司为 A 市一家著名的生产企业。2019 年中秋节后，仍有成本价为 26.8 万元的产品未销售，该产品的销售价格为 34.84 万元，保质期还剩 30 天，当时公司的决策层面临两种选择：方案一是降价处理，尽量减少损失将产品价格降至 20 万元对外销售；方案二是在产品保质期内，做非公益性捐赠。假设该企业 2019 年在不包含该项经济活动时，企业当期的应纳税所得额为 100 万元（与会计利润相等），增值税进项税额为 0。试分析两种方案的增值税与企业所得税税负？

方案一：对于降价销售的涉税处理。

由于产品的保质期限仅剩 30 天，甲公司打算将产品价格降至 20 万元出售，与主管税务机关沟通以后，主管税务机关同意这一方案，并进行了简单备案。基于这一前提，应缴增值税销项税额为 2.6 万元（$=20 \times 13\%$），该销售行为实际应缴纳的增值税为 2.6 万元。

应交城建税及教育费附加：$2.6 \times (7\% + 3\%) = 0.26$（万元）。

企业所得税的涉税处理上由于企业采取了降价处理，导致企业发生减价损失，损失额为 6.8 万元（$=26.8 - 20$），由于企业当期的应纳税所得额为 100 万元，所以降价处理后的应纳税所得额为 92.94 万元（$=100 - 6.8 - 0.26$），应缴纳企业所得税为 23.24 万元（$=92.94 \times 25\%$）。降价处理后增值税与企业所得税的税负为 25.84 万元（$=2.6 + 23.24$）。

方案二：对于非公益性捐赠的涉税处理。

对于捐赠行为，按税法规定企业将自产货物对外捐赠，增值税应当视同销售，该企业的增值税销项税额为 4.53 万元（$=34.84 \times 13\%$），企业实际应缴纳的增值税为 4.53 万元。

应交城建税及教育费附加：$4.53 \times (7\% + 3\%) = 0.45$（万元）。

关于涉及的企业所得税处理，由于捐赠行为在企业所得税法中仍为视同销售行为，该项视同销售行为应承担的企业所得税税负为 2.01 万元 $[= (34.84 - 26.8) \times 25\%]$。

应纳企业所得税额为 27.01 万元（$=100 \times 25\% + 2.01$）。降价处理后增值税与企业所得税的税负为 31.54 万元（$=4.53 + 27.01$）。

综合上述案例分析，由于捐赠行为在增值税与企业所得税中均视同销售，而且捐赠额的企业所得税税前扣除额具有一定的局限性，从而这一视同销售行为在导致增值税税负增加的同时，也会使得企业所得税税负增加。因此尽量减少视同销售行为的发生是增值税税收筹划的重要因素。

【例 2 - 31】甲公司为某市机械设备生产企业，2015 年初准备修建一栋厂房，2016 年初基本完工，成本为 5 000 万元。现在欲在厂房内部装上空调设备，中央空调的购置价格为 1 000 万元，基于公司其他业务均不变的情况下，就此项业务而言，其对于增值税与企业所得税有何影响？

方案：购买中央空调产生的进项税额为 170 万元（$=1 000 \times 17\%$），由于购买中央空调用于修建厂房，且中央空调属于房屋不可分割的附属设备，税法有关规定指出，以建筑物或构筑物为载体的附属设备和配套设施，无论在会计处理上是否单独记账与核算，均应作为建筑物或者构筑物的组成部分，其进项税额不得在销项税额中抵扣。其中附属设备与配套设施是指：给排水、采暖、卫生、通风、照明、通信、煤气、消防、中央空调、电梯、电气、智能化楼宇设备和配套设施。因此该中央空调进项税额不得从销项税额中抵扣，进项税额转出导致增值税税负将上升170万元，基于此，不得抵扣的进项税额计入房屋原值，当大楼正式建成时170万元形成公司固定资产的一部分，随着固定资产折旧，170万元将分期计入折旧额，加大企业所得税的税前扣除，在这一情况下，企业所得税应纳税所得额将减少，应纳税额相应减少。如果此时纳税人通过增值税税收筹划，将购置中央空调这一经济行为改为购买等价的台式空调，那么170万元的进项税额可予以抵扣，纳税人增值税税负降低，但从企业所得税的角度分析，价值1 000万元的台式空调以及由其产生的进项税额170万元无法构成房屋的成本，这一部分固定资产账面价值的降低，使得后期的折旧费用相应减少导致企业所得税应纳税所得额增加，应纳税额上升。

综上所述，在该业务中，由于进项税额转出导致的可抵扣进项税额减少，增值税负上升，同时也使得企业所得税税负呈逆向变化。但随着"营改增"的全面推行，纳税人修建厂房安装中央空调将不需要进行进项税额转出，上述案例结论在"营改增"政策落实以后将不成立。

第三章

消费税的税收筹划

第一节　消费税纳税人的税收筹划

　　消费税设立于 1994 年，是我国流转税的主要税种之一，在我国税收制度中扮演着非常重要的角色。消费税是对特定的消费品及特殊的消费行为按消费流转额征收的一种商品税，会对消费者的购买行为产生一种间接的导向作用，其征收范围也随着经济和社会的发展而不断进行调整。在对货物普遍征收增值税的基础上，再加征一道消费税，其主要目的就是为了通过税收来引导消费，从而调节产业结构的健康发展，规范社会群体的消费行为，保障国家财政收入。基于消费税设立的特殊目的以及税收筹划的政策导向性，纳税人对消费税的税收筹划也理应顺应国家税制的立法意图和政策导向，避免产生不必要的涉税风险。由此可见，在消费税税制设计上，国家政策的巨大限制会在很大程度上缩小消费税税收筹划的空间，但纳税人如果善于利用消费税单一环节征收的特点，也能够为税收筹划工作找到重要的着力点。

一、纳税人的法律界定

　　在中华人民共和国境内生产、委托加工和进口规定的应税消费品的单位和个人，是消费税的纳税人。具体来讲，分为以下几种情况：

　　（1）生产应税消费品的纳税人。这主要是指从事应税消费品生产的各类企业、单位和个体经营者。生产应税消费品用于销售的，于销售时缴纳消费税。生产应税消费品用于自己使用而没有对外销售的，应按其不同用途区别对待：将生产的应税消费品用于连续生产应税消费品的，不征收消费税；将生产的应税消费品用于生产非应税消费品和在建工程、管理部门、非生产机构、提供劳务，以及用于馈赠、赞助、集资、广告、样品、职工福利、奖励等方面的，于应税消费品移送时缴纳消费税。

（2）委托加工应税消费品的纳税人。委托加工应税消费品，除受托方为个人外，以委托方为纳税人，由受托方代收代缴消费税。但是，委托个人加工应税消费品的，一律于委托加工的应税消费品收回后，在委托方所在地缴纳消费税。委托方将收回的应税消费品，以不高于受托方的计税价格出售的，属于直接出售，不再缴纳消费税；委托方以高于受托方的计税价格出售的，不属于直接出售，需按照规定申报缴纳消费税，在计税时准予扣除受托方已代收代缴的消费税。

（3）进口应税消费品的纳税人。进口应税消费品，由货物进口人或代理人在报关进口时缴纳消费税。

（4）批发应税消费品的纳税人。从 2009 年 5 月 1 日起，在卷烟的批发环节加征了一道 5% 的从价税，自 2015 年 5 月 10 日起，卷烟批发环节的税率从 5% 提高到 11%，并加征 0.005 元/支的从量税。

（5）零售应税消费品的纳税人。零售环节征收消费税的应税消费品有金银首饰、铂金首饰、钻石及钻石饰品，以及超豪华小汽车。

二、纳税人的税收筹划

纵观消费税的产生与发展，消费税的税负水平普遍较高，其原因不外乎是国家希望通过消费税的征收来引导社会消费，从而调节产业结构，保证国家财政收入。社会经济的发展与消费者的需求致使消费税纳税人广泛地存在，如果纳税人希望从源头上节税，不妨在投资决策的时候，避开涉及应税消费品生产的企业，选择国家政策推广与倡导的行业进行投资。由于消费税税目的变化能够反映出政府税收政策的导向以及发展趋势，因此纳税人应熟识消费税税收法规的时效性，审视市场的发展与变化，对消费税税目的取消与补充进行合理的预判，避免成为消费税的纳税人。

基于企业战略发展目标以及经济利益最大化的目的，尽管消费税税收负担较大，但特殊行业的盈利前景仍会使一部分企业为追求高利润而成为消费税纳税人。即便征收消费税是国家政策限制消费的体现，有利政策少之又少，但筹划空间依旧存在。

由于消费税是针对特定的纳税人并且在单一环节纳税的税种，因此可以通过企业合并来降低企业税收负担，同时还可以递延纳税时间，获得资金的时间价值。其方式主要体现在以下两方面：

（1）合并会使原来企业间的购销环节转变为企业内部的原材料转让环节，从而递延部分消费税税款的缴纳。如果合并的两个企业之间存在着原材料供应的关系，则在合并前，这笔原材料的供应关系为购销关系，应该按照正常的购销价格缴纳消费税税款。而在合并后，企业之间的原材料供应关系变为企业内部的原材料转让关系，因此这一环节不用缴纳消费税，而是递延到销售环节缴纳。

（2）如果后一环节的消费税税率比前一环节的低，且前一环节应该征收的税款延迟到后面环节再征收，则企业因合并后适用了较低的税率而直接减轻了消费税税负。

【例3-1】① 某地区有两家大型酒厂甲和乙，均为独立核算的法人企业。甲企业主要经营粮食类白酒，以当地生产的大米和玉米为原料进行酿造，按照消费税税法规定，应该适用20%的税率。乙企业以甲企业的粮食白酒为原料，生产以52度粮食白酒为酒基的泡制酒系列药酒，根据税法规定，应按消费税税目税率表"白酒"适用税率征收消费税。甲企业每年要向乙企业提供价值2亿元，计5 000万千克的粮食酒。经营过程中，乙企业由于缺乏资金和人才，无法经营下去，准备破产。此时乙企业欠甲企业共计5 000万元货款。经评估，乙企业的资产恰好也为5 000万元。甲企业的领导人经过研究，决定对乙企业进行收购，其决策的主要依据如下：

①这次收购支出费用较小。由于合并前，乙企业的资产和负债均为5 000万元，净资产为零，因此，按照现行税法规定，该并购行为属于以承担被兼并企业全部债务方式实现吸收合并，不视为被兼并企业按公允价值转让、处置全部资产，不计算资产转让所得，不用缴纳所得税。

②合并可以递延部分税款。合并前，甲企业向乙企业提供的粮食酒，每年应该缴纳的税款为：消费税9 000万元（=20 000×20%+5 000×2×0.5），而在合并后，其中部分税款可以递延到药酒销售环节从价缴纳消费税，另一部分从量计征的消费税税款则免于缴纳。

③乙企业生产的药酒市场前景很好，企业合并后可以将经营的主要方向转向药酒生产，在改变生产方向后，应缴的消费税税款将减少。由于粮食酒的消费税税率与以52度粮食白酒为酒基的泡制酒税率均为20%，而企业合并，只

---

① 计金标：《税收筹划》（第七版），中国人民大学出版社2019年版，第116~117页。

在生产药酒的环节缴纳消费税，因此企业消费税税负将会降低。假定药酒的销售额为2.5亿元，销售数量为5 000万千克。

合并前甲厂应纳消费税＝20 000×20%＋5 000×2×0.5＝9 000（万元）；

合并前乙厂应纳消费税＝25 000×20%＋5 000×2×0.5＝10 000（万元）；

合并前合计应纳税款＝9 000＋10 000＝19 000（万元）；

合并后应纳消费税税款＝25 000×20%＋5 000×2×0.5＝10 000（万元）；

合并后节约消费税税款＝19 000－10 000＝9 000（万元）。

第二节　消费税计税依据的税收筹划

一、计税依据的法律界定

计税依据是计算应纳税额的根据，正确掌握计税依据，可以使企业减少不必要的损失，合理、合法地承担税负。不同的计税方法其计税依据的计算也不同，我国现行的消费税计税方法分为从价计征、从量计征和复合计征三种类型。

（一）从价计征应税消费品计税依据的确定

实行从价定率计征方法的应税消费品以销售额为计税依据。

即：应纳税额＝应税消费品的销售额×消费税税率

由于增值税与消费税是交叉征收的税种，为了便于管理，消费税计税依据同增值税的规定相同，为不含增值税、含消费税税款的销售额，即纳税人销售应税消费品向购买方收取的除增值税税款以外的全部价款和价外费用。"价外费用"是指价外收取的基金、集资费、返还利润、补贴、违约金（延期付款利息）和手续费、包装费、储备费、优质费、运输装卸费、代收款项、代垫款项以及其他各种性质的价外收费。但下列款项不包括在内：

（1）同时符合以下条件的代垫运输费用：

第一，承运部门的运费发票开具给购货方的。

第二，纳税人将该项发票转交给购货方的。

（2）同时符合以下条件代为收取的政府性基金或者行政事业性收费：

第一，由国务院或者财政部批准设立的政府性基金，由国务院或者省级人民政府及其财政、价格主管部门批准设立的行政事业性收费。

第二，收取时开具省级以上财政部门印制的财政票据。

第三，所收款项全额上缴财政。

其他价外费用，无论是否属于纳税人的收入，均应并入销售额计算征税。《中华人民共和国消费税暂行条例实施细则》（以下简称《消费税暂行条例实施细则》）规定：应税消费品的销售额，不包括应向购货方收取的增值税税款。如果应税消费品的销售额中未扣除增值税税款或者因不得开具增值税专用发票而发生价款和增值税税款合并收取的，在计算消费税时，应当换算为不含增值税税款的销售额。其换算公式为：

$$应税消费品的销售额 = \frac{含增值税的销售额}{1 + 增值税税率或征收率}$$

纳税人自产的应税消费品不是用于连续生产应税消费品的，于移送使用时纳税，其计税价格按照纳税人生产的同类消费品的销售价格来确定；没有同类消费品销售价格的，按照组成计税价格计算应纳消费税。所谓"同类消费品的销售价格"是指纳税人当月或最近时期销售的同类应税消费品的销售价格。如果同类消费品的销售价格高低不同，应按销售数量加权平均计算。"组成计税价格"的计算公式为：

$$组成计税价格 = \frac{成本 + 利润}{1 - 比例税率}$$

或

$$组成计税价格 = \frac{成本 + 利润 + 自产自用数量 \times 定额税率}{1 - 比例税率}$$

其中，"成本"是指应税消费品的产品生产成本；"利润"是指根据应税消费品的全国平均成本利润率计算的利润。应税消费品全国平均成本利润率由国家税务总局确定。委托加工的应税消费品，按照受托方同类消费品的销售价格计算纳税；没有同类消费品销售价格的，按照组成计税价格计算应缴纳的消费税。所谓"同类消费品的销售价格"，是受托方当月或最近时期销售的同类应税消费品的销售价格。如果同类消费品的销售价格高低不同，应按销售数量加权平均计算。"组成计税价格"的计算公式为：

$$组成计税价格 = \frac{材料成本 + 加工费}{1 - 比例税率}$$

或

$$组成计税价格 = \frac{材料成本 + 加工费 + 委托加工数量 \times 定额税率}{1 - 比例税率}$$

其中，"材料成本"是指委托方所提供的加工材料的实际成本；"加工费"

是指受托方向委托方收取的全部费用，包括代垫辅助材料的实际成本。进口的、实行从价定率征税办法的应税消费品，按照组成计税价格计算应纳消费税。组成计税价格的计算公式为：

$$组成计税价格 = \frac{关税完税价格 + 关税}{1 - 比例税率}$$

或

$$组成计税价格 = \frac{关税完税价格 + 关税 + 进口数量 \times 定额税率}{1 - 比例税率}$$

此外，在确定消费税的计算依据时，还应注意以下两种特殊情况：

（1）纳税人通过自设的非独立核算的门市部销售的自产应税消费品，销售额为门市部实际对外收取的不含增值税的销售额。

（2）纳税人用于换取生产资料和消费资料，以及投资入股和抵偿债务等方面的应税消费品，销售额应按同类应税消费品的最高销售价格确定。

（二）从量计征应税消费品计税依据的确定

实行从量定额计征办法的应税消费品以销售数量为计税依据。即：

$$应纳税额 = 应税消费品的销售数量 \times 单位税额$$

销售数量的确定主要有以下规定：销售应税消费品的计税依据为应税消费品的销售数量；自产自用应税消费品的计税依据为应税消费品的移送使用数量；委托加工应税消费品的计税依据为纳税人收回的应税消费品的数量；进口应税消费品的计税依据为海关核定的应税消费品的进口征税数量。根据《中华人民共和国消费税暂行条例》（以下简称《消费税暂行条例》）规定，实行从量定额办法计算应纳税额的，有黄酒、啤酒、汽油、柴油、航空煤油、石脑油、溶剂油、润滑油、燃料油等应税消费品；在确定销售数量时，如果实际销售的计量单位与《消费税税目表》规定的计量单位不一致，应按规定标准进行换算。

（三）复合计征应税消费品计税依据的确定

现行消费税的征税范围中，只有卷烟、白酒采用复合计征方法。

1. 酒类产品计税依据的确定

酒是酒精度在 1 度以上的各种酒类饮料，包括粮食白酒、薯类白酒、黄酒、啤酒和其他酒。粮食白酒、薯类白酒实行从量定额和从价定率相结合计算应纳税额的复合计税办法。粮食白酒、薯类白酒的消费税税率分为定额税率和比例税率。白酒的定额税率为每 500 克 0.5 元，比例税率为 20% 复合计税办法

计算应纳消费税。其计算公式为：应纳税额 = 销售数量 × 定额税率 + 销售额 ×
比例税率。

配制酒规定：配制酒（露酒）是指以发酵酒、蒸馏酒或食用酒精为酒基，
加入可食用或药食两用的辅料或食品添加剂，进行调配、混合或再加工制成的
并改变成了其原酒基风格的饮料酒。其中果啤属于啤酒，按啤酒征收消费税；
葡萄酒消费税适用"酒"税目下设的"其他酒"子目。具体规定如下：

（1）以蒸馏酒或食用酒精为酒基、具有国家相关部门批准的国食健字或
卫食健字文号并且酒精度低于 38 度（含）的配制酒，按消费税税目税率表
"其他酒"10% 适用税率征收消费税。

（2）以发酵酒为酒基、酒精度低于 20 度（含）的配制酒，按消费税税目
税率表"其他酒"10% 适用税率征收消费税。

（3）其他配制酒，按消费税税目税率表"白酒"适用税率征收消费税。

2. 烟类产品消费税计税依据的确定

卷烟的消费税计税办法实行从量定额和从价定率相结合的复合计税办法。
比例税率分为二档：甲类卷烟每标准条（200 支，下同）调拨价在 70 元（不
含增值税）以上的卷烟，从价部分税率 56%，从量部分 0.003 元/支；乙类卷
烟调拨价在 70 元（不含增值税）以下的卷烟，从价部分税率为 36%，从量部
分 0.003 元/支；同时在卷烟批发环节复合征税，其中从价部分税率为 11%，
从量部分 0.005 元/支。

二、计税依据的税收筹划

计税依据是消费税税收筹划的关键所在，针对消费税的计税特点，可从整
个消费品流通过程进行全方位、多角度的分析，以计税依据为出发点，寻找消
费税税收筹划的空间。其方法主要包括以下几个方面。

（一）关联企业转让定价

转让定价通常是指关联企业之间的内部转让交易所确定的价格，这种内部
交易价格通常不同于一般市场价格。有关联关系的企业之间在产品交换或买卖
过程中均摊利润或转移利润，可以不依照市场买卖规则和市场价格进行交易。
由于消费税主要在生产环节征收，这在客观上为企业进行税务筹划提供了空
间。在税率既定的前提下，通过转让定价缩小生产环节计税依据是降低消费税
税负最有效的方式。

产品的转让价格根据双方的意愿，可高于或低于市场上由供求关系决定的

价格，以达到双方税负最小化，经济利益的最大化。消费税的纳税行为发生在生产环节而非流通环节（金银首饰零售环节、卷烟批发环节除外），因此，可以采用分设独立核算的生产企业和销售企业的方式。生产（委托加工、进口）应税消费品的企业，如果以较低的价格将应税消费品销售给有关联关系的独立核算的销售企业，则可以降低销售额，从而直接减少应纳消费税税额。而独立核算的销售企业处在销售环节，因此不缴纳消费税。在消费品的整个流转过程中，通过关联企业价格转让的方式，降低了生产环节的销售价格，从而缩小计税依据，由此可直接降低消费税税收负担。与此同时，由于销售企业最终以正常价格对外销售，因此整个过程可使整体消费税税负下降而增值税税负保持不变。

应当注意的是，由于独立核算的销售企业与生产企业之间在业务上是供销关系，在产权上存在关联关系。（产权关系是产权主体之间，在财产的占有、支配、使用、收益、处置中发生的各种关系的总和）理论上说，计税价格越低，应纳消费税额就越小，转让价格的确定当然也就越低越好。生产企业和销售企业是独立的纳税人，二者之间的交易定价按照一般的商业原则可自由商定。但由于是关联企业，涉及避税，国家会通过反避税措施予以限制。因此，转让价格的降低还是有一个限度的，不能无限度地降低。《消费税暂行条例》第十条规定："纳税人应税消费品的计税价格明显偏低并无正当理由的，由主管税务机关核定其计税价格。"按照《税收征管法》第三十六条规定："企业或者外国企业在中国境内设立的从事生产、经营的机构、场所与其关联企业之间的业务往来，应当按照独立企业之间的业务往来收取或者支付价款、费用。不按照独立企业之间的业务往来收取或者支付价款、费用，而减少其应纳税的收入或者所得额的，税务机关有权进行合理调整。"因此，企业销售给独立核算的销售公司的价格应当参照社会的平均销售价格而定，否则，可能会导致筹划方案失败与最初的目的背道而驰，甚至违反税法的规定。

针对最低计税价格问题，税法对白酒消费税的最低计税价格有明确规定，《国家税务总局关于加强白酒消费税征收管理的通知》（国税函〔2009〕380号）中的附件《白酒消费税最低计税价格核定管理办法（试行）》的第二条规定："白酒生产企业销售给销售单位的白酒，生产企业消费税计税价格低于销售单位对外销售价格（不含增值税，下同）70%以下的，税务机关应核定消费税最低计税价格。"国家税务总局《关于白酒消费税最低计税价格核定问题的公告》（国家税务总局公告2015年第37号）中"纳税人将委托加工收回的白酒销售给销售单位，消费税计税价格低于销售单位对外销售价格（不含增值税）70%以下，属于《中华人民共和国消费税暂行条例》第十条规定的情形，应该按照《国家税务总局关于加强白酒消费税征收管理的通知》（国税函〔2009〕380号）规定的核价办法，核定消费税最低计税价格"。

根据上述规定，对于白酒生产企业销售给销售单位的白酒或委托加工收回的白酒而言，其消费税计税价格低于销售单位对外销售价格70%以下的，最低计税价格将由税务机关核定，这无疑限制了白酒企业计税价格的税收筹划空间。以某白酒生产企业为例。假如该企业生产成本 m = 5 000 万元，销售给有关联的独立核算的销售企业的价格 n = 6 000 万元，销售企业对外销售价格 a = 8 000 万元，则根据规定计算最低计税依据 b = 5 600 万元（a×70%）（见表3－1）。

表3－1　　　　　　　　　　　某白酒生产企业税收筹划　　　　　　　　　　单位：万元

委托加工收回成本或生产成本 （m）	销售给销售企业价格 （n）	销售企业对外售价 （a）	计税依据最低限额 （b = a×70%）
5 000	6 000	8 000	5 600

以上述数据为例分析，在销售给独立核算的销售企业价格为6 000万元的前提下，该企业消费税的计税依据在5 600万~6 000万元的范围内依旧存在较大的税收筹划空间。当计税依据小于5 600万元时，则该企业违反了税法规定。当计税依据大于5 600万元时，计税依据偏高，则不利于企业降低税收负担。需要注意的问题是，通过关联企业转让定价的方法进行税收筹划时，必须向独立核算的销售企业转让定价，并且使消费税的计税依据在税法规定的最低范围之内。只有同时满足上述条件才能使企业合理有效地降低税收负担，实现经济利益最大化的目标。

【例3－2】甲酒厂主要生产粮食白酒，产品销往全国各地的批发商。按照以往的经济业务，本地的一些商业零售户、酒店、消费者每年到甲酒厂直接购买的白酒大约2 000箱（每箱12瓶，每瓶500克）。企业销售给批发部的价格为每箱1 200元（不含税），销售给零售户及消费者的价格为1 400元（不含税）。粮食白酒采取复合计征方式计算消费税，那么如何才能降低甲酒厂的消费税税负？

方案：对该企业的主要经济活动进行分析，甲酒厂销售白酒将负担较高数额的消费税。由于消费税在生产环节单一征收，甲酒厂可以在本地设立了一个独立核算的销售公司，按销售给批发商的价格销售给销售公司，再由经销部销售给零售户、酒店及顾客，通过向关联企业转移定价从而缩小计税依据，由此减少部分消费税。已知粮食白酒的税率为20%。

直接销售给零售户、酒店、消费者的白酒应纳消费税税额：

从价计征：$1\,400 \times 2\,000 \times 20\% = 560\,000$（元）；

从量计征：$12 \times 2\,000 \times 0.5 = 12\,000$（元）；

应纳消费税税额：$1\,400 \times 2\,000 \times 20\% + 12 \times 2\,000 \times 0.5 = 572\,000$（元）。

销售给经销部的白酒应纳消费税税额：

从价计征：$1\,200 \times 2\,000 \times 20\% = 480\,000$（元）；

从量计征：$12 \times 2\,000 \times 0.5 = 12\,000$（元）；

应纳消费税税额：$1\,200 \times 2\,000 \times 20\% + 12 \times 2\,000 \times 0.5 = 492\,000$（元）；

节约消费税税额：$572\,000 - 492\,000 = 80\,000$（元）。

【例3-3】甲酒厂主要从事白酒的生产和销售，产品销往全国各地的批发商。考虑到本市的零售商和部分消费者也到厂内直接购货，公司成立了一个经销部负责本市的客户销售。为了加强管理，总公司采取物流分类管理，财务统一核算的管理方法对经销部进行管理。2021年，经销部共销售粮食白酒1 000箱（每箱12瓶，每瓶500克），其中公司按给其批发商的价格400元/箱与经销部结算，经销部按500元/箱对外销售。财务人员在计算应纳消费税时，按400元/箱计算消费税额。

从价计征：$1\,000 \times 400 \times 20\% = 80\,000$（元）；

从量计征：$1\,000 \times 12 \times 0.5 = 6\,000$（元）；

应纳消费税 $= 1\,000 \times 400 \times 20\% + 1\,000 \times 12 \times 0.5 = 86\,000$（元）。

2021年底，税务机关对该公司的消费税计税情况进行检查时，要求该公司补缴税款，并作出调整。

从价计征：$1\,000 \times 500 \times 20\% = 100\,000$（元）；

从量计征：$1\,000 \times 12 \times 0.5 = 6\,000$（元）；

应纳消费税 $= 1\,000 \times 500 \times 20\% + 1\,000 \times 12 \times 0.5 = 106\,000$（元）。

试分析，该公司问题出在何处，为何补缴消费税？

方案：针对以上对该酒厂经济活动的描述可以了解到，对于经销部，总公司采取的是统一核算财务的管理方法，该经销部不属于独立核算法人，这便是问题的关键所在。根据《消费税暂行条例》的规定："纳税人通过自设非独立核算经销部销售自产应税消费品，应当按对外销售额或者销售数量缴纳消费税。"因此，如果甲酒厂采取设立独立核算的销售公司，问题也就迎刃而解。

【例3-4】甲酒厂主要从事白酒的生产和销售活动，产品销往全国各地的批发商。日前接到50吨A型白酒的订单（无同类消费品售价参考），销售公司对外售价1 000万元（不含增值税）。由于该企业正处于整修时期，预计无法按时交货，此时，甲酒厂决定委托乙企业代加工这批白酒，将250万原材料交给乙企业，由乙企业完成白酒加工后支付加工费220万元。由于白酒采用复合计征方式计算消费税，且上述A型白酒无同类消费品售价，因此根据税法规定，该批白酒采用组成计税价格计算其计税依据。实行复合计税办法计算组成计税价格的公式为：组成计税价格＝（材料成本＋加工费＋委托加工数量×定额税率）÷（1－比例税率）＝（220＋250＋50×1 000×2×0.5÷10 000）÷（1－20%）＝593.75（万元）。经上述计算分析，此时甲酒厂的该项经济活动是否合乎税法规定？

方案：对于上述经济活动计税价格的计算，《关于白酒消费税最低计税价格核定问题的公告》（国家税务总局公告〔2015〕37号）对白酒消费税最低计税价格核定问题规定如下：

纳税人将委托加工收回的白酒销售给销售单位，消费税计税价格低于销售单位对外销售价格（不含增值税）70%以下，属于《消费税暂行条例》第十条规定的情形，应该按照《国家税务总局关于加强白酒消费税征收管理的通知》（国税函〔2009〕380号）规定的核价办法，核定消费税最低计税价格。

综上所述，甲酒厂委托加工生产白酒，由于A型白酒无同类消费品售价，采用组成计税价格计算其计税依据：组成计税价格＝（220＋250＋50×1 000×2×0.5÷10 000）÷（1－20%）＝593.75（万元）＜1 000×70%＝700（万元），甲酒厂消费税计税价格明显低于销售单位对外销售价格（不含增值税）70%以下。因此，上述消费税的税收筹划不合理，行不通。因此，企业应熟悉税法规定，在税收筹划空间有限制的情况下，避免企业产生涉税损失。

（二）选择合理的经营方式

消费税是在增值税的基础上对税法中列举的消费品征收的一种税。根据消费税的征收目的可知，其税收筹划的空间有限。但是通过转变经济活动中一些具体的经营方式，也可以降低企业的税收负担。

1. 利用选择性条款的税收筹划

【例3-5】自产自销与委托加工收回销售

甲企业是实木地板生产企业，现在接到一笔生产实木地板的业务，合同约定该批实木地板的销售价格是180万元，已知实木地板的消费税税率为5%，甲企业应该如何组织该笔业务的生产？

方案一：甲企业将价值100万元的原料委托给乙厂加工，支付加工费30万元，由乙厂在移送货物时代收代缴消费税。

组成计税价格为：（100 + 30）÷（1 – 5%）= 136.84（万元）；

乙厂应代收代缴的消费税：136.84 × 5% = 6.84（万元）。

委托方将收回的应税消费品，以不高于受托方的计税价格出售的，属于直接出售，不再缴纳消费税；委托方以高于受托方的计税价格出售的，不属于直接出售，需按照规定申报缴纳消费税，在计税时准予扣除受托方已代收代缴的消费税。

甲企业销售该批实木地板的价格高于组成计税价格，在收回委托加工物资后销售，则需要再缴纳消费税 2.16 万元（= 180 × 5% – 6.84），合计应缴纳消费税 9 万元（= 6.84 + 2.16）。

方案二：甲企业自己加工实木地板，假设其加工成本等于委托乙厂的加工费 30 万元，在销售完成时应缴纳消费税 9 万元（= 180 × 5%）。

通过计算可以看出，不管是采取委托加工还是自行加工的生产方式，甲企业应该缴纳的消费税税额都是相同的。但这两种加工方式的消费税的纳税时间不一样，委托加工在提取货物的环节就要缴纳消费税，而自行加工在销售环节缴纳消费税，选择自行加工的方式可以延迟消费税的缴纳。

值得注意的是，在现实中企业一般会选择委托加工的方式，因为委托加工的加工费会比自行加工的加工费低，因此有的企业选择委托加工的方式更有利。

2. 利用转换法的税收筹划

将税收政策与企业生产技术相结合也是税收筹划的一个新思路，生产技术是企业未来发展的核心，不仅在制作工艺上能给企业带来无形的价值，同时会使企业在市场竞争中占据优势地位。而在税收的问题上，先进的技术同样会起到关键的作用，使企业降低税收负担。如下所述，选择生产非应税消费品作为中间产品是税收筹划的着力点。

【例 3 – 6】① 甲化工公司主要生产经营醋酸酯，产品销售年收入 8 亿元，实现纯利润 3 000 万元，缴纳各项税金 7 500 万元，其中消费税 1 500 万元。

该公司的生产流程为：以粮食为原材料，生产酒精（一般发酵中，仅含 10% 的乙醇，经蒸馏后可得到 95.6% 的酒精）；将酒精进一步发酵，制取醋酸；乙酸与乙醇发生酯化反应，生成乙酸乙酯（醋酸酯）。

虽然该公司的最终产品醋酸酯不是税法规定的应税消费品，但生产醋酸酯使用了自产的应税消费品酒精，而领用酒精需缴纳消费税。

该公司领用的自产酒精生产成本为 2.8 亿元，则

① 杨志清：《税收筹划案例分析》，中国人民大学出版社 2010 年版，第 120 ~ 121 页。

$$应纳消费税 = 组成计税价 \times 消费税税率$$
$$= 成本 \times (1 + 成本利润率) \div (1 - 消费税率) \times 消费税税率$$
$$= 28\,000 \times (1 + 5\%) \div (1 - 5\%) \times 5\% = 1\,547.37（万元）$$

该公司之所以要缴纳消费税，是因为中间产品是应税消费品酒精，如果通过改变生产流程，使中间产品不是酒精，那么这个问题就解决了。企业可以采用石油气 C2 - C4 馏分直接氧化制乙酸来代替酒精。采取石油气 C2 - C4 馏分直接氧化制乙酸不仅简便易行，而且投资成本低。

需要注意的是，由于《财政部 国家税务总局关于调整消费税政策的通知》（财税〔2014〕93 号）中第四条规定：取消酒精消费税。取消酒精消费税后，"酒及酒精"品目相应改为"酒"，并继续按现行消费税政策执行。因此，此案例已经不成立，但该案例中所使用的方法可以成为税收筹划中的思路。不难发现，内部各部门职能的协调是一个企业综合实力提高的至关因素，只有汇集各领域专业人才，才能引导企业全方位的发展。

3. 减少费用降低计税价格的税收筹划

企业在经营过程中可以把企业发生的广告费、赞助费、会议费等转移给经销商承担。为了弥补经销商承担的这些费用，生产企业就要在商品销售价格上做出一定的让步。这可以在一定程度上降低消费税的计税依据，减轻企业的税费负担。但这种筹划方式仅适用于从价计征消费税的应税消费品。

（三）选择合理的销售方式

1. 利用不同结算方式的税收筹划

《消费税暂行条例实施细则》规定：消费税的纳税义务发生时间，据应税行为性质和结算方式分别按不同方式确定。

（1）纳税人销售的应税消费品，其纳税义务发生时间为：

①采取赊销和分期收款方式销售货物，为按合同约定的收款日期的当天。

②采取预收货款方式销售货物，为货物发出的当天。

③采取托收承付和委托银行收款方式销售货物，为发出货物并办妥托收手续的当天。

④纳税人采取其他结算方式的，其纳税义务发生时间为收讫销售款或者取得索取销售款的凭据的当天。

（2）纳税人自产自用的应税消费品，为移送使用的当天。

（3）纳税人委托加工的应税消费品，为纳税人提货的当天。

（4）纳税人进口的应税消费品，为报关进口的当天。

（5）纳税人的视同销售行为，为货物移送的当天。

企业在销售中采用的不同销售方式,纳税义务发生的时间是不同的。从纳税筹划的角度来看,选择恰当的销售方式可以使企业合理地推迟纳税义务的发生时间,递延税款缴纳。

【例3-7】甲化妆品有限公司2020年、2021年发生以下经济活动。2020年8月18日与乙商城签订了一笔化妆品销售合同,金额为300万元。货物于2020年8月18日、2021年2月18日、2021年6月18日分三批,每批100万元发给商场,货款于每批货物发出后一个月支付。公司会计于2020年底将300万元的销售额计算缴纳了消费税。那么,甲化妆品有限公司的会计对此项业务的处理是否合理?

方案:对于这笔业务,合同没有明确地注明销售方式,因此该会计按全额进行处理缴纳了消费税。如果在与乙商场签订合同时,确认这笔业务为分期收款结算方式的销售业务,那么三批商品的消费税的纳税义务发生时间可以分别为发出应税消费品的当天,或者依据合同约定收款日期,因此上述经济活动中的消费税可以通过改变销售方式而递延税款的缴纳。

2. 利用不同销售形式的税收筹划

【例3-8】某企业生产粮食白酒(每瓶500克,适用税率为20%),为了增加销量,企业在销售白酒的同时,把生产的药酒(酒精度为38度,且具有国家批准的"国食健字"文号。每瓶500克,适用税率为10%)和一组精致酒杯组成礼品套装销售。其中粮食白酒60元/瓶,药酒90元/瓶,酒杯售价50元/组,礼品套装合计售价为200元。当月,该企业销售套装1 000套,总金额200 000元。此时分析,这种销售方式是否会影响该企业应纳消费税税额?

方案一:三类产品未单独核算而成套销售时,应采用税率从高原则。

从价计征:$200\,000 \times 20\% = 40\,000$(元);

从量计征:$1\,000 \times 2 \times 0.5 = 1\,000$(元);

套装产品应纳消费税税额 $= 1\,000 \times 2 \times 0.5 + 200\,000 \times 20\% = 41\,000$(元)。

方案二:若该采取分开销售的形式销售给商家,由商家进行包装组合,再成套对外销售,则可分开计算应纳消费税税额。

白酒:从价计征:$60 \times 1\,000 \times 20\% = 12\,000$(元);

从量计征:$1\,000 \times 0.5 = 500$(元);

应纳消费税税额 $= 1\,000 \times 0.5 + 60 \times 1\,000 \times 20\% = 12\,500$(元);

药酒:从价计征:$90 \times 1\,000 \times 10\% = 9\,000$(元);

应纳消费税税额 $= 90 \times 1\,000 \times 10\% = 9\,000$(元);

酒杯不属于应税消费品,因此不缴纳消费税。

合计应纳消费税总额 = 12 500 + 9 000 = 21 500（元）；

节约消费税税额 = 41 000 - 21 500 = 19 500（元）。

综上分析，当企业采取先分开销售再由商家进行组合包装的销售形式可以减少部分应纳消费税税额，从而达到降低企业税收负担的目的。

（四）利用外购应税消费品连续生产的税收筹划

用外购已缴税的应税消费品连续生产的应税消费品，在计算需征收的消费税时，按当期生产领用数量计算准予扣除外购的应税消费品已纳的消费税税：

（1）以外购的已税烟丝生产的卷烟。

（2）以外购的已税化妆品生产的化妆品。

（3）以外购的已税珠宝玉石生产的贵重首饰及珠宝玉石。

（4）以外购的已税鞭炮焰火生产的鞭炮焰火。

（5）以外购的已税杆头、杆身和握把为原料生产的高尔夫球杆。

（6）以外购的已税木制一次性筷子为原料生产的木制一次性筷子。

（7）以外购的已税实木地板为原料生产的实木地板。

（8）以外购的已税汽油、柴油、石脑油、燃料油、润滑油用于连续生产应税成品油。

（9）从葡萄酒生产企业购进、进口葡萄酒连续生产应税葡萄酒。

上述当期准予扣除外购应税消费品已纳消费税税款的计算公式：

当前准予扣除的外购应税消费品已纳税款 = 当期准予扣除的外购应税消费品的买价 × 外购应税消费品适用税率

当期准予扣除的外购应税消费品的买价 = 期初库存的外购应税消费品的买价 + 当期购进的应税消费品的买价 - 期末库存的外购应税消费品的买价

外购已税消费品的买价是指购货发票上注明的销售额（不包括增值税税款）。纳税人用外购的已税珠宝玉石生产的改在零售环节征收消费税的金银首饰（镶嵌首饰），在计税时一律不得扣除外购珠宝玉石的已纳税款。对自己不生产应税消费品，而只是购进后再销售应税消费品的工业企业，其销售的化妆品、鞭炮焰火和珠宝玉石，凡不能构成最终消费品直接进入消费品市场，而需进一步生产加工的，应当征收消费税，同时允许扣除上述外购应税消费品的已纳税款。

生产企业用外购已税消费品连续加工应税消费品时，需要注意如下方面：

（1）《国家税务总局关于进一步加强消费税纳税申报及税款抵扣管理的通知》（国税函〔2006〕769号）：从商业企业购进应税消费品连续生产应税消费品，符合抵扣条件的，准予扣除外购应税消费品已纳消费税税款。所谓连续生产，是指应税消费品生产出来后直接转入下一生产环节，未经市场流通。

（2）《国家税务总局关于印发〈调整和完善消费税政策征收管理规定〉的通知》（国税函〔2006〕49号）规定：

①外购应税消费品连续生产应税消费品的，提供外购应税消费品增值税专用发票（抵扣联）原件和复印件。如果外购应税消费品的增值税专用发票属于汇总填开的，除提供增值税专用发票（抵扣联）原件和复印件外，还应提供随同增值税专用发票取得的由销售方开具并加盖财务专用章或发票专用章的销货清单原件和复印件。

纳税人从增值税小规模纳税人购进应税消费品，外购应税消费品的抵扣凭证为主管税务机关代开的增值税专用发票。主管税务机关在为纳税人代开增值税专用发票时，应同时征收消费税。

②委托加工收回应税消费品连续生产应税消费品。委托加工收回应税消费品的抵扣凭证为《代扣代收税款凭证》。纳税人未提供《代扣代收税款凭证》的，不予扣除受托方代收代缴的消费税。

③进口应税消费品连续生产应税消费品。进口应税消费品的抵扣凭证为《海关进口消费税专用缴款书》，纳税人不提供《海关进口消费税专用缴款书》的，不予抵扣进口应税消费品已缴纳的消费税。

（3）《国家税务总局关于卷烟生产企业购进卷烟直接销售不再征收消费税的批复》（国税函〔2001〕955号）规定：

卷烟生产企业购进卷烟直接销售不再缴纳消费税。对既有自产卷烟同时又委托联营企业加工与自产卷烟牌号、规格相同的卷烟的工业企业（以下简称"卷烟回购企业"），从联营企业购进后直接销售的卷烟，对外销售时不论是否加价，凡符合下述条件的，不再缴纳消费税。不符合下述条件的，则需缴纳消费税：

第一，回购企业在委托联营企业加工卷烟时，除提供给联营企业所需加工卷烟牌号外，还必须同时提供税务机关已公示的消费税计税价格。联营企业必须按照已公示的调拨价格申报缴纳消费税。

第二，回购企业将联营企业加工卷烟回购后再销售的卷烟，其销售收入应与生产卷烟的销售收入分开核算，以备税务机关检查。如不分开核算，则一并计入自产卷烟销售收入征收消费税。

作为回购企业一定要注意享受这个政策时要符合以上两个条件，否则仍要缴纳消费税。

【例3-9】2020年7月1日，某企业库存外购烟丝的进价成本为4 860万元，先后从甲烟叶加工厂购入烟丝10批，价款为2 000万元，增值税专用发票注明增值税税额为340万元；从乙实业供销公司购进烟丝8批，价款为

3 000 万元，取得增值税普通发票。2020 年 12 月 31 日，企业账面库存外购烟丝的进价成本为 4 920 万元。2020 年度该企业销售甲级卷烟取得销售收入 14 200 万元（7 100 万支），销售乙级卷烟取得销售收入为 3 600 万元（7 200 万支）。该企业 2020 年度下半年申报并实际缴纳消费税 7 000 万元。

根据现行税法规定，该企业的消费税核算方面存在错误。纳税人将应税消费品用于连续生产的，可以抵扣外购的应税消费品所含的消费税。所谓连续生产，是指应税消费品完成一个生产环节后直接转入下一个生产环节，其间未经市场流通。允许扣除已纳税款的应税消费品不仅限于从工业企业购进的应税消费品，也包括从符合条件的商业企业购进的消费品。

《国家税务总局关于印发〈调整和完善消费税政策征收管理规定〉的通知》（国税函〔2006〕49 号）规定："外购应税消费品连续生产应税消费品的，提供外购应税消费品增值税专用发票（抵扣联）原件和复印件。如果外购应税消费品的增值税专用发票属于汇总填开的，除提供增值税专用发票（抵扣联）原件和复印件外，还应提供随同增值税专用发票取得的由销售方开具并加盖财务专用章或发票专用章的销货清单原件和复印件。"

当期准予扣除的已纳消费税税款的计算公式为：

当期准予扣除的外购应税消费品的已纳税款 = 当期准予扣除的外购应税消费品的买价 × 外购应税消费税税率；

当期准予扣除的外购应税消费品的买价 = 期初库存的外购应税消费品的买价 + 当期购进的应税消费品的买价 – 期末库存的外购应税消费品的买价。

对于该企业，其正确的做法是：用外购已税烟丝生产的卷烟，可以从应纳消费税税额中扣除购进原材料已缴纳的消费税，但仅指符合抵扣条件外购原材料。所以，该企业对于外购已税消费品，当期准予扣除的外购应税消费品的已纳税款为：

当期准予扣除的外购应税消费品的买价 = 4 860 + 2 000 – 4 920 = 1 940（万元）；

当期准予扣除的外购应税消费品的已纳税款 = 1 940 × 30% = 582（万元）。

按当期销售收入计算的应税消费税额为：

应纳消费税额 = 14 200 × 56% + 7 100 × 0.003 + 3 600 × 36% + 7 200 × 0.003 = 9 290.9（万元）。

因此，企业当期实际应纳消费税税款为：当期实际应纳税款按当期销售收入计算的应纳税额 – 当期扣除的外购应税消费品的已纳税款 = 9 290.9 – 582 = 8 708.9（万元）。

实际上，由于乙企业为供销公司，则该企业从乙实业供销公司购进的 8 批价款为 3 000 万元的烟丝不属于直接转入下一生产环节，而未经市场流通的范围，但企业也做了抵扣，从而造成少缴消费税 900 万元。对此，如果日后由税务机关稽查发现，则属偷税行为，该企业 2009 年共计少缴消费税金额 2 608.9 万元（=8 708.9－7 000＋900）。

（五）利用外汇结算的税收筹划

纳税人销售的应税消费品，以外汇结算销售额时，应按外汇市场牌价折合成人民币销售额以后，再按公式计算应纳税额。人民币折合汇率既可以采用结算当天的国家外汇牌价，也可以采用当月 1 日的外汇牌价。企业应从减轻税负的角度考虑根据外汇市场的变动趋势，选择有利于企业的汇率。一般情况下，越是以较低的人民币汇率计算应纳税额，越有利于减轻税负。外汇市场波动越大，进行税务筹划的必要性也越强。需要注意的是，根据税法规定，汇率的折算方法一经确定，一年内不得随意变动。因此，在选择汇率折算方法的时候，需要纳税人对未来的经济形势及汇率走势作出恰当的判断。

（六）利用包装物的税收筹划

根据《消费税暂行条例实施细则》的规定，实行从价定率办法计算应纳税额的应税消费品连同包装销售的，无论包装物是否单独计价，也不论在会计上如何核算，均应并入应税消费品的销售额中征收消费税。如果包装物不作价随同产品销售，而是收取押金，此项押金则不应并入应税消费品的销售额中征税。但对因逾期未收回的包装物不再退还的和已收取一年以上的押金，应并入应税消费品的销售额，按照应税消费品的适用税率征收消费税。对既作价随同应税消费品销售，又另外收取的包装物押金，凡纳税人没有在规定期限退回的，均应并入应税消费品的销售额。

酒类应税消费品包装物押金收入的计税具体分为：对酒类产品生产企业销售酒类产品而收取的包装物押金，无论押金是否返还及会计上如何核算，均应并入酒类产品销售额中征收增值税和消费税。啤酒、黄酒包装物押金收入，按一般押金的规定处理，但逾期时只计征增值税，不计征消费税（因为啤酒、黄酒实行从量计征消费税）。

包装物的租金应视为价外费用。对增值税一般纳税人向购买方收取的价外费用和逾期未归还包装物的押金，应视为含税收入，在计征消费税时应首先换算成不含税收入，再并入销售额计税。对于包装物的筹划，企业可以通过先销售、后包装的形式以降低应税销售额，从而降低消费税税负。

依据税法规定可以分析得出，只有押金可能不并入销售额中缴纳消费税，因此收取押金的方式更有利于企业节税。

（七）利用税负转嫁税收筹划

税负转嫁是指纳税人将其所负担的税款，通过经济交易行为，将税负转嫁给生产要素供给者或者消费者来承担。税负转嫁分为前转和后转，前转是指纳税人通过提高商品价格的方式将税负转嫁给商品或生产要素最终消费者承担；后转是指纳税人通过压低商品或者生产要素供给价格的方式，将税负转嫁给商品或生产要素的供给者。由于消费税是间接税，企业可以通过提高应税消费品的销售价格，将一部分消费税转嫁给消费者负担，也可以通过压低应税消费品的购进价格，将一部分消费税转嫁给供给者负担。

三、应税消费品视同销售的税收筹划

（一）消费税与增值税视同销售的比较

视同销售行为是一种特殊的货物销售行为，由于某些经济活动的发生使企业货物减少，但并没有出现资金的流动，此类经济活动从会计的角度而言不作销售处理。而税法为了弥补税收漏洞，要求纳税人按销售行为进行处理并计算缴纳相应的税款。在我国现行的税制体系当中，消费税相较于增值税具有一定的特殊性，消费税是在国家对货物普遍征收增值税的基础上，再选择少数消费品征收的一个税种，与增值税相比，消费税的征税范围相对较小并且具有一定的针对性。因此，消费税与增值税的视同销售行为同样也存在显著差异。表3-2以工业企业为例，对比分析在不同经济活动下消费税与增值税视同销售的异同。

表3-2　增值税与消费税视同销售比较——以生产应税消费品工业企业为例

经济活动 （以下涉及货物均为应税消费品）	增值税是否视同销售	计税依据	消费税是否视同销售	计税依据	备注
将货物交付给其他单位或者个人代销	是	平均售价	若为自产、委托加工货物，消费税视同销售	平均售价	委托加工应税消费品，受托方在交货时已代收代缴消费税，委托方将收回的应税消费品，以不高于受托方的计税价格出售的，为直接出售，不再缴纳消费税；委托方以高于受托方计税价格出售的，不属于直接出售，需按照规定申报缴纳消费税，在计税时准予扣除受托方已代收代缴的消费税

续表

经济活动（以下涉及货物均为应税消费品）	增值税是否视同销售	计税依据	消费税是否视同销售	计税依据	备注
销售代销货物	是	平均售价	否		
设有两个以上机构并实行统一核算的纳税人，将货物从一个机构移送至其他机构用于销售，但设在同一县（市）的除外	是	平均售价	否		
将自产或委托加工的货物用于非增值税应税项目	是	平均售价	是	平均售价	在建工程属于非增值税应税项目。而全面推行"营改增"之后，不存在非增值税应税项目，因此该经济活动中的增值税不作视同销售处理，消费税依旧作视同销售处理
将自产、委托加工的货物用于集体福利或个人消费	是	平均售价	是	平均售价	例如纳税人将自产自用应税消费品用于职工福利、奖励
将自产、委托加工的货物作为投资，提供给其他单位或个体工商户	是	平均售价	是	最高售价	纳税人用于换取生产资料和消费资料，投资入股和抵偿债务等方面的应税消费品，应以纳税人同类应税消费品的最高销售价格作为计税依据计算消费税
将自产、委托加工的货物分配给股东或投资者	是	平均售价	是	平均售价	
将自产、委托加工的货物无偿赠送给其他单位或个人	是	平均售价	是	平均售价	例如纳税人将自产自用应税消费品用于馈赠
单位和个体工商户向其他单位或个人无偿提供应税服务，但以公益活动为目的的或者以社会公众为对象的除外	是	平均售价	不涉及		
将自产、委托加工的货物用于连续生产非应税消费品	否		是	平均售价	

经济活动 （以下涉及货物均为 应税消费品）	增值税是否 视同销售	计税依据	消费税是否 视同销售	计税依据	备注
将自产、委托加工的货物用于管理部门使用	否		是	平均售价	
将自产、委托加工的货物用于非生产机构使用	否		是	平均售价	
将自产、委托加工货物用于提供劳务和赞助、集资、广告、样品	是		是	平均售价	

将增值税与消费税视同销售行为进行比较，从范围和环节两方面来看，差异较为显著。首先，增值税对商品（含应税劳务和应税服务）普遍征收，而消费税只对部分应税消费品征收，以至于增值税视同销售的范围要远大于消费税视同销售的范围。其次，增值税视同销售行为的环节比消费税要多，增值税是自产、委托加工和购买三个环节，而消费税仅指自产一个环节。

即便如此，对于应税消费品生产企业而言，在生产环节，将自产的应税消费品用于不同的经济活动时，对于增值税与消费税是否作视同销售处理应区别对待。从表 3-2 可见，自产自用应税消费品在部分经济活动中，增值税与消费税视同销售处理，即增值税和消费税同时征收。当然，部分自产自用应税消费品的经济活动也可能只涉及单一税种的视同销售，即只征消费税不征增值税或只征增值税不征消费税。

需要注意的是，在 2016 年 5 月 1 日全面推行"营改增"之后，不存在非增值税应税项目，因此增值税不作视同销售处理，而消费税依旧作视同销售处理。

【例 3-10】甲公司为某市实木地板生产企业，该企业准备修建一栋办公大楼自用，公司决定将自产实木地板用于办公大楼的建设，其中实木地板对外售价共计 100 万元，在此项经济活动中涉及增值税与消费税视同销售行为的处理。在我国全面推行"营改增"之前，这批实木地板属于用于非增值税应税项目的范畴，根据税法规定，理应作为视同销售处理。而在 2016 年 5 月 1 全面推行"营改增"之后，营业税退出历史舞台，也就不存在非增值税应税项目，因此，这批实木地板不作为增值税视同销售处理。对于消费税而言，该企业为实木地板生产企业，由于消费税在生产环节征税，也就是说在实木地板移送使用的过程便是消费税征税的环节，应作为消费税视同销售处理，不会受"营改增"前后的影响。

（二）应税消费品抵债、入股、换取消费资料的税收筹划

根据税法规定，纳税人用于换取生产资料和消费资料、投资入股和抵偿债务等方面的应税消费品，应当以纳税人同类应税消费品的最高销售价格作为计税依据计算消费税。因此，如果企业存在以应税消费品抵债、入股的情况，最好先销售，再作抵债或入股的处理。

【例3-11】① 某摩托车生产企业，当月对外销售同型号的摩托车时共有三种价格，以4 000元的单价销售50辆，以4 500元的单价销售10辆，以4 800元的单价销售5辆。当月以20辆同型号的摩托车与甲企业换取原材料。双方按当月的加权平均销售价格确定摩托车的价格，摩托车的消费税税率为10%。

税法规定，纳税人自产的应税消费品用于换取生产资料和消费资料、投资入股或抵偿债务等，应当以纳税人同类应税消费品的最高销售价格作为计税依据。

应纳消费税为：$4\,800 \times 20 \times 10\% = 9\,600$（元）；

如果该企业按照当月的加权平均单价将这20辆摩托车销售后再购买原材料，则应纳消费税为：$(4\,000 \times 50 + 4\,500 \times 10 + 4\,800 \times 5) \div (50 + 10 + 5) \times 20 \times 10\% = 8\,276.92$（元）。

节约税额为：$9\,600 - 8\,276.92 = 1\,323.08$（元）。

第三节　消费税税率的税收筹划

一、税率的法律界定

消费税税率分为比例税率和定额税率。消费税税率形式的选择，主要根据课税对象的具体情况来确定，对一些供求基本平衡、价格差异不大、计量单位

---

① 计金标：《税收筹划》（第七版），中国人民大学出版社2019年版，第121～122页。

规范的消费品，选择计税简便的定额税率，如黄酒、啤酒、汽油、柴油等；对一些供求矛盾突出、价格差异较大、计量单位不规范的消费品，选择价税联动的比例税率，如烟、白酒、化妆品等。同一种产品由于其产品性能、价格、原材料构成不同，其税率也高低不同。如酒类产品，分为白酒、啤酒、黄酒和其他酒等，分别适用不同的税率。2001 年 6 月 1 日后，烟、白酒改为定额税率和比例税率复合征收税制。

二、税率的税收筹划

（一）分档税率的筹划

纳税人应针对消费税的税率多档次的特点，根据税法的基本原则，正确进行必要的合并核算和分开核算，以求达到节税目的。由于应税消费品所适用的税率是固定的，只有在兼营不同税率应税消费品的情况下，纳税人才能选择合适的销售方式和核算方式，达到适用较低的消费税率、减轻税负的目的。税法规定，未分别核算销售额、销售数量，或者将不同税率的应税消费品组成整套消费品出售的，应从高适用税率。因此，当企业兼营多种不同税率的应税消费品时，应当分别核算不同税率应税消费品的销售额、销售数量，避免增加企业税收负担。而纳税人经营两种以上税率的应税消费品的行为一般为以下两种情形：一是经营两种不同产品，例如同时生产不同酒类，会涉及 20% 或者 10% 的比例税率。因此应该分开核算，避免多缴消费税；二是消费税纳税人将两种不同税率的应税消费品组成套装销售，适用高税率计征消费税。因此，上述情况可采取分开销售、售后包装的形式，避免多缴消费税。

【例 3 - 12】甲日用化妆品厂将生产的化妆品、护肤护发品、小工艺品等组成整套消费品销售。每套消费品由下列产品组成：化妆品包括一瓶香水 30 元、一瓶指甲油 10 元、一支口红 15 元；护发护肤品包括两瓶浴液 33 元，化妆工具及小工艺品 10 元，塑料包装盒 5 元。化妆品消费税税率为 30%。上述价格均不含税。按照习惯做法新产品包装后再销售给商家。有无更节税的方案？

方案：若改变做法，将上述产品先分别销售给商家，再由商家包装后对外销售，可实现节税的目的。要注意的是，在实际操作中，只需要换个包装地点，并将产品分别开具发票，在财务上分别核算销售收入即可。

改变前每套应纳消费税 = （30 + 10 + 15 + 33 + 10 + 5）× 30% = 30.9（元）；

改变后每套应纳消费税 = $(30 + 10 + 15) \times 30\% = 16.5$（元）；

每套化妆品节税额 = $30.9 - 16.5 = 14.4$（元）。

（二）定价税率的税收筹划

部分应税消费品的等级不同，消费税的税率不同。税法中等级的确定标准是单位定价，即等级越高，单位定价越高，税率越高。纳税人可以根据市场供需关系和税负的多少，制定合理的价格，以获得税收利益。如每吨啤酒出厂价格（含包装物及包装物押金）在 3 000 元以上（含 3 000 元，不含增值税）的，单位税额每吨 250 元，在 3 000 元以下的单位税额每吨 220 元；卷烟的比例税率为每标准条（200 支，下同）调拨价格在 70 元以上（含 70 元，不含增值税，下同）的卷烟税率为 56%，每标准条调拨价格不足 70 元的，税率为 36%。

【例 3 - 13】制定合理的销售价格

某品牌啤酒，每吨成本为 2 000 元，假定不考虑其他附加税费，每吨啤酒的利润 = 售价 - 成本 - 其他相关税费 - 应纳消费税。根据《财政部、国家税务总局关于调整酒类产品消费税政策的通知》（财税〔2001〕84 号）第四条规定："（一）每吨啤酒出厂价格（含包装物及包装物押金）在 3 000 元（含 3 000 元，不含增值税）以上的，单位税额 250 元/吨；（二）每吨啤酒出厂价格在 3 000 元（不含 3 000 元，不含增值税）以下的，单位税额 220 元/吨。"因此纳税人可以通过制定合理的价格，选取相应的税率，达到减轻税负的目的。以表 3 - 3 中数据为例进行分析。

表 3 - 3 　　　　　　　　　　数据举例　　　　　　　　　　单位：元/吨

啤酒售价	啤酒成本	其他相关税费 （不作考虑，假定为零）	税额	利润
2 999.99	2 000	0	220	779.99
3 000	2 000	0	250	750
m	2 000	0	250	779.99

从表 3 - 3 中已有数据可以计算得出，当售价小于 3 000 元/吨时，其临界价格为 2 999.99 元/吨，则利润为 779.99 元。而定价为 3 000 元/吨时，其利润仅为 750 元，对比发现，售价 2 999.99 元/吨与 3 000 元/吨，定价变动仅为 0.01 元，但利润的变化幅度达 49.99 元。由此可见，提高价格并不一定带来利润的增加，因此，当企业需要提高销售价格来增加企业收益时，需要计算出

能获得同等利润的无差别价格临界点，再综合分析市场情形，制定一个合理的销售价格。

如表 3 - 3 所示，当售价低于 3 000 元/吨时，临界价格 2 999.99 元/吨，产生的利润额为 779.99 元。而当定价范围大于 3 000 元/吨（含 3 000 元，不含增值税），若要使利润等于 779.99 元，计算出的啤酒售价即无差别价格临界点 m，当 779.99 元 = m - 2 000 - 0 - 250 时，m = 3 029.99 元，也就是当销售价格大于 3 029.99 元/吨时，才会使获得的利润额高于售价为 2 999.99 元/吨产生的利润。

综上所述，由于不同等级的应税消费品相应的消费税税率不同，所以定价不同可能引起收益的变动。通过上述假定的数据分析可知，如果企业的利润目标在 779.99 元/吨（不包含 779.99 元）以上，则定价应高于 3 029.99 元/吨。但企业的利润目标在 779.99 元/吨（包含 779.99 元）以下，则可以将价格定于 3 000 元/吨以下，这样更有利于以较低的价格占领市场。

第四节　消费税税收筹划对其他税种的影响

一、消费税税收筹划对增值税的影响

（一）消费税与增值税的关系

在我国现行的税制体系当中，消费税是对特定的消费品及特殊的消费行为按流转额征收的一种商品税，而增值税一般是对普通货物在各个环节普遍课税。一般情况下，在普遍征收增值税的基础上，消费税对需要限制和控制消费的特定的消费品和特殊的消费行为按流转额再征一道税，截至 2015 年，经过一定的调整，消费税共包含 15 条税目，具体变动例如取消了轮胎与酒精的消费税征收，对于涂料及铅蓄电池开征消费税等，我国消费税的具体征收环节主要集中于生产环节，在委托加工、进口以及零售环节也有部分特殊规定。按现行消费税法的基本规定，消费税应纳税额的计算主要分为从价计征、从量计征和复合计征三种方式，一般而言，其计税依据与增值税的计税依据具有同一性，但当将自产应税消费品用于换取生产资料和消费资料、投资入股、抵偿债务时，增值税是按同类应税消费品平均价计税，消费税则是按同类应税消费品最高价计税。

（二）消费税税收筹划对增值税的影响

在一般销售形式中，由于消费税与增值税销项税额的计税依据是相同的，所以消费税税负与增值税的税负呈同向变化。税收筹划在降低消费税税负的同时也会使得增值税税负同向降低。而针对特殊销售形式，则不可一概而论。对于消费税视同销售行为，可能增值税也同样做作视同销售处理，例如将自产或委托加工应税消费品用于集体福利等，在这一情形下，既缴纳消费税又缴纳增值税，基于同一计税依据，消费税与增值税的税负同增同减。另外，如果消费税作视同销售处理，而增值税不需要视同销售，例如将自产或委托加工应税消费品用于管理部门使用等。这一经济活动只需缴纳消费税，而不缴纳增值税，则消费税的税负不对增值税产生任何影响。而在某些经济活动中，可能只有增值税作视同销售处理，消费税不视同销售，例如销售代销应税消费品等，只缴纳增值税，不缴纳消费税，两者相互独立，消费税税收筹划对于增值税的税负高低也无影响。

【例3-14】甲公司为汽车生产企业，2021年12月将其生产的5辆中轻型商用客车无偿捐赠于乙公益性组织。已知该月甲公司同类中轻型商用客车的平均不含税销售价格为20万元，假定在其余情况不变，就该项业务而言，分析甲公司消费税与增值税的具体涉税情况，并作出简要说明。

方案：从经济活动的性质分析，该项业务属于甲公司将自产货物无偿赠送于其他单位或个人，属于消费税的视同销售行为，同样也属于增值税及企业所得税的视同销售业务。在本案例中，无偿赠送的中轻型商用客车的不含税销售价格为100万元，产生的应缴纳消费税为5万元（=100×5%），视同销售销项税额为13万元（=100×13%）。

综合上述案例分析，此项视同销售的捐赠行为，使得消费税税负上升，基于同一计税依据下，增值税税负呈现同向变化。在消费税税收筹划的过程当中，纳税人应当把握其与增值税的这一关系，税收筹划工作在降低消费税税负的同时，可能也会使得增值税税负减小，一举两得。另外，需要我们引起注意的是税收政策具有一定的导向性，税收筹划工作要遵循税法的政策导向，因此作为纳税人应当基于自身经济利益最大化的条件下作出最有利的选择，避免因捐赠引起的视同销售产生不必要的税收负担。

二、消费税税收筹划对房产税的影响

(一) 消费税与房产税的关系

按照我国消费税法的规定，消费税是指对消费品和特定的消费行为等按消费流转额征收的一种流转税。而房产税则是以房屋为征税对象，按照房屋的计税余值或租金收入，向产权所有人征收的一种财产税。消费税与房产税的征税范围并无交集，两者没有直接联系。但基于特殊的经济业务活动，例如在消费税视同销售行为中，与房屋有关的应税消费品成本计入房屋的成本时，消费税税负变化会对房产税税负产生影响。

(二) 消费税税收筹划对房产税的影响

消费税与房产税的关联度较低，在现实的生产经营过程当中，只有比较特殊的经济活动才能将这两者联系起来，并且在这些特殊的经济业务活动下，消费税税负与房产税税负呈同向变动，在降低消费税税负的同时，也会使得房产税税负同向降低。

【例3-15】甲公司为某市木质地板生产企业，2021年初准备修建一栋自有办公大楼。该公司准备用一批成本为100万元、平均售价为110万元（不含税）的实木地板用于大楼的建设。试分析，此项经济活动涉及的消费税是否对房产税产生影响？

方案：企业为取得一项固定资产的成本包括其达到预定可使用状态前所发生的一切合理支出，例如人工支出、材料成本、相关税费等。上述案例中涉及的经济活动为企业将自产应税消费品用于在建工程项目，应作为视同销售行为进行处理。该批实木地板的成本以及涉及的消费税应计入办公大楼成本，而不能计入"营业税金及附加"，所以会导致大楼成本增加，使得消费税与房产税税负呈同向变化，与企业所得税税负呈反向变化。

需要注意的问题是自2016年5月1日全面实行"营改增"后，不存在非增值税应税项目，对于自产应税消费品用于在建工程项目而言，其增值税部分也就不作为视同销售处理。而"营改增"之前，其增值税视同销售的部分也同时计入办公大楼成本。

因此，此项经济活动计入办公大楼的成本为：

"营改增"之前：$100 + 110 \times 5\% + 110 \times 13\% = 119.8$（万元）；

"营改增"之后：$100 + 110 \times 5\% = 105.5$（万元）。

三、消费税税收筹划对土地增值税的影响

（一）消费税与土地增值税的关系

消费税与土地增值税的征税环节不同，消费税主要在生产环节征税，而土地增值税则是对有偿转让国有土地使用权及地上建筑物和其他附着物产权时，对取得增值收入的单位和个人征收的一种税。与此同时，两者应纳税额的计算也大相径庭。按现行消费税法的基本规定，消费税应纳税额的计算主要在生产环节，分为从价计征、从量计征和复合计征三种方式，而土地增值税则实行超率累进税率，在实际工作中一般可以采用速算扣除法计算，即计算土地增值税应纳税额，按增值额乘以适用税率减去扣除项目金额乘以速算扣除系数。由此可见，扣除项目金额是决定土地增值税税额大小的关键因素。

（二）消费税税收筹划对土地增值税的影响

消费税与土地增值税在一般情况下没有直接联系，在纳税人生产经营过程中，只有在特殊应税消费品视同销售等经济活动发生时才能将这两者联系起来，并且在这些特殊的经济业务活动下，消费税税负与土地增值税税负呈逆向变动，纳税人通过一定手段进行消费税税收筹划，在降低消费税税负的同时，会使得土地增值税税负逆向上升，因此税收筹划工作的进行必须统筹兼顾，综合衡量整体税负的大小，而不只是单税种税负的降低。

【例3-16】甲公司为A市实木地板生产企业，是增值税一般纳税人。2021年5月签订产权转移合同，转让一栋七成新的仓库，取得不含税转让收入2 000万元。该仓库原造价1 000万元，重置成本1 800万元。已知甲公司当月取得实木地板不含税销售价款100万元，当月可抵扣的增值税进项税额20万元。若不考虑其他业务，试分析消费税对土地增值税产生的影响（产权转移书据印花税税率为0.5‰）。

案例中甲公司销售实木地板应缴纳消费税和增值税，消费税应纳税额5万元（=100×5%），增值税销项税额193万元（=2 000×9%+100×13%），增值税应纳税额173万元（=193-20）。甲公司转让仓库应缴纳土地增值税。土地增值税可扣除金额应当包括评估价格、印花税和城建税及附加。该仓库的评估价格1 260万元（=1 800×70%）。应缴纳的印花税1万元（=2 000×0.05‰）。由于城建税及附加的计税依据是企业实际缴纳的增值税和消费税之

和，应缴纳的城建税及附加 21.36 万元 ［ =（173 + 5）× 12%］。因此，土地增值税可扣除金额 1 282.36 万元（ = 1 260 + 1 + 21.36）。转让仓库的增值额717.64 万元（ = 2 000 − 1 282.36），增值率 55.96%（ = 717.64 ÷ 1 282.36），应缴纳土地增值税 222.34 万元（ = 717.64 × 40% − 1 282.36 × 5%）。

从案例中可以看出，消费税对土地增值税的影响，主要是通过影响城建税及附加，因为在计算土地增值税时城建税及附加会作为可扣除金额扣除，如果通过对消费税筹划降低消费税的实际税负，降低城建税及附加，那么就会减少土地增值税的可扣除金额，这就会导致土地增值税税负加重，与消费税呈反向变动。

四、消费税税收筹划对城建税、教育费附加以及地方教育附加的影响

（一）消费税与城建税、教育费附加以及地方教育附加的关系

城市维护建设税是对从事工商经营，缴纳增值税、消费税、营业税的单位和个人征收的一种税。教育费附加和地方教育附加则是对缴纳增值税、消费税、营业税的单位和个人，就其实际缴纳的税额为计算依据征收的一种附加费。根据税法有关规定城市维护建设税、教育费附加以及地方教育附加是以"三税"税额为计税依据并同时征收，如果要减征或者免征"三税"，也就要同时免征或者减征城市维护建设税，但对出口产品退还增值税、消费税的，不退还已缴纳的城市维护建设税、教育费附加以及地方教育附加。基于上述的定义以及税法的相关规定，消费税税负的变化必然会影响到城市维护建设税、教育费附加以及地方教育附加。

（二）消费税税收筹划的影响

城建税、教育费附加以及地方教育附加以其实际缴纳的增值税、消费税、营业税的总和作为计税依据，并且在一般情况下是同征同免的。因此，在消费税税收筹划的过程当中，消费税税负的减小也会使得城建税、教育费附加以及地方教育附加相应减少，呈现同向变化。

五、消费税税收筹划对企业所得税的影响

（一）消费税与企业所得税的关系

企业所得税是对我国境内的企业和其他取得收入的组织的生产经营所得和其他所得征收的一种税。企业所得税的应纳税所得额的计算以权责发生制为原则，属于当期的收入和费用，不论款项是否收付，均作为当期的收入和费用，其基本计算公式为：应纳税所得额＝收入总额－不征税收入－免税收入－各项扣除－允许弥补的以前年度亏损。而当期的消费税额属于扣除项目中营业税金及附加的范畴，其中营业税金及附加项目包含除了企业所得税以及允许抵扣的增值税以外的各项税金及附加。基于上述的定义以及税法的相关规定，消费税税负的变化必然会影响到企业所得税。

（二）消费税税收筹划对企业所得税的影响

消费税属于价内税，纳税人当期产生的消费税额应当计入营业税金及附加，而营业税金及附加作为应纳税所得额的扣除项目，其金额的大小必然会对企业所得税产生一定的影响。在这一情形下，假定纳税人的其他情况不变，如果消费税税收筹划使得消费税的税负减少，营业税金及附加的金额也呈下降趋势，则应纳税所得额因扣除项目的减少而增加，企业所得税额随着消费税额的减少逆向增加。反之，若营业税金及附加的金额呈上升趋势，则应纳税所得额因扣除项目增加而减少，企业所得税额随着消费税额的增加逆向减少。而对于减少收入、递延纳税的消费税税收筹划方法而言，由于减少当期确认的收入金额，则消费税税额与企业所得税税额会同时减少，消费税与企业所得税呈同向变化。

第四章

企业所得税的税收筹划

　　企业所得税是对我国境内的企业和其他取得收入的组织的生产经营所得和其他所得征收的一种税。改革开放以后，我国的企业所得税一度面临内资企业所得税与外商投资企业所得税法两法并存的局面。1991 年 4 月，全国人大通过了《中华人民共和国外商投资企业和外国企业所得税法》（以下简称《外商投资企业和外国企业所得税法》）；1993 年 12 月国务院发布《中华人民共和国企业所得税暂行条例》（以下简称《企业所得税暂行条例》），在这一情形下，内外资企业面临税基不统一、税率不统一、税收优惠政策不统一等一系列问题，税制体系的混乱复杂使得税收征管效率低下，纳税人偷漏税现象较为严重。可以说在这一时期，纳税人无法开展正常的税收筹划。因而，在此基础上，为了创建一个公平的竞争环境，适应市场经济的要求，2007 年 3 月 16 日，我国第十届全国人民代表大会第五次会议审议通过了《中华人民共和国企业所得税法》（以下简称《企业所得税法》），并于 2008 年 1 月 1 日起施行，《外商投资企业和外国企业所得税法》和《企业所得税暂行条例》同时废止。在简税制、宽税基、低税率、严征管的原则下，真正实现了内外资企业税收负担的相对公平。随着当前企业所得税法的日趋完善，企业所得税的税收筹划也渐趋合法化，越来越多的纳税人开始将自身的经济利益与企业所得税税收筹划相挂钩，这也在一定程度上促进了企业所得税税收筹划的发展。

第一节　企业所得税纳税人的税收筹划

一、企业所得税纳税人的法律界定

企业所得税的纳税义务人，是指在中华人民共和国境内的企业和其他取得收入的组织。企业所得税法第一条规定，除个人独资企业、合伙企业不适用企业所得税法外，凡在我国境内，企业和其他取得收入的组织为企业所得税的纳税人。

企业所得税的纳税人分为居民企业和非居民企业，这是根据纳税义务范围的宽窄进行的分类方法，不同的企业在向中国政府缴纳企业所得税时，纳税义务不同。把企业分为居民企业和非居民企业，是为了更好地保障我国税收管辖权的有效行使。

（一）居民企业

居民企业，是指依法在中国境内成立，或者依照外国（地区）法律成立但实际管理机构在中国境内的企业。这里所指的企业包括国有企业、集体企业、私营企业、联营企业、股份制企业、外商投资企业、外国企业以及有生产、经营所得和其他所得的其他组织。其中有生产经营所得和其他所得的其他组织，是指经国家有关部门批准，依法注册、登记的事业单位、社会团体等组织，我国的一些社会团体组织、事业单位在完成国家事业计划的过程中，开展多种经营和有偿服务活动，具有了经营的特点，应当视同企业纳入征税范围。另外，实际管理机构是指对企业的生产经营、人员、账务、财产等实施实质性全面管理和控制的机构。

居民企业应就来源于中国境内、境外的所得作为征税对象。所得包括销售货物所得、提供劳务所得、转让财产所得、股息红利等权益性投资所得、利息所得、租金所得、特许权使用费所得、接受捐赠所得和其他所得。

（二）非居民企业

非居民企业，是指依照外国（地区）法律成立且实际管理机构不在中国境内，但在中国境内设立机构、场所的，或者在中国境内未设立机构场所，但有来源于中国境内所得的企业。

上述所称机构、场所，是指在中国境内从事生产经营活动的机构、场所，包括：

（1）管理机构、营业机构、办事机构。

（2）工厂、农场、开采自然资源的场所。

（3）提供劳务的场所。

（4）从事建筑、安装、装配、修理、勘探等工程作业的场所。

（5）其他从事生产经营活动的机构场所。

非居民企业委托营业代理人在中国境内从事生产经营活动的，包括委托单位或者个人经常代其签订合同，或者储存、交付货物等，该营业代理人视为非居民企业在中国境内设立的机构、场所。

非居民企业在中国境内设立机构、场所的，应当就其所设机构、场所取得的来源于中国境内的所得，以及发生在中国境外但与其所设机构、场所有实际联系的所得，缴纳企业所得税。非居民企业在中国境内未设立机构、场所的，或者虽设立机构、场所但取得的所得与其所涉机构、场所没有实际联系的，应当就其来源于中国境内的所得缴纳企业所得税。上述所称实际联系，是指非居民企业在中国境内设立的机构、场所拥有的据以取得所得的股权、债权，以及拥有、管理、控制据以取得所得的财产。

（三）子公司与分公司

《公司法》第十四条规定：公司可以设立分公司。设立分公司，应当向公司登记机关申请登记，领取营业执照。分公司不具有法人资格，其民事责任由公司承担。公司可以设立子公司，子公司具有法人资格，依法独立承担民事责任。子公司和分公司存在较大差别，下面我们分析两者的特征及其税收政策。

1. 子公司是企业所得税的独立纳税人

子公司是相对应母公司而言的，是指被另一家公司（母公司）有效控制的下属公司或者是母公司直接或间接控制的一系列公司中的一家公司。子公司是一个独立企业，具有独立的法人资格。

子公司因其具有独立法人资格而被设立的所在国视为居民企业，通常要履行与该国其他居民企业一样的全面纳税义务，同时也能享受所在国为新设公司提供的免税期或其他税收优惠政策。但建立子公司一般需要复杂的手续，财务制度较为严格，必须独立开设账簿，并需要复杂的审计和证明，经营亏损不能冲抵母公司利润，与母公司的交易往往是税务机关反避税审查的重点内容。

2. 分公司不是企业所得税的独立纳税人

分公司是指公司独立核算的、进行全部或部分经营业务的分支机构，如分厂、分店等。分公司是企业的组成部分，不具有独立的法人资格。

《企业所得税法》第五十条规定："居民企业在中国境内设立不具有法人资格的营业机构的，应当汇总计算并缴纳企业所得税。"汇总纳税是指一个企业总机构和其分支机构的经营所得，通过汇总纳税申报的办法实现所得税的汇总计算和缴纳。因此，设立分支机构，使其不具有法人资格，就可由总公司汇总缴纳所得税。这样可以实现总、分公司之间盈亏互抵，合理减轻税收负担。

但当前，在实际的生产经营活动中，有一部分分支机构在名义上称为分公司，但其法律实质与子公司并无区别，满足一个独立法人所需具备的各类条件，因此，这一类分公司从法律意义上应当认定为子公司。在银行、保险业，这一情况较为常见。

二、企业所得税纳税人的税收筹划

（一）纳税主体身份的选择

企业在投资设立时，就需要考虑纳税主体身份与税收之间的关系，因为不同身份的纳税主体会面对不同的税收政策。

关于个体工商户、个人独资企业、合伙企业（合伙人为自然人）与公司制企业的选择，我国对个人独资企业、合伙企业（合伙人为自然人）从2000年1月1日起，比照个体工商户的生产、经营所得，适用五级超额累进税率仅征收个人所得税（见表4-1）；而公司制企业需要缴纳企业所得税，一般情况下税率为25%。

表4-1　个人独资、合伙企业（合伙人为自然人）、个体工商户个人所得税税率表

级数	全年应纳税所得额	税率（%）	速算扣除数（元）
1	不超过30 000元	5	0
2	超过30 000~90 000元	10	1 500
3	超过90 000~3 000 000元	20	10 500
4	超过300 000~500 000元	30	40 500
5	超过500 000元	35	65 500

根据表 4 - 1 可知，假设个体工商户、个人独资或者合伙企业（合伙人为自然人）的年应税所得额分别为 30 万元、65 万元、70 万元时，其实际税率如下：

（1）为 30 万元时，适用的税率为 20%，其实际税率为 16.5%〔 = (300 000 × 20% - 10 500) ÷ 300 000 × 100%〕。

（2）为 65 万元时，适用的税率为 30%，其实际税率为 24.9%〔 = (650 000 × 30% - 40 500) ÷ 650 000 × 100%〕。

（3）为 70 万元时，适用的税率为 35%，其实际税率是 25.6%〔 = (700 000 × 35% - 65 500) ÷ 700 000 × 100%〕。

而公司制企业一般适用 25% 的企业所得税税率。由此可见，在年应税所得额 65 万元以下时，在同等盈利水平下，个体工商户、个人独资或者合伙企业（合伙人为自然人）所得税税收负担较轻。

从所得税这一角度考察，个体工商户、个人独资或者合伙企业（合伙人为自然人）似乎比公司制企业主能获得更多的纳税好处。但个体工商户、个人独资、合伙企业（合伙人为自然人）也有缺点，选择成为个体工商户、个人独资、合伙企业（合伙人为自然人）往往会限制纳税人的日常生产经营活动的规模、难以扩展业务。而公司制企业却具有严密组织，能多方聚集资源来扩展经营，在扩大规模的同时降低费用，提高盈利水平等。因此，税收筹划是一项统筹兼顾的活动，其最终目的并不是只着眼于税收负担的最小化，同时也要实现企业经济利益的最大化。

另外，公司制企业需要缴纳企业所得税，如果向个人投资者分配股息、红利的，还要代扣其个人所得税（投资个人分回的股利、红利，税法规定一般适用 20% 的比例税率）。因而这一情形下的双重征税，也是合理选择纳税主体身份所需考虑的一点。

【例 4 - 1】某人自办企业，年应税所得额为 600 000 元。

方案一：在这一情形下，若自办企业为个人独资企业或合伙企业（合伙人为自然人），则需缴纳个人所得税，依据现行税制，实际税额为：

600 000 × 35% - 65 500 = 144 500（元）。

方案二：若自办企业为公司制企业，其适用的企业所得税税率为 25%，企业实现的税后利润全部作为股利分配给投资者，则该公司与投资者的所得税税额为：

企业所得税：600 000 × 25% = 150 000（元）。

股东应承担的个人所得税：600 000 × (1 - 25%) × 20% = 90 000（元）。

综上所述，投资于公司制企业比投资于个人独资或合伙企业（合伙人为自然人）多承担所得税 95 500 元（ = 240 000 - 144 500）。因此，在进行公司组织形式的选择时，应在综合权衡企业的经营风险、经营规模、管理模式及筹资额等因素的基础上，选择税收负担较小的组织形式。

（二）子公司与分公司的选择

企业投资设立分支机构时，不同的组织形式各有利弊。子公司是以独立的法人身份出现的，因而可以享受子公司所在地提供的包括减免税在内的税收优惠。但设立子公司手续繁杂，需要具备一定的条件；子公司必须独立开展经营，自负盈亏，独立纳税；在经营过程中还要接受当地政府部门的监督管理等。

分公司不具有独立的法人身份，因而不能享受当地的税收优惠。但设立分公司手续简单，有关财务资料也不必公开，分公司不需要独立缴纳企业所得税，并且分公司这种组织形式便于总公司管理控制。

设立子公司与设立分公司的税收利益孰高孰低并不是绝对的，它受到一国税收制度、经营状况及企业内部利润分配政策等多种因素的影响。通常而言，从时间上分析，在投资初期分支机构发生亏损的可能性比较大，宜采用分公司的组织形式，其亏损额可以和总公司的损益合并纳税。当公司经营成熟后，分支机构步入正轨，开始盈利，宜采用子公司的组织形式，以便充分享受所在地的各项税收优惠政策。另外，着眼于机构的设立空间，如果说总机构设于低税率区，则分支机构可采用设立分公司的形式，将利润集中于低税率区纳税；反之，若所涉分支机构处于低税率区，那么其可成为子公司，自负盈亏，充分享受税收优惠政策。

【例4-2】甲公司为技术生产公司，为扩大生产经营范围，准备在内地兴建一家丙公司，在选择丙公司的组织形式时，甲公司进行了如下有关税收方面的分析：丙公司在开办初期将面临很大的亏损，但亏损额会逐渐减少。经估计，丙公司第一年的亏损额为200万元，第二年的亏损额为150万元，第三年的亏损额为100万元，第四年的亏损额为50万元，第五年开始盈利，盈利额为300万元。

甲公司设在A市，属于国家重点扶持的高新技术公司，适用企业所得税税率为15%，其在B市还有一家全资子公司乙，适用的税率为25%，经预测未来五年内，甲公司的应税所得均为1 000万元，乙公司的应税所得分别为300万元、200万元、100万元、0万元、-150万元。在这一情形下，如何选择丙公司的组织形式会使得企业所得税税收负担最小化？

方案一：将丙公司建成具有独立法人资格的全资子公司。

因子公司具有独立法人资格，属于企业所得税的纳税人，故按其应纳税所得额独立计算缴纳企业所得税。在这种情况下，甲公司包括三个独立纳税主体：甲公司、乙公司和丙公司。这种组织形式因丙公司是独立的法人实体，不能和甲公司或乙子公司合并纳税，所以，其所形成的亏损不能抵消甲公司总部的利润，只能从其以后年度实现的利润中抵扣。

在前四年里，甲公司及其子公司乙的纳税总额分别为：

第一年：225 万元（ $=1\,000\times15\%+300\times25\%$ ）；

第二年：200 万元（ $=1\,000\times15\%+200\times25\%$ ）；

第三年：175 万元（ $=1\,000\times15\%+100\times25\%$ ）；

第四年：150 万元（ $=1\,000\times15\%$ ）。

四年间缴纳的企业所得税总额为 750 万元。

方案二：将丙公司建成非独立核算的分公司。

分公司不同于子公司，它不具备独立法人资格，不独立建立账簿，只作为分支机构存在。按税法规定，分支机构利润与其总部实现的利润合并纳税。甲公司仅有两个独立的纳税主体：甲公司和乙子公司。这种组织形式因丙公司作为非独立核算的分公司，其亏损可由甲公司用其利润弥补，降低了甲公司第一年至第四年的应纳税所得额，甲公司的应纳所得税得以递延。

在前四年里，甲公司总部、乙子公司及分公司丙的纳税总额分别为：

第一年：195 万元 $\left[\,=(1\,000-200)\times15\%+300\times25\%\,\right]$ ；

第二年：177.5 万元 $\left[\,=(1\,000-150)\times15\%+200\times25\%\,\right]$ ；

第三年：160 万元 $\left[\,=(1\,000-100)\times15\%+100\times25\%\,\right]$ ；

第四年：142.5 万元 $\left[\,=(1\,000-50)\times15\%\,\right]$ 。

四年间缴纳的企业所得税总额为 675 万元。

方案三：将丙公司建成乙子公司的分公司。

在这种情况下，丙公司和乙子公司合并纳税。此时甲公司有两个独立的纳税主体：甲公司和乙子公司。在这种组织形式下，因丙公司作为乙子公司的分公司，与乙子公司合并纳税，其前四年的亏损可由乙子公司当年利润弥补，降低了乙子公司第一年至第四年的应纳税所得额，不仅使乙子公司的应纳所得税得以延缓，而且使得整体税收负担下降。

在前四年里，甲公司、乙子公司及丙公司的纳税总额分别为：

第一年：175 万元 $\left[\,=1\,000\times15\%+(300-200)\times25\%\,\right]$ ；

第二年：162.5 万元 $\left[\,=1\,000\times15\%+(200-150)\times25\%\,\right]$ ；

第三年：150 万元 $\left[\,=1\,000\times15\%+(100-100)\times25\%\,\right]$ ；

第四年：150 万元（ $=1\,000\times15\%$ ）。

四年间缴纳的企业所得税总额为 637.5 万元。

通过对上述三种方案的比较，应该选择第三种组织形式，将丙公司企业建成乙子公司的分公司，可以使整体税收负担最低。

（三）居民企业与非居民企业的选择

在我国，居民企业与非居民企业的法律界定不同，自然其相应的税收政策也存在较大的差异。根据税法的现行规定，居民企业和在中国境内设立机构场所且所得与机构、场所有关联的非居民企业的境内外所得适用于25%的基本税率，而在中国境内未设立机构、场所的，或者虽设立机构、场所但取得的所得与其所设机构场所没有实际联系的非居民企业的境内所得，适用低税率20%，实际征税时按10%的税率征收企业所得税。由此可见，纳税人如何结合自身的情况，在居民企业与非居民企业之间作出选择，对于企业所得税税收筹划具有重要意义。

【例4-3】2021年1月，某外国企业拟到中国开展技术服务，预计每年获得1 000万元不含税的人民币收入，发生的相关成本支出为150万元，除此之外，假定不考虑其他任何情况。该企业面临以下两种选择：

第一，在中国境内设立实际管理机构。

第二，在中国境内既不设立实际管理机构，也不设立机构、场所。

对于上述两种不同选择，该纳税人的收入面临不同的税率和纳税状况，分析其税收负担的大小并作出合理选择。

方案一：如果该外国企业选择在中国境内设立实际管理机构，则一般被认定为居民企业，这种情况下适用的企业所得税税率为25%，其应纳税金计算如下：

增值税：$1\,000 \times 6\% = 60$（万元）；

企业所得税：$(1\,000 - 150) \times 25\% = 212.5$（万元）。

方案二：如果该外国企业在中国境内既不设立实际管理机构，也不设立经营场所，那么该企业为在中国境内不设立机构场所的非居民企业，则其应纳税所得额的认定应当符合以下规定：①股息、红利等权益性投资收益和利息、租金、特许权使用费所得，已收入全额为应纳税所得额。②转让财产所得，以收入全额减除财产净值后的余额为应纳税所得额。③其他所得，参照前两项规定的方法计算应纳税所得额。本案例中该外国企业来源于中国境内的技术服务收入以不含税全部收入额作为应纳税所得额，适用10%的企业所得税税率，其应纳税金计算如下：

增值税：$1\,000 \times 6\% = 60$（万元）；

企业所得税：$1\,000 \times 10\% = 100$（万元）。

可见，在本案例当中外国企业选择成为在中国境内既不设立实际管理机构，也不设立机构、场所的非居民企业，有利于实现企业所得税税收负担的最小化。但居民企业与非居民企业的企业所得税计税依据本就不同，纳税人应当基于企业自身实际作出最有利于自己的选择。

第二节　企业所得税计税依据的税收筹划

一、计税依据的法律界定

（一）应纳税所得额

应纳税所得额是企业所得税的计税依据，按照企业所得税法的规定，应纳税所得额为企业每一个纳税年度的收入总额，减除不征税收入、免税收入、各项扣除以及允许弥补的以前年度亏损后的余额。基本公式为：

$$应纳税所得额 = 收入总额 - 不征税收入 - 免税收入 - 各项扣除$$
$$- 允许弥补的以前年度亏损$$

企业应纳税所得额的计算以权责发生制为原则，属于当期的收入和费用，不论款项是否收付，均作为当期的收入和费用；不属于当期的收入和费用，即使款项已经在当期收付，均不作为当期的收入和费用。应纳税所得额的正确计算直接关系到国家财政收入和企业的税收负担，并且同成本、费用核算关系密切。因此，企业所得税对应纳税所得额计算作了明确规定。主要内容包括收入总额、扣除范围和标准、亏损弥补、资产的税务处理等。

（二）收入总额

企业以货币形式和非货币形式从各种来源取得的收入，为收入总额。具体有：销售货物收入，提供劳务收入，财产转让收入，股息、红利等权益性投资收益，利息收入，租金收入，特许权使用费收入，接受捐赠收入和其他收入。

货币形式的收入包括：现金、存款、应收账款、应收票据、准备持有至到期的债券投资、债务的豁免等。

非货币形式的收入包括固定资产、生物资产、无形资产、股权投资、存货、不准备持有至到期的债券投资、劳务以及有关权益等。企业以非货币形式取得的收入，应当按照公允价值确定收入额，即按照市场价格确定的价值。

1. 一般收入的确认

一般收入分类如表 4 - 2 所示。

表 4 - 2　　　　　　　　　　一般收入分类

所得税	会计	备注
销售货物收入	主营或其他业务收入	
劳务收入	主营或其他业务收入	
转让财产收入	营业外收入、投资收益	转让股权收入应于转让协议生效且完成股权变更手续时，确认收入实现。计算时不得扣除被投资企业未分配利润等股东留存收益中按该项股权所可能分配的金额
股息、红利等权益性投资收益	投资收益	按照被投资方作出利润分配决定的日期确认收入的实现。 被投资企业将股权（票）溢价所形成的资本公积转为股本的，不作为投资方企业的股息、红利收入，投资方企业也不得增加该项长期投资的计税基础
利息收入	主营业务收入、投资收益、财务费用	按合同约定的债务人应付利息日期确认收入实现
租金收入	其他业务收入	按照合同约定的承租人应付租金的日期确认收入，若交易合同或协议中规定租赁期限跨年度，且租金提前一次性支付的，据配比原则，出租人可对上述已确认的收入，在租赁期内，分期均匀计入相关年度收入
特许权使用费收入	其他业务收入	按应付日期确认收入实现
接受捐赠收入	营业外收入	按照实际收到捐赠资产的日期确认收入的实现
其他收入		包括企业资产溢余收入、逾期未退包装物押金收入、确实无法偿付的应付款项、已作坏账损失处理后又收回的应收款项、债务重组收入、补贴收入、违约金收入、汇兑收益等

2. 特殊收入的确认

特殊收入分类如表 4 - 3 所示。

表 4 – 3	特殊收入分类
分期收款方式销售货物	按照合同约定的收款日期确认收入的实现
受托加工制造大型机械设备、船舶、飞机，以及从事建筑、安装、装配工程业务或者提供其他劳务	持续时间超过 12 个月的，按照纳税年度内完工进度或者完成的工作量确认收入的实现
产品分成方式取得收入	按照企业分得产品的日期确认收入的实现，收入额按照产品公允价值确定

3. 视同销售收入的确认

在计算企业所得税时，纳税人的资产所有权属是否发生改变，是判定是否发生视同销售收入的重要原则（见表 4 – 4）。

表 4 – 4	视同销售收入分类
具体规定	具体项目
内部处置资产：不视同销售（由于资产所有权属在形式和实质上均不发生改变，可作为内部处置资产，不视同销售确认收入，相关资产的计税基础延续计算）	（1）将资产用于生产、制造、加工另一产品； （2）改变资产形状、结构或性能； （3）改变资产用途（如自建商品房转为自用或经营）； （4）将资产在总机构及其分支机构之间转移（移至境外的除外）； （5）上述两种或两种以上情形的混合； （6）其他不改变资产所有权属的用途
外部处置资产：视同销售（销售收入按照被移送资产的公允价值确定）	（1）用于市场推广或销售； （2）用于交际应酬； （3）用于职工奖励或福利； （4）用于股息分配； （5）用于对外捐赠； （6）其他改变资产所有权属的用途
企业发生非货币性资产交换，以及将货物、财产、劳务用于捐赠、偿债、赞助、集资、广告、样品、职工福利和进行利润分配等用途，应当视同销售货物、转让财产和提供劳务，但国务院财政、税务主管部门另有规定的除外	

4. 非货币性资产投资企业所得税的处理

企业以非货币性资产对外投资确认的非货币性资产转让所得可以享受分期缴纳企业所得税政策（见表 4 –5）。

表 4 – 5　　　　　　　　　　非货币性资产投资企业所得税情况

享受主体	以非货币性资产对外投资的居民企业
优惠内容	可自确认非货币性资产转让收入年度起不超过连续 5 个纳税年度的期间内，非货币性资产转让所得分期均匀计入相应年度的应纳税所得额，按规定计算缴纳企业所得税
享受条件	（1）企业以非货币性资产对外投资，应于投资协议生效并办理股权登记手续时，确认非货币性资产转让收入的实现，应对非货币性资产进行评估并按评估后的公允价值扣除计税基础后的余额，计算确认非货币性资产转让所得。 （2）企业以非货币性资产对外投资而取得被投资企业的股权，应以非货币性资产的原计税成本为计税基础，加上每年确认的非货币性资产转让所得，逐年进行调整。 （3）被投资企业取得非货币性资产的计税基础，应按非货币性资产的公允价值确定。 （4）企业在对外投资 5 年内转让上述股权或投资收回的，应停止执行递延纳税政策，并就递延期内尚未确认的非货币性资产转让所得，在转让股权或投资收回当年的企业所得税年度汇算清缴时，一次性计算缴纳企业所得税。 （5）企业在对外投资 5 年内注销的，应停止执行递延纳税政策，并就递延期内尚未确认的非货币性资产转让所得，在注销当年的企业所得税年度汇算清缴时，一次性计算缴纳企业所得税。 （6）非货币性资产，是指现金、银行存款、应收账款、应收票据以及准备持有至到期的债券投资等货币性资产以外的资产。 （7）非货币性资产投资，限于以非货币性资产出资设立新的居民企业，或将非货币性资产注入现存的居民企业。 （8）享受政策的居民企业实行查账征收
政策依据	（1）《财政部　国家税务总局关于非货币性资产投资企业所得税政策问题的通知》（财税〔2014〕116 号） （2）《国家税务总局关于非货币性资产投资企业所得税有关征管问题的公告》（国家税务总局公告 2015 年第 33 号）

5. 企业转让上市公司限售股有关所得税处理

根据国家税务总局《关于企业转让上市公司限售股有关所得税问题的公告》（国家税务总局公告 2011 年第 39 号）规定，自 2011 年 7 月 1 日起，企业转让上市公司限售股有关所得税的处理按以下规定执行。

（1）纳税义务人的范围界定问题。根据企业所得税法第一条及其实施条例第三条的规定，转让限售股取得收入的企业（包括事业单位、社会团体、民办非企业单位等），为企业所得税的纳税义务人。

（2）因股权分置改革造成原由个人出资而由企业代持有的限售股，企业在转让时按以下规定处理：

第一，企业转让上述限售股取得的收入，应作为企业应税收入计算纳税。上述限售股转让收入扣除限售股原值和合理税费后的余额为该限售股转让所得。企业未能提供完整、真实的限售股原值凭证，不能准确计算该限售股原值的，主管税务机关一律按该限售股转让收入的 15%，核定为该限售股原值和合理税费。依照本条规定完成纳税义务后的限售股转让收入余额转付给实际所有人时不再纳税。

第二，依法院判决、裁定等原因，通过证券登记结算公司，企业将其代持的个人限售股直接变更到实际所有人名下的，不视同转让限售股。

（3）企业在限售股解禁前转让限售股征税问题。企业在限售股解禁前将其持有的限售股转让给其他企业或个人（以下简称"受让方"），其企业所得税问题按以下规定处理：

第一，企业应按减持在证券登记结算机构登记的限售股取得的全部收入，计入企业当年度应税收入计算纳税。

第二，企业持有的限售股在解禁前已签订协议转让给受让方，但未变更股权登记、仍由企业持有的，企业实际减持该限售股取得的收入，依照本条第一项规定纳税后，其余额转付给受让方的，受让方不再纳税。

6. 企业接受政府和股东划入资产的企业所得税处理

国家税务总局《关于企业所得税应纳税所得额若干问题的公告》（国家税务总局公告 2014 年第 29 号）的规定：

（1）企业接受政府划入资产的企业所得税处理（见表 4 - 6）。

表 4 - 6　　　　　　　　企业接受政府划入资产的企业所得税处理

接收方式	所得税处理
县级以上人民政府（包括政府有关部门，下同）将国有资产明确以股权投资方式投入企业	企业应作为国家资本金（包括资本公积）处理。该项资产如为非货币性资产，应按政府确定的接收价值确定计税基础
县级以上人民政府将国有资产无偿划入企业	凡指定专门用途并按《财政部 国家税务总局关于专项用途财政性资金企业所得税处理问题的通知》（财税〔2011〕70 号）规定进行管理的，可作为不征税收入处理
其他情形	应按政府确定的接收价值计入当期收入总额计算缴纳企业所得税。政府没有确定接收价值的，按资产的公允价值计算确定应税收入

（2）企业接收股东划入资产的企业所得税处理（见表 4 - 7）。

表 4 - 7　　　　　　　　企业接收股东划入资产的企业所得税处理

接收方式	所得税处理
凡合同、协议约定作为资本金（包括资本公积）且在会计上已做实际处理的	不计入企业的收入总额，企业应按公允价值确定该项资产的计税基础

续表

接收方式	所得税处理
凡作为收入处理的	应按公允价值计入收入总额，计算缴纳企业所得税，同时按公允价值确定该项资产的计税基础

7. 不征税收入

不征税收入相关规定，如表4-8所示。

表4-8　　　　　　　　　　　不征税收入

接收方式	所得税处理
财政拨款	各级人民政府对纳入预算管理的事业单位、社会团体等拨付的财政资金。国务院与国务院财政、税务主管部门另有规定的除外
依法收取并纳入财政管理的行政事业性收费、政府性基金	企业按照规定缴纳的，由国务院或者财政部批准设立的政府性基金以及由国务院和省、自治区、直辖市人民政府以及财政、价格主管部门批准设立的行政事业性收费，准予在计算应纳税所得额时扣除，除此之外，不得扣除企业收取的各种基金、收费，应计入企业当年收入总额 对企业依照法律、法规及国务院有关规定收取并上缴财政的政府性基金和行政事业性收费，准予作为不征税收入，于上缴财政的当年在计算应纳税所得额时从收入总额中减除，未上缴财政的部分不得减除
国务院规定的其他不征税收入	企业取得的由国务院财政、税务主管部门规定专项用途并经国务院批准的财政性资金。财政性资金，是指企业取得的来源于政府及其有关部门的财政补助、补贴、贷款贴息，以及其他各类财政专项资金，包括直接减免的增值税和即征即退、先征后退、先征后返的各种税收，但不包括企业按规定取得的出口退税款： （1）企业取得的各类财政性资金，除属于国家投资和资金使用后要求归还本金的以外，均应计入企业当年收入总额； （2）对企业取得的由国务院财政、税务主管部门规定专项用途并经国务院批准的财政性资金，准予作为不征税收入，在计算应纳税所得额时从收入总额中减除； （3）纳入预算管理的事业单位、社会团体等组织按照核定的预算和经费报领关系收到的由财政部门或上级单位拨入的财政补助收入，准予作为不征税收入，在计算应纳税所得额时从收入总额中减除，但国务院和国务院财政、税务主管部门另有规定的除外

根据《财政部 国家税务总局关于专项用途财政性资金企业所得税处理问题的通知》（财税〔2011〕70号）通知规定，自2011年1月1日起，企业取得的专项用途财政性资金企业所得税处理问题通知如下：

（1）企业从县级以上各级人民政府财政部门及其他部门取得的应计入收入总额的财政性资金，凡同时符合以下条件的，可以作为不征税收入，在计算

143

应纳税所得额时从收入总额中减除：

第一，企业能够提供规定资金专项用途的资金拨付文件。

第二，财政部门或其他拨付资金的政府部门对该资金有专门的资金管理办法或具体管理要求。

第三，企业对该资金以及以该资金发生的支出单独进行核算。

（2）根据《企业所得税法实施条例》第二十八条的规定，上述不征税收入用于支出所形成的费用，不得在计算应纳税所得额时扣除；用于支出所形成的资产，其计算的折旧、摊销不得在计算应纳税所得额时扣除。

（3）企业将符合本通知第一条规定条件的财政性资金作不征税收入处理后，在5年（60个月）内未发生支出且未缴回财政部门或其他拨付资金的政府部门的部分，应计入取得该资金第六年的应税收入总额；计入应税收入总额的财政性资金发生的支出，允许在计算应纳税所得额时扣除。

8. 免税收入

免税收入相关规定，如表4-9所示。

表4-9　　　　　　　　　　免税收入

接收方式	所得税处理	备注
（1）国债利息收入	转让国债收入应作为转让财产收入计算应纳企业所得税	
（2）符合条件的居民企业之间的股息、红利等权益性投资收益	符合条件的收益是指居民企业直接投资于其他居民企业取得的投资收益	不包括连续持有居民企业公开发行并上市流通的股票不足12个月取得的投资收益
（3）在中国境内设立机构、场所的非居民企业从居民企业取得与该机构、场所有实际联系的股息、红利等权益性投资收益		
（4）符合条件的非营利组织的收入	①接受其他单位或者个人捐赠的收入；②除《中华人民共和国企业所得税法》第七条规定的财政拨款以外的其他政府补助收入，但不包括因政府购买服务取得的收入；③按照省级以上民政、财政部门规定收取的会费；④不征税收入和免税收入孳生的银行存款利息收入；⑤财政部、国家税务总局规定的其他收入	

（三）税前扣除项目

企业所得税申报的税前扣除项目要真实、合法，能够提供证明经济活动确属已经实际发生并且符合国家税法的规定。

表4-10主要从扣除原则、扣除范围和扣除标准这几方面对于企业所得税税前扣除项目做出大致细分。

表4-10　　　　　　　　企业所得税税前扣除明细

要点	具体规定	
扣除原则	（1）权责发生制原则：是指以取得收到现金的权利或支付现金的责任权责的发生为标志来确认本期收入和费用及债权和债务。企业需遵循权责发生制原则来确认扣除项目的发生时间，以权属于当期的金额多少作为企业税前扣除的确认计量标准。 （2）配比原则：企业发生的费用应当与收入配比扣除。配比原则以权责发生制为基础，并与之共同确认当期可扣除项目的标准。 （3）相关性原则：指税前扣除的支出必须是与收入直接相关的支出。这是出于政府征税的目的，强调在所得税税前扣除的费用应该与同期收入有因果关系。 （4）合理性原则：合理性主要指发生的支出其计算和分配方法要符合一般经营常规。 （5）确定性原则：指企业税前扣除的相关费用必须是具体、确定、可以计量的	
基本范围	成本、费用、税金、损失、其他支出	
具体项目扣除标准	按照实际发生额扣除	工薪（合理和据实）、社保、财险、向金融机构借款利息、汇兑损失、劳动保护费、环境保护专项基金（限定用途）等
	限定比例扣除	职工福利费、职工教育经费、工会经费、招待费、公益捐赠、广告费、向金融机构以外的借款利息、手续费及佣金等
	不得扣除	（1）向投资者支付的股息、红利等权益性投资收益款项； （2）企业所得税税款； （3）税收滞纳金； （4）罚金、罚款和被没收财物的损失； （5）超过规定标准的捐赠支出； （6）赞助支出； （7）未经核定的准备金支出； （8）企业之间支付的管理费，企业内营业机构之间支付的特许权使用费和租金，非银行企业内营业机构之间支付的利息； （9）与取得收入无关的其他支出
	加计扣除	研究开发费、残疾人工资

1. 按实际发生额全额扣除

（1）工资、薪金。

合理的工资、薪金支出准予据实扣除。"合理的工资、薪金"是指企业按照股东大会、董事会、薪酬委员会或相关管理机构制定的工资薪金制度规定实际发放给员工的工资、薪金。税务机关按一定原则对于工资薪金进行合理确认。属于国有性质的企业，其工资薪金，不得超过政府有关部门给予的限定数额；超过部分，不得计入企业工资薪金总额，也不得在计算企业应纳税所得额时扣除。另外，企业因雇佣季节工、临时工、实习生、返聘离校退休人员以及接受外部劳务派遣用工所实际发生的费用，应区分为工资薪金支出与职工福利支出，区别对待。

企业建立的职工股权激励计划，企业所得税的处理，自 2012 年 7 月 1 日起按以下规定执行［详见《关于我国居民企业实行股权激励计划有关企业所得税处理问题的公告》（国家税务总局公告 2012 年第 18 号）］：

第一，对股权激励计划实行后立即可以行权的，上市公司可以根据实际行权时该股票的公允价格与激励对象实际行权支付价格的差额和数量，计算确定作为当年上市公司工资薪金支出，依照税法规定进行税前扣除。

第二，对股权激励计划实行后，需待一定服务年限或者达到规定业绩条件（以下简称"等待期"）方可行权的。上市公司等待期内会计上计算确认的相关成本费用，不得在对应年度计算缴纳企业所得税时扣除。在股权激励计划可行权后，上市公司方可根据该股票实际行权时的公允价格与当年激励对象实际行权支付价格的差额及数量，计算确定作为当年上市公司工资薪金支出，依照税法规定进行税前扣除。

第三，股票实际行权时的公允价格，以实际行权日该股票的收盘价格确定。

（2）社会保险费（见表 4 - 11）。

表 4 - 11　　　　　　　　　　　社会保险费

类型		能否扣除
财产保险		可以扣除
企业为职工购买的保险	基本保险	可以扣除（规定的范围和标准）
	补充保险	可以扣除（规定的范围和标准）
	商业保险	区别对待： ①可以扣除：依照国家有关规定为特殊工种职工支付的人身安全保险费和符合国务院财政、税务主管部门规定可以扣除的商业保险费； ②不得扣除：其他商业保险

（3）利息费用（见表 4 – 12）。

表 4 – 12　　　　　　　　　　利息费用

类型	具体规定
全额扣除	非金融企业向金融企业的借款利息支出、金融企业的各项存款利息支出和同业拆借利息支出、企业经批准发行的债权的利息支出
限额扣除	非金融企业向非金融企业借款的利息支出：不超过按照金融企业同期同类贷款利率计算的数额的部分可据实扣除，超过部分不允许扣除； 企业在按照合同要求首次支付利息并进行税前扣除时，应提供金融企业的同期同类贷款利率情况说明

关联企业利息费用的扣除：

①接受关联方债权性投资与其权益性投资比例为：金融企业 5∶1；其他企业 2∶1。超过标准而发生的利息支出不得在发生当期和以后年度扣除。

②按规定提供相关资料，并证明相关交易活动符合独立交易原则的；或者该企业的实际税负不高于境内关联方的——两个条件符合一个即不受上述债资比的限制。

③企业自关联方取得的不符合规定的利息收入应按照有关规定缴纳企业所得税。

（4）借款费用（见表 4 – 13）。

表 4 – 13　　　　　　　　　　借款费用

类型	具体规定
资本化	企业为购置、建造固定资产、无形资产在建造期间发生的费用和经过 12 个月以上的建造才能达到预定可销售状态的存货发生的借款的，在有关资产购置、建造期间发生的合理借款费用，作为资本性支出计入有关资产的成本
费用化	生产经营过程中发生的合理的不需要资本化的借款费用以及有关资产交付使用后发生的借款费用，可在发生当期全额扣除

（5）汇兑损失。

企业在货币交易中，以及纳税年度终了时将人民币以外的货币性资产、负债按照期末即期人民币汇率中间价折算为人民币时发生的汇兑损失，除已经计入有关资产成本以及与向所有者分配利润相关的部分，准予全额扣除。

（6）环境保护专项资金。

企业依照法律、行政法规有关规定提取的用于环境保护、生态恢复等方面的专项资金，准予扣除。上述专项资金提取后改变用途的，不得扣除。

（7）租赁费（见表4-14）。

表4-14　　　　　　　　　　　　租赁费

类型	具体规定
经营租赁	以经营租赁方式租入固定资产发生的租赁费支出，按照租赁期限均匀扣除
融资租赁	以融资租赁方式租入固定资产发生的租赁费支出：按照规定构成融资租入固定资产价值的部分应当提取折旧费用，分期扣除；租赁费支出不得直接扣除

（8）劳动保护费。

企业发生的合理的劳动保护支出，准予扣除。

自2011年7月1日起，企业根据其工作性质和特点，由企业统一制作并要求员工工作时统一着装所发生的工作服饰费用，可以作为企业合理的支出给予税前扣除。

（9）有关资产的费用。

企业转让各固定资产发生的费用、按规定计算的固定资产折旧费、无形资产和递延资产的摊销费准予全额扣除。

（10）总机构分摊的费用。

非居民企业在中国境内设立的机构、场所，就其中国境外总机构发生的与该机构、场所生产经营有关的费用，能够提供总机构出具的费用汇集范围、定额等证明文件，并合理分摊，准予全额扣除。

（11）资产损失。

企业当期发生的资产损失，提供清查盘存资料经主管税务机关审核后，准予扣除。

（12）其他费用。

会员费、会议费、差旅费、违约金、诉讼费等准予扣除。

（13）企业维简费支出。

企业实际发生的维简费支出，属于收益性支出的，可作为当期费用税前扣除；属于资本性支出的，应计入有关资产成本，并通过折旧或者摊销费用在税前扣除。自2013年1月1日起，除煤矿企业外，其他企业的预提维简费不得税前扣除。

（14）企业参与政府统一组织的棚户区改造有关政策。

企业参与政府统一组织的工矿（含中央下放煤矿）棚户区改造、林区棚户区改造，垦区危房改造并同时符合一定条件的棚户区改造支出，准予在企业所得税税前扣除。

2. 按标准限额扣除

按标准限额扣除相关内容如表 4 – 15 所示。

表 4 – 15　　　　　　　　　　按标准限额扣除

扣除项目	扣除标准	会计和税法的差异
职工福利费	不超过工薪总额 14% 的部分准予扣除	超过的部分不得扣除（永久性差异）
工会经费	不超过工薪总额 2% 的部分准予扣除	超过的部分不得扣除（永久性差异）
职工教育经费	不超过工薪总额 8% 的部分准予扣除	超过部分当年不得扣除；但准予结转以后纳税年度扣除（暂时性差异）
利息费用	不超过金融企业同期同类贷款利息率计算的利息；关联企业利息费用同时要考虑债资比的限制	超过的部分不得扣除（永久性差异）
业务招待费	按照发生额的 60% 扣除，但最高不得超过当年销售（营业）收入的 5‰	超过的部分不得扣除（永久性差异）
广告费和业务宣传费	不超过当年销售（营业）收入 15% 的部分 化妆品制造或销售、医药制造和饮料制造（不含酒类制造），不超过当年销售（营业）收入 30% 的部分	超过部分当年不得扣除；但准予结转以后纳税年度扣除（暂时性差异）
手续费和佣金	一般企业：不超过收入金额的 5%	超过的部分不得扣除（永久性差异）
	保险企业：不超过当年全部保费收入扣除退保金等后余额的 18%	自 2019 年 1 月 1 日起，超过限额的部分准予结转以后年度扣除（暂时性差异）
公益性捐赠支出		
补充医疗保险、补充养老保险	不超过工薪总额 5% 的部分准予扣除	超过的部分不得扣除（永久性差异）

（四）亏损弥补

（1）亏损，是指企业依照《企业所得税法》及其实施条例的规定，将每一纳税年度的收入总额减除不征税收入、免税收入和各项扣除后小于零的数额。

①弥补期：一般情况下，最长不得超过 5 年。无论盈亏，均计算。

②企业在汇总计算缴纳企业所得税时，其境外营业机构的亏损不得抵减境内营业机构的盈利。

（2）自 2018 年 1 月 1 日起，当年具备高新技术企业或科技型中小企业资格的企业，其具备资格年度之前 5 个年度发生的尚未弥补完的亏损，准予结转以后年度弥补，最长结转年限由 5 年延长至 10 年。

（3）企业筹办期间不计算为亏损年度，企业自开始生产经营的年度，为开始计算企业损益的年度。企业从事生产经营之前进行筹办活动。

（五）会计利润与应纳税所得额

一般而言，上述应纳税所得额的直接计算公式在会计工作中不具备实操性，对于纳税人而言，应纳税所得额的计算往往采用间接计算法：

应纳税所得额＝会计利润±纳税调整项目

需要关注的是，纳税人应纳税所得额是根据税收法规计算得出的结果，它与依据财务会计制度计算出的会计利润存在差异，因此税法规定，对企业所得税纳税人按照会计制度规定核算出的会计利润，要按照税法的规定进行调整后，才能作为计税依据计算企业所得税税款，即会计处理必须服从税法规定。鉴于此，财务会计制度在不断发展和完善的过程中，与税法的趋同性越来越强，但会计活动与税收活动从本质上而言是不同的，具有不同的目的和指向，会计是反映和监督一个单位经济活动的一种经济管理工作，会计核算注重经济活动的客观性和实质，因而，会计利润更能客观地反映一个会计主体当期的经营状况；而税收是国家取得财政收入的一种工具，从企业所得税应纳税所得额的计算口径可以看出，税收工作更强调保障计税依据不被侵蚀，财政收入能够准确、足额入库。接下来，本书从收入、成本费用等各项支出的角度，分析其在会计口径与税法口径下的区别，以更好地理解企业所得税应纳税所得额与应纳税款的计算过程，从根源上寻找税收筹划的执行空间。

会计利润＝营业收入－营业成本－营业税金及附加－期间费用－资产减值损失±公允价值变动损益±投资损益＋（营业外收入－营业外支出），应纳税所得额＝收入总额－不征税收入－免税收入－各项扣除－允许弥补的以前年度亏损，两者之间的区别显而易见。

1.《会计法》与《税法》对于收入界定

首先从定义分析会计收入与应纳税所得额中包含的收入总额这两者之间的区别。2006 年颁布的《企业会计准则第 14 号——收入》中将会计上的收入定义为：企业在日常活动中形成的、会导致所有者权益增加的、与所有者投入资本无关的经济利益的总流入。显然这一定义更多地将收入定性为是会计主体的营业收入。而在《企业所得税法》中，收入总额为企业以货币形式和非货币形式从各种来源取得的收入，这一根源上的区别决定了两者核算口径的不一致。其次立足于具体内容分析，对比《企业会计准则第 14 号——收入》与国家税务总局《关于确认企业所得税收入若干问题的通知》（国税函〔2008〕875 号）这两个文件，落实到具体收入的确认，《企业会计准则》的规定与税收法规具有相当高的趋同度，如表 4－16 所示。

表 4 – 16　　　《企业会计准则》和税收法规对于收入的若干规定的比较

项目		会计准则上收入确认的规定	税收法规收入确认的规定
销售商品		确认收入的实现： （1）企业已将商品所有权上的主要风险和报酬转移给购货方； （2）企业既没有保留通常与所有权相联系的继续管理权，也没有对已售出的商品实施有效控制； （3）收入的金额能够可靠地计量； （4）相关的经济利益很可能流入企业； （5）相关的已发生或将发生的成本能够可靠地计量	确认收入的实现： （1）商品销售合同已经签订，企业已将商品所有权相关的主要风险和报酬转移给购货方； （2）企业对已售出的商品既没有保留通常与所有权相联系的继续管理权，也没有实施有效控制； （3）收入的金额能够可靠地计量； （4）已发生或将发生的销售方的成本能够可靠地核算
特殊销售方式下的商品销售	托收承付	发出商品且办妥托收手续时确认收入，由于各种原因发出商品所有权有关风险和报酬没有转移的，不确认收入	办妥托收手续时确认收入
	委托代销	（1）视同买断方式： ①委托方和受托方有明确协议，受托方在取得代销商品后，无论是否能够卖出、是否获利，均与委托方无关，委托方按普通商品销售确认收入。 ②如果协议标明受托方无法售出商品或者发生亏损，可要求退货或补偿，那么受托方应开具代销清单，委托方收到代销清单确认收入实现。 （2）支付手续费方式委托代销的，委托方收到代销清单时确认收入实现	支付手续费方式委托代销的，委托方收到代销清单时确认收入实现
	收取预售款方式销售货物	发出商品时确认收入	发出商品时确认收入
	售后回购	销售方应根据合同或协议条款判断是否已将商品所有权上的主要风险和报酬转移给购货方，以确定是否确认销售商品收入。多数情况下，回购价格固定或等于原售价加合理回报，售后回购交易属于融资交易，商品所有权的主要风险和报酬没有转移，收到款项应确认为负债；回购价格大于原售价的，差额应在回购期间确认为财务费用	销售的商品按售价确认收入，回购的商品作为购进商品处理。有证据表明不符合销售收入确认条件的，如以销售商品方式进行融资，收到的款项应确认为负债，回购价格大于原售价的，差额应在回购期间确认为利息费用
	以旧换新	按照销售商品收入确认条件确认收入，回收的商品作为购进商品处理	按照销售商品收入确认条件确认收入，回收的商品作为购进商品处理
	商业折扣	按照扣除商业折扣后的金额确定销售商品收入金额	按照扣除商业折扣后的金额确定销售商品收入金额

续表

项目		会计准则上收入确认的规定	税收法规收入确认的规定
特殊销售方式下的商品销售	现金折扣	按照扣除现金折扣前的金额确定销售商品收入金额，现金折扣在实际发生时作为财务费用扣除	按照扣除现金折扣前的金额确定销售商品收入金额，现金折扣在实际发生时作为财务费用扣除
	销售折让与退回	（1）企业已经确认销售商品收入的售出商品发生销售折让的，应当在发生时冲减当期销售商品收入。销售折让属于资产负债表日后事项的，适用《企业会计准则第29号——资产负债表日后事项》。 （2）企业已经确认销售商品收入的售出商品发生销售退回的，应当在发生时冲减当期销售商品收入。销售退回属于资产负债表日后事项的，适用《企业会计准则第29号——资产负债表日后事项》	企业已经确认销售收入的售出商品发生销售折让和销售退回，应当在发生当期冲减当期销售商品收入
提供劳务	提供劳务交易的结果能够可靠计量	应当采用完工百分比法确认提供劳务收入。 提供劳务交易的结果能够可靠估计，是指同时满足下列条件： （1）收入的金额能够可靠地计量； （2）相关的经济利益很可能流入企业； （3）交易的完工进度能够可靠地确定； （4）交易中已发生和将发生的成本能够可靠地计量。 企业确定提供劳务交易的完工进度，可以选用下列方法： （1）已完工工作的测量； （2）已经提供的劳务占应提供劳务总量的比例； （3）已经发生的成本占估计总成本的比例。 企业应当按照从接受劳务方已收或应收的合同或协议价款确定提供劳务收入总额，但已收或应收的合同或协议价款不公允的除外。 企业应当在资产负债表日按照提供劳务收入总额乘以完工进度扣除以前会计期间累计已确认提供劳务收入后的金额，确认当期提供劳务收入；同时，按照提供劳务估计总成本乘以完工进度扣除以前会计期间累计已确认劳务成本后的金额，结转当期劳务成本	应采用完工进度（完工百分比）法确认提供劳务收入。 提供劳务交易的结果能够可靠估计，是指同时满足下列条件： （1）收入的金额能够可靠地计量； （2）交易的完工进度能够可靠地确定； （3）交易中已发生和将发生的成本能够可靠地核算。 企业提供劳务完工进度的确定，可选用下列方法： （1）已完工工作的测量； （2）已提供劳务占劳务总量的比例； （3）发生成本占总成本的比例。 企业应按照从接受劳务方已收或应收的合同或协议价款确定劳务收入总额，根据纳税期末提供劳务收入总额乘以完工进度扣除以前纳税年度累计已确认提供劳务收入后的金额，确认为当期劳务收入；同时，按照提供劳务估计总成本乘以完工进度扣除以前纳税期间累计已确认劳务成本后的金额，结转为当期劳务成本

续表

项目		会计准则上收入确认的规定	税收法规收入确认的规定
提供劳务	提供劳务交易的结果不能够可靠计量	(1) 已经发生的劳务成本预计能够得到补偿的，按照已经发生的劳务成本金额确认提供劳务收入，并按相同金额结转劳务成本。 (2) 已经发生的劳务成本预计不能够得到补偿的，应当将已经发生的劳务成本计入当期损益，不确认提供劳务收入	暂无相关规定
让渡资产使用权	利息收入	应满足以下条件才能确认收入： (1) 相关的经济利益很可能流入企业； (2) 收入的金额能够可靠计量	按合同约定的债务人应付利息日期确认收入实现
	使用费收入（税法规定的租金收入、特许权使用费收入，股息、红利等权益性投资收益）	(1) 合同或协议规定一次性收取使用费，且不提供后续服务，应当视同销售该资产一次性确认收入；提供后续服务的应在合同有效期内分期确认收入。 (2) 合同或协议规定分期收取使用费，应按合同规定的收款时间和金额或规定的收费方法计算确认的金额分期确认收入	(1) 特许权使用费，属于提供设备和其他有形资产的特许权费，在交付资产或转移资产所有权时确认收入；属于提供初始及后续服务的特许权费，在提供服务时确认收入。 (2) 租金收入按照合同约定的承租人应付租金的日期确认收入，若交易合同或协议中规定租赁期限跨年度，且租金提前一次性支付的，根据配比原则，出租人可对上述已确认的收入，在租赁期内，分期均匀计入相关年度收入。 (3) 股息、红利等权益性投资收益，按被投资方作出利润分配决定的日期确认收入

　　从上述部分项目的细微差别上可以看出，企业会计准则对收入的确认更强调客观性和经济实质。相比之下，税收法规则更强调收入确认的法律形式，以期在最大程度上保证财政收入的足额入库。

2. 企业所得税法规定的视同销售与会计收入确认的比较

　　《企业所得税法》在收入确认上有一个特殊的概念：视同销售收入。在上文中对这一概念有详细的阐述，而税收法规上的视同销售收入，在会计核算如何处理则因情况而异（见表4-17）。

表4-17　　　　　　　企业所得税视同销售与会计收入确认比较

项目	自有资产（库存商品、材料、固定资产等）	
	会计收入确认	《企业所得税》视同销售
市场推广、赞助、广告、样品	否	是

项目	自有资产（库存商品、材料、固定资产等）	
	会计收入确认	《企业所得税》视同销售
交际应酬	否	是
职工个人福利	是	是
集体福利	否	否
分配	是	是
投资	是	是
集资	是	是
偿债	是	是
赠送	否	是

根据《企业所得税法》的规定，纳税人资产所有权属发生变更，则实现企业所得税视同销售收入，这一规定下的资产所有权属变更强调资产法律形式的转移。而会计在收入确认上，至少应当符合以下条件：一是与收入相关的经济利益应当很可能流入企业；二是经济利益流入企业的结果会导致资产的增加或者负债的减少；三是经济利益的流入额能够可靠计量。因此，企业所得税要求视同销售确认收入的项目，在会计核算上可能不确认为收入。在这一情形下，如何正确处理企业所得税视同销售收入，在纳税申报时就视同销售收入作出正确的纳税调整，准确计算出应纳税所得额，是纳税人进行税收筹划需要关注的要点。增值税、消费税和企业所得税视同销售比较如表 4-18 所示。

表 4-18　　　　　增值税、消费税和企业所得税视同销售比较

经济活动（以下涉及货物均为应税消费品）	增值税是否视同销售	计税依据	消费税是否视同销售	计税依据	企业所得税是否视同销售	计税依据	备注
将货物交付给其他单位或者个人代销	是	平均售价	若为自产、委托加工货物，消费税视同销售	平均售价	销售行为		委托加工应税消费品，受托方在交货时已代收代缴消费税，委托方将收回的应税消费品，以不高于受托方的计税价格出售的，为直接出售，不再缴纳消费税；委托方以高于受托方计税价格出售的，不属于直接出售，需按照规定申报缴纳消费税，在计税时准予扣除受托方已代收代缴的消费税

续表

经济活动 （以下涉及 货物均为应税 消费品）	增值税 是否视 同销售	计税 依据	消费税 是否视 同销售	计税 依据	企业所 得税 是否视 同销售	计税 依据	备注
销售代销货物	是	平均 售价	否		销售 行为		
设有两个以上机 构并实行统一核 算的纳税人，将 货物从一个机构 移送至其他机构 用于销售，但设 在同一县（市） 的除外	是	平均 售价	否		否		
将自产、委托加 工的货物用于集 体福利或个人消 费	是	平均 售价	是	平均 售价	（1）职工 个人： 不视同 销售； （2）集体 福利： 视同 销售	同期同 类货物 销售 价格	例如纳税人将自产自用 应税消费品用于职工福 利、奖励
将自产、委托加 工的货物作为投 资，提供给其他 单位或个体工商 户	是	平均 售价	是	最高售价	是	同期同 类货物 销售 价格	纳税人用于换取生产资 料和消费资料，投资入 股和抵偿债务等方面的 应税消费品，应以纳税 人同类应税消费品的最 高销售价格作为计税依 据计算消费税
将自产、委托加 工的货物分配给 股东或投资者	是	平均 售价	是	平均 售价	是	公允价	
将自产、委托加 工的货物无偿赠 送给其他单位或 个人	是	平均 售价	是	平均 售价	是	公允价	例如纳税人将自产自用 应税消费品用于馈赠
单位和个体工商 户向其他单位或 个人无偿提供应 税服务，但以 公益活动为目的的 或者以社会公众 为对象的除外	是	平均 售价	不涉及		是	公允价	

续表

经济活动 （以下涉及 货物均为应税 消费品）	增值税 是否视 同销售	计税 依据	消费税 是否视 同销售	计税 依据	企业所 得税是 否视同 销售	计税 依据	备注
单位或者个人向其他单位或者个人无偿转让无形资产或者不动产，但用于公益事业或以社会公众为对象的除外	是	平均售价	不涉及		是	公允价	
将自产、委托加工的货物用于连续生产非应税消费品	否		是	平均售价	否		
将自产、委托加工的货物用于管理部门使用	否		是	平均售价	否		
将自产、委托加工的货物用于非生产机构使用	否		是	平均售价	否		
将自产、委托加工货物用于提供劳务和赞助、集资、广告、样品			是	平均售价	是	公允价	

3. 会计法与税法对于费用的界定

从成本费用方面进一步分析会计利润与应纳税所得额。在会计核算中，费用作为会计的基本要素之一与收入互为对应。根据《企业会计准则——基本准则》的规定费用是指企业在日常活动中发生的、会导致所有者权益减少的、与向所有者分配利润无关的经济利益的总流出。企业当期发生的各项费用只要真实、按照权责发生制与收入相配比、同时符合其他各项规定就能全额列支。相比较而言，《企业所得税法》通过税前扣除项目涵盖了会计核算中所称的费用，税前扣除项目是指企业实际发生的与取得收入有关的、合理的支出，包括成本、费用、税金、损失和其他支出。为了确保扣除项目和金额真实、合法，《企业所得税法》对于具体项目的扣除标准做出了明确的法律界定，本书通过整理，按全额扣除项目、限额扣除项目、不得扣除项目以及加计扣除项目进行分类，在本节"（三）税前扣除项目"部分有详细阐述。

除此之外，需要说明的是无论是在会计上列支费用，还是企业所得税的税前扣除，相关原始凭证的真实、合法都至关重要，直接决定了会计利润与应纳税所得额的真实性。一方面，在会计核算中，原始凭证是费用列支的重要依据。而另一方面，企业所得税税前扣除的凭证也有相关的管理办法，如表4-19所示。

表4-19　　　　　　　　　　　税会合法凭证相关规定比较

会计合法原始凭证	税法规定的税前扣除凭证
合法的原始凭证包含以下内容： （1）原始凭证名称。 （2）填制凭证的日期和编号。 （3）填制凭证单位名称或者填制人姓名。 （4）对外凭证要有接受凭证单位的名称。 （5）经济业务所涉及的数量、计量单位、单价和金额。 （6）经济业务的内容摘要。 （7）经办业务部门或人员的签章。 除应当具备原始凭证的上述内容外还应当有以下的附加条件： （1）从外单位取得的原始凭证，应使用统一发票，发票上应印有税务专用章；必须加盖填制单位的公章。 （2）自制的原始凭证，必须要有经办单位负责人或者由单位负责人指定的人员签名或者盖章。 （3）支付款项的原始凭证，必须要有收款单位和收款人的收款证明，不能仅以支付款项的有关凭证代替。 （4）购买实物的原始凭证，必须有验收证明。 （5）销售货物发生退货并退还货款时，必须以退货发票、退货验收证明和对方的收款收据作为原始凭证。 （6）职工公出借款填制的借款凭证，必须附在记账凭证之后。 （7）经上级有关部门批准的经济业务事项，应当将批准文件作为原始凭证的附件	税前扣除凭证分为外部凭证和内部凭证： （1）企业支付给境内单位或者个人的应税项目款项时，以该单位或者个人开具的发票为税前扣除的凭证。发票管理有特殊规定的除外。发票应按规定进行填写，列明购买货物、接受服务的具体名称、数量及金额，对因各种原因不能详细填写的，应附合同和货物（或服务）清单。 （2）企业支付给中国境外单位或个人的款项，应当提供合同、外汇支付单据、境外单位或个人签收单据等。税务机关有疑义的，可要求企业提供境外公证机构的确认证明，经税务机关审核认可后，可作为税前扣除凭证。 （3）企业缴纳的政府性基金、行政事业性收费，以开具的财政票据为税前扣除凭证。 （4）企业缴纳的可在税前扣除的各类税金，以完税证明为税前扣除凭证。 （5）企业拨缴的职工工会经费，以工会组织开具的《工会经费收入专用收据》为税前扣除凭证。 （6）企业支付的土地出让金，以开具的财政票据为税前扣除凭证。 （7）企业缴纳的社会保险费，以开具的财政票据为税前扣除凭证。 （8）企业缴纳的住房公积金，以开具的专用票据为税前扣除凭证。 （9）企业通过公益性社会团体或者县级以上人民政府及其部门，用于公益事业的捐赠支出，以省级以上（含省级）财政部门印制并加盖接受捐赠单位印章的公益性捐赠票据，或加盖接受捐赠单位印章的《非税收入一般缴款书》收据联，为税前扣除凭证。 （10）企业根据法院判决、调解、仲裁等发生的支出，以法院判决书、裁定书、调解书，以及可由人民法院执行的仲裁裁决书、公证债权文书和付款单据为税前扣除凭证

由于税前扣除凭证的规定采用的是列举法，本书摘录了其中一部分。通过这两者之间的对比可以看出，税法对企业所得税税前扣除凭证的要求更侧重其法律形式是否符合规范；而会计法则更重视从费用发生的真实性入手规范原始

凭证的填写。正是因为两者的立足点不一致，在某些情况下会使得会计凭证与税法要求的合规凭证存在矛盾。符合会计法规定的原始凭证，并不一定符合税法要求；而符合税法要求的原始凭证也可能不满足会计法对于原始凭证的相关规定；部分纳税人也可能因为内部控制制度不完善，缺乏严格的原始凭证管理体制，所获得的凭证既无法在会计上入账，也不满足企业所得税税前扣除的相关规定。因此，在企业所得税税收筹划过程中，纳税人必须重视票据的管理，认真审核各项经济业务所获得的原始凭证，确保其既符合会计法又合乎税法规定，保证发生的各项费用能合法合规地在税前得以扣除。税收筹划的合法性，是保障纳税人税收负担最小化，经济利益最大化的重要基石。

综上所述，通过分析收入与成本费用在会计与企业所得税法上的规定，足以佐证会计利润与应纳税所得额之间存在一定的区别和联系。在一定空间内，尽可能地缩小应纳税所得额是企业所得税税收筹划的重要立足点，而应纳税所得额的确定则以会计利润为基础，因此，对于纳税人进行企业所得税税收筹划而言，客观地反映会计利润，才能确保税收筹划工作的顺利进行。

二、计税依据的税收筹划

（一）收入的税收筹划

1. 收入的合理界定

纳税人合理界定收入，就是其在坚持实质重于形式原则的基础上，真实准确区分哪些属于实质性的收入，哪些只是法律形式上的收入。与会计收入相比，税法对于收入的界定更重视法律形式上的确认。由于在日常经营活动中企业会发生各种各样的经济业务，对于纳税人而言，其产生的一般销售收入、财产转让所得等也具有不同的经济实质。一般而言，正确认识经济活动的经济实质，熟悉税法和会计法对收入确认的相关条件，纳税人才能明确收入的具体内涵，准确无误地核算出纳税当期的收入总额，剔除形式上的收入所带来的税收风险。针对收入的税收筹划这一环节，纳税人能够准确界定收入是至关重要的，这直接关系到应纳税所得额的大小。

【例4-4】甲公司是按核定应税所得率方式核定征收企业所得税的企业，应税所得率为4%。2020年，甲公司为顺利融资，将其持有的价值4亿元的乙公司股权转由自然人代持，并且已完成股权工商变更手续，签订代持股协议，但其实际控制人仍然为甲公司。在这一情形下，主管税务机关认定甲公司这一行为属于股权转让行为，并根据相关规定要求甲公司按股权价值确认股权收入，计入应纳税所得额，补交税款，应纳企业所得税税款400万元（=40 000×4%×25%）。试分析税务机关这一处理方式的法律依据，并判定这一处理方式是否合理。

　　方案：一方面，该案例中甲公司属于按核定应税所得率方式核定征收企业所得税的公司，根据《国家税务总局关于企业所得税核定征收有关问题的公告》（国家税务总局公告2012年第27号）规定："依法按核定应税所得率方式核定征收企业所得税的企业，取得的转让股权（股票）收入等转让财产收入，应全额计入应税收入额，按照主营项目（业务）确定适用的应税所得率计算征税；若主营项目（业务）发生变化，应在当年汇算清缴时，按照变化后的主营项目（业务）重新确定适用的应税所得率计算征税。"主管税务机关按照这一文件规定，要求甲公司缴纳企业所得税，应纳企业所得税税款400万元（=40 000×4%×25%）。基于甲公司这一经济业务的实际情况，公司虽因融资变更股权持有人，但公司与新股东之间签订的为代持股协议，而非股权转让协议，其实际控制人并未更改，与该股权相关的风险和报酬也未转移，并且该项转让中无实质性的资金交易流入。从实质重于形式这一原则分析，甲公司股权"转让"只是法律形式上的"转让"。另一方面，从股权转让的定义出发进行分析，股权转让，是公司股东依法将自己的股东权益有偿转让给他人，使他人取得股权的民事法律行为。股权转让是一种物权变动行为，股权转让后，股东基于股东地位而对公司所发生的权利义务关系全部同时移转于受让人，受让人因此成为公司的股东，取得股东权，既然甲公司股权的实际控制人没有改变，就再次佐证甲公司的股权变更并非实质上的股权转让行为。主管税务机关的这一处理方式是不合适的。

　　上述案例中，甲公司的股权"转让"收入在实质上并不能认定为一项收入，因此不需要纳入交税范围。在实际工作中，也有相当一部分经济业务活动具有特殊性，对于企业所得税税收筹划工作而言，正确判定收入，不多交税款是减轻税收负担的重要一步。

2. 应税收入金额确认的筹划

　　收入金额确认的筹划是在收入确认的基础上解决金额多少的问题。企业商品销售收入的金额一般应根据企业与购货方签订的合同或协议金额确定，无合同或协议的，应按购销双方都同意或都能接受的价格确定；提供劳务的总收入，一般按照企业与接受劳务方签订的合同或协议的金额确定，如根据实际情况需要增加或减少交易总金额，企业应及时调整合同总收入。在这一情形下，如何在提升盈利能力的同时减轻纳税人的税收负担，实现经济利益的最大化，是收入确认金额筹划的关键点之一。

在当前的经济活动中，经常存在着各种收入抵免因素，这就给企业在保证收入总体不受大影响的前提下，提供了税收筹划的空间。如各种商业折扣、销售折让、销售退回，以及出口商品销售中的外国运费、装卸费、保险费、佣金等于实际发生时冲减了销售收入；销售中的现金折扣于实际发生时，财务费用也就等于抵减了销售收入。这都减少了应纳税所得额，也就相应地减少了所得税，甚至有相当一部分会对流转税产生影响。

【例4-5】甲商场为增值税一般纳税人，企业所得税实行查账征收方式，适用的企业所得税税率为25%。假定每件商品的不含税销售价格为100元，商品成本为60元（不含税）。2020年年末商场与乙公司签订一份购货合同，拟订"满10万送2万"，即销售10万元商品，送出2万元的优惠。具体采取的方案有以下几种选择：

（1）乙公司购货10万元，商场送8折商业折扣的优惠。

这一方案企业销售10万元商品只收取8万元，只需在销售票据的金额栏上注明折扣额，销售收入可按折扣后的金额计算。假设商品增值税税率为13%，则：

应纳增值税：$8 \times 13\% - 6 \times 13\% = 0.26$（万元）；

销售毛利润：$8 - 6 = 2$（万元）；

应纳企业所得税：$2 \times 25\% = 0.5$（万元）；

税后净收益：$2 - 0.5 = 1.5$（万元）。

（2）乙公司购货10万元，如在10天内付款，商场给予20%的价格优惠。

这一方案，如果乙公司在10天内付款，则甲商场销售10万元商品仅收取8万元，但这一优惠形式属于现金折扣，应当按照扣除现金折扣前的金额确定销售商品收入金额，现金折扣在实际发生时作为财务费用扣除。

应纳增值税：$10 \times 13\% - 6 \times 13\% = 0.52$（万元）；

销售毛利润：$10 - 6 = 4$（万元）；

应纳企业所得税：$(4 - 2) \times 25\% = 0.5$（万元）；

税后净收益：$4 - 2 - 0.5 = 1.5$（万元）。

（3）乙公司购货10万元，甲商场赠送折扣券2万元（不可兑换现金，下次购货可代币结算）。按此方案甲商场销售10万元商品，收取10万元，但赠送折扣券2万元。顾客相当于获得了下次购物的折扣期权，商场本笔业务应纳税及相关获利情况为：

应纳增值税：$10 \times 13\% - 6 \times 13\% = 0.52$（万元）；

销售毛利润：$10 - 6 = 4$（万元）；

应纳企业所得税：$4 \times 25\% = 1$（万元）；

税后净收益：4 – 1 = 3（万元）。

但当顾客下次使用折扣券时，商场就会出现按方案一计算的纳税及获利情况，因此与方案一相比，方案三仅比方案一多了流入资金增量部分的时间价值而已，也可以说是"延期"折扣。

（4）乙公司购货 10 万元，商场另行赠送价值 2 万元礼品，该礼品成本为1.2 万元。

此方案下，将企业赠送礼品的这一销售行为作为捆绑销售进行处理，赠送礼品的支出直接计入销售成本，同时将总的销售金额按各项商品公允价值的比例来分摊确认销售收入，相关计算如下：

应纳增值税：$10 \times 13\% - 6 \times 13\% = 0.52$（万元）；

销售毛利润：$10 - 6 - 1.2 = 2.8$（万元）；

应纳企业所得税：$2.8 \times 25\% = 0.7$（万元）；

税后净收益：$2.8 - 0.7 = 1.1$（万元）。

综合分析［例 4 - 5］，数量价值相同的商品，甲商场在不同的优惠方式下所确认的收入金额是不同的，这也就导致了增值税、企业所得税税收负担的差异。收入确认金额的筹划要求纳税人根据经营状况，作出最有利于自身的选择，保障实现经济利益的最大化。

3. 应税收入确认时间的筹划

在日常经济活动中，对于收入确认时间的相关规定具有多样性。首先，纳税人不同性质的收入，确认时间就大不相同。转让股权收入应于转让协议生效且完成股权变更手续时确认收入实现；股息、红利等权益性投资收益，按照被投资方作出利润分配决定的日期确认收入的实现；利息收入按合同约定的债务人应付利息日期确认收入实现；租金收入按照合同约定的承租人应付租金的日期确认收入，若交易合同或协议中规定租赁期限跨年度，且租金提前一次性支付的，根据配比原则，出租人可对上述已确认的收入，在租赁期内，分期均匀计入相关年度收入；特许权使用费收入按应付日期确认收入实现；接受捐赠收入按照实际收到捐赠资产的日期确认收入的实现；受托加工制造大型机械设备、船舶、飞机，以及从事建筑、安装、装配工程业务或者提供其他劳务持续时间超过 12 个月的，按照纳税年度内完工进度或者完成的工作量确认收入的实现；产品分成方式取得收入按照企业分得产品的日期确认收入的实现，收入额按照产品公允价值确定。

其次，不同的商品销售结算方式，也往往会对收入确认的时间产生较大的影响，销售商品采用托收承付方式的，在办妥托收手续时确认收入；销售商品采用预收款方式的，在发出商品时确认收入；分期收款方式销售货物，按照合同约定的收款日期确认收入的实现；销售商品需要安装和检验的，在购买方接受商品以及安装和检验完毕时确认收入，如果安装程序比较简单，可在发出商品时确认收入。

那么，通过这些收入确认的特点，合理控制收入确认时间，以达到减税或延缓纳税的目的，从而实现货币时间价值，有利于降低税收负担。

【例 4-6】2020 年 6 月，乙公司承建了一工程项目，为 A 市一大型生产企业甲公司修建新厂区。双方已签订合同，合同时长 3 年，预计工程完工时间为 2023 年 6 月，合同工程造价为 1 亿元。截至 2020 年 12 月 31 日，乙公司完成了 8% 的工程量，按完工百分比法确认收入 800 万元。另一方面，乙公司为加快产业转型升级，从 2020 年起加大了技术投入，公司的成本费用在未来三年内将出现递增。立足企业所得税税收筹划，就乙公司的此项经济活动而言，乙公司应当如何运用具体方法，实现公司整体税收负担的最优化。

方案：2020 年底，乙公司已按完工百分比法确认收入 800 万元，剩余两年半时间内乙公司计划确认收入 9 200 万元。对于企业所得税税收筹划而言，如何将这一收入在未来两年半的时间内合理分摊至关重要。税法规定对于持续时间超过 12 个月的建筑工程项目，一般按照纳税年度内完工进度或者完成的工作量确认收入的实现。对于完工百分比法确认收入的方法，《国家税务总局关于确认企业所得税收入若干问题的通知》（国税函〔2008〕875 号）有专门规定，应采用完工进度（完工百分比）法确认提供劳务收入。提供劳务交易的结果能够可靠估计，是指同时满足下列条件：（1）收入的金额能够可靠地计量；（2）交易的完工进度能够可靠地确定；（3）交易中已发生和将发生的成本能够可靠地核算。企业提供劳务完工进度的确定，可选用下列方法：（1）已完工工作的测量；（2）已提供劳务占劳务总量的比例；（3）发生成本占总成本的比例。企业应按照从接受劳务方已收或应收的合同或协议价款确定劳务收入总额，根据纳税期末提供劳务收入总额乘以完工进度扣除以前纳税年度累计已确认提供劳务收入后的金额，确认为当期劳务收入；同时，按照提供劳务估计总成本乘以完工进度扣除以前纳税期间累计已确认劳务成本后的金额，结转为当期劳务成本。

基于这一规定不难看出，完工百分比法对于完工进度的计量很大程度上带有主观性。这为乙公司后两年半收入确认的税收筹划提供了一定空间。2020 年起，乙公司加大了技术投入，公司的成本费用在未来三年内将出现递增，在不考虑其他因素的情形下，2021 年、2022 年的收入确认应当结合这一情况，在合理的范围内将部分收入递延，以配比该期即将发生的成本，有利于均衡两年的税收负担。另一方面，递延收入虽然无法从总量上减轻税收负担，但其能够延缓纳税，而这一部分延期缴纳的税款相当于公司取得了一笔无息贷款，获取货币时间价值也是优化纳税人税收负担的一方面。

综合［例4-6］的分析，在企业所得税税收筹划过程中，纳税人应当结合自身的经营状况，所处的经济环境，均衡各期的收入与成本费用，切忌出现大额收入配比小额成本的情况，充分利用收入确认时间的筹划，实现纳税人经济利益的最大化。如果甲公司能在合理范围内递延收入，在延迟缴纳企业所得税税款缴纳的同时，也能减少销项税额的产生，从而减少增值税税额。

【例4-7】甲企业属增值税一般纳税人，当月发生销售业务5笔，共计应收账款2 000万元，其中，有三笔共计1 200万元，10日内货款两清；一笔300万元，购销双方协商两年后一次付清；另一笔50万元，购销双方协商一年后付250万元，一年半后付150万元，余款100万元两年后结清。该企业增值税进项税额为100万元，毛利率为15%，所得税税率为25%，甲企业对上述销售业务应当如何安排以实现税收负担的最小化？

方案一：企业采取直接收款结算方式。

应征销项税额：$2\ 000 \div (1 + 13\%) \times 13\% = 230$（万元）；

实际缴纳增值税：$230 - 100 = 130$（万元）；

企业所得税：$2\ 000 \div (1 + 13\%) \times 15\% \times 25\% = 66.37$（万元）。

方案二：企业对未收到的应收账款分别在货款结算中采取赊销和分期收款结算方式。

应征销项税额：$1\ 200 \div (1 + 13\%) \times 13\% = 138.05$（万元）；

实际缴纳增值税：$138.05 - 100 = 38.05$（万元）；

企业所得税：$1\ 200 \div (1 + 13\%) \times 15\% \times 25\% = 39.82$（万元）。

由于收入确认的方法不同，方案二相较于方案一当期少垫付增值税91.95万元（$= 130 - 38.05$），少垫付所得税26.55万元（$= 66.37 - 39.82$）。由此，企业在不能及时收到货款的情况下，采用赊销或分期收款结算方式，可以递延税款缴纳，实现货币的时间价值。

4. 视同销售的税收筹划

企业所得税视同销售行为的发生及收入的确认在本节计税依据的法律界定这一部分内容中有较为详细的阐述，对于企业所得税而言，资产所有权属是否发生转移是判断视同销售行为发生与否的重要条件。企业所得税视同销售行为一旦发生，其属于企业自制的资产，应按企业同类资产同期对外销售价格确定销售收入；属于外购的资产，可按购入时的价格确定销售收入。

对于企业而言，部分视同销售行为并不具有销售实质，但其需作为销售收入计入企业所得税应纳税所得额，计算缴纳企业所得税款，这在一定程度上会损害企业的经济利益。因此，针对视同销售的税收筹划能够帮助企业在一定程度上规避这类损失。

【例4-8】甲公司为A市一家啤酒生产企业。主要生产乙类啤酒，每吨出厂价（含包装物及包装物押金）在3 000元以下。2021年3月，仍有成本价为100万元，重量为480吨的产品未销售，该产品的销售价格为120万元，保质期还剩30天，当时公司的决策层面临三种选择：方案一是降价处理，尽量减少损失，将产品价格降至90万元对外销售；方案二是在产品保质期内，做公益性捐赠。方案三是考虑保护企业形象，不做降价处理，待产品过保质期后正常报损。假设该企业2021年在不包含该项经济活动时，企业当期的应纳税所得额为200万元（与会计利润相等）。试分析三种方案的增值税、消费税、城建税及教育费附加与企业所得税的总税额？

方案一：对于降价销售的涉税处理。

由于产品的保质期限仅剩30天，甲公司打算将产品价格降至90万元出售，与主管税务机关沟通以后，主管税务机关同意这一方案，并进行了简单备案。基于这一前提，应交增值税销项税额为11.7万元（=90×13%），该销售行为实际应缴纳的增值税为11.7万元。

乙类啤酒的税率为220元/吨，应交消费税为10.56万元（=220×480÷10 000），应交城建税及教育费附加2.23万元〔=（11.7+10.56）×（7%+3%）〕。

应交企业所得税的涉税处理上由于企业采取了降价处理，导致企业发生减价损失，损失额为10万元（=100-90），由于企业当期不包含该经济业务的应纳税所得额为200万元，所以降价处理后的应纳税所得额为177.21万元（=200-10-10.56-2.23），应缴纳企业所得税为44.3万元（=177.21×25%）。

降价处理后增值税、消费税、城建税及教育费附加与企业所得税的税额为68.79万元（=11.7+10.56+2.23+44.3）。

方案二：对于公益性捐赠的涉税处理。

由于捐赠行为，按税法规定企业将自产货物对外捐赠，增值税应当视同销售，该公司的这一视同销售行为应交增值税额为15.6万元（=120×13%）；

乙类啤酒的税率为220元/吨，应交消费税为10.56万元（=220×480÷10 000）

应交城建税以及教育费附加2.62万元〔=（15.6+10.56）×（7%+3%）〕

应交的企业所得税处理，由于捐赠行为在企业所得税法中仍为视同销售行为，该项视同销售行为应承担的企业所得税税额5万元〔=（120-100）×25%〕。另外，公益性捐赠允许在税前以年度利润总额的12%为限额进行扣除。

捐赠后的年度利润总额：200 - 100 - 10.56 - 2.62 - 15.6 = 71.22（万元）。（甲公司这一批捐赠产品的成本为100万元，视同销售应交增值税额15.6万元，视同销售应交消费税10.56万元，相应的城建税及教育费附加2.62万元，方案中有详细的计算过程）

公益性捐赠支出允许扣除的限额：71.224 × 12% = 8.55（万元）。

应纳税所得额211.45（万元）[= 71.224 + (120 - 100) + (100 + 10.56 + 2.62 + 15.6 - 8.55)]，该公式在会计利润的基础上计算应纳税所得额，调增的视同销售利润为20万元（= 120 - 100），同时调增不得扣除的捐赠支出为120.23万元（= 100 + 10.56 + 2.62 + 15.6 - 8.55）。

应交企业所得税：211.45 × 25% = 52.86（万元）；

公益性捐赠后总税额为81.64万元 [= 15.6 + 10.56 + 2.62 + (47.86 + 5)]。

方案三：对于正常损失的涉税处理。

正常损失涉及的增值税，因为属于产品的正常损耗，甲公司无需按视同销售处理，所以应当缴纳的增值税为0；

正常损失的消费税同样为0；

正常损失的城建税、教育费附加为0；

正常损失的企业所得税处理，由于属于正常损失，报经主管税务机关批准后，可作为损失在企业所得税税前扣除，所以，正常损失后甲公司应纳税所得额为100万元（= 200 - 100），应纳企业所得税为25万元（= 100 × 25%）。具体情况如表4 - 20所示。

表4 - 20　　　　　　　　　　　方案对比表

税种	方案			备注
	降价处理	公益性捐赠	正常损失	
增值税	11.7	15.6	0	《增值税暂行条例》规定将自产的货物无偿赠送其他单位或者个人，增值税视同销售
消费税	10.56	10.56	0	《消费税暂行条例》规定纳税人自产自用的应税消费品用于馈赠需要视同销售，依法缴纳消费税
城建税、教育费附加	2.23	2.62	0	

税种	方案			备注
	降价处理	公益性捐赠	正常损失	
企业所得税视同销售	0	5	0	《国家税务总局关于企业处置资产所得税处理问题的通知》（国税函〔2008〕828号）规定，企业资产用于对外捐赠需要做视同销售处理，缴纳企业所得税。属于企业自制的资产，应按企业同类资产同期对外销售价格确定销售收入；属于外购的资产，可按购入时的价格确定销售收入
企业所得税不得扣除	44.3	47.86	25	《企业所得税法实施条例》规定企业发生的公益性捐赠支出，不超过年度利润总额12%的部分，准予扣除
总税额	68.79	81.67	25	
产品损失	10	100	100	
损失总额	78.79	181.64	125	

综合〔例4-8〕分析，由于捐赠行为在增值税、消费税与企业所得税中均视同销售，而且捐赠支出在企业所得税税前扣除具有一定的局限性。从而这一视同销售行为在导致增值税、消费税、城建税及教育费附加增加的同时，也会使得企业所得税税额增加；对于正常报损而言，除产品损失外，不产生任何的税收负担；另外，降价处理的税收负担额要小于公益性捐赠产生的税收负担额，其产品损失额又远远小于正常报损。总体而言，这三种处理方案，从企业经济利益最大化的角度考虑，甲公司应当降价处理该批商品，实现整体损失的最小化。而尽量减少与捐赠类似的视同销售行为的发生则是纳税人视同销售收入税收筹划的关键点。

5. 利用减计收入的优惠政策进行税收筹划

企业综合利用资源，生产符合国家产业政策规定的产品所取得的收入，可以在计算应纳税所得额时减计收入。这里所谓的"综合利用资源"，是指企业以《资源综合利用企业所得税优惠目录》规定的资源作为主要原材料，生产国家非限制和禁止并符合国家及行业相关标准的产品取得的收入，减按90%计入收入总额。上述所称原材料占生产产品材料的比例不得低于《资源综合利用企业所得税优惠目录》规定的标准。

减计收入具有一定的局限性，但作为一项税收优惠政策，纳税人结合自身所处的经济环境和经营状况，可以以此作为企业所得税税收筹划的切入点之一。

（二）扣除项目的筹划

1. 扣除项目的合理界定

企业所得税税前扣除项目包含各项成本费用，根据税法要求，企业申报的扣除项目和金额要真实、合法，所谓真实是指能提供证明有关支出确属已经实际发生，合法是指符合税法规定。而在会计核算时，纳税人同样需要合法合规、全面完整地反映各项成本费用，合理准确的财务核算能在一定程度上缩小纳税人的涉税风险，对于税前扣除项目的筹划而言也至关重要。

一般而言，纳税人日常经营活动中发生的相关支出，具有较为直观的财务数据，并能准确计量，该类支出称为显性支出，例如纳税人在生产经营过程中发生的采购成本和生产成本等；而随着当前市场环境和经济活动的日趋复杂，对于成本的定义也渐趋抽象，所谓成本可以认为是"为过程增值和结果有效已付出或应付出的资源代价"。正是由于"代价"的难以计量，使得其无法通过正常会计核算反映，该"代价"称为隐性支出。基于此，纳税人能对隐性支出进行准确计量在很大程度上可以减轻税收负担，有利于实现经济利益的最大化。

【例4-9】甲公司为一混凝土生产企业。2010年，甲公司通过转让土地使用权获得了2 000万元的收入，公司在会计核算中将这一笔收入计为（单位：万元）：

借：银行存款　　　　　　　　　　　　　　　　2 000
　　贷：其他应付款——职工　　　　　　　　　　　　2 000

主管税务机关在下年度的查账过程中，发现了这笔会计分录的问题，并要求甲公司确认收入，同时补交土地增值税、企业所得税等税款。由于甲公司原属于国有企业，该项土地使用权是通过划拨的形式获得，故账面无该土地使用权的成本。税务机关认定甲公司应按2 000万元的收入全额纳税。试分析甲公司应当如何应对税务机关的这一处理，实现税收负担的最小化。

情况说明：甲公司原属于国有企业，2009年因国有企业改制，甲公司不再以国有企业的身份存续，而由职工全员持股。改制过程中，国家以土地使用权作价1 700万元买断甲公司800名职工的工龄。这项土地使用权的实质是国家安置员工的一笔支出，暂由企业代收。

方案：对于该涉税行为而言，最大的问题是该项无形资产转让收入，在账面上没有相对应的成本与之配比。在这一情形下，如何确认土地使用权的成本至关重要。所谓成本可以认为是"为过程增值和结果有效已付出或应付出的资源代价"。根据这一定义，甲公司取得该土地使用权是以安置 800 名职工的生、老、病、死为代价。则这 1 700 万元应当作为土地使用权的成本入账，通过会计核算加以反映。具体会计处理如下（单位：万元）：

（1）公司代职工取得土地使用权的分录处理：

借：无形资产——土地使用权　　　　　　　　　　　　　1 700

　　贷：其他应付款——职工　　　　　　　　　　　　　　　　1 700

（2）公司职工以土地使用权投资入股：

借：其他应付款——职工　　　　　　　　　　　　　　1 700

　　贷：实收资本——职工　　　　　　　　　　　　　　　　1 700

基于此，甲公司处置土地使用权取得的收入 2 000 万元，应扣除土地使用权成本 1 700 万元，就增值的 300 万元缴纳土地增值税、企业所得税等税款。

综合分析［例 4-9］，会计能否准确反映成本费用，特别是隐性支出的准确计量，是保障企业所得税税前扣除项目真实、准确的重要基础。作为收入的抵扣项，成本费用的最大化有利于缩小计税基础，减轻企业所得税税收负担，因此，纳税人准确判断每一项经济活动中相应的成本费用情况，保障其在税前充分扣除是减少企业所得税应纳税额的重要一步。

2. 扣除项目确认金额的筹划

为了防止纳税人任意加大费用、减少应纳税所得额，同时通过相关优惠政策鼓励新兴行业发展，推动社会公益事业不断进步，《企业所得税法实施条例》对允许税前扣除的项目作了规定。在本节第一个问题计税依据的法律界定的阐述中主要将税前扣除项目分为四类：可以据实全额扣除的费用项目、税法有扣除标准的费用项目、税法规定不得扣除的项目以及加计扣除的项目。

（1）全额扣除费用的税收筹划。

税法可据实全额扣除的费用项目在本节计税依据的法律界定中有详细的描述，针对这类费用正确设置费用项目，合理加大费用开支，有利于实现税前扣除项目的最大化。

（2）限额扣除费用的税收筹划。

税法限额扣除的费用项目包括职工福利费、职工教育经费、工会经费、业务招待费、广告费和业务宣传费、公益性捐赠支出等。对于此类费用原则上应当遵照税法的规定进行抵扣，避免因纳税调整而增加企业的税收负担。同时区分不同费用项目的核算范围，使税法允许扣除的费用标准得以充分抵扣；除此之外，还应当重视费用的合理转化，将有扣除标准的费用通过会计处理，转化为没有扣除标准的费用；将不得扣除的费用，转化为可扣除的费用；加大扣除项目总额，降低应纳税所得额。

【例4-10】① 甲公司为一新成立的服装加工企业，成立初期经营状况良好，预计本年销售收入200万元，计划本年的广告费和业务宣传费用支出50万元。试分析公司围绕广告费和业务宣传费用支出50万元有何税收筹划方案。

方案一：在当地电视台黄金时间每天播出1次、间隔播出5个月和在当地报刊连续刊登6个月，广告费和业务宣传费的支出总额为50万元。在这一情形下，甲公司广告费和业务宣传费的扣除标准为30万元（=200×15%），尚有20万元的支出无法在税前扣除，由此所增加的企业所得税税额为5万元（=20×25%）。

方案二：在当地电视台每天播出1次、间隔播出3个月和在当地报刊做广告需支出25万元，雇用少量人员只在节假日到各商场和文化活动场所散发宣传材料需支出5万元，建立自己的网页和在有关网站发布产品信息，发布和维护费用需支出20万元。

相比较而言，方案二的相关安排有利于减轻企业的税收负担，因网站发布和维护费用20万元可在管理费用列支，不属于限额扣除的相关费用。而剩余30万元可在甲公司广告费和业务宣传费的扣除标准范围内全额扣除，无须纳税调整，并且该方案从多个角度对产品进行了宣传，也会对产品销售起到很好的促进作用。

（3）不得扣除项目的税收筹划。

对于纳税人而言，在日常经济活动中产生税法规定不得税前扣除的项目，会在一定程度上增加企业所得税应纳税所得额，加重自身的税收负担。因此避免和转化此类支出，对于减少企业所得税税额，实现经济利益最大化有重要的推动作用。

【例4-11】 甲公司为A市一食品加工企业，2021年年销售收入为150万元，公司当期的广告费和业务宣传费支出为10万元。2021年6月，某大型体育赛事在A市主办，甲公司准备作为赞助商，将支出10万元的赞助。从企业所得税税收筹划的角度，试分析该涉税经济活动，论述如何使甲公司实现税收负担最小化。

方案：从企业所得税税收筹划的角度，该项经济活动涉及广告费和业务宣传费、赞助支出的税前扣除处理。税法规定，企业发生的符合条件的广告费和业务宣传费支出，除国务院财政、税务部门另有规定外，不超过当年销售收入15%的部分，准予扣除；超过部分，准予结转以后进入纳税年度。而赞助支出则不得在计算应纳税所得额时税前扣除。

---

① 计金标：《税收筹划》（第七版），中国人民大学出版社2019年版，第173页。

在这一情形下，甲公司广告费和业务宣传费的扣除标准为 22.5 万元（ = 150 × 15%），而甲公司实际只产生了 10 万元的相关费用，还有部分扣除空间没有充分利用。另外，赞助支出不得在税前扣除，由于赞助、广告和业务宣传在一定程度上性质是相似的，甲公司应该将赞助支出转变为广告宣传的形式，避免出现不得税前扣除的项目，同时又充分利用了剩余的扣除空间，一举两得。

（4）费用扣除原始凭证的税收筹划。

需要注意的是，税法更强调成本费用的扣除在法律形式上合规，符合税法规范的扣除凭证是企业所得税税前扣除项目得以扣除的保障，纳税人应当加强票据取得管理，在开展经济活动的过程当中，保证各项费用能最大限度地合理合规地扣除，避免因取得的原始凭证不符合税法相关规定，而导致真实发生的成本费用无法在税前扣除。进一步保证实现纳税人税收负担的最小化和经济利益的最大化。

3. 扣除项目确认时间的税收筹划

企业所得税税前扣除项目扣除时间的确认应当符合权责发生制原则，成本费用扣除期限的合理确定对于企业所得税税收筹划工作至关重要。因此，纳税人应当综合考虑自身所处的经济环境和发展阶段，分析未来较长一段时间内的经营状况，在此基础上对于各项费用的扣除时间确认作出合理选择。

一般而言，纳税人生产经营期间发生的合理支出，通常以资本化或者费用化的形式计入相关资产的成本或费用，进行相应扣除。对于纳税人而言，费用化在财务处理上简便易行，企业所得税纳税当期便可税前扣除，减轻该纳税年度的税收负担；但从收入与成本费用合理配比的角度分析，选择费用化处理具有较强的不可控性，发生便无回转余地；相反，资本化在财务处理上相对复杂，资产的成本额需要分摊至多个会计期间进行企业所得税税前抵扣；但在这一情形下，纳税人就主动把控了扣除项目的确认时间，可根据收入情况控制扣除额的确认，从而合理把握企业所得税应纳税额的大小。基于此，本书认为纳税人应尽量将生产经营发生的合理支出成本化，会使得其在企业所得税税收筹划的过程中占据主动地位。

（1）纳税人不同发展阶段固定资产折旧的税收筹划。

对于固定资产折旧政策的选择，就要视纳税人所处的发展阶段和经营状况而定。在初创期，纳税人极有可能发生亏损，折旧额大小与否对于当期企业所得税税款缴纳并无影响。在这一情形下，如果选择加速折旧政策，加大税前扣除额只能进一步扩大当期亏损；而当纳税人的发展步入正轨开始盈利后，用以抵扣收入额的折旧费用就会大大缩减；当然，从另一方面分析，可通过前期加大的亏损在 5 年内抵减后期的盈利额，但这需要在税务机关全面清算纳税人财务信息的基础上方可施行，在实际工作中几乎没有实操性。而且亏损弥补的期限要求为 5 年，假设纳税人的亏损期限过长，远远超过 5 年，则前期实现的亏损额将无法抵减后期的盈利。在这一情形下，亏损弥补的抵税作用进一步减弱，反而加大了纳税人的税收负担。因此，处于初创期的纳税人在进行税前扣除项目的筹划时，应当将成本费用尽可能递延，以保障以后各期间收入与费用的合理配比。

反之，如果纳税人处于成长发展或者成熟稳定期时，盈利成为一种常态，那么加大这一段期间内的折旧费用，加速扣除，使其抵税作用尽早发挥，推迟企业所得税纳税时间；充分获取货币时间价值，才有利于保障纳税人的经济利益最大化。但需要关注的是，固定资产的原值、折旧总额是守恒的，任何一种折旧政策都没有办法缩小最终应缴纳的企业所得税税款。

（2）固定资产加速折旧的税收筹划。

当纳税人的生产经营处于高速发展时期，收入不断增加，盈利水平持续上升，则纳税人在固定资产折旧政策的选择上应当执行加速折旧政策。通过加大折旧费用，抵减收入额，从而缩小前期的应纳税所得额，推迟企业所得税纳税时间。

对于固定资产加速折旧政策的相关规定，之前采取缩短折旧年限方法或者采取加速折旧方法的固定资产只有两类：一是由于技术进步，产品更新换代较快的固定资产；二是常年处于强震动、高腐蚀状态的固定资产。采取缩短折旧年限方法的，最低折旧年限不得低于规定的折旧年限的 60%。《财政部 国家税务总局关于完善固定资产加速折旧企业所得税政策的通知》（财税〔2014〕75 号）明确规定，对生物药品制造业，专用设备制造业，铁路、船舶、航空航天和其他运输设备制造业，计算机、通信和其他电子设备制造业，仪器仪表制造业，信息传输、软件和信息技术服务业等 6 个行业的企业 2014 年 1 月 1 日后新购进的固定资产，可缩短折旧年限或采取加速折旧的方法。对上述 6 个行业的小型微利企业 2014 年 1 月 1 日后新购进的研发和生产经营共用的仪器、设备，单位价值不超过 100 万元的，允许一次性计入当期成本费用在计算应纳税所得额时扣除，不再分年度计算折旧；单位价值超过 100 万元的，可缩短折旧年限或采取加速折旧的方法。

《财政部 国家税务总局关于进一步完善固定资产加速折旧企业所得税政策的通知》（财税〔2015〕106 号）将轻工、纺织、机械、汽车等四个领域重点行业的企业 2015 年 1 月 1 日后新购进的固定资产，也纳入可由企业选择缩短折旧年限或采取加速折旧的方法的范围当中，具体规定与《财政部 国家税务总局关于完善固定资产加速折旧企业所得税政策的通知》（财税〔2014〕75号）相同，另外，新增规定，对轻工、纺织、机械、汽车等四个领域重点行业加速折旧政策自 2015 年 1 月 1 日起执行。

自 2019 年 1 月 1 日起，上述适用《财政部 国家税务总局关于完善固定资产加速折旧企业所得税政策的通知》（财税〔2014〕75 号）和《财政部 国家税务总局关于进一步完善固定资产加速折旧企业所得税政策的通知》（财税〔2015〕106 号）规定固定资产加速折旧优惠的行业范围，扩大至全部制造业领域。

总而言之，扣除项目确认时间的筹划，要求纳税人充分考虑自身的经营状况和所处的经济环境，在特定期限内合理地将成本费用分配至各期间，从而实现递延缴纳企业所得税税款的目标，获取这一部分递延税款的货币时间价值，推动纳税人实现经济利益最大化。

4. 加计扣除的筹划

纳税人的下列支出，可以在计算应纳税所得额时加计扣除：

（1）开发新技术、新产品、新工艺发生的研究开发费用。企业为开发新技术、新产品、新工艺发生的研究开发费用，未形成无形资产计入当期损益的，在按照规定实行 100% 扣除的基础上，再按照研究开发费用的 75% 加计扣除；形成无形资产的，按照无形资产成本的 175% 摊销。

（2）企业委托境外研究开发费用与税前加计扣除

按照《财政部 税务总局 科技部关于企业委托境外研究开发费用税前加计扣除有关政策问题的通知》（财税〔2018〕64 号）文件的规定，企业委托境外的研究开发费用按照费用实际发生额的 80% 计入委托方的委托境外研究开发费用，不超过境内符合条件的研究开发费用 2/3 的部分，可以按规定在企业所得税税前加计扣除。

（3）安置残疾人员及国家鼓励安置的其他就业人员所支付的工资。企业安置残疾人员所支付的工资的加计扣除，是指企业安置残疾人员的，在按照支付给残疾职工工资据实扣除的基础上，按照支付给残疾职工工资的 100% 加计扣除。残疾人员的范围适用《中华人民共和国残疾人保障法》（以下简称《残疾人保障法》）的有关规定。

《企业所得税法》第三十条第（二）项所称的企业安置国家鼓励安置的其他就业人员所支付的工资的加计扣除办法，由国务院另行规定。

利用加计扣除政策，也是企业所得税税收筹划的重要方法。

第三节 企业所得税税率的税收筹划

一、企业所得税税率的法律界定

企业所得税税率是体现国家与企业分配关系的核心要素。税率设计的原则是兼顾国家、企业、职工个人三者利益，既保证财政收入的稳定增长，又要使企业在发展生产、经营方面有一定的财力保证；既要考虑到企业的实际情况和负担能力，又要维护税率的统一性。

企业所得税实行比例税率，现行的规定是：

（一）基本税率

基本税率为25%。适用于居民企业和在中国境内设有机构、场所且所得与机构场所有关联的非居民企业。

（二）低税率

低税率为20%。适用于在中国境内未设立机构、场所的，或者虽设立机构、场所但取得的所得与其所设机构、场所没有实际联系的非居民企业。实际征收时适用10%的税率。

（三）优惠税率

1. 小型微利企业

（1）判定标准：年度应纳税所得额300万元，从业人数≤300人，资产总额≤5 000万元，且从事国家非限制和禁止行业。

（2）2021年1月1日至2022年12月31日，对小型微利企业年应纳税所得额不超过100万元的部分，减按12.5%计入应纳税所得额，按20%的税率缴纳企业所得税。

（3）对年应纳税所得额超过100万元但不超过300万元的部分，减按50%计入应纳税所得额，按20%的税率缴纳企业所得税。

【例4-12】2020年12月1日，某小微企业资产总额为4 900万元，按照公司发展要求，计划建造价值98万元的厂房，12月5日向银行借款98万元，一年期利息 6 万元。

根据《会计准则第 17 号——收入费用》规定，企业发生的借款费用，可直接归属于符合资本化条件的资产的购建或者生产的，应当予以资本化，计入相关资产成本。但借款费用同时满足下列条件的，才能开始资本化：①资产支出已经发生，资产支出包括为购建或者生产符合资本化条件的资产而以支付现金、转移非现金资产或者承担带息债务形式发生的支出；②借款费用已经发生；③为使资产达到预定可使用或者可销售状态所必要的购建或者生产活动已经开始。

由于小微企业的认定是根据上一年度企业的从业人数、营业收入等数据来进行，建造厂房的借款利息符合资本化条件，若该企业在 2020 年开始厂房的建造，借款费用资本化会使该企业资产总额超过 5 000 万元，导致下一年度无法继续认定成为小微企业享受低税率。

基于延期纳税原则，该企业可以选择 2021 年再开始厂房的建造，保留 2021 年度小微企业的认定条件，从而达到减轻税负的效果。由于企业在生产经营过程中产生的相关费用是符合资本化还是费用化由会计准则明文规定，纳税人在进行筹划时会受到一定的限制，是否要为了享受该优惠而停止相关经济活动需要根据实际情况进行抉择。

2. 高新技术企业

国家需要重点扶持的高新技术企业减按 15% 的税率征收企业所得税。企业的高新技术企业资格期满当年，在通过重新认定前，其企业所得税暂按 15% 的税率预缴，在年底前仍未取得高新技术企业资格的，应按规定补缴相应期间的税款。

3. 技术先进型服务企业优惠

自 2017 年 1 月 1 日起，在全国范围内对经认定的技术先进型服务企业，减按 15% 的税率征收企业所得税。

对于这一部分内容，在接下来的税收优惠政策的法律界定部分还有详细的介绍。

二、企业所得税税率的税收筹划

由于企业所得税的税率有三个不同的档次，存在显著差异，因此，纳税主体在创立之初便可考虑这一因素。

（一）合理选择适合自身发展的纳税身份

居民企业和在中国境内设有机构、场所且所得与机构场所有关联的非居民企业，适用25%的基本税率；而在中国境内未设立机构、场所的，或者虽设立机构、场所但取得的所得与其所设机构、场所没有实际联系的非居民企业，适用20%的企业所得税率，并减按10%的税率征收企业所得税。此外，除了税率上的区分，不同的纳税身份下应纳税所得额包含的内容也不同。纳税人应当从经济利益最大化的角度，通过减轻税收负担，为自身的经营发展提供契机。

（二）准确定位自身的发展阶段，合理控制发展规模

2021年1月1日至2022年12月31日，对小型微利企业年应纳税所得额不超过100万元的部分，减按12.5%计入应纳税所得额，按20%的税率缴纳企业所得税。对年应纳税所得额超过100万元但不超过300万元的部分，减按50%计入应纳税所得额，按20%的税率缴纳企业所得税。如果纳税人在成立之初，规模较小、盈利水平一般，可以在一定程度上控制自身的条件，适用12.5%的优惠税率，通过缩小税额进一步促进长远发展。

（三）明确自身的发展方向，合理选择行业类型

对于国家重点鼓励和扶持的行业，有不同程度的政策优惠，如果选择成立为高新技术产业，便可享受15%的优惠税率；纳税人通过准确评估自身的资金、区位、人才等条件，选择有发展前景的行业，在优化税收负担状况的同时，进一步促进经济利益最大化的实现。

（四）评估区位优势，选择合适的发展地域

在我国，不同地区的经济发展程度差异较大，针对这一发展现状，在税收上也有相应的政策来促进整体的发展水平。民族自治地方的税率优惠，西部大开发的税率优惠，海南自由贸易港对部分产业的税率优惠等，这些区位及相应的税率优惠政策对于纳税人的长远发展各有利弊，纳税人应当综合权衡，作出最有利于自己的选择。

综上所述，企业所得税税率筹划在较多的情况下与税收优惠政策相结合，纳税人学会充分利用这一部分税收优惠政策，将自身的发展与国家政策导向相结合，对于减轻税收负担而言至关重要。

第四节　企业所得税税收优惠政策的税收筹划

一、企业所得税税收优惠政策的法律界定

（一）农、林、牧、渔减免税优惠政策

（1）企业从事下列项目的所得，免征企业所得税：

第一，蔬菜、谷物、薯类、油料、豆类、棉花、麻类、糖料、水果、坚果的种植；

第二，农作物新品种的选育；

第三，中药材的种植；

第四，林木的培育和种植；

第五，牲畜、家禽的饲养；

第六，林产品的采集；

第七，灌溉、农产品初加工、兽医等农、林、牧、渔服务业项目；

第八，远洋捕捞。

（2）企业从事下列项目的所得，减半征收企业所得税：

第一，花卉、饮料和香料作物的种植；

第二，海水养殖、内陆养殖。

（二）其他减免税优惠政策

1. 从事国家重点扶持的公共基础设施项目投资经营的所得

（1）企业所得税所称的国家重点扶持的公共基础设施项目，是指《公共基础设施项目企业所得税优惠目录》规定的项目。企业从事国家重点扶持的公共基础设施项目投资经营的所得，从项目取得第一笔生产经营收入所属纳税年度起，第1年至第3年免征企业所得税，第4年至第6年减半征收企业所得税。企业承包经营、承包建设和内部自建自用以上项目，不得享受本条规定的企业所得税优惠。

（2）企业投资经营符合《公共基础设施项目企业所得税优惠目录》规定条件和标准的公共基础设施项目，采用一次核准，分批次建设的，凡符合以下

条件的，可按每一批次为单位计算所得，并享受"三免三减半"优惠：①不同批次在空间上相互独立；②每一批次自身具备取得收入的功能；③以每一批次为单位进行会计核算，单独计算所得，并合理分摊期间费用。

2. 从事符合条件的环境保护、节能节水项目的所得

符合条件的环境保护、节能节水项目，包括公共污水处理、公共垃圾处理、沼气综合开发利用、节能技术改造、海水淡化等，具体条件和范围由国务院财政、税务主管部门同有关部门共同制订报国务院批准后公布施行。

企业从事前款规定的符合条件的环境保护、节能节水项目的所得，从项目取得第一笔生产经营收入所属纳税年度起，第 1 年至第 3 年免征企业所得税，第 4 年至第 6 年减半征收企业所得税。

上述享受减免税优惠的项目，在减免税期未满时转让的，受让方自受让之日起，可以在剩余期限内享受规定的减免税优惠；减免税期满后转让的，受让方不得就该项目重复享受减免税优惠。

3. 符合条件的技术转让所得

（1）符合条件的技术转让所得免征、减征企业所得税，是指一个纳税年度内居民企业转让技术所有权所得不超过 500 万元的部分，免征企业所得税，超过 500 万元的部分减半征收企业所得税。

（2）技术转让的范围，包括居民企业转让专利技术、计算机软件著作权、集成电路布图设计权、植物新品种、生物医药新品种，以及财政部和国家税务总局确定的其他技术。

（3）符合条件的技术转让所得的计算方法。

技术转让所得＝技术转让收入－技术转让成本－相关税费

（4）享受减免企业所得税优惠的技术转让应符合以下条件：①享受优惠的技术转让主体是企业所得税规定的居民企业；②技术转让属于财政部、国家税务总局规定的范围；③境内技术转让经省级（含省级）以上科技部门认定登记；④向境外转让技术经省级（含省级）以上商务部门认定登记；⑤国务院税务主管部门规定的其他条件。

（5）技术转让应签订技术转让合同，其中，涉及财政经费支持的技术转让，需省级以上（含省级）科技部门审批。

（6）居民企业技术出口应由有关部门按照商务部、科技部发布的《中国禁止出口限制出口技术目录》进行审查。居民企业取得禁止出口和限制出口技术转让所得，不得享受优惠政策。

（7）居民企业从直接或间接持有股权之和达到 100% 的关联方取得的技术转让所得，不享受技术转让减免企业所得税优惠政策。

（8）享受技术转让所得减免企业所得税优惠的企业，应单独计算技术转让所得，并合理分摊企业的期间费用，没有单独计算的，不得享受优惠政策。

（三）加计扣除优惠政策

企业的下列支出，可以在计算应纳税所得额时加计扣除：

（1）开发新技术、新产品、新工艺发生的研究开发费用。企业为开发新技术、新产品、新工艺发生的研究开发费用，未形成无形资产计入当期损益的，在按照规定实行100%扣除的基础上，再按照研究开发费用的75%加计扣除；形成无形资产的，按照无形资产成本的175%摊销。

（2）企业委托境外研究开发费用与税前加计扣除。按照《财政部 税务总局 科技部关于企业委托境外研究开发费用税前加计扣除有关政策问题的通知》（财税〔2018〕64号）规定，企业委托境外的研究开发费用按照费用实际发生额的80%计入委托方的委托境外研究开发费用，不超过境内符合条件的研究开发费用2/3的部分，可以按规定在企业所得税税前加计扣除。

（3）安置残疾人员及国家鼓励安置的其他就业人员所支付的工资。企业安置残疾人员所支付的工资的加计扣除，是指企业安置残疾人员的，在按照支付给残疾职工工资据实扣除的基础上，按照支付给残疾职工工资的100%加计扣除。残疾人员的范围适用《残疾人保障法》的有关规定。

（四）创业投资优惠

创业投资企业从事国家需要重点扶持和鼓励的创业投资，可以按投资额的一定比例抵扣应纳税所得额。

创投企业优惠，是指创业投资企业采取股权投资方式直接投资于初创科技型企业满2年的，可以按照其投资额的70%在股权持有满2年的当年抵扣该创业投资企业的应纳税所得额；当年不足抵扣的，可以在以后纳税年度结转抵扣。

（五）减计收入优惠政策

企业综合利用资源，生产符合国家产业政策规定的产品所取得的收入，可以在计算应纳税所得额时减计收入。这里所谓的"综合利用资源"，是指企业以《资源综合利用企业所得税优惠目录》规定的资源作为主要原材料，生产国家非限制和禁止并符合国家及行业相关标准的产品取得的收入，减按90%计入收入总额。上述所称原材料占生产产品材料的比例不得低于《资源综合利用企业所得税优惠目录》规定的标准。

（六）加速折旧优惠

1. 可以加速折旧的固定资产

企业的固定资产由于技术进步等原因，确需加速折旧的，可以采取缩短折旧年限方法或是采取加速折旧方法。可采用加速折旧方法的固定资产是指：

一是由于技术进步，产品更新换代较快的固定资产；

二是常年处于强震动、高腐蚀状态的固定资产。

采取缩短折旧年限方法的，最低折旧年限不得低于规定的折旧年限的60%。

2. 加速折旧的特殊规定

自2019年1月1日起，适用《财政部 国家税务总局关于完善固定资产加速折旧企业所得税政策的通知》（财税〔2014〕75号）和《财政部 国家税务总局关于进一步完善固定资产加速折旧企业所得税政策的通知》（财税〔2015〕106号）规定固定资产加速折旧优惠的行业范围，扩大至全部制造业领域。

依据《财政部 国家税务总局关于完善固定资产加速折旧企业所得税政策的通知》（财税〔2014〕75号）对有关固定资产加速折旧企业所得税政策问题规定如下：

一是对生物药品制造业，专用设备制造业，铁路、船舶、航空航天和其他运输设备制造业，计算机、通信和其他电子设备制造业，仪器仪表制造业，信息传输、软件和信息技术服务业等6个行业的企业2014年1月1日后新购进的固定资产，可缩短折旧年限或采取加速折旧的方法。对上述6个行业的小型微利企业2014年1月1日后新购进的研发和生产经营共用的仪器、设备，单位价值不超过100万元的，允许一次性计入当期成本费用在计算应纳税所得额时扣除，不再分年度计算折旧；单位价值超过100万元的，可缩短折旧年限或采取加速折旧的方法。

二是对所有行业企业2014年1月1日后新购进的专门用于研发的仪器、设备，单位价值不超过100万元的，允许一次性计入当期成本费用在计算应纳税所得额时扣除，不再分年度计算折旧；单位价值超过100万元的，可缩短折旧年限或采取加速折旧的方法。

三是对所有行业企业持有的单位价值不超过5 000元的固定资产，允许一次性计入当期成本费用在计算应纳税所得额时扣除，不再分年度计算折旧。

企业按本通知规定缩短折旧年限的，最低折旧年限不得低于《企业所得税法实施条例》第六十条规定折旧年限的60%；采取加速折旧方法的，可采取双倍余额递减法或者年数总和法。

3.《财政部 国家税务总局关于进一步完善固定资产加速折旧企业所得税政策的通知》（财税〔2015〕106 号）

将轻工、纺织、机械、汽车等四个领域重点行业的企业 2015 年 1 月 1 日后新购进的固定资产，也纳入可由企业选择缩短折旧年限或采取加速折旧的方法的范围当中。

（七）税额抵免政策

企业购置并实际使用《环境保护专用设备企业所得税优惠目录》《节能节水专用设备企业所得税优惠目录》《安全生产专用设备企业所得税优惠目录》规定的环境保护、节能节水、安全生产等专用设备，其设备投资额的 10% 可以从企业当年的应纳税额中抵免；当年不足抵免的，可以在以后 5 个纳税年度结转抵免。必须注意的是，享受该项企业所得税优惠的环境保护、节能节水、安全生产等专用设备，应当是企业实际购置并自身实际投入使用的设备；企业购置上述设备在 5 年内转让、出租的，应当停止执行本条规定的企业所得税优惠政策，并补缴已经抵免的企业所得税税款。接受转让方可以继续享受本条所规定的税收优惠政策。

企业同时从事适用不同企业所得税待遇的项目的，其优惠项目应当单独计算所得，并合理分摊企业的期间费用；没有单独计算的，不得享受企业所得税优惠。

从 2009 年 1 月 1 日起，增值税一般纳税人购进固定资产发生的进项税额可以从其销项税额中抵扣，如增值税进项税额允许抵扣，其专用设备投资额不再包括增值税进项税额。

（八）特殊行业优惠

1. 国家需要重点扶持的高新技术企业减按 15% 的税率征收企业所得税

国家需要重点扶持的高新技术企业，是指拥有核心主知识产权，并同时符合下列八个条件的企业。

（1）企业申请认定时须注册成立一年以上。

（2）企业通过自主研发、受让、受赠、并购等方式，获得对其主要产品（服务）在技术上发挥核心支持作用的知识产权的所有权。

（3）对企业主要产品（服务）发挥核心支持作用的技术属于《国家重点支持的高新技术领域》规定的范围。

（4）企业从事研发和相关技术创新活动的科技人员占企业当年职工总数的比例不低于 10%。

（5）企业近三个会计年度（实际经营期不满三年的按实际经营时间计算，下同）的研究开发费用总额占同期销售收入总额的比例符合如下要求：

①最近一年销售收入小于 5 000 万元（含）的企业，比例不低于 5%。

②最近一年销售收入在 5 000 万元至 2 亿元（含）的企业，比例不低于 4%。

③最近一年销售收入在 2 亿元以上的企业，比例不低于 3%。

其中，企业在中国境内发生的研究开发费用总额占全部研究开发费用总额的比例不低于 60%。

（6）近一年高新技术产品（服务）收入占企业同期总收入的比例不低于 60%。

（7）企业创新能力评价应达到相应要求。

（8）企业申请认定前一年内未发生重大安全、重大质量事故或严重环境违法行为。

2. 鼓励软件产业和集成电路产业发展的优惠政策

根据《国务院关于印发新时期促进集成电路产业和软件产业高质量发展若干政策的通知》（国发〔2020〕8 号）有关要求，有关企业所得税政策的问题规定如下：

（1）国家鼓励的集成电路线宽小于 28 纳米（含），且经营期在 15 年以上的集成电路生产企业或项目，第 1 年至第 10 年免征企业所得税；国家鼓励的集成电路线宽小于 65 纳米（含），且经营期在 15 年以上的集成电路生产企业或项目，第 1 年至第 5 年免征企业所得税，第 6 年至第 10 年按照 25% 的法定税率减半征收企业所得税；国家鼓励的集成电路线宽小于 130 纳米（含），且经营期在 10 年以上的集成电路生产企业或项目，第 1 年至第 2 年免征企业所得税，第 3 年至第 5 年按照 25% 的法定税率减半征收企业所得税。

对于按照集成电路生产企业享受税收优惠政策的，优惠期自获利年度起计算；对于按照集成电路生产项目享受税收优惠政策的，优惠期自项目取得第一笔生产经营收入所属纳税年度起计算，集成电路生产项目需单独进行会计核算、计算所得，并合理分摊期间费用。

（2）国家鼓励的线宽小于 130 纳米（含）的集成电路生产企业，属于国家鼓励的集成电路生产企业清单年度之前 5 个纳税年度发生的尚未弥补完的亏损，准予向以后年度结转，总结转年限最长不得超过 10 年。

（3）国家鼓励的集成电路设计、装备、材料、封装、测试企业和软件企业，自获利年度起，第 1 年至第 2 年免征企业所得税，第 3 年至第 5 年按照

25％的法定税率减半征收企业所得税。

（4）国家鼓励的重点集成电路设计企业和软件企业，自获利年度起，第1年至第5年免征企业所得税，接续年度减按10％的税率征收企业所得税。

（5）符合原有政策条件且在2019年（含）之前已经进入优惠期的企业或项目，2020年（含）起可按原有政策规定继续享受至期满为止，如也符合本公告第一条至第四条规定，可按本公告规定享受相关优惠，其中定期减免税优惠，可按本公告规定计算优惠期，并就剩余期限享受优惠至期满为止。符合原有政策条件，2019年（含）之前尚未进入优惠期的企业或项目，2020年（含）起不再执行原有政策。

（6）集成电路企业或项目、软件企业按照本公告规定同时符合多项定期减免税优惠政策条件的，由企业选择其中一项政策享受相关优惠。其中，已经进入优惠期的，可由企业在剩余期限内选择其中一项政策享受相关优惠。

3. 鼓励证券投资基金发展的优惠政策

（1）对证券投资基金从证券市场中取得的收入，包括买卖股票、债券的差价收入，股权的股息、红利收入，债券的利息收入及其他收入，暂不征收企业所得税。

（2）对投资者从证券投资基金分配中取得的收入，暂不征收企业所得税。

（3）对证券投资基金管理人运用基金买卖股票、债券的差价收入，暂不征收企业所得税。

4. 节能服务公司的优惠政策

自2011年1月1日起，对符合条件的节能服务公司实施合同能源管理项目，符合《企业所得税法》有关规定的，自项目取得第一笔生产经营收入所属纳税年度起，第1年至第3年免征企业所得税，第4年至第6年按照25％的法定税率减半征收企业所得税。

5. 电网企业电网新建项目享受所得税的优惠政策

根据《企业所得税法》及其实施条例的有关规定，居民企业从事符合《公共基础设施项目企业所得税优惠目录》（2008年版）规定条件和标准的电网（输变电设施）的新建项目，可依法享受"三免三减半"的企业所得税优惠政策。基于企业电网新建项目的核算特点，暂以资产比例法，即企业新增输变电固定资产原值的比例，合理计算电网新建项目的应纳税所得额，并据此享受"三免三减半"的企业所得税优惠政策。

（九）特殊类型企业优惠

1. 小型微利企业减按20%的税率征收企业所得税

小型微利企业的条件如下：

（1）年度应纳税所得额≤300万元，从业人数≤300人，资产总额小于等于5 000万元，且从事国家非限制和禁止行业。

（2）2021年1月1日至2022年12月31日，对小型微利企业年应纳税所得额不超过100万元的部分，减按12.5%计入应纳税所得额，按20%的税率缴纳企业所得税。

（3）对年应纳税所得额超过100万元但不超过300万元的部分，减按50%计入应纳税所得额，按20%的税率缴纳企业所得税。

2. 非居民企业减按10%的税率征收企业所得税

该类非居民企业取得下列所得免征企业所得税。

（1）外国政府向中国政府提供贷款取得的利息所得。

（2）国际金融组织向中国政府和居民企业提供优惠贷款取得的利息所得。

（3）经国务院批准的其他所得。

（十）特殊地区企业所得税优惠

1. 民族自治地方的优惠

民族自治地方的自治机关对本民族自治地方的企业应缴纳的企业所得税中属于地方分享的部分，可以决定减征或免征。自治州、自治县决定减征或者免征的，须报省、自治区、直辖市人民政府批准。对民族自治地方内国家限制和禁止行业的企业，不得减征或者免征企业所得税。

民族自治地方在新税法实施前已经按照《财政部　国家税务总局　海关总署关于西部大开发税收优惠政策问题的通知》第二条第2款有关减免税规定批准享受减免企业所得税（包括减免中央分享企业所得税的部分）的，自2008年1月1日起计算，对减免税期限在5年以内（含5年）的，继续执行至期满后停止；对减免期限超过5年的，从第6年起按《企业所得税法》第二十九条规定执行。

2. 西部大开发的税收优惠

（1）适用范围。

西部大开发税收优惠政策的适用范围包括重庆市、四川省、贵州省、云南省、西藏自治区、陕西省、甘肃省、宁夏回族自治区、青海省、新疆维吾尔自治区、新疆生产建设兵团、内蒙古自治区和广西壮族自治区（上述地区统称"西部地区"）湖南省湘西土家族苗族自治州、湖北省恩施土家族苗族自治州、吉林省延边朝鲜族自治州、江西省赣州市可比照西部地区的税收优惠政策执行。

（2）具体规定。

①对设在西部地区国家鼓励类产业企业，自 2011 年 1 月 1 日至 2020 年 12 月 31 日期间，减按 15% 的税率征收企业所得税。国家鼓励类产业企业，是指以《产业结构调整指导目录》中规定的产业项目为主营业务，且这部分收入占企业总收入 70% 以上的企业。

②对西部地区 2010 年 12 月 31 日前新开办的企业，根据《财政部 国家税务总局 海关总署关于西部大开发税收优惠政策问题的通知》（财税〔2001〕202 号）规定，可以享受企业所得税"两免三减半"的交通、电力、水利、广播电视企业，其享受的企业所得税"两免三减半"优惠可以继续享受到期满为止。

③对在西部地区新办交通、电力、水利、广播电视企业，上述项目业务收入占企业总收入 70% 以上的，可以享受企业所得税如下优惠政策：内资企业自开始生产经营之日起，第 1 年至第 2 年免征企业所得税，第 3 至第 5 年减半征收企业所得税。

上述企业符合①规定的，第 3 年至第 5 年减半征收企业所得税时，按 15% 税率计算出应纳所得税额后减半执行。

上述所称企业是指投资主体自建运营上述项目的企业。

（3）对实行汇总企业，应当将西部地区的成员企业与西部地区以外的成员企业分开，分别汇总申报纳税，分别适用税率。

（4）赣州市执行西部大开发政策的规定。

2012 年 1 月 1 日至 2020 年 12 月 31 日，对设在赣州市的鼓励类产业的内资企业和外商投资企业减按 15% 的税率征收企业所得税。

鼓励类的内资企业是指以《产业结构调整指导目录》中规定的产业项目为主营业务，且这部分收入占企业总收入 70% 以上的企业。

鼓励类产业的外商投资企业是指以《外商投资产业指导目录》中规定的鼓励类项目和《中西部地区外商投资优势产业目录》中规定的江西省产业项目为主营业务，且其主营业务收入占企业收入总额 70% 以上的企业。

3. 广东横琴、福建平潭、深圳前海企业所得税优惠

依据《财政部 国家税务总局关于广东横琴新区、福建平潭综合实验区、深圳前海深港现代化服务业合作区企业所得税优惠政策及优惠目录的通知》

（财税〔2014〕26 号）文件的规定，自 2014 年 1 月 1 日至 2020 年 12 月 31 日，对设在横琴新区、平潭综合实验区和前海深港现代服务业合作区的鼓励类产业减按 15% 的税率征收企业所得税。

上述鼓励类产业企业是指以所在区域《企业所得税优惠目录》中规定的产业项目为主营业务，且其主营业务收入占企业收入总额 70% 以上的企业。

4. 上海自由贸易实验区企业所得税优惠

（1）注册在实验区内的企业，因非货币性资产对外投资等资产重组行为确认的非货币性资产转让所得的所得税处理与《财政部　国家税务总局关于非货币性资产投资企业所得税政策问题的通知》（财税〔2014〕116 号）相同。

（2）企业应于投资协议生效且完成资产实际交割并办理股权登记手续 30 日内，持相关资料向主管税务机关办理递延纳税备案登记手续。主管税务机关进行审核，在规定时间内将备案登记结果回复企业。

（3）企业应在确认收入实现的当年，以项目为单位，做好相应台账，准确记录应予确认的非货币性资产转让所得，并在相应年度的企业所得税汇算清缴时对当年计入额及分年结转额的情况作出说明。主管税务机关应将相关信息纳入系统管理，并及时做好企业申报信息和备案信息的比对工作。

（4）本条所称的注册在实验区内的企业，是指在实验区注册并在区内经营，实行查账征收的居民企业，而非货币性资产对外投资等资产重组行为，是指以非货币性资产出资设立或注入公司，限于以非货币性资产出资设立新公司和符合《财政部　国家税务总局关于企业重组业务企业所得税处理若干问题的通知》（财税〔2009〕59 号）第一条规定的股权收购、资产收购。

5. "一带一路"企业所得税优惠

我国对"走出去"企业、服务"一带一路"发展税收优惠政策主要有增值税免税及零税率、出口退税、所得税抵免及税收协定等方面。

（1）《财政部　国家税务总局关于高新技术企业境外所得适用税率及税收抵免问题的通知》（财税〔2011〕47 号）规定，以境内、境外全部生产经营活动有关的研究开发费用总额、总收入、销售收入总额、高新技术产品（服务）收入等指标申请并经认定的高新技术企业，其来源于境外的所得可以享受高新技术企业所得税优惠政策，即对其来源于境外所得可以按照 15% 的优惠税率缴纳企业所得税，在计算境外抵免限额时，可按照 15% 的优惠税率计算境内外应纳税总额。

（2）委托境外进行研发活动所发生的费用，按照费用实际发生额的 80% 计入委托方的委托境外研发费用。委托境外研发费用不超过境内符合条件的研发费用 2/3 的部分，可以按规定在企业所得税税前加计扣除。

（十一）其他

（1）在法律设置的发展对外经济合作和技术交流的特定地区内，以及国务院已规定执行上述特殊政策的地区内新设立的国家需要重点扶持的高新技术企业，可以享受过渡性税收优惠，具体办法由国务院规定。

（2）国家已确定的其他鼓励类企业，可以按照国务院规定享受减免税优惠。

（3）对于企业取得的 2009 年及以后年度发行的地方政府债券利息所得，免征企业所得税。

（4）对企业持有的 2011～2013 年发行的中国铁路建设债券取得的利息收入，减半征收企业所得税。

二、企业所得税税收优惠政策的税收筹划

（一）投资地区的选择

国家为了适应各地区不同的情况，针对一些不同的地区制定了不同的税收优惠政策，为企业进行注册地点选择的税收筹划提供了空间。企业在设立之初或扩大经营进行投资时，可以选择税收负担较低的地区进行投资，享受税收优惠。例如，民族自治地方、西部大开发省份、东部沿海部分经济特区等。

对于已经成立的企业来说，如果具备了其他享受优惠政策的条件，只是由于注册地点不在特定税收优惠地区而不能享受相应的税收优惠政策，那么就可考虑企业是否需要搬迁的问题。这就需要企业充分考虑生产经营的寿命周期、享受税收优惠政策的其他条件的保持能力和企业利润，以及搬迁费用、因迁移注册地而产生的新的成本费用支出及新注册地与老注册地在信息、技术来源、客户开拓等方面的因素，并进行全面的分析，对有关的经济技术数据进行测算，然后作出最有利于企业经济利益最大化的选择。

综上所述，在新企业成立时，企业所得税税收筹划涉及注册地点的选择；而对于老企业来说，也存在注册地点选择、变更的问题。因此，每个企业都应当根据自己的特点、具体情况和对税收优惠政策的深入研究，合理利用此类税收优惠政策，以合理进行企业所得税的税收筹划，实现企业税收负担的最小化，经济利益最大化。

【例 4-13】甲影视公司设立在天津，2020 年度计划投资拍摄 10 部电影，预计该 10 部电影的利润总额为 10 亿元。不考虑利润分配后的个人所得税，仅

考虑企业所得税。

甲影视公司 2020 年度需要缴纳企业所得税 2.5 亿元（＝10×25%）。

建议客户到霍尔果斯（或者新疆其他困难地区）设立一家子公司——乙影视公司，由乙影视公司投资拍摄 10 部电影，税后利润全部分配至影视公司。根据霍尔果斯的税收优惠政策，乙影视公司 2020 年度取得的利润免缴企业所得税，税后利润为 10 亿元，可以分配股息至甲影视公司。甲影视公司从子公司取得股息，免缴企业所得税。

通过纳税筹划，节税 2.5 亿元（＝2.5－0）。

（二）投资行业的选择

根据上述对于企业所得税税收优惠政策梳理，国家为了鼓励某些传统和新兴行业的快速发展，制定了一系列的政策。例如对于农、林、牧、渔等传统产业实行减免税优惠；如果投资国家重点扶持的高新技术领域减按 15% 的税率征收企业所得税；对于集成电路、软件产业、证券投资基金等行业，都具有不同程度的优惠政策。这为纳税人在进行投资方向的选择时提供了一定的空间，无论是初次投资还是增加投资都可以充分利用特殊行业税收优惠政策，享受产业优惠。

（三）投资规模的选择

小型微利企业减按 20% 的税率征收企业所得税，国家对于小型微利企业的发展持鼓励态度。一般而言，纳税人在成立之初规模较小、盈利水平一般，可以考虑在一定程度上控制自身的条件，适用 20% 的优惠税率，通过缩小税额进一步促进长远发展。当然，税法对于小型微利企业有较为明显的界定，长时期地将自身的发展定位于小型微利企业，不利于纳税人经济利益最大化的实现。因此，控制投资规模只能作为纳税人短期的战略选择。

（四）投资身份的选择

纳税人对于居民企业和非居民企业的选择，也会对自身税收负担的大小产生影响。居民企业和在中国境内设有机构、场所且所得与机构场所有关联的非居民企业，适用 25% 的基本税率；而在中国境内未设立机构、场所的，或者虽设立机构、场所但取得的所得与其所设机构、场所没有实际联系的非居民企业，适用 20% 的企业所得税率，并减按 10% 的税率征收企业所得税。居民企业与非居民企业两者之间的税率与应纳税所得额的计算均不相同。纳税人应当从经济利益最大化的角度，通过减轻税收负担，为自身的经营发展提供契机。

（五）扣除、抵免技术的选择

相较于其他税种，企业所得税具有一定的复杂性和特殊性。税收优惠政策产生的税基扣除和税额抵免，在税收筹划的各个环节均有体现。首先，以收入总额为基础通过减计收入、加计扣除、加速折旧等方式缩小计税依据。其次，纳税人可按一定比例直接扣除应纳税所得额。例如，创业投资企业从事国家重点扶持和鼓励的创业投资项目，可以按投资额的一定比例抵扣应纳税所得额。最后，应纳税额仍具有一定的抵免空间。

第五节　企业重组业务企业所得税的税收筹划

一、企业重组的法律界定

（一）企业重组的定义

2008 年《企业所得税法》颁布施行后，对于企业重组的所得税处理，先后又通过《财政部 国家税务总局关于企业重组业务企业所得税处理若干问题的通知》（财税〔2009〕59 号）、《财政部 国家税务总局关于促进企业重组有关企业所得税处理问题的通知》（财税〔2014〕109 号）、《国家税务总局关于企业重组业务企业所得税征收管理若干问题的公告》（国家税务总局 2015 年 48 号公告）这三个文件进行规定、补充和完善。

《财政部 国家税务总局关于企业重组业务企业所得税处理若干问题的通知》（财税〔2009〕59 号）所称的企业重组，是指企业在日常经营活动以外发生的法律结构或经济结构重大改变的交易，包括企业法律形式改变、债务重组、股权收购、资产收购、合并、分立等。

企业法律形式改变，是指企业注册名称、住所以及企业组织形式等的简单改变，但符合本通知规定其他重组的类型除外。

债务重组，是指在债务人发生财务困难的情况下，债权人按照其与债务人达成的书面协议或者法院裁定书，就其债务人的债务作出让步的事项。

股权收购，是指一家企业（以下简称"收购企业"）购买另一家企业（以下简称"被收购企业"）的股权，以实现对被收购企业控制的交易。收购企业支付对价的形式包括股权支付、非股权支付或两者的组合。

资产收购，是指一家企业（以下简称"受让企业"）购买另一家企业（以下简称"转让企业"）实质经营性资产的交易。受让企业支付对价的形式包括股权支付、非股权支付或两者的组合。

合并，是指一家或多家企业（以下简称"被合并企业"）将其全部资产和负债转让给另一家现存或新设企业（以下简称"合并企业"），被合并企业股东换取合并企业的股权或非股权支付，实现两个或两个以上企业的依法合并。

分立，是指一家企业（以下简称"被分立企业"）将部分或全部资产分离转让给现存或新设的企业（以下简称"分立企业"），被分立企业股东换取分立企业的股权或非股权支付，实现企业的依法分立。

股权支付，是指企业重组中购买、换取资产的一方支付的对价中，以本企业或其控股企业的股权、股份作为支付的形式；非股权支付，是指以本企业的现金、银行存款、应收款项、本企业或其控股企业股权和股份以外的有价证券、存货、固定资产、其他资产以及承担债务等作为支付的形式。

（二）企业重组的税务处理方法

企业重组的税务处理区分不同条件分别适用一般性税务处理规定和特殊性税务处理规定。

1. 一般性税务处理规定

企业由法人转变为个人独资企业、合伙企业等非法人组织，或将登记注册地转移至中华人民共和国境外（包括转移至我国港澳台地区），应视同企业进行清算、分配，股东重新投资成立新企业。企业的全部资产以及股东投资的计税基础均应以公允价值为基础确定。

企业发生其他法律形式简单改变的，可直接变更税务登记，除另有规定外，有关企业所得税纳税事项（包括亏损结转、税收优惠等权利和义务）由变更后企业承继，但因住所发生变化而不符合税收优惠条件的除外。

2. 企业债务重组

（1）一般债务重组相关交易应按以下规定处理：

第一，以非货币资产清偿债务，应当分解为转让相关非货币性资产、按非货币性资产公允价值清偿债务两项业务，确认相关资产的所得或损失。

第二，发生债权转股权的，应当分解为债务清偿和股权投资两项业务，确认有关债务清偿所得或损失。

第三，债务人应当按照支付的债务清偿额低于债务计税基础的差额，确认债务重组所得；债权人应当按照收到的债务清偿额低于债权计税基础的差额，确认债务重组损失。

第四，债务人的相关所得税纳税事项原则上保持不变。

（2）特殊债务重组，企业债务重组同时符合以下条件的，适用特殊性税务处理规定：

①具有合理的商业目的，且不以减少、免除或者推迟缴纳税款为主要目的。

②企业重组后的连续12个月内不改变重组资产原来的实质性经营活动。

③重组交易对价中涉及股权支付金额不低于其交易支付总额的85%。

④企业重组中取得股权支付的原主要股东，在重组后连续12个月内，不得转让所取得的股权。

债务重组符合特殊重组的必要条件的，交易各方对其交易中的股权支付部分，按以下规定处理：

企业重组的应纳税所得额占该企业当年应纳税所得额50%以上，可以在5个纳税年度的期间内，均匀计入各年度的应纳税所得额。企业债券转股权业务，对债券清偿和股权投资两项业务暂不确认有关债券清偿所得或损失，股权投资的计税基础以原债权的计税基础确定，企业的其他相关所得税事项保持不变。

3. 股权收购

（1）一般企业股权收购的重组交易应按以下规定处理：

①被收购方应确认股权转让所得或损失。

②收购方取得股权的计税基础应以公允价值为基础确定。

③被收购企业的相关所得税事项原则上保持不变。

（2）特殊股权收购，企业股权收购的交易同时符合下列条件的，适用特殊性税务处理规定：

①有合理的商业目的，且不以减少、免除或者推迟缴纳税款为主要目的。

②收购企业购买的股权不低于被收购企业全部股权的50%。

③收购企业在该股权收购发生时的股权支付金额不低于其交易支付总额的85%。

④企业重组中取得股权支付的原主要股东，在重组后连续12个月内，不得转让所取得的股权。

⑤企业重组后的连续12个月内不改变重组资产原来的实质性经营活动。

（3）股权收购符合特殊性税务处理规定的，按以下规定处理：

①被收购企业的股东取得收购企业股权的计税基础以被收购股权的原有计税基础确定。

②收购企业取得被收购企业股权的计税基础以被收购股权的原有计税基础确定。

③收购企业、被收购企业的原有各项资产和负债的计税基础和其他相关所得税事项保持不变。

④重组交易各方对交易中取得的股权支付部分暂不确认有关资产的转让所得或损失的，对取得的非股权支付的部分仍应在交易当期确认相应的资产转让所得或损失，并调整相应资产的计税基础：

非股权支付对应的资产转让所得或损失 =（被转让资产公允价值 - 被转让资产计税基础）×（非股权支付金额÷被转让资产的公允价值）

4. 资产收购

（1）一般资产收购的交易应按以下规定处理：

①被收购方应确认资产转让所得或损失。

②收购方取得资产的计税基础应以公允价值为基础确定。

③被收购方的相关所得税事项原则上保持不变。

（2）企业资产收购的交易同时符合下列条件的，适用特殊性税务处理规定：

①具有合理的商业目的，且不以减少、免除或者推迟缴纳税款为主要目的。

②受让企业购买的资产不低于转让企业全部资产的50%。

③受让企业在该资产收购发生时的股权支付金额不低于其交易支付总额的85%。

④企业重组中取得股权支付的原主要股东，在重组后连续12个月内，不得转让所取得的股权。

⑤企业重组后的连续12个月内不改变重组资产原来的实质性经营活动。

（3）特殊资产收购可选择按以下规定处理：

①转让企业取得受让企业股权的计税基础以被转让资产的原有计税基础确定。

②受让企业取得转让企业资产的计税基础以被转让资产的原有计税基础确定。

③交易各方对交易中取得的股权支付部分暂不确认有关资产的转让所得或损失，对取得的非股权支付的部分仍应在交易当期确认相应的资产转让所得或损失，并调整相应资产的计税基础：

非股权支付对应的资产转让所得或损失 =（被转让资产公允价值 - 被转让资产计税基础）×（非股权支付金额÷被转让资产的公允价值）

5. 企业合并

（1）一般企业合并相关交易应按以下规定处理：

①合并企业应按公允价值确定接受被合并企业各项资产和负债的计税基础。

②被合并企业及其股东都应按清算进行所得税处理。

③被合并企业的亏损不得在合并企业结转弥补。

（2）企业合并同时符合下列条件的，适用特殊性税务处理规定：

①具有合理的商业目的，且不以减少、免除或者推迟缴纳税款为主要目的。

②企业股东在该企业合并发生时取得的股权支付金额不低于其交易支付总额的 85%，以及同一控制下且不需要支付对价的企业合并。

③企业重组中取得股权支付的原主要股东，在重组后连续 12 个月内，不得转让所取得的股权。

④企业重组后的连续 12 个月内不改变重组资产原来的实质性经营活动。

（3）特殊合并，可选择按以下规定处理：

①合并企业接受被合并企业资产和负债的计税基础以被合并企业的原有计税基础确定。

②被合并企业合并前的相关所得税事项由合并企业继承。

③可由合并企业弥补的被合并企业亏损的限额＝被合并企业净资产公允价值×截至合并业务发生当年年末国家发行的最长期限的国债利率。

④被合并企业股东取得合并企业股权的计税基础，以其原持有的被合并企业股权的计税基础确定。

合并交易各方对交易中取得的股权支付部分暂不确认有关资产的转让所得或损失，对取得的非股权支付的部分仍应在交易当期确认相应的资产转让所得或损失，并调整相应资产的计税基础：

非股权支付对应的资产转让所得或损失＝（被转让资产公允价值－被转让资产计税基础）×（非股权支付金额÷被转让资产的公允价值）

6. 企业分立

（1）一般企业分立相关交易应按以下规定处理：

①被分立企业对分立出去资产应按公允价值确认资产转让所得或损失。

②分立企业应按公允价值确认接受资产的计税基础。

③被分立企业继续存在时，其股东取得的对价应视同被分立企业分配进行处理。

④被分立企业不再继续存在时，被分立企业及其股东都应按清算进行所得

税处理。

⑤企业分立相关企业的亏损不得相互结转弥补。

（2）企业分立同时符合下列条件的，适用特殊性税务处理规定：

①具有合理的商业目的，且不以减少、免除或者推迟缴纳税款为主要目的。

②被分立企业所有股东按原持股比例取得分立企业的股权。

③被分立企业股东在该企业分立发生时取得的股权支付金额不低于其交易支付总额的85%。

④企业重组中取得股权支付的原主要股东，在重组后连续12个月内，不得转让所取得的股权。

⑤企业重组后的连续12个月内不改变重组资产原来的实质性经营活动，分立企业和被分立企业均不改变原来的实质经营活动。

（3）特殊分立，可以按以下规定处理：

①分立企业接受被分立企业资产和负债的计税基础，以被分立企业的原有计税基础确定。

②被分立企业已分立出去资产相应的所得税事项由分立企业继承。

③被分立企业未超过法定弥补期限的亏损额可按分立资产占全部资产的比例进行分摊。

④被分立企业的股东取得分立企业股权（以下简称"新股"），如需部分或全部放弃原持有的被分立企业的股权（以下简称"旧股"），新股的计税基础应以放弃旧股的计税基础确定。如不需放弃旧股，则其取得新股的计税基础可以从以下两种方法中选择确定：直接将新股的计税基础确定为零，或者以被分立企业分立出去的净资产占被分立企业全部净资产的比例先调减原持有的旧股的计税基础，再将调减的计税基础平均分配到新股上。

分立交易的各方对交易中取得的股权支付部分暂不确认有关资产的转让所得或损失，对取得的非股权支付的部分仍应在交易当期确认相应的资产转让所得或损失，并调整相应资产的计税基础：

非股权支付对应的资产转让所得或损失＝（被转让资产公允价值－被转让资产计税基础）×（非股权支付金额÷被转让资产的公允价值）

7. 其他

对100%直接控制的居民企业之间，以及受同一或相同多家居民企业100%直接控制的居民企业之间按账面净值划转股权或资产，凡具有合理商业目的、不以减少、免除或者推迟缴纳税款为主要目的，股权或资产划转后连续12个月内不改变被划转股权或资产原来实质性经营活动，且划出方企业和划入方企业均未在会计上确认损益的，可以选择按以下规定进行特殊性税务处理：

（1）划出方企业和划入方企业均不确认所得。

（2）划入方企业取得被划转股权或资产的计税基础，以被划转股权或资产的原账面净值确定。

（3）划入方企业取得的被划转资产，应按其原账面净值计算折旧扣除。

（三）其他规定

（1）在企业吸收合并中，合并后的存续企业性质以及适用税收优惠的条件未发生改变的，可以继续享受合并前该企业剩余期限的税收优惠，其优惠金额按存续企业合并前一年的应纳税所得额计算。

在企业存续分立中，分立后的存续企业性质及适用税收优惠的条件未发生改变的，可以继续享受分立前该企业剩余期限的税收优惠，其优惠金额按该企业分立前一年的应纳税所得额乘以分立后存续企业资产占分立前该企业全部资产的比例计算。

（2）企业在重组发生前后连续12个月内分步对其资产、股权进行交易，应根据实质重于形式原则将上述交易作为一项企业重组交易进行处理。

（3）企业发生符合上述规定的特殊性重组条件并选择特殊性税务处理的，当事各方应在该重组业务完成当年企业所得税年度申报时，向主管税务机关提交书面备案资料，证明其符合各类特殊性重组规定的条件。企业未按规定书面备案的，一律不得按特殊重组业务进行税务处理。

二、企业重组业务中企业所得税的税收筹划

以企业合并业务中企业所得税的税收筹划为例，正如上文所阐述的内容，企业在发生合并行为时，相关的企业所得税税务处理分为一般性税务处理和特殊性税务处理两个方面。一般而言，企业合并发生特殊性税务处理对于减少企业所得税的应纳税额具有一定的推动作用，但特殊性税务处理需要在一定的条件下进行，基于此，企业应当综合权衡，作出有利于自己的选择。

【例4-14】2020年，甲企业合并乙企业，乙企业的股东为丙企业，合并后甲企业存续，乙企业将解散。假设乙企业的净资产总额的计税基础是10 000万元，公允价值为20 000万元，有以下两个合并方案可供选择，方案一：在合并交易中，乙企业股东丙企业将获得4 000万元现金和16 000万元的甲企业股权；方案二：在合并交易中，乙企业股东丙企业将获得2 000万元现金和

18 000万元的甲企业股权。在这一情形下，从企业所得税税收筹划的角度，分析该项交易活动中这两个方案对于甲、乙、丙三个企业企业所得税税务处理情况以及税收负担的大小。

方案一：乙企业股东丙企业将获得4 000万元现金和16 000万元的甲企业股权，由于合并企业甲企业股权支付额低于交易支付总额的85%，按规定此项交易应按照一般合并处理。

（1）甲企业从乙企业接受的净资产的计税基础为20 000万元。

（2）乙企业通过这一合并实现的应纳税所得额 = 乙企业净资产的公允价值 – 乙企业净资产的原计税基础为10 000万元（ = 20 000 – 10 000）。

应纳企业所得税：10 000×25% = 2 500（万元）。

（3）丙企业获得乙企业清算后剩余资产的金额，其中相当于乙企业累计未分配利润和累计盈余公积中按该股东所占股份比例计算的部分，应确认为股息所得（居民企业直接投资于其他居民企业取得的股息、红利等权益性投资收益作为免税收入，免征企业所得税）剩余资产减除股息所得后，超过或低于其投资成本的部分，应确认为自身的投资转让所得或损失。

（4）如乙企业以前年度发生亏损，则该亏损不能由甲企业弥补。

方案二：乙企业股东丙企业将获得2 000万元现金和18 000万元的甲企业股权，由于股权支付额高于交易支付总额的85%，假定其他条件均符合，则这一合并业务可采用特殊性税务处理。

（1）甲企业从乙企业接受的净资产的计税基础为10 000万元。

（2）丙企业确认甲企业为合并所支付的资产的总价值也为10 000万元，但由于甲企业在合并中支付了部分现金，则丙企业就取得的现金部分确认对应的资产转让所得。

丙企业取得的现金部分确认的资产转让所得：（20 000 – 10 000）×（2 000÷20 000） = 1 000（万元）。

应纳企业所得税税款：1 000×25% = 250（万元）。

（3）丙企业取得甲企业股权的计税基础为：

乙企业股权的计税基础 –（甲企业非股权支付的金额 – 丙企业取得的现金部分确定的资产转让所得）：10 000 –（2 000 – 1 000） = 9 000（万元）。

（4）乙企业合并以前的相关所得税事项由甲企业继承。

（5）可以由甲企业弥补乙企业亏损。

亏损弥补限额 = 乙企业净资产公允价值×截至合并业务发生当年年末国家发行的最长期限的国债利息

由此可见，分析上述案例中企业所得税的税务处理及税收负担，方案一合并交易，乙企业在解散之前需要进行清算处理，这一合并交易其应纳税所得额为 10 000 万元，应交企业所得税税款为 250 万元；丙企业获得乙企业清算后剩余资产，其中相当于乙企业累计未分配利润和累计盈余公积中按该股东所占股份比例计算的部分，应确认为股息所得（居民企业直接投资于其他居民企业取得的股息、红利等权益性投资收益作为免税收入，免征企业所得税）；剩余资产减除股息所得后，超过或低于其投资成本的部分，应确认为自身的投资转让所得或损失。

方案二合并交易由于满足特殊性税务处理的规定，乙企业不需要在解散前进行清算处理，其合并以前的相关所得税事项由甲企业继承，亏损额可在规定限额内由甲企业弥补，丙企业的应纳税所得额为 1 000 万元。另外，在方案二中乙企业的亏损额可在限额内由甲企业弥补，假设乙企业为亏损企业，甲企业的经营效益较好，那么甲企业弥补乙企业的亏损额，可为甲企业减轻企业所得税的税收负担。

对于该项交易行为而言，特殊性税务处理所产生的企业所得税税收负担，要远远小于一般企业合并的税务处理。

第六节　企业所得税税收筹划对其他税种的影响

其他税种的税收筹划对于企业所得税的影响，在本书各章节均有论述，本章节将从企业所得税税收筹划的角度，探讨分析其对于其他税种所产生的影响。

一、企业所得税税收筹划对增值税的影响

增值税税收筹划对于企业所得税的影响，在本书第二章第六节有详细的阐述，本章节将从企业所得税税收筹划的角度，分析企业所得税税收筹划对于增值税产生的影响。

（一）企业所得税与增值税的关系

企业所得税与增值税分别是我国所得税与流转税制中的重要税种。与企业所得税不同，增值税是以商品（含应税劳务和应税服务）在流转过程中产生的增值额作为征税对象而征收的一种流转税。作为价外税，一般而言增值税对

于纳税人（指一般纳税人）在生产经营过程中产生的收入与成本费用并无影响。

但基于特定的经济活动，企业所得税与增值税存在一定的联系和区别。首先立足于纳税人收入总额，分析视同销售这一经济活动。对于企业所得税的视同销售，本章第二节计税依据的税收筹划中有详细的阐述。另外，增值税视同销售行为，详见第二章第二节增值税计税依据的法律界定。通过对两者的对比分析，对于企业所得税而言，资产所有权属是否更改是判断视同销售行为发生与否的重要条件，也是其区别于增值税视同销售行为的关键点。

其次立足于成本费用扣除项目，分析企业所得税与增值税。对于企业所得税而言，加大扣除项目有利于缩小税基，减轻企业所得税税收负担。在这一情形下，如果纳税人发生增值税进项税额转出，那么这一部分不得抵扣的进项税额将直接转入纳税人购进货物、应税劳务以及应税服务的成本，该成本又作为计算企业所得税的扣除项目，对企业所得税税额大小产生一定的影响。

（二）企业所得税税收筹划对于增值税的影响

从企业所得税计税依据的筹划入手，缩小或递延收入，加大税前扣除项目，是企业所得税税收筹划的常用手段。一般而言，通过缩小或递延收入，加大税前扣除项目会使得企业所得税的税收负担下降。在这一情形下，对于增值税涉税经济活动而言，销项税额随着收入的缩小、递延而减少；进项税额随着税前扣除额的增加而增加，增值税税收负担与企业所得税的税收负担呈同向变化。

在特定经济活动中，首先分析企业所得税与增值税共同认定的视同销售行为，伴随着纳税人视同销售收入的增加，企业所得税税额上升，同时增值税税额同向上升。基于此，从税收筹划的角度分析，纳税人在日常经营中应当尽量服从税法的导向性，尽可能地避免视同销售行为的发生，从而减少税款的缴纳。

其次分析增值税进项税额转出，在其他条件不变的情形下，增值税进项税转出额的增加会使得增值税税收负担增加，但进项税转出额最终将通过增加货物及劳务成本或者折旧等方式进入到企业所得税的税前抵扣项目，使得企业所得税税收负担相应减少，在这一情形下增值税的税收负担与企业所得税税收负担呈逆向变化。针对此类情况，纳税人在税收筹划的过程中，应当从自身的战略发展出发，在保障经济利益最大化的前提下，合理权衡，作出正确的选择。

二、企业所得税税收筹划对消费税的影响

消费税税收筹划对于企业所得税的影响，在本书第三章第四节有详细的阐述，本章节将从企业所得税税收筹划的角度，分析企业所得税税收筹划对于消费税产生的影响。

（一）企业所得税与消费税的关系

企业所得税是对我国境内的企业和其他取得收入的组织的生产经营所得和其他所得征收的一种税。其基本计税依据为企业每一个纳税年度的收入总额，减除不征税收入、免税收入、各项扣除以及允许弥补的以前年度亏损后的余额。而消费税作为主要的流转税种，是指对消费品和特定消费行为按消费流转额征收的一种税。纳税人当期的消费税额属于企业所得税扣除项目中税金及附加的范畴，其中税金及附加项目包含除了企业所得税以及允许抵扣的增值税、部分特殊小税种以外的各项税金及附加。基于上述的定义以及税法的相关规定，消费税作为企业所得税税前扣除项目的一个组成部分，消费税的增加有利于缩小企业所得税的计税依据，从而减轻企业所得税税收负担。

除此以外，分析消费税与企业所得税的视同销售行为，如表4-21所示。

表4-21　　　　　　消费税与企业所得税视同销售行为比较

项目（自产应税消费品用于以下项目）	自产应税消费品	
	消费税视同销售	企业所得税视同销售
生产非应税消费品	是	否
在建工程	是	否
管理部门、非生产机构	是	否
赞助、广告、样品	是	是
职工个人福利或奖励	是	是
分配	是	是
投资、偿债	是	是
集资	是	是
赠送	是	是

结合表4-21，纳税人自产应税消费品用于上述表格所列示的视同销售项目，均需缴纳消费税；在这一情形下，判断企业所得税视同销售行为发生与

否，关键点是明确资产所有权归属是否变更；企业所得税与消费税的视同销售行为既有相同点也有不同之处。

（二）企业所得税税收筹划对消费税的影响

企业所得税税收筹划使得应纳企业所得税额减少的同时，也会对应交消费税产生影响。企业所得税税收负担与消费税税收负担可能呈同向变化，也可能是反向变化，随着经济活动的不同而不同。

企业所得税税收筹划一般通过缩小或递延收入，加大税前扣除项目缩小计税依据，减轻企业所得税的税收负担。在这一情形下，消费税属于价内税，其计税依据随着收入的缩小、递延相应减少，消费税税收负担与企业所得税的税收负担的变化是同向的。同时，对于企业所得税与消费税共同认定的视同销售行为，伴随着纳税人视同销售收入的增加，企业所得税应纳税额增加，同时消费税税额同向增加。例如，纳税人将自产应税消费品用于捐赠，在企业所得税视同销售的同时，还需承担增值税与消费税这两部分税收负担。由此可见，在税收筹划的过程中，避免视同销售行为的发生至关重要，合理控制此类行为，有利于纳税人减轻税收负担，实现经济利益的最大化。

另外，纳税人当期产生的消费税税额应当计入税金及附加，而税金及附加作为应纳税所得额的扣除项目，其金额的大小必然会对企业所得税产生一定的影响。消费税增加，税金及附加的金额也呈上升趋势，则应纳税所得额因扣除项目的增加而减少，企业所得税额随着消费税税额的上升逆向下降。反之若消费税减少，税金及附加的金额呈下降趋势，则应纳税所得额因扣除项目减少而增加，企业所得税税额随着消费税税额的下降逆向上升。消费税的税收负担与企业所得税税收负担呈逆向变化。针对此类情况，纳税人在税收筹划的过程中，应当从自身的战略发展出发，在保障经济利益最大化的前提下，合理权衡，作出正确的选择。

三、企业所得税税收筹划对个人所得税的影响

（一）企业所得税与个人所得税的关系

作为构成所得税制的两个税种，企业所得税与个人所得税相互区别又相互联系。个人所得税是以自然人取得的各类应税所得为征税对象而征收的一种税，是政府利用税收对个人收入进行调节的一种手段。个人所得税的纳税人范围按照《中华人民共和国个人所得税法》（以下简称《个人所得税法》）第一

条的规定为："在中国境内有住所，或者无住所而一个纳税年度内在中国境内居住累计满一百八十三天的个人，为居民个人。居民个人从中国境内和境外取得的所得，依照本法规定缴纳个人所得税。在中国境内无住所又不居住，或者无住所而一个纳税年度内在中国境内居住累计不满一百八十三天的个人，为非居民个人。非居民个人从中国境内取得的所得，依照本法规定缴纳个人所得税。"在企业所得税纳税人筹划这一章节，企业在成立之初，选择成为法人性质的企业缴纳企业所得税，而选择成为自然人性质的企业，如个体工商户、个人独资企业、合伙企业（合伙人为自然人）则缴纳个人所得税，作为企业所得税税收筹划的重要立足点之一，纳税人如何进行合理的权衡选择，在本章第一节纳税人的税收筹划中有详细的阐述。

另外，对于除个人独资企业、合伙企业以外的其他企业的个人投资者而言，其所取得的股息、红利，通常以企业所得税税后利润进行分配并按20%的税率缴纳个人所得税。在特殊情形下，个人投资者以企业资金为本人、家庭成员以及相关人员支付与企业生产经营无关的消费性支出及购买汽车、住房等财产性支出，视为企业对于个人投资者的红利分配；此外，纳税年度内个人投资者从投资企业借款，在该纳税年度终了后既不归还又未用于企业生产经营的，其未归还的借款同样视为企业对于个人投资者的红利分配。上述两项"特殊"的红利分配所得依照"利息、股息、红利所得"项目按20%的税率计征个人所得税。

（二）企业所得税税收筹划对个人所得税的影响

通常情况下，个人独资企业、合伙企业以外的其他企业的个人投资者，其所取得的股息、红利，以企业所得税税后利润进行分配并按20%的税率缴纳个人所得税。如果纳税人通过企业所得税税收筹划使税收负担减小，则税后利润上升，那么相同的利润分配比例下，个人投资者股息红利的所得增加，应缴纳的个人所得税额就上升。同理，企业所得税税收负担增加，税后利润下降，则个人投资者应纳个人所得税额下降。在这一情形下，企业所得税税收负担与个人所得税的税收负担呈反向变化。

另外，在企业所得税税收筹划的过程中，加大成本费用的扣除是计税依据筹划的关键点。基于这一前提，在实际的经济活动中，企业的人事结构可能存在重叠，其中职工、债权人、股东这些身份相互交叉，导致企业支付具有较大的转化空间。企业支出的工资薪金、利息支出、股息红利，在企业所得税应纳税所得额的计算中具有不同的扣除标准。纳税人可以利用这一特点进行税收筹划，增加企业所得税税前扣除额，同时减少个人所得税计税依据，使得企业所得税与个人所得税应纳税额同向下降。更有部分企业所得税纳税人通过混淆会计主体与个人投资者的经济活动来规避税款缴纳。将个人投资者自身的消费性支出、财产性支出与纳税人本身生产经营所发生的成本费用相混淆，那么在其他情况不变的前提下，个人支出被作为成本费用，会缩小企业所得税计税依据，使得企业所得税税收负担减小，同时这一笔个人投资者的实际所得又可规避个人所得税的缴纳。但税收筹划具有合法性，上述经济活动的实质，很可能脱离了税收筹划的本质，纳税人应当明白通过税法漏洞规避税款缴纳具有较大的涉税风险。

四、企业所得税税收筹划与其他税种的关系

企业所得税税收筹划与其他税种关系如表 4 – 22 所示。

表 4 – 22　　　　　　企业所得税税收筹划和其他税种关系说明

税种	企业所得税		
	同向变化	逆向变化	备注
土地增值税	√	√	（1）加大土地增值税税前扣除项目，也就增加了企业所得税税前扣除额，土地增值税税额减少的同时企业所得税税额也相应减少，两者呈同向变化。 （2）土地增值税作为税前扣除项目，其税额的减少会使得企业所得税应纳税所得额相应减少，应纳税额增加，两者呈逆向变化
房产税		√	（1）房产税作为税前扣除项目，其税额的减少会使得企业所得税应纳税所得额相应减少，应纳税额增加，两者呈逆向变化。 （2）"营改增"全面推行后，需要对房屋的价款进行价税分离，房产税计税依据降低，房产税减少；同时房屋的折旧额降低使得税前扣除项目金额缩小，企业所得税应纳税所得额增加。房产税税收负担与企业所得税税收负担呈逆向变化
契税		√	（1）契税作为税前扣除项目，其税额的减少会使得企业所得税应纳税所得额相应减少，应纳税额增加，两者呈逆向变化。 （2）契税税收筹划使得应交契税减少，由于契税计入土地房屋成本，因此契税税收筹划相应减少了土地的摊销额或房屋的折旧额，从而降低了企业所得税税前扣除项目金额，企业所得税应纳税额增加。 （3）拆分合同，把拟购进的土地、房屋权属拆分为不同类型的资产，当纳税人再次转让土地、房屋权属时，会因房屋成本降低而增大企业所得的应纳税所得额；采用分立、划转等方式进行税收筹划，对土地、房屋成本以历史成本入账，再次转让土地、房屋权属时，可能由于土地房屋的增值使得企业所得税应纳税所得额增加。上述情形均会增大企业所得税应纳税额

税种	企业所得税		
	同向变化	逆向变化	备注
城镇土地使用税		√	城镇土地使用税作为税前扣除项目，其税额的减少会使得企业所得税应纳税所得额相应减少，应纳税额增加，两者呈逆向变化
资源税		√	资源税作为税前扣除项目，其税额的减少会使得企业所得税应纳税所得额相应减少，应纳税额增加，两者呈逆向变化
印花税		√	印花税作为税前扣除项目，其税额的减少会使得企业所得税应纳税所得额相应减少，应纳税额增加，两者呈逆向变化
车船税		√	资源税作为税前扣除项目，其税额的减少会使得企业所得税应纳税所得额相应减少，应纳税额增加，两者呈逆向变化
车辆购置税		√	车辆购置税计入车辆成本，以折旧形式作为税前扣除项目，其税额的减少会使得企业所得税应纳税所得额相应减少，应纳税额增加，两者呈逆向变化

第五章

个人所得税的税收筹划

个人所得税是以自然人取得的各类应税所得为征税对象而征收的一种所得税，是政府利用税收对个人收入进行调节的一种手段。个人所得税的纳税人不仅包括个人还包括具有自然人性质的企业。由于个人所得税纳税人数量众多，所得来源非常广泛，因此对于该税种的税收筹划非常重要。

个人所得税最早由英国开征，目前已经成为世界各国普遍开征的税种。1980 年 9 月，我国出台了《中华人民共和国个人所得税法》（以下简称《个人所得税法》），标志着我国个人所得税制度的建立。从世界范围看，个人所得税的税制模式有三种：分类征收制、综合征收制与混合征收制。经过 1993 年至 2018 年对个人所得税的 7 次修订，自 2019 年 1 月 1 日起，我国《个人所得税法》将个人所得税的税制模式由分类征收制改为混合征收制，即分类征收制与综合征收制相结合的征收制度。为了顺应社会经济发展的需求，我国个人所得税征收制度在不断地完善与改进，我们在进行个人所得税的税收筹划时，要与时俱进地学习新的法规，对个人所得税的税收筹划作出合理安排。

第一节　个人所得税纳税人的税收筹划

一、个人所得税纳税人的法律界定

个人所得税的纳税义务人依据住所和居住时间两个标准，区分为居民纳税人和非居民纳税人，分别承担不同的纳税义务。

203

1. 居民纳税义务人

居民纳税义务人负有无限纳税义务。其所取得的应纳税所得，无论是来源于中国境内还是中国境外任何地方，都要在中国缴纳个人所得税。根据《个人所得税法》规定，居民纳税义务人是指在中国境内有住所，或者无住所而一个纳税年度内在中国境内居住累计满 183 天的个人。

所谓在中国境内有住所的个人，是指因户籍、家庭经济利益关系，而在中国境内习惯性居住的个人。这里所说的习惯性居住，是判定纳税义务人属于居民还是非居民的一个重要依据。它是指个人因学习、工作、探亲等原因消除之后，没有理由在其他地方继续居留时，所要回到的地方，而不是指实际居住或在某一个特定时期内的居住地。一个纳税人因学习、工作、探亲、旅游等原因，原来是在中国境外居住，但是在这些原因消除之后，如果必须回到中国境内居住的，则中国为该人的习惯性居住地。尽管该纳税义务人在一个纳税年度内，甚至连续几个纳税年度，都未在中国境内居住过 1 天，他仍然是中国居民纳税义务人，应就其应纳税所得，在中国缴纳个人所得税。

所谓在境内居住满 183 天，是指在一个纳税年度（即公历 1 月 1 日起至 12 月 31 日止，下同）内，在中国境内居住满 183 天。在计算居住天数时，对临时离境应视同在中国境内居住，不扣减其在中国境内居住的天数。这里所说的临时离境，是指在一个纳税年度内，一次不超过 30 日或者多次累计不超过 90 日的离境。综上可知，个人所得税的居民纳税义务人包括以下两类：

（1）在中国境内定居的中国公民和外国侨民。但不包括虽具有中国国籍却并没有在中国境内居住以及在香港、澳门、台湾居住的同胞或侨居海外的华侨。

（2）从公历 1 月 1 日起至 12 月 31 日止，居住在中国境内的外籍人员、海外侨胞和香港、澳门、台湾同胞。这些人如果在一个纳税年度内，一次离境不超过 30 日，或者多次离境累计不超过 90 日的，仍应被视为全年在中国境内居住，从而判定为居民纳税义务人。

现在《个人所得税法》中关于"中国境内"的概念，目前还不包括香港、澳门和台湾地区。

2. 非居民纳税义务人

非居民纳税义务人，是指不符合居民纳税义务人判定标准（条件）的纳税义务人，非居民纳税义务人承担有限纳税义务，即仅就其来源于中国境内的所得，向中国缴纳个人所得税。《个人所得税法》规定，非居民纳税义务人是指"在中国境内无住所又不居住，或者无住所而一个纳税年度内在中国境内居住累计不满 183 天的个人"。也就是说，非居民纳税义务人，是指习惯性居住地不在中国境内，而且不在中国居住，或者一个纳税年度内，在中国境内居住不满 183 天的个人。在实际生活中，习惯性居住地不在中国境内的个人，只有外籍人员、华侨或香港、澳门和台湾同胞。因此，非居民纳税义务人，实际上只能是在一个纳税年度中，没有在中国境内居住，或者在中国境内居住不满 183 天的外籍人员、华侨或香港、澳门、台湾同胞。

自 2019 年 3 月 14 日起，对境内居住的天数和境内实际工作期间按以下规定为准：

（1）判定纳税义务及计算在中国境内的居住天数。

对在中国境内无住所的个人，需要计算确定其在中国境内居住天数，以便依照税法和协定或安排的规定判定其在华负有何种纳税义务时，均应以该个人实际在华逗留天数计算。根据财政部、税务总局《关于在中国境内无住所的个人居住时间判定标准的公告》（财政部 税务总局公告 2019 年第 34 号）规定：无住所个人一个纳税年度内在中国境内累计居住天数，按照个人在中国境内累计停留的天数计算。在中国境内停留的当天满 24 小时的，计入中国境内居住天数，在中国境内停留的当天不足 24 小时的，不计入中国境内居住天数。

上述个人入境、离境、往返或多次往返境内外的当日，在中国境内停留当天不足 24 小时，不计入中国境内居住天数。

（2）个人入、离境当日及在中国境内实际工作期间的判定。

对在中国境内、境外机构同时担任职务或仅在境外机构任职的境内无住所个人，按财政部、税务总局《关于非居民个人和无住所居民个人有关个人所得税政策的公告》（财政部 税务总局公告 2019 年第 35 号）第一条的规定计算其境内工作期间时，对其入境、离境、往返或多次往返境内外的当日，按照半天计算在华实际工作天数。

二、个人所得税纳税人的税收筹划

（一）居民纳税义务人与非居民纳税义务人的转换

个人所得税的纳税义务人，根据纳税人的住所和其在中国境内居住的时间，分为居民纳税人和非居民纳税人。由于对这两种纳税人的税收政策不同，因此纳税人应该把握这一尺度，合法筹划。居民和非居民个人的纳税义务，如表 5-1 所示。

表 5-1   居民与非居民个人的纳税义务

一年内累计居住时间（X）	连续在中国境内居住累计满183天的年度（Y）	在中国境内的纳税义务
X≤90 天		- 境外支付的境内所得：免税 - 境内支付的所得：纳税
90 天＜X＜183 天		- 境内、境外支付的境内所得：纳税
X≥183 天	Y≤6 年	- 境内所得、境内支付的境外所得：纳税 - 境外支付的境外所得：免税（需备案）
X≥183 天	Y＞6 年	- 境内外全部所得：纳税

根据《中华人民共和国个人所得税法实施条例》（以下简称《个人所得税法实施条例》）规定，如果在中国境内居住累计满 183 天的任一年度中有一次离境超过 30 天的，其在中国境内居住累计满 183 天的年度的连续年限重新起算。

【例 5-1】美国工程师约翰先生受雇于美国总公司，因工作需要，约翰需要被美国总公司派往中国分公司北京业务区工作，工作期间中国分公司每月支付工资 2 万元，美国总公司每月支付公司 3 万元。在此期间，约翰需要回国述职，问约翰应该如何安排自己的工作时间才能使其税负最小？

约翰先生要想实现税负最小，只要通过合理地安排在中国境内的工作时间，即可减轻中国境内的个人所得税税负。

方案一：若约翰工作期间为 9 个月，则其可以选择在 2020 年 10 月 3 日来中国，并在 2021 年 6 月 30 日前离开中国，即两个纳税年度都不成为中国个人所得税的居民纳税人。根据《个人所得税法实施条例》规定，约翰 2021 年就来自境内与境外支付的所得纳税，而因为 2020 年在境内的居住天数不超过 90 天，2020 年度只用就在境内工作期间中国分公司支付的工资纳税，这样能够最大限度地降低约翰在中国境内的个人所得税税负。

方案二：若约翰先生需要在中国履职一年，并在一年中需要回国述职，则其最好在 2020 年的 4 月初入境，并在 2021 年的 3 月末离境回国，述职时间安排在 2020 年度，这样约翰先生在 2021 年则不是中国居民纳税人，并且因为 2021 年度在境内居住时间不超过 90 天，约翰先生只需要对中国分公司支付的合计 6 万元工资薪金缴纳个人所得税。

当然，因为美国实行的是居民税收管辖权，约翰从美国总公司及中国分公司取得的所得均要按美国税法缴纳个人所得税，而约翰在中国境内缴纳的个人所得税可在美国得到相应的税收抵免。此时应分析他在美国的纳税情况，以便综合考虑。

（二）通过人员住所（居住地）变动、人员流动降低税收负担

1. 通过人员的住所（居住地）变动降低税收负担

通过人员的住所（居住地）变动，是从住所（居住地）的角度考虑个人所得税的税收筹划。个人通过个人的住所或居住地跨越税境的迁移，也就是当事人把自己的居所迁出某一国，但又不在任何地方取得住所，从而部分免除个人所得税的纳税义务。这样，一些从事跨国活动的人员就可以自由地游离于各国之间，而不至于成为哪一个国家的居民纳税人，从而达到少缴税或不缴税的目的。例如，根据我国税法，在我国境内无住所而且居住不满 183 天的个人，不用就其境外所得向我国缴纳个人所得税。这样，一个人在我国居住的时间只要不满 183 天（在其他国家居住，其时间只要不满该国有关所得税法所规定的期限），就不用就其全部收入缴纳个人所得税，从而达到了降低税收负担的目的。

2. 通过人员流动降低税收负担

通过人员流动降低税收负担是从纳税人的角度考虑个人所得税的税收筹划，从本质上讲，与人员的住所变动大同小异。个人本身在不同的区域中移动以实现不缴税和少缴税的目的。例如，一个跨国自然人可以不停地从这个国家向那个国家流动，但在每一个国家停留的时间都不长，这个人就可以不成为任何国家的居民，从而不作为任何国家的居民纳税人，进而达到免予缴纳税款的目的。此外，人员的流动还有一种情况，就是在取得适当的收入之后，将财产或收入留在低税负地区，人则到高税负、低费用的地方去，如中国香港的收入高、税收负担比较低，但当地的生活费用却高，于是有的香港人在取得足够的收入后就到内地来，从而既没有承担内地的高税收负担，又躲避了中国香港的高水平消费。

（三）企业所得税纳税义务人与个体工商户纳税义务人、个人独资企业、合伙制企业的选择

随着经济的发展，个人收入水平不断提高，个人投资在经济生活中占有越来越重要的地位，个人投资也成为越来越热门的话题。作为投资者个人，在进行投资前必然会对不同的投资方式进行比较，以选择最佳方式进行投资。目前，个人可以选择的投资方式主要有：作为个体工商户，从事生产、经营和承包、承租业务；成立个人独资企业；组建合伙企业；设立有限责任制企业（企

业所得税纳税义务人）。在对这些投资方式进行比较时，如果其他因素相同，投资者应承担的税收，尤其是所得税便成为决定投资决策的关键。

在上述几种投资方式中，一般来说，在收入相同的情况下，个体工商户、个人独资企业、个人合伙制企业与有限责任制企业的税负是不一样的。有限责任制企业的税负最重，但是，由于其只承担有限责任，风险相对较小，而且在发票的申购、纳税人的认定等方面占有优势，比较容易开展业务，并且可以享受国家的一些税收优惠政策，因此这种投资方式被广泛使用；个人独资企业和合伙制企业税负相对较小，但是由于其要承担无限责任，风险较大，特别是个人独资企业还存在增值税一般纳税人认定等相关法规不健全、不易操作的现象，加剧了这类企业的风险。

【例 5 - 2】公司制经营与合伙制经营的选择

五人欲成立一家公司，预计年度利润总额为 350 000 元。目前有两种经营模式，一种公司制经营、另一种是合伙制经营，问他们选择哪种经营模式会实现税负最小，经济利益最大？

方案一：若选择公司制经营，每人占公司 20% 的股权，在无纳税调整事项的情况下，将税后利润全部分配给这五位股东。公司需要先缴纳企业所得税 87 500 元（= 350 000 × 25%），税后利润为 262 500 元，平均分配给五位股东，每个人可获得 52 500 元的股息、红利所得。按照《个人所得税法》的规定，每位股东仍需缴纳 20% 的个人所得税 10 500 元（= 52 500 × 20%），最终，每个股东实际税后净收入为 42 000 元。

方案二：若选择合伙制经营（其他条件不变），由于其不具备法人资格，按照税收法规规定，则个人合伙制企业不需要缴纳企业所得税，仅需就每个合伙人的所得缴纳适用于个体工商户生产、经营所得的个人所得税。每个股东实际分得的收入为 70 000 元，应税所得为 10 000 元（= 70 000 - 60 000），适用税率为 5%，每位股东缴纳的个人所得税为 500 元（= 10 000 × 5%），税后净收入为 69 500 元。

经比较可知，在合伙制的情况下，每位股东比公司制情况下的年税后净收入多出 27 500 元（= 69 500 - 42 000），从而实现了税负最小，经济利益最大。

需要注意的是，以上结论基于一般情况下得出，目前我国为鼓励小微企业的发展，出台了多项针对小微企业的企业所得税优惠政策，在这类特殊情况的影响下，上述结论在某一特定区间内不成立（经测算，假设利润总额为 X，当 79 万元 ≤ X < 100 万元时采用公司制经营税负较低），因此在实际操作中，我们应该结合更新的税收政策灵活筹划。

总结：纳税人采用公司制经营还是采用合伙制经营，取决于企业的经营性质与经营规模等一系列前提条件。如果采用公司制经营，需要先课征一道企业所得税，其股东所得还要缴纳一道个人所得税；如果采用合伙制经营，则只征一道个人所得税，税负会相对减少。

【例5-3】个体工商户或个人独资企业的分拆

王某开设了一个经营水暖器材的个体工商户公司，由其妻负责经营管理。王某同时也承接一些安装维修工程。预计其每年销售水暖器材的应纳税所得额为4万元，承接安装维修工程的应纳税所得额为2万元。问王某该如何经营才能实现税负最小，经济利益最大？

方案：王某可以将公司分拆成两个个体工商户或个人独资企业，由王某的企业专门承接安装维修工程，妻子的公司只销售水暖器材。在这种情况下，假定每年的收入同上，王某和妻子每年应纳的所得税分别为1 000元（=20 000×5%）和2 500元（=40 000×10%-1 500），两人合计纳税3 500元（=1 000+2 500）；而税收筹划前，王某的经营所得属个体工商户生产、经营所得，全年应纳所得税4 500元（=60 000×10%-1 500）。此时，王某每年节税1 000元（=4 500-3 500）。当然，这种转换需要支付一定的工商登记费和手续费。

总结：2000年1月1日起，我国对个人独资企业停止征收企业所得税，个人独资企业投资者的投资所得比照个体工商户的生产、经营所得征收个人所得税。这样一来，个人独资企业的投资者所承担的税负将因年应纳税所得额及适用税率的不同而有所不同。在一般情况下，应纳税所得额越少，对应的税率越低，税负也越轻；反之则相反。我们可以利用分拆法，将一个个体工商户分拆成两个个体工商户或个人独资企业，通过对税基大的应纳税所得额进行分解来获得税收利益。

第二节 个人所得税计税依据的税收筹划

一、个人所得税的征税范围

个人所得税的征税范围是规定哪些所得应该纳税，计税依据是规定对不同的所得项目应如何确定应纳税所得额，从而计算纳税。这两个问题密不可分，而且在进行税收筹划时主要是将不同收入项目之间的变换和对扣除标准的使用结合在一起，因而本章将两者先放在一起介绍。

（一）综合所得征税范围

1. 工资、薪金所得

工资、薪金所得，是指个人因任职或者受雇而取得的工资、薪金、奖金、年终加薪、劳动分红、津贴、补贴以及与任职或者受雇有关的其他所得。

一般来说，工资、薪金所得属于非独立个人劳动所得。所谓非独立个人劳动，是指个人所从事的是由他人指定、安排并接受管理的劳动，工作或服务于公司、工厂、行政事业单位的人员（私营企业主除外）均为非独立劳动者。他们从上述单位取得的劳动报酬，是以工资、薪金的形式体现的。在这类报酬中，工资和薪金的收入主体略有差异。通常情况下，把直接从事生产、经营或服务的劳动者（工人）的收入称为工资，即所谓"蓝领阶层"所得；而将从事社会公职或管理活动的劳动者（公职人员）的收入称为薪金，即所谓"白领阶层"所得。但实际立法过程中，各国都从简便易行的角度考虑，将工资、薪金合并为一个项目计征个人所得税。

除工资、薪金以外，奖金、年终加薪、劳动分红、津贴、补贴也被确定为工资、薪金范畴。其中，年终加薪、劳动分红不分种类和取得情况，一律按工资、薪金所得课税。津贴、补贴等则有例外。根据我国目前个人收入的构成情况，规定对于一些不属于工资、薪金性质的补贴、津贴或者不属于纳税人本人工资、薪金所得项目的收入，不予征税。这些项目包括：

（1）独生子女补贴。

（2）执行公务员工资制度未纳入基本薪金工资总额的补贴、津贴差额和家属成员的副食品补贴。

（3）托儿补助费。

（4）差旅费津贴、误餐补助。其中，误餐补助是指按照财政部规定，个人因公在城区、郊区工作，不能在工作单位或返回就餐的，根据实际误餐顿数，按规定的标准领取的误餐费。单位以误餐补助名义发给职工的补助、津贴不能包括在内。

（5）外国来华留学生，领取的生活津贴费、奖学金，不属于工资、薪金范畴，不征收个人所得税。

奖金是指所有具有工资性质的奖金，免税奖金的范围在税法中另有规定。

公司职工取得的用于购买企业国有股权的劳动分红，按"工资、薪金所得"项目计征个人所得税。

出租车汽车经营单位对出租车驾驶员采取单车承包或承租方式运营，出租车驾驶员从事客货运营取得的收入，按工资、薪金所得征税。

2. 劳务报酬所得

劳务报酬所得，指个人独立从事各种非雇用的各种劳务所取得的所得。内容如下：

（1）设计。指按照客户的要求，代为制定工程、工艺等各类设计业务。

（2）装潢。指接受委托，对物体进行装饰、修饰，使之美观或具有特定用途的作业。

（3）安装。指按照客户要求，对各种机器、设备的装配、安置，以及与机器、设备相连的附属设施的装设和被安装机器设备的绝缘、防腐、保温、油漆等工程作业。

（4）制图。指受托按实物或设想物体的形象，依体积、面积、距离等，用一定比例绘制成平面图、立体图、透视图等的业务。

（5）化验。指受托用物理或化学方法，检验物质的成分和性质等业务。

（6）测试。指利用仪器仪表或其他手段代客对物品的性能和质量进行检测试验的业务。

（7）医疗。指从事各种病情诊断、治疗等医护业务。

（8）法律。指受托担任辩护律师、法律顾问，撰写辩护词、起诉书等法律文书的业务。

（9）会计。指受托从事会计核算的业务。

（10）咨询。指对客户提出的政治、经济、科技、法律、会计、文化等方面的问题进行解答、说明的业务。

（11）讲学。指应邀（聘）进行讲课、作报告、介绍情况等业务。

（12）翻译。指受托从事中、外语言或文字的翻译（包括笔译和口译）的业务。

（13）审稿。指对文字作品或图形作品进行审查、核对的业务。

（14）书画。指按客户要求，或自行从事书法、绘画、题词等业务。

（15）雕刻。指代客镌刻图章、牌匾、碑、玉器、雕塑等业务。

（16）影视。指应邀或应聘在电影、电视节目中出任演员，或担任导演、音响、化妆、道具、制作、摄影等与拍摄影视节目有关的业务。

（17）录音。指用录音器械代客录制各种音响带的业务，或者应邀演讲、演唱、采访而被录音的服务。

（18）录像。指用录像器械代客录制各种图像、节目的业务，或者应邀表演、采访被录像的业务。

（19）演出。指参加戏剧、音乐、舞蹈、曲艺等文艺演出活动的业务。

（20）表演。指从事杂技、体育、武术、健美、时装、气功以及其他技巧性表演活动的业务。

（21）广告。指利用图书、报纸、杂志、广播、电视、电影、招贴、路牌、橱窗、霓虹灯、灯箱、墙面及其他载体，为介绍商品、经营服务项目、文体节目或通告、声明等事项，所做的宣传和提供相关服务的业务。

（22）展览。指举办或参加书画展、影展、盆景展、邮展、个人收藏品展、花鸟虫鱼展等各种展示活动的业务。

（23）技术服务。指利用一技之长而进行技术指导、提供技术帮助的业务。

（24）介绍服务。指介绍供求双方商谈，或者介绍产品、经营服务项目等服务的业务。

（25）经纪服务。指经纪人通过居间介绍，促成各种交易和提供劳务等服务的业务。

（26）代办服务。指代委托人办理受托范围内的各项事宜的业务。

（27）其他劳务。指上述列举26项劳务项目之外的各种劳务。

自2004年1月20日起，对商品营销活动中，企业和单位对其营销业绩突出的非雇员以培训班、研讨会、工作考察等名义组织旅游活动，通过免收差旅费、旅游费对个人实行的营销业绩奖励（包括实物、有价证券等），应根据所发生费用的全额作为该营销人员当期的劳务收入，按照"劳务报酬所得"项目征收个人所得税，并由提供上述费用的企业和单位代扣代缴。

在实际操作过程中，还可能出现难以判定一项所得是属于工资、薪金所得，还是属于劳务报酬所得的情况。这两者的区别在于：工资、薪金所得是属于非独立个人劳务活动，即在机关、团体、学校、部队、企业、事业单位及其他组织中任职、受雇而得到的报酬；而劳务报酬所得，则是个人独立从事各种技艺、提供各项劳务取得的报酬。

3. **稿酬所得**

稿酬所得，是指个人因其作品以图书、报刊形式出版、发表而取得的所得。将稿酬所得独立划归一个征税项目，而对不以图书、报刊形式出版、发表的翻译、审稿、书画所得归为劳务报酬所得，主要是考虑了出版、发表作品的特殊性。第一，它是一种依靠较高智力创作的精神产品；第二，它具有普遍性；第三，它与社会主义精神文明和物质文明密切相关；第四，它的报酬相对偏低。因此，稿酬所得应当与一般劳务报酬相区别，并给予适当优惠照顾。

4. **特许权使用费所得**

特许权使用费所得，是指个人提供专利权、商标权、著作权、非专利技术以及其他特许权的使用权取得的所得。提供著作权的使用权取得的所得，不包括稿酬所得。

专利权，是由国家专利主管机关依法授予专利申请人或其权利继承人在一定期间内实施其发明创造的专有权。对于专利权，许多国家只将提供他人使用取得的所得，列入特许权使用费，而将转让专利权所得列为资本利得税的征税对象。我国没有开征资本利得税，故将个人提供和转让专利权取得的所得，都列入特许权使用费所得征收个人所得税。

商标权，即商标注册人享有的商标专用权。著作权，即版权，是作者依法对文学、艺术和科学作品享有的专有权。个人提供或转让商标权、著作权、专有技术或技术秘密、技术诀窍取得的所得，应当依法缴纳个人所得税。

（二）经营所得

2019年新《个人所得税法》将原税法下的个体工商户、个人独资企业、合伙企业的生产经营所得以及企事业单位的承包经营、承租经营所得统一整合为经营所得。目前的经营所得是指：

（1）个体工商户从事生产、经营活动取得的所得，个人独资企业投资人、合伙企业的个人合伙人来源于境内注册的个人独资企业、合伙企业生产、经营的所得。个体工商户以业主为个人所得税纳税义务人。

（2）个人依法从事办学、医疗、咨询以及其他有偿服务活动取得的所得。

（3）个人对企业、事业单位承包经营、承租经营以及转包、转租取得的所得。对企事业单位的承包经营、承租经营所得，是指个人承包经营或承租经营以及转包、转租取得的所得。承包项目可分多种，如生产经营、采购、销售、建筑安装等各种承包。转包包括全部转包或部分转包。

（4）个人从事其他生产、经营活动取得的所得。例如，个人因从事彩票代销业务而取得的所得，或者从事个体出租车运营的出租车驾驶员取得的收入，都应按照"经营所得"项目计征个人所得税。这里所说的从事个体出租车运营，包括：出租车属个人所有，但挂靠出租汽车经营单位或企事业单位，驾驶员向挂靠单位缴纳管理费的，或出租汽车经营单位将出租车所有权转移给驾驶员的。

注意：个体工商户和从事生产、经营的个人，取得与生产、经营活动无关的其他各项应税所得，应分别按照其他应税项目的有关规定，计算征收个人所得税。如取得银行存款的利息所得、对外投资取得的股息所得，应按"股息、利息、红利所得"项目的规定单独计征个人所得税。个人独资企业、合伙企业的个人投资者以企业资金为本人、家庭成员及其相关人员支付与企业生产经营无关的消费性支出及购买汽车、住房等财产性支出，视为企业对个人投资者的利润分配，并入投资者个人的生产经营所得，依照"经营所得"项目计征个人所得税。

（三）利息、股息、红利所得

利息、股息、红利所得，是指个人拥有债权、股权而取得的利息、股息、红利所得。利息，是指个人拥有债权而取得的利息，包括存款利息、贷款利息和各种债券的利息。按税法规定，个人取得的利息所得，除国债和国家发行的金融债券利息外，应当依法缴纳个人所得税。股息、红利，是指个人拥有股权取得的股息、红利。按照一定的比率对每股发给的息金为股息；公司、企业应分配的利润，按股份分配的为红利。股息、红利所得，除另有规定外，都应当缴纳个人所得税。

除个人独资企业、合伙企业以外的其他企业的个人投资者，以企业资金为本人、家庭成员及其相关人员支付与企业生产经营无关的消费性支出及购买汽车、住房等财产性支出，视为企业对个人投资者的红利分配，依照"利息、股息、红利所得"项目计征个人所得税。企业的上述支出不允许在所得税前扣除。

纳税年度内个人投资者从其投资企业（个人独资企业、合伙企业除外）借款，在该纳税年度终了后既不归还又未用于企业生产经营的，其未归还的借款可视为企业对个人投资者的红利分配，依照"利息、股息、红利所得"项目计征个人所得税。

（四）财产租赁所得

财产租赁所得，是指个人出租建筑物、土地使用权、机器设备、车船以及其他财产取得的所得。

个人取得的财产转租收入，属于"财产租赁所得"的征税范围，由财产转租人缴纳个人所得税。

（五）财产转让所得

财产转让所得，是指个人转让有价证券、股权、建筑物、土地使用权、机器设备、车船以及其他财产取得的所得。

在实际生活中，个人进行的财产转让主要是个人财产所有权的转让。财产转让实际上是一种买卖行为，当事人双方通过签订、履行财产转让合同，形成财产买卖的法律关系，使出让财产的个人从对方取得价款（收入）或其他经济利益。财产转让所得因其性质的特殊性，需要单独列举项目征税。对个人取得的各项财产转让所得，除股票转让所得外，都要征收个人所得税。具体规定为：

1. 股票转让所得

根据《个人所得税法实施条例》规定，对股票转让所得征收个人所得税的办法，由国务院另行规定，并报全国人民代表大会常务委员会备案。为了配合企业改制，促进股票市场的稳健发展，经报国务院批准，从 1997 年 1 月 1 日起，对个人转让上市公司股票取得的所得继续暂免征收个人所得税。

2. 量化资产股份转让

集体所有制企业在改制为股份合作制企业时，对职工个人以股份形式取得的拥有所有权的企业量化资产，暂缓征收个人所得税；待个人将股份转让时，就其转让收入额，减除个人取得该股份时实际支付的费用支出和合理转让费用后的余额，按"财产转让所得"项目计征个人所得税。

（六）偶然所得

偶然所得，是指个人得奖、中奖、中彩以及其他偶然性质的所得。得奖是指参加各种有奖竞赛活动，取得名次得到的奖金；中奖、中彩是指参加各种有奖活动，如有奖销售、有奖储蓄或者购买彩票，经过规定程序，抽中、摇中号码而取得的奖金。偶然所得应缴纳的个人所得税税款，一律由发奖单位或机构代扣代缴。

个人取得的所得，难以界定应纳税所得项目的，由国务院税务主管部门确定。

二、个人所得税计税依据的法律界定

由于个人所得税的应税税目不同，并且取得某项所得所需的费用也不相同，因此计算个人应纳税所得额时，需按不同应税项目分项计算，以某应税项目的收入额减去税法规定的该项费用减除标准后的余额为该项应纳税所得额。

（一）每次收入的确定

《个人所得税法》对纳税义务人的征税方法有三种：一是按年计征，如经营所得，居民个人取得的综合所得；二是按月计征，如非居民个人取得的工资、薪金所得；三是按次计征，如利息、股息、红利所得，财产租赁所得，偶然所得，非居民个人取得的劳务报酬所得，稿酬所得，特许权使用费六项所得。此外，居民个人取得的综合所得中的劳务报酬所得、稿酬所得、特许权使用费三项所得，在每月取得收入并预扣预缴税款时，仍然需要按次来计算预缴税额。在按次征收情况下，由于扣除费用依据每次应纳税所得额的大小，分别规定了定额和定率两种标准。因此，无论是从正确贯彻税法的立法精神、维护纳税义务人的合法权益方面来看，还是从避免税收漏洞、防止税款流失、保证国家税收收入方面来看，如何准确划分"次"，都是十分重要的。《个人所得税法实施条例》中对前述6项所得的"次"做出了明确规定。具体是：

第一，财产租赁所得，以一个月内取得的收入为一次。

第二，利息、股息、红利所得，以支付利息、股息、红利时取得的收入为一次。

第三，偶然所得，以每次取得该项收入为一次。

第四，非居民个人取得劳务报酬所得、稿酬所得、特许权使用费所得，根据不同所得项目的特点，分别规定为：

（1）只有一次性收入的，以取得该项收入为一次。

①劳务报酬所得，属于一次性收入的，应以每次提供劳务取得的收入为一次。例如从事设计、安装、装潢、制图、化验、测试等劳务，往往是接受客户的委托，按照客户的要求，完成一次劳务后取得收入。如果一次性劳务报酬收入是以分月支付方式取得的，则适用于"同一事项连续取得收入，以一个月内取得的收入为一次"的规定。

②稿酬所得，以每次出版、发表取得的收入为一次，不论出版单位是预付还是分笔支付稿酬，或者加印该作品后再付稿酬，均应合并其稿酬所得按一次计征个人所得税。具体又可细分为：

同一作品再版取得的所得，应视作另一次稿酬所得计征个人所得税。

同一作品先在报刊上连载，然后再出版，或先出版，再在报刊上连载的，应视为两次稿酬所得征税。即连载作为一次，出版作为另一次。

同一作品在报刊上连载取得收入的，以连载完成后取得的所有收入合并为一次，计征个人所得税。

同一作品在出版和发表时，以预付稿酬或分次支付稿酬等形式取得的稿酬收入，应合并计算为一次。

同一作品出版、发表后，因添加印数而追加稿酬的，应与以前出版、发表时取得的稿酬合并计算为一次，计征个人所得税。

在两处或两处以上出版、发表或再版同一作品而取得稿酬所得，则可分别就各处取得的所得或再版所得按分次所得计征个人所得税。

作者去世后，对取得其遗作稿酬的个人，按"稿酬所得"项目征收个人所得税。

③特许权使用费所得，以某项使用权的一次转让所取得的收入为一次。一个非居民个人，可能不仅拥有一项特许权，每一项特许权的使用权也可能不止一次地向我国境内提供。因此，对特许权使用费所得的"次"的界定，明确为以每一项使用权的每次转让所取得的收入为一次。如果该次转让取得的收入是分笔支付的，则应将各笔收入相加，计征个人所得税。

（2）属于同一事项连续取得收入的，以1个月内取得的收入为一次。例如，某外籍歌手（非居民个人）与某演出场所签约，在2021年的某一段时间内每天到某演出场所演唱一次，每次演出后付酬500元。在计算其劳务报酬所得时，应视为同一事项的连续性收入，以其1个月内取得的收入为一次计征个人所得税，而不能以每天取得的收入为一次。

（二）费用减除标准

（1）居民个人取得综合所得，按纳税年度合并计算个人所得税，以每年收入额减除费用6万元以及专项扣除、专项附加扣除和依法确认的其他扣除后的余额，为应纳税所得额。以上扣除额以居民个人一个纳税年度的应纳税所得额为限额；一个纳税年度扣除不完的，不结转以后年度扣除。

（2）非居民个人的工资、薪金所得，以每月收入额减除5 000元后的余额为应纳税所得额；劳务报酬所得、稿酬所得、特许权使用费所得，以每次收入额为应纳税所得额。

（3）专项扣除，包括居民个人按照国家规定的范围和标准缴纳的基本养老保险、基本医疗保险、失业保险等社会保险费用和住房公积金等。

（4）专项附加扣除，包括子女教育、继续教育、大病医疗、住房贷款利息或者住房租金、赡养老人、3岁以下婴幼儿照护等支出。

①子女教育专项附加扣除。纳税人年满3岁的子女接受学前教育和学历教育的相关支出，按照每个子女每月1 000元（每年12 000元）的标准定额扣除。学前教育包括年满3岁至小学入学前教育；学历教育包括义务教育（小学、初中教育）、高中阶段教育（普通高中、中等职业、技工教育）、高等教育（大学专科、大学本科、硕士研究生、博士研究生教育）。

每个子女每月扣除1 000元，多个符合扣除条件的子女，每个子女均可享受扣除。父母可以选择由其中一方按扣除标准的100%扣除，也可以选择由双方分别按扣除标准的50%扣除，具体扣除方式在一个纳税年度内不能变更。

起止时间：学前教育：子女满三周岁的当月至小学入学前一个月；全日制学历教育：入学当月至教育结束当月。

备查资料：纳税人子女在中国境外接受教育的，纳税人应当留存境外学校录取通知书、留学签证等相关教育的证明资料。

②继续教育专项附加扣除。纳税人在中国境内接受学历（学位）继续教育的支出，在学历（学位）教育期间按照每月 400 元（每年 4 800 元）定额扣除。同一学历（学位）继续教育的扣除期限不能超过 48 个月（4 年）。纳税人接受技能人员职业资格继续教育、专业技术人员职业资格继续教育支出，在取得相关证书的当年，按照 3 600 元定额扣除。

个人接受本科及以下学历（学位）继续教育，符合税法规定扣除条件的，可以选择由其父母扣除，也可以选择由本人扣除。

起止时间：学历（学位）继续教育，入学的当月至教育结束的当月，但同一学历（学位）继续教育的扣除期限最长为 48 个月（4 年）；职业资格继续教育，取得相关职业资格继续教育证书上载明的发证（批准）日期的所属年度，即为可以享受扣除的年度，但由于专项附加扣除政策从 2019 年 1 月 1 日开始生效，该证书应当为 2019 年后取得。

备查资料：纳税人接受技能人员职业资格继续教育、专业技术人员职业资格继续教育的，应当留存相关证书等资料备查。

③大病医疗专项附加扣除。在一个纳税年度内，纳税人发生的与基本医保相关的医药费用支出，扣除医保报销后个人负担（指医保目录范围内的自付部分）累计超过 15 000 元的部分，由纳税人在办理年度汇算清缴时，在 80 000 元限额内据实扣除。

纳税人发生的医药费用支出可以选择由本人或者其配偶扣除；未成年子女发生的医药费用支出可以选择由其父母一方扣除。纳税人及其配偶、未成年子女发生的医药费用支出，应按前述规定分别计算扣除额。注意：子女成年后发生的医药费用支出，父母不能扣除；老人发生的医药费用支出，子女不能扣除。

本项扣除凭据为医药服务收费及医保报销相关票据原件（或复印件）；或者医疗保障部门出具的医药费用清单等。

备查资料：纳税人应当留存医药服务收费及医保报销相关票据原件（或复印件）等资料备查。

④住房贷款利息专项附加扣除。纳税人本人或配偶，单独或共同使用商业银行或住房公积金个人住房贷款，为本人或其配偶购买中国境内住房，发生的首套住房贷款利息支出，在实际发生贷款利息的年度，按照每月 1 000 元（每年 12 000 元）的标准定额扣除，扣除期限最长不超过 240 个月（20 年）。纳税人只能享受一套首套住房贷款利息扣除。所称首套住房贷款是指购买住房享受首套住房贷款利率的住房贷款。

经夫妻双方约定，可以选择由其中一方扣除，具体扣除方式确定后，在一个纳税年度内不得变更。夫妻双方婚前分别购买住房发生的首套住房贷款，其贷款利息支出，婚后可以选择其中一套购买的住房，由购买方按扣除标准的100%扣除，也可以由夫妻双方对各自购买的住房分别按扣除标准的50%扣除，具体扣除方式在一个纳税年度内不能变更。

起止时间：贷款合同约定开始还款的当月至贷款全部还清或贷款合同终止的当月，但扣除期限最长为240个月。

备查资料：纳税人应当留存住房贷款合同、贷款还款支出凭证备查。

⑤住房租金专项附加扣除。纳税人在主要工作城市没有自有住房而发生的住房租金支出，可以按照以下标准定额扣除：直辖市、省会（首府）城市、计划单列市以及国务院确定的其他城市，扣除标准为每月1 500元（每年18 000元）；除上述所列城市外，市辖区户籍人口超过100万的城市，扣除标准为每月1 100元（每年13 200元）；市辖区户籍人口不超过100万的城市，扣除标准为每月800元（每年9 600元）。

市辖区户籍人口，以国家统计局公布的数据为准。

所称主要工作城市是指纳税人任职受雇的直辖市、计划单列市、副省级城市、地级市（地区、州、盟）全部行政区域范围；纳税人无任职受雇单位的，为受理其综合所得汇算清缴的税务机关所在城市。夫妻双方主要工作城市相同的，只能由一方扣除住房租金支出。夫妻双方主要工作城市不同的，且各自在其主要工作城市都没有住房的，可以分别扣除住房租金支出。但纳税人及其配偶在同一个纳税年度内不得同时分别享受住房贷款利息专项附加扣除和住房租金专项附加扣除。

住房租金支出由签订租赁住房合同的承租人扣除。

备查资料：本项扣除凭据为住房租赁合同、协议等。

⑥赡养老人专项附加扣除。纳税人赡养一位及以上年满60岁的父母（生父母、继父母、养父母）以及子女均已去世的年满60岁的祖父母、外祖父母的赡养支出，统一按以下标准定额扣除：

纳税人为独生子女的，按照每月2 000元（每年24 000元）的标准定额扣除；纳税人为非独生子女的，由其与兄弟姐妹分摊每2 000元（每年24 000元）的扣除额度，每人分摊的额度最高不得超过每月1 000元（每年12 000元）。可以由赡养人均摊或者约定分摊，也可以由被赡养人指定分摊。约定或者指定分摊的须签订书面分摊协议，指定分摊优于约定分摊。具体分摊方式和额度在一个纳税年度内不得变更。

起止时间：被赡养人年满60周岁的当月至赡养义务终止的年末。

备查资料：采取约定或指定分摊方式的，需留存分摊协议备查。

⑦3 岁以下婴幼儿照护专项附加扣除。自 2022 年 1 月 1 日起，纳税人照护 3 岁以下婴幼儿子女的相关支出，在计算缴纳个人所得税前按照每名婴幼儿每月 1 000 元的标准定额扣除。具体扣除方式上，可选择由夫妻一方按扣除标准的 100% 扣除，也可选择由夫妻双方分别按扣除标准的 50% 扣除。监护人不是父母的，也可以按上述政策规定扣除。

备查资料包括：子女的出生医学证明等资料。

（5）依法确定的其他扣除，包括个人缴付符合国家规定的企业年金、职业年金，个人购买的符合国家规定的商业健康保险、税收递延型商业养老保险的支出，以及国务院规定可以扣除的其他项目。

（6）劳务报酬所得、稿酬所得、特许权使用费所得在汇算清缴时以收入减除 20% 的费用后的余额为收入额，稿酬所得的收入额减按 70% 计算。个人兼有不同的劳务报酬所得，应当分别减除费用，计算缴纳个人所得税。

（7）经营所得，以每一纳税年度的收入总额减除成本、费用以及损失后的余额，为应纳税所得额。

成本、费用，是指生产、经营活动中发生的各项直接支出和分配计入成本的间接费用以及销售费用、管理费用、财务费用；所称损失，是指生产、经营活动中发生的固定资产和存货的盘亏、毁损、报废损失，转让财产损失，坏账损失，自然灾害等不可抗力因素造成的损失以及其他损失。

取得经营所得的个人，没有综合所得的，在计算其每一纳税年度的应纳税所得额时，应当减除费用 60 000 元、专项扣除、专项附加扣除以及依法确定的其他扣除。专项附加扣除在办理汇算清缴时减除。

纳税人从事生产、经营活动，未提供完整、准确的纳税资料，不能正确计算应纳税所得额的，由主管税务机关核定其应纳税所得额或者应纳税额。

（8）财产租赁所得，每次收入不超过 4 000 元的，减除费用 800 元；4 000 元以上的，减除 20% 的费用，其余额为应纳税所得额。

（9）财产转让所得，以转让财产的收入额减除财产原值和合理费用后的余额，为应纳税所得额。财产原值，按照下列方法计算：

①有价证券，为买入价以及买入时按照规定缴纳的有关费用。

②建筑物，为建造费或者购进价格以及其他有关费用。

③土地使用权，为取得土地使用权所支付的金额、开发土地的费用以及其他有关费用。

④机器设备、车船，为购进价格、运输费、安装费以及其他有关费用。

⑤其他财产，参照以上方法确定。

纳税义务人未提供完整、准确的财产原值凭证，不能正确计算财产原值的，由主管税务机关核定其财产原值。

上述的合理费用，是指卖出财产时按照规定支付的有关税费。

（10）利息、股息、红利所得和偶然所得，以每次收入额为应纳税所得额。

（三）应纳税所得额的其他规定

（1）个人将其所得通过中国境内的公益性社会组织、国家机关向教育、扶贫、济困等公益慈善事业的捐赠，捐赠额未超过纳税人申报的应纳税所得额30%的部分，可以从其应纳税所得额中扣除；国务院规定对公益慈善事业捐赠实行全额税前扣除的，从其规定。

（2）个人所得的形式，包括现金、实物、有价证券和其他形式的经济利益；所得为实物的，应当按照取得的凭证上所注明的价格计算应纳税所得额，无凭证的实物或者凭证上所注明的价格明显偏低的，参照市场价格核定应纳税所得额；所得为有价证券的，根据票面价格和市场价格核定应纳税所得额；所得为其他形式的经济利益的，参照市场价格核定应纳税所得额。

（3）居民个人从中国境外取得的所得，可以从其应纳税额中抵免已在境外缴纳的个人所得税税额，但抵免额不得超过该纳税人境外所得依照税法规定计算的应纳税额。

（4）所得为人民币以外货币的，按照办理纳税申报或者扣缴申报的上一月最后一日人民币汇率中间价，折合成人民币计算应纳税所得额。年度终了后办理汇算清缴的，对已经按月、按季或者按次预缴税款的人民币以外货币所得，不再重新折算；对应当补缴税款的所得部分，按照上一纳税年度最后一日人民币汇率中间价，折合成人民币计算应纳税所得额。

（5）对个人从事技术转让、提供劳务等过程中所支付的中介费，如能提供有效、合法凭证的，允许从其所得中扣除。

三、个人所得税计税依据的税收筹划

依据我国个人所得税关于计税依据规定的内容，可以通过支付方式的改变、收入类型的转换、收入性质的改变、支付次数的增多等方式影响或减少个人所得税的计税依据，进而降低个人所得税税收负担。

（一）综合所得的税收筹划

为贯彻"逐步建立综合与分类相结合的个人所得税制"的改革，我国2018 年修订的《个人所得税法》中引入了综合所得的概念，将工资薪金、劳务报酬、稿酬和特许权使用费四项收入纳入综合征税范围，居民个人按年合并计算个人所得税，非居民个人按月或者按次分项计算个人所得税，统一实行最低税率为 3%、最高税率为 45% 的七级超额累进税率，当取得的收入达到某一档次时，就要支付与该档次税率相适应的税额。但是，居民个人的综合所得是根据年度实际收入水平渐进课税，这就为税收筹划创造了条件。

1. 工资、薪金福利化

取得高薪是提高一个人消费水平的主要手段，但因为工资薪金实行的个人所得税税率是累进的，当累进到一定程度，新增薪金带给纳税人的可支配现金将会逐步减少，所以把纳税人现金性工资转为提供福利，在带来相同消费满足程度的同时，还可少缴个人所得税。

（1）企业提供住所。个人所得税是就个人的收入总额划分档次课税，对个人的支出只确定一个固定的扣除额，这样收入越高，支付的税金就越多，故企业将住房费直接支付给个人就会造成个人较多的税收负担。如果企业对个人租用的房子采取企业支付或支付个人现金两种不同的方式，就会造成个人的税收负担和收入水平的差异。因此，在受聘时，应与雇主协商，由雇主支付个人在工作期间的寓所租金，而薪金则在原有基础上做适当调整。这样一来，个人则可因此降低个人所得税中工薪应负担的税收。

【例 5-4】某公司会计师张先生的工作地点为某省会城市，每月从公司获取扣除社保和住房公积金后的工资薪金所得为 8 500 元，同时张先生需租房生活，每月付房租 2 500 元，除去房租，张先生可用的收入为 6 000 元。已知除去住房租金外，张先生当年度不能享受其他专项附加扣除和依法确定的其他扣除，问张先生若想实现税负最小，经济利益最大该怎么做？

方案：张先生若从公司领取工资薪金，自己租房生活，则张先生年度应纳税所得额为 24 000 元（＝8 500×12－60 000－1 500×12），应纳的个人所得税为：24 000×3%＝720（元）。

如果公司为张先生提供免费住房，每月工资下调到 6 000 元，则张先生的应纳个人所得税为：（6 000－5 000）×12×3%＝360（元）。

筹划后，张先生每年可节省 360 元（＝720－360），而公司也没有增加支出。

总结：需要指出的是，一般意义上将工资薪金福利化，不以现金的形式发放给员工，可以规避员工的个人所得税，但是本案例中，公司为张先生提供免费住房的涉税问题却值得我们认真探讨。

①若公司为张先生提供的免费住房，其产权属于公司，则张先生的个人所得税可以通过工资薪金的福利化实现税负减少。但同时根据《财政部　国家税务总局关于房产税城镇土地使用税有关问题的通知》（财税〔2009〕128号）第一条规定："无租使用其他单位房产的应税单位和个人，依照房产余值代缴纳房产税。"张先生需要代缴公司的房产税。

②若公司为张先生提供的免费住房是公司向公司外个人租赁的，则张先生不需要代缴纳房产税。

③若公司为张先生提供的免费住房是公司向房屋租赁公司租赁，则公司可以获得不动产租赁的增值税进项税专用发票，但是由于房屋租赁用于个人消费，则此项进项税额不能从销项税额中抵扣。

④企业将张先生的工资薪金福利化，将使得公司可在企业所得税前扣除的成本费用减少2 000元，归于职工福利费的租金支出仅能在工资薪金14%以内限额扣除，这可能会使得企业产生多缴纳企业所得税的税务风险。

需要指出的是，以上三个方案中张先生个人所得税税负变化在实践中仍然值得商榷。若张先生接受公司提供的免费住房不被税务机关判定为与工资薪金中与受雇有关的其他所得，则张先生的个人所得税税负可以得到减免；若张先生接受公司提供的免费住房被税务机关判定为与工资薪金中与受雇有关的其他所得，则张先生的个人所得税税负并没有发生实质性变化。

（2）企业向员工提供福利设施。由企业向职工提供的各种福利设施，若不能将其转化为现金，则不被视为工资收入，从而无须计算个人所得税。这样，企业通过提高职工福利、增加其物质满足，也可少纳所得税。

①企业提供免费膳食或者由企业直接支付搭伙管理费。企业提供的膳食、餐具必须具有不可变现性，即不可转让、不能兑换现金。

②使用企业提供的家具及住宅设备。企业向职工提供住宅或由企业支付租金时，由企业集体配备家具及住宅设备，然后收取低租金。

③企业提供办公用品和设施。某些职业的工作需要专用设备，如广告设计人员需要高档计算机等。如果由职工自己购买，则职工会提出加薪的要求，而加薪就要纳税。此时由企业购买后配给职工使用，可避免纳税。

④由企业提供车辆供职工使用，该车辆不可以再租与他人使用。

⑤使用由企业缔结合约提供给职工的公共设施，如水、电、煤气、电话等。

总之，对于缴纳工资薪金所得税的个人，在前述法律允许的条件下，能福利化的尽量福利化。其节税的主要方法是在保证消费水平提高的前提下，降低所得额，规避高边际税率，最终达到减轻税负之目的。对于企业来讲，要在遵守税法的前提下，合理选择职工收入的支付方式，以帮助职工提高消费水平。一味地增加名义货币收入，从税收角度考虑并不是完全可取的。

2. 应税项目转换筹划

（1）工资薪金向劳务报酬转化。

根据税法的最新规定，工资、薪金所得与劳务报酬所得均计入纳税人的年度综合所得合并计税，综合所得在汇算清缴时统一扣除6万元的基本减除费用。劳务报酬所得以实际收入减除20%的费用后的余额并入综合所得，而工资、薪金所得在计入综合所得时是全额计入，不做任何额外的费用减除。因此，工资薪金与劳务报酬的费用扣除差异为税收筹划提供了选择思路，在某些情况下，如果将工资、薪金所得向劳务报酬转化，通过增加费用扣除，可以降低应纳税所得额，进而达到节税目的。

【例5-5】张先生同时在A公司与B公司兼职工作，取得的收入为劳务报酬所得。但因为劳务报酬每月预扣预缴时无法扣除五险一金等专项扣除，张先生决定选择与其中一家公司签订劳务合同，每月在该公司扣除专项扣除。已知张先生从A公司与B公司取得的年收入分别为50 000元、100 000元。除每月2 000元五险一金费用外，张先生没有其他的专项扣除及专项附加扣除。

方案一：如果张先生选择与A公司签订劳务合同，那么张先生从B公司取得的收入为劳务报酬所得，该部分收入在计入年度综合所得时实际计入额为8万元 $[=10\times(1-20\%)]$。当年综合所得应纳税所得额为4.6万元（$=5+8-6-0.2\times12$），当年的应纳税额为：

$4.6\times10\%-2\ 520\div10\ 000=0.21$（万元）。

方案二：如果张先生选择与B公司签订劳务合同，那么张先生从A公司取得的收入视为劳务报酬所得，该部分收入在计入年度综合所得时实际计入额为4万元 $[=5\times(1-20\%)]$。当年综合所得应纳税所得额为5.6万元（$=10+4-6-0.2\times12$），当年的应纳税额为：

$5.6\times10\%-2\ 520\div10\ 000=0.31$（万元）。

采取方案一每年可以节税0.1万元（0.31-0.21）。

因此，相比于从领取收入较多的B公司取得工资薪金，将从B公司取得的收入转换为劳务报酬所得能够更好地达到节税目的。

【例5-6】王先生是一名游戏主播，2020年共获得某公司的工资类收入60万元，如果王先生和该公司存在稳定的雇佣与被雇佣关系，则2020年取得的收入应该按工资、薪金所得缴税，假设不考虑专项扣除、专项附加扣除和其他扣除因素，王先生2020年度应纳税所得额为54万元（$=60-6$）。其2020

年度应纳税额为：

54×30% −5.29 =10.91（万元）。

如果王先生与该公司不存在雇佣与被雇佣关系，则 2020 年度取得的所得应按照劳务报酬所得缴税，其 2020 年度汇算清缴时的应纳税所得额为 42 万元［=60×（1−20%）−6］。其 2020 年度应纳税额为：

42×30% −5.29 =7.31（万元）。

因此，如果王先生与该公司解除劳动合同，则从该公司取得的劳动所得按劳务报酬所得纳税，可以节省税收 3.6 万元（=10.91−7.31）。

当然，［例5−6］是一个理想化的情况，实际上与单位解除劳动合同后是否还能与原单位保持业务联系是很复杂的，需要考虑多种因素。上述简化案例主要是为了说明这种收入转化的可能性。纳税人如果能在收入保持不变的情况下将工资薪金收入全部转变为劳务报酬所得，将能够得到原工资、薪金所得 20% 比例的费用扣除，使得年综合所得应纳税所得额下降，在边际税率附近甚至可以产生税负大为下降的节税效果。但需要注意的是，如果取得的月收入中没有工资薪金所得，那么在每月预扣预缴个人所得税税款时则没有社保和住房公积金的扣除，预扣预缴时缴纳的税款较多也会导致过多的资金占用，这也可能给纳税人带来新的问题。

（2）工资薪金向稿酬转化。

在综合所得中，除劳务报酬以外，稿酬所得和特许权使用费所得在计入综合所得时也可以扣除一定比例的费用，其中稿酬所得的收入额在扣除 20% 费用的基础上还可以减按 70% 计算，即实际计入年度综合所得的稿酬所得为实际领取稿酬数额的 56%。如果纳税人可以将工资、薪金所得转化为稿酬所得，那么取得的节税收益将比工资、薪金所得转化为劳务报酬所得和特许权使用费所得更为明显。

【例5−7】著名作家王女士 2020 年拟接受某报社邀请为其长期撰稿，李女士在与该报社签署合作协议时面临两个选择：一是与报社签订雇佣合同，作为报社员工每月领取工资薪金；二是根据每月的文章撰写数量和质量从报社领取稿酬。

假设王女士每年从该报社获得的全部收入为 20 万元，在不考虑专项扣除和专项附加扣除以及其他扣除的基础上，李女士该如何选择？

方案一：签订雇佣合同，作为员工领取工资薪金，则李女士每年的应纳税所得额为 14 万元（=20−6）。其当年的应纳所得税额为：

14×10% −2 520÷10 000 =1.15（万元）。

方案二：不领取工资薪金，而根据文章数量和质量领取稿酬。则李女士每年的应纳税所得额为 11.2 万元 $[20 \times (1 - 20\%) \times 70\%]$。

其当年的应纳税所得额为：

$11.2 \times 10\% - 2\,520 \div 10\,000 = 0.87$（万元）。

因此，选择从报社领取稿酬比选择固定领取工资薪金可以少缴纳税金 0.28 万元（$= 1.15 - 0.87$）。

3. 劳务报酬所得的税收筹划

（1）转移劳务报酬中的成本。

取得劳务报酬所得的应纳税所得额为收入额扣除固定比例费用后的余额，这种固定比例的扣除模式会导致成本费用较高的劳务报酬税负也相对较高，为此，纳税人在取得劳务报酬时，可以选择将各类成本转移至支付所得的单位。由此可以降低劳务报酬的名义数额，从而降低劳务报酬的整体税收负担。

【例5-8】王先生是一名税务咨询专家，每年在全国各级巡回讲座几十次。每次讲座课酬的支付方式有两种，一种方式为报酬不变，发生的费用由自己承担，另一种方式是费用由邀请单位承担，但报酬相应减少。王先生每年巡回讲座取得的劳务报酬所得为 30 万元，全年巡回讲座的交通费、住宿费、餐饮费等必要费用为 8 万元。

方案一：邀请单位支付课酬 30 万元，8 万元费用均由王先生自己负担。则王先生每年的应纳税所得额为 18 万元 $[= 30 \times (1 - 20\%) - 6]$；

每年的应纳税额为：$18 \times 20\% - 16\,920 \div 10\,000 = 1.91$（万元）。

方案二：邀请单位支付课酬 22 万元，8 万元费用均由邀请单位负担。则王先生每年的应纳税所得额为 11.6 万元 $[= 22 \times (1 - 20\%) - 6]$；

每年的应纳税额为：$11.6 \times 10\% - 2\,520 \div 10\,000 = 0.91$（万元）。

因此，将取得劳务报酬过程中产生的成本费用转移至邀请单位，可以为王先生节省税款 1 万元（$= 1.91 - 0.91$）。

（2）分次取得劳务报酬。

劳务报酬所得在实际征管中采取的是预缴与汇算清缴相结合的方式。扣缴义务人向居民个人支付劳务报酬所得时，应当按照以下方法按次或者按月预扣预缴税款：

①劳务报酬所得以收入减除费用后的余额为收入额。

②预扣预缴税款时，劳务报酬所得每次收入不超过 4 000 元的，减除费用按 800 元计算；每次收入 4 000 元以上的，减除费用按收入的 20% 计算。

③劳务报酬所得以每次收入额为预扣预缴应纳税所得额，计算应预扣预缴税额。

④居民个人办理年度综合所得汇算清缴时，应当依法计算劳务报酬所得的

收入额，并入年度综合所得计算应纳税款，税款多退少补。根据这一预扣预缴方法，纳税人应尽量降低每次取得劳务报酬的数量，从而可以降低预扣预缴税款的数额。

【例5-9】秦先生为某大学教授，2020年度为某公司担任独立董事，该公司每年支付秦先生4.2万元董事费。

方案一：公司在2020年一次性向秦先生支付顾问费4.2万元，在收到劳务报酬所得时，秦先生预扣预缴税款为0.81万元 [=4.2×（1-20%）×30% - 2 000÷10 000]，2020年度汇算清缴时综合所得应纳个人所得税为：

4.2×（1-20%）×3% =0.1（万元）。

2020年汇算清缴时应退税额0.71万元（ =0.81-0.1）。

方案一占用资金为0.71万元。

方案二：甲公司在2020年将4.2万元的全年顾问费分月向秦先生支付，每次为0.35万元，则秦先生2020年一共预扣预缴税款为0.65万元 [=（0.35-800÷10 000）×20%×12]；2020年度汇算清缴时综合所得应纳个人所得税为：

4.2×（1-20%）×3% =0.1（万元）。

2020年汇算清缴时应退税额0.55万元（ =0.65-0.1）。

方案二占用资金为0.55万元。

方案二相比方案一少占用资金0.16万元（ =0.71-0.55）。

4. 利用专项附加扣除进行筹划

专项附加扣除，是指个人所得税法规定的子女教育、继续教育、大病医疗、住房贷款利息、住房租金和赡养老人、3岁以下婴幼儿照护等7项专项附加扣除。它是为适应分类与综合相结合的个税征收模式改革，遵循公平合理、简便易行、切实减负、改善民生的原则，引入的全新费用扣除标准。

7项专项附加扣除中，除职业资格继续教育与赡养老人只能由本人扣除外，子女教育费用、住房贷款利息等其他专项附加扣除均可选择由本人或配偶全部扣除，其中子女教育费用可以与配偶分摊扣除，本年度扣除不完的，不得结转以后年度扣除，纳税人年度综合所得额小于每年6万元费用减除额，该纳税人就不能再抵扣专项附加扣除。在家庭成员收入水平不同的情况下，如何选择扣除主体与扣除对象能够使得家庭整体税负最小？下面将利用案例及表格对比的形式展现不同情况下的税收筹划。

【例5-10】双方收入差距较大。

张女士和李先生年收入分别为10万元和20万元，有一个8岁的女儿在读小学，两人在婚后首次购买住宅一套且享受首套房贷款利息，贷款期限为20

年，两人均可享受赡养老人专项附加扣除每月 1 000 元。

方案一：若子女教育及住房贷款利息专项附加由张女士全额扣除，则：

张女士的年应纳税额为 120 元 [= (100 000 - 60 000 - 12 000 - 12 000 - 12 000) × 3%]；

李先生的年应纳税额为 10 280 元 [= (200 000 - 60 000 - 12 000) × 10% - 2 520]；

家庭整体税负为 10 400 元 (= 120 + 10 280)。

方案二：若子女教育及住房贷款利息专项附加由李先生全额扣除，则：

张女士的年应纳税额为 840 元 [= (100 000 - 60 000 - 12 000) × 3%]；

李先生的年应纳税额为 7 880 元 [= (200 000 - 60 000 - 12 000 - 12 000 - 12 000) × 10% - 2 520]；

家庭整体税负为 8 720 元 (= 7 880 + 840)。

方案三：若张女士与李先生分摊扣除子女教育费用，住房贷款利息由李先生扣除：

张女士的年应纳税额为 660 元 [= (100 000 - 60 000 - 6 000 - 12 000) × 3%]；

李先生的年应纳税额为 8 480 元 [= (200 000 - 60 000 - 120 000 - 120 000 - 6 000) × 10% - 2 520]；

家庭整体税负为 9 140 元 (= 8 480 + 660)。

该案例中，选择方案二的扣除方式将使得家庭整体税负最小，节税效果最佳。

【例 5 - 11】双方收入差距较小。

张女士和李先生年收入分别为 18 万、20 万，其他条件与 [例 5 - 10] 相同。

方案一：若子女教育及住房贷款利息专项附加由张女士全额扣除，则：

张女士的年应纳税额为 5 880 元 [= (180 000 - 60 000 - 12 000 - 12 000 - 12 000) × 10% - 2 520]；

李先生的年应纳税额为 10 280 元 [= (200 000 - 60 000 - 12 000) × 10% - 2 520]；

家庭整体税负为 16 160 元 (= 5 880 + 10 280)。

方案二：若子女教育及住房贷款利息专项附加由李先生全额扣除，则：

张女士的年应纳税额为 8 280 元 [= (180 000 - 60 000 - 12 000) × 10% - 2 520]；

李先生的年应纳税额为 7 880 元 [= (200 000 - 60 000 - 12 000 - 12 000 -

12 000）×10% －2 520］；

家庭整体税负为 16 160 元（ =8 280 +7 880）。

方案三：若张女士与李先生分摊扣除子女教育费用，住房贷款利息由李先生扣除。

张女士的年应纳税额为 7 680 元 ［ =（180 000 －60 000 －6 000 －12 000）×10% －2 520］；

李先生的年应纳税额为 8 480 元 ［ =（200 000 －60 000 －120 000 －120 000 －6 000）×10% －2 520］；

家庭整体税负为 16 160 元（ =8 480 +7 680）。

表 5 –2 体现出不同家庭收入情况以及不同扣除方式下家庭整体税负对比。

表 5 –2　　　　　不同家庭收入情况下不同扣除方案的税负对比　　　单位：元

扣除主体	收入差距较大	收入差距较小
收入较高一方	8 720	16 160
收入较低一方	10 400	16 160
分摊扣除	9 140	16 160

根据以上案例以及表格对比分析可以得出，当家庭成员收入差距较大，以至于双方应纳税所得额适用的税率级次不同时，将可以选择扣除方的专项附加扣除费用给予收入较高的一方扣除，如此可以实现家庭整体税负最小化；当家庭成员收入差距较小，以至于双方应纳税所得额适用的税率级次相同时，选择任何一方或分摊扣除，家庭的整体税负都不变。专项附加扣除在个人所得税筹划中属于一项选择性条款，不同的扣除主体以及不同的扣除对象构成了多主体多方案的筹划形态。随着我国在个人所得税上对专项附加扣除费用的完善与细分，未来会有更多允许扣除的专项附加内容，我们应该结合不断更新的政策条款，对比选择节税效果最优的筹划方案。

5. 年终奖的税收筹划

《国家税务总局关于个人所得税法修改后有关优惠政策衔接问题的通知》（财税〔2018〕164 号）中规定，居民个人取得全年一次性奖金，在 2021 年12 月 31 日前，不并入当年综合所得，以全年一次性奖金收入除以 12 个月得到的数额，按照月度综合税率表确定适用税率和速算扣除数，单独计算纳税。计算公式为：

应纳税额 =全年一次性奖金收入×适用税率 –速算扣除数

同时，居民个人取得全年一次性奖金，也可以选择并入当年综合所得计算纳税。该政策本属于一项截止到 2021 年 12 月 13 日的过渡性税收优惠政策，但在 2021 年召开的国务院常务会议中决定，将全年一次性奖金不并入当月工资薪金所得、实施按月换算税率单独计税的政策，延续至 2023 年底。

税法对于年终奖的计税规则为我们进行税收筹划提供了一定的选择空间，即纳税人可以选择将年终奖单独计税，也可以选择并入当年度综合所得合并计税。目前为止，该筹划具有一定的时效性，仅在 2019 年度至 2023 年度间有效。

【例 5 - 12】居民个人小陈 2021 年每月扣除"五险一金"外取得工资收入 10 000 元，该年年底还拿到了 20 000 元的年终奖。假设小陈当年没有其他收入，请问小陈应该如何选择年终奖计税政策才能使得总体税负最小，个人经济利益最大？

方案一：年终奖单独计税。

当年度小陈综合所得应纳税所得额为 60 000 元（ = 10 000 × 12 - 5 000 × 12），应纳税额为 3 480 元（ = 60 000 × 10% - 2 520）。

当年度小陈年终奖单独计税的应纳税额为 600 元（ = 20 000 × 3%）。

2021 年度小陈个人所得税应纳税额总计 4 080 元（ = 3 480 + 600）。

方案二：年终奖合并计税。

当年度小陈综合所得应纳税所得额为 80 000 元（ = 10 000 × 12 + 20 000 - 5 000 × 12）。

当年度小陈个人所得税应纳税额总计为 5 480 元（ = 80 000 × 10% - 2 520）。

因此，小陈选择年终奖单独计税比合并计税可节省 1 400 元（ = 5 480 - 4 080）。

【例 5 - 13】居民小张是金融行业的一名销售人员，每月扣除"五险一金"后的底薪为 3 000 元，销售提成以年终奖的形式进行发放。2021 年末，小张的销售提成收入共计 200 000 元，假设小张当年没有其他收入，请问小张应选择年终奖单独计税，还是与当年度综合所得合并计税？

方案一：年终奖单独计税。

当年度小张综合所得应纳税所得额为 36 000 元（ = 3 000 × 12），低于 6 万元的年度费用扣除额，因此，当年度小张综合所得应纳税额为 0 元。

当年度小张年终奖单独计税的应纳税额为 38 590 元（ = 200 000 × 20% - 1 410）。

2021 年度小张个人所得税应纳税额总计 38 590 元。

方案二：年终奖合并计税。

当年度小张综合所得应纳税所得额为 176 000 元（ = 200 000 + 36 000 − 60 000）。

当年度小张个人所得税应纳税额总计为 18 280 元（ = 176 000 × 20% − 16 920）。

因此，小张在这种收入条件下选择合并计税比年终奖单独计税可节省 20 310 元（ = 38 590 − 18 280）。

综合以上两个案例可以看出，当年终奖收入与工资收入跨度较大时，若年终奖处于较低水平，则选择单独计税更为节税；若年终奖较高，工资收入处于较低水平，那么选择合并计税的节税效果更优。对于年终奖计税方式的选择本质是对税率的选择，当年终奖收入处于高位，适用的月度税率也较高，那么将年终奖并入税率相对较低的综合所得计税更为节税，反之则更宜适用单独计税方式。从实际情况来看，当我们进行个人所得税年终汇算清缴时，在国家税务总局个税 App 中可以直观地看到选择不同方式下个人所得税税负的大小，以帮助纳税人进行选择。

此外，需要注意的是，居民个人如果选择全年一次性奖金单独计税，则全年只能适用一次，次年该纳税人进行综合所得汇算清缴时，已单独计税的全年一次性奖金将作为该纳税人年度综合所得的扣除项目，不再纳入汇算清缴；已适用单独计税的全年一次性奖金所缴的税款，也将不作为综合所得预扣预缴的税款，并入汇算清缴涉及的已纳税范畴。

6. 利用其他扣除进行筹划

计算纳税人的年度综合所得应纳税所得额时，需要从综合所得年收入中减去每年 6 万元的费用减除额和专项扣除、专项附加扣除以及依法确定的其他扣除。税法中提到的其他扣除是指个人缴付符合国家规定的企业年金、职业年金，个人购买符合国家规定的商业健康保险、税收递延型商业养老保险的支出等。纳税人可以利用这些其他扣除来进行税收筹划，合理降低税收负担。

（1）利用企业年金、职业年金进行税收筹划。

企业年金是指根据《企业年金办法》的规定，企业及其职工在依法参加基本养老保险的基础上自主建立的补充养老保险制度。职业年金，是指根据《机关事业单位职业年金办法》的规定，机关事业单位及其工作人员在依法参加基本养老保险的基础上建立的补充养老保险制度。

在缴纳企业年金和职业年金（以下简称"年金"）时，单位缴费部分暂不征收个人所得税；个人根据国家有关政策规定缴付的年金个人缴费部分，在不超过本人缴费工资计税基数的 4% 标准内的部分，暂从个人当期的应纳税所得额中扣除。年金个人缴费工资计税基数为本人上一年度月平均工资。月平均工资超过职工工作地所在设区城市上一年度职工月平均工资300%以上的部分，不计入个人缴费工资计税基数。也就是说，只要纳税人的年金个人缴费部分不超过当地上年度职工平均工资的12%（=4%×300%），该部分就可以税前扣除。此外，年金投资收益分配计入个人账户时，个人暂时无须纳税，因到龄退休、出境定居、死亡继承等原因需要领取年金时，则需要依照取得工资、薪金收入按规定缴纳个税。因此，纳税人可以通过按规定标准缴纳年金来实现税收递延。

另外，个人达到国家规定的退休年龄，领取的企业年金以及职业年金符合《财政部人力资源和社会保障部 国家税务总局关于企业年金职业年金个人所得税有关问题的通知》（财税〔2013〕103号）的规定的，不并入综合所得，全额单独计算应纳税款，其中按月领取的，适用月度税率计算纳税；按季领取的，平均分摊计入各月，按每月领取额适用月度税率表计算纳税；按年领取的，适用综合所得税率表计算纳税。个人因出境定居而一次性领取的年金个人账户资金，或个人死亡后，其指定的受益人或法定继承人一次性领取的年金个人账户余额，适用综合所得税率表计算纳税。对个人除上述特殊原因外一次性领取年金个人账户资金或余额的，适用月度税率表计算纳税。

值得注意的是，财政全额供款的单位，单位缴纳的年金部分由财政支出，采取记账方式，每年按照国家统一公布的记账利率计算利息，工作人员退休前，本人职业年金账户的累计储存额由同级财政拨付资金记实。非财政全额供款的单位，单位缴费部分划入核定账户形成职业年金基金，实行市场化投资运营，按投资收益计息。如果纳税人可以利用缴付年金的资金实现更高的收益率，收益可以超过节省的个人所得税与上述年金投资收益的总和，那么应该综合考虑纳税人的整体收益来决定是否通过缴纳年金来实现税负最低。

（2）购买符合规定的商业健康保险。

自2017年7月1日起，商业健康保险个人所得税试点政策推广到全国范围。规定对购买符合规定的商业健康保险产品的支出，允许在当年（月）计算应纳税所得额时予以税前扣除，扣除限额为2 400元/年（200元/月）。单位统一为员工购买符合规定的商业健康保险产品的支出，应分别计入员工个人工资薪金，视同个人购买，按上述限额予以扣除。适用商业健康保险税收优惠政策的纳税人，是指取得工资薪金所得、连续性（连续3个月为同一单位提供劳务）劳务报酬所得的个人，以及取得个体工商户生产经营所得、对企事业单位的承包承租经营所得的个体工商户业主、个人独资企业投资者、合伙企业合伙人和承包承租经营者。因此，我们在扣除每年6万元的费用减除额度外，通过购买符合规定的商业健康保险产品，除享受正常的保险保障外，每年还可额外调减最高 2 400 元的应纳税所得额，实现一定的节税收益。

（二）利息、股息、红利所得的税收筹划

利息、股息、红利所得主要来源于纳税人的各项投资，而个人投资的资金又主要来源于各种所得的税后收益，也就是说，绝大部分个人纳税人需将取得的所得收入完税后，根据税后的剩余进行各类投资，从而取得利息、股息、红利所得。因此，我们应当利用合理的税收筹划方法使得利息、股息、红利所得的税负最低。

1. 充分利用员工的多重身份

在实践中，企业的人事结构可能存在重叠的现象，职工、债权人、股东等身份相互叠加，员工的收入性质存在多种情况，如工资薪金、利息收入、红利收入等。由于每种收入个人所得税计算标准不同，因此纳税人可以充分利用这一特点将收入进行合理分配，以实现个人所得税税负最小，经济利益最大。

【例 5 - 14】王某是 W 公司股东同时也是该公司的总裁。假设王某从公司取得的各项收入合计为 30 万元，问：王某该如何做才能实现税负最小，经济利益最大？

方案：由于王某既是公司股东又是公司总裁，因此王某从公司取得 30 万元收入中包含工资薪金和股息两项收入。王某通过适当增加工资薪金的份额以适用于 3%、10% 的低一档税率，从而缩小适用于 20% 比例税率的股息所得部分，就能实现个人所得税税负降低。

总结：需要指出的是，纳税人不能恶意地将工资薪金与股息相互转化，工资薪金和股息比例的分配需要在合理合法的范围内进行调整，纳税人应尽量使适用低税率的比例扩大，适用高税率的比例降低，以实现税负最小，经济利益最大。

2. 利用设立公司的方式避免税负

根据我国税法规定，个人从非上市公司取得股息需要缴纳 20% 的个人所得税，公司从非上市居民企业取得的股息免税。个人可以利用这种税制差异，在投资之初即设立一个与个人消费有关的有限责任公司，以公司的名义投资非上市居民企业，所获红利用于个人消费可与公司支出混淆，从而免于缴纳股息红利所得的个人所得税。

【例 5 - 15】王先生持有非上市居民企业甲公司 40% 的股权，每年从甲公司取得股息 500 万元，如果王先生以个人的名义取得这一项股息所得，那么甲

公司将代扣代缴个人所得税100万元（＝500×20%）。如果王先生在投资之初先设立一投资公司，由投资公司向甲公司投资并持有甲公司40%的股权，那么投资公司每年从甲公司取得股息500万元可以免税。由此实现每年节税100万元的目的。

值得注意的是，根据《企业所得税法实施条例》规定，企业取得股息、红利等权益性投资收益的免税范围中，不包括连续持有居民企业公开发行并上市流通的股票不足12个月取得的投资收益。因此，企业连续持有上市公司公开发行的流通的股票未满12个月取得股息红利，应缴纳企业所得税。如果王先生取得的股息红利是从上市公司取得，那么应该结合此条法规综合考量。

以上筹划方式实用性较强，但在筹划过程中我们也应该考虑到一定的风险因素。首先，从成立时间来看，公司的成立时间应该在投资之前，否则后期分配时无法以公司名义进行股息红利分配；其次，从成本收益来看，有限责任公司在成立、运作以及注销方面需要一定的成本投入，纳税人应该综合这些成本风险衡量收益大小；最后，从承担的税负来看，取得的利息股息免缴个人所得税，但公司在经营过程也可能会面临缴纳其他税种的风险。因此，在采用该筹划方法时我们应综合上述风险因素，谨慎筹划。

（三）经营所得的税收筹划

经营所得是2018年《个人所得税法》第七次修订引入的概念。经营所得的征收范围包括：（1）个人通过在中国境内注册登记的个体工商户、个人独资企业、合伙企业从事生产、经营活动取得的所得；（2）个人依法取得执照，从事办学、医疗、咨询以及其他有偿服务活动取得的所得；（3）个人承包、承租、转包、转租取得的所得，以及个人从事其他生产、经营活动取得的所得。

经营所得，以每一纳税年度的收入总额减除成本、费用以及损失后的余额为应纳税所得额。下面主要以个体工商户、个人独资企业、合伙企业经营所得和承包、承租所得进行筹划。

1. 合理界定费用支出

个体工商户、个人独资企业以及合伙企业缴纳个人所得税的应纳税所得额为收入减去发生的成本、费用。因此，合理扩大成本费用开支、降低应纳税所得额可以降低税收负担，这也是个体工商户进行税务筹划的主要方法。

个体工商户利用扩大费用列支节税主要有以下方法：

（1）尽可能地将家庭日常开支合理划分为经营性支出项目。个体工商户通常以家庭为经营单位，而家庭的很多日常开支项目同时又是经营支出项目，如水电费、电话费等，所以应尽量将这类费用通过核算方式归于经营性费用，可在税前列支，从而降低税负。

（2）通过将收入转化为费用列支。如果个体工商户为家人共同经营，那么可以选择将经营所得的一部分通过每月给家人发工资的方式转化为雇佣员工费用，支付合理的工资报酬以增加税前列支费用。

（3）如果使用家庭所有的房产进行经营，可以采用收取租金的方法扩大经营费用支出。虽然收取租金会增加个人的应纳税所得额，但租金作为一项经营费用可以冲减个人的应纳税经营所得额，减少个人经营所得的纳税额；同时自己的房产维修保养费用也可列入。

根据目前税法规定，个体工商户在生产经营活动中应当分别核算生产经营费用和个人、家庭费用。对于混用难以分清的，其40%视为与生产经营有关费用，准予扣除。但对于个人独资企业以及合伙企业来说，生产经营费用和个人、家庭费用无法分清的，一律不允许扣除。因此，在实际生活中，取得经营所得的单位或个人应该尽量将生产经营费用和个人、家庭产生的费用分开核算，由此能够获得税收筹划的空间。

2. 避免经营所得适用高税率

经营所得，以每一纳税年度的收入总额减除成本、费用以及损失后的余额为应纳税所得额，适用的税率为五级超额累进税率，最高税率为35%。个体工商户、个人独资企业与合伙企业可以通过以下方法使得经营所得适用较低税率。

（1）合伙企业经营所得应纳税所得额的计算方法与个体工商户相同，略有区别的是，合伙企业的应纳税所得额会按照比例分配给每一个合伙人，由合伙人分别计算缴纳个人所得税，也即先分后税。由于增加一个合伙人就可以增加基本扣除6万元，合伙企业的合伙人越多，每个合伙人缴纳的个人所得税就越少，经营所得的总体税负也就越小。因此，对于利润总额较多的个体工商户，可以考虑将企业性质变更为合伙企业，从而可以通过增加合伙人的方式降低税基，适用较低级的累进税率。

（2）在经营期内，可以合理安排可预见的有关费用支出，一般以平均分摊为原则，或者在利润较多的年份做一些费用支出较大的技术改造或购置类项目，从而防止利润进入较高税率档次而增加纳税人的税收负担。

（3）在必要时可以采取捐赠的手段，实现既降低税收负担、又扩大纳税人的社会影响的效果。但同时，捐赠需要注意两点：一是捐赠必须是间接捐赠。主要是个人将其所得通过中国境内的社会团体、国家机关向教育和其他社会公共事业及遭受严重自然灾害地区、贫困地区的捐赠。二是法律对捐赠的扣税额度有规定。捐赠额未超过纳税人申报的应纳税所得额30%的部分，才可以从其应纳税所得额中扣除。

3. 承包、承租经营所得的税收筹划

纳税人因承包、承租经营企业而获得相应的承包、承租经营所得。可能出现有的月份总收入过高、有的月份总收入过低等现象。这种收入额在不同的纳税期限内出现较大波动的现象，在按月计算缴纳个人所得税的情况下，意味着个人在高收入的月份被课以较高税率的个人所得税，缴纳较多的税款，同时在较低收入的月份里又不能享受税法为个人所提供的种种优惠，如法定的费用扣除、较低的税率征收等。因此，很多人为减轻自己的税收负担，或通过推迟或提前获得收入，或通过改变收入支付方式，如将一次付给改为多次付给，将多次付给变为集中付给等，使自己的收入尽可能在各个纳税期限内保持均衡，这样不仅避免了在某些月份被课以较高税率的重税，还能分享税负繁重月份税法所提供的费用扣除和费用宽免等优惠，从而在总体上达到了减轻纳税义务的节税效果。

例如，某承包经营商（或租赁经营商）按承包合同（租赁合同）每年可以根据所承包（承租）单位的状况取得一定的承包经营所得（承租经营所得）。但由于受经济周期及其他因素的制约与影响，这个单位的生产经营状况和这个承包商（承租商）的经营所得往往表现出一定的波动，有的年份经营状况很好，承包商（承租商）的经营所得相应提高，有的年份则比较糟糕，甚至发生亏损。这样，为避免在经营好、收入高的年份纳税过多，在其他年份不能充分享受税收优惠的局面，这位承包（承租）经营商便通过合同以及其他方式将自己的承包（承租）经营所得均匀地转移到各个年份，从而使自己的应纳税所得额都降到较低税率的纳税级距内，以减轻应纳税负担。以上个人所得税在经营所得方面的筹划思路与企业所得税相似，我们可以借鉴企业所得税的筹划方法对个人所得税下的经营所得进行筹划。

（四）其他所得项目的税收筹划

对于从事高科技研究或从事发明创造、专利研究的人来讲，假如他已经取得了经营成果并且申请了专利，则其可以选择转让专利使用权，此时取得的收入按照特许权使用费所得缴纳个人所得税；若选择利用专利权进行投资，则根据《财政部 国家税务总局关于个人非货币性资产投资有关个人所得税政策的通知》（财税〔2015〕41号）需要按照财产转让所得缴纳个人所得税。纳税人一次性缴税有困难的，可合理确定分期缴纳计划并报主管税务机关备案后，自发生上述应税行为之日起不超过5个公历年度内（含）分期缴纳个人所得

税。由于两种方式下个人所得税计算标准不同，因此个人所得税的税负也存在差异，纳税人可以结合自己的目标，选择税负最小，经济利益最大的方式开展经济活动。

第三节　个人所得税税率的税收筹划

个人所得税税率的税收筹划思路与个人所得税计税依据的税收筹划思路总体上一致，均采用转化、分拆或者加大扣除项目的方法，通过降低收入以适用低税率，只是本节的叙述角度不同，但个人所得税税收筹划思路一致，因此本节不再赘述。

一、个人所得税税率的法律界定

个人所得税的税率按所得项目不同分别确定为：

（1）综合所得的适用税率可分为以下不同情形。

第一，居民个人取得工资薪金所得时，按月预扣预缴，适用税率如表 5－3 所示。

表 5－3　　个人所得税预扣率表一（居民个人工资、薪金所得预扣预缴适用）

级数	累计预扣预缴应纳税所得额	预扣率（%）	速算扣除数（元）
1	不超过 36 000 元的部分	3	0
2	超过 36 000 元至 144 000 元的部分	10	2 520
3	超过 144 000 元至 300 000 元的部分	20	16 920
4	超过 300 000 元至 420 000 元的部分	25	31 920
5	超过 420 000 元至 660 000 元的部分	30	52 920
6	超过 660 000 元至 960 000 元的部分	35	85 920
7	超过 960 000 元的部分	45	181 920

第二，居民个人按月（次）取得劳务报酬所得，预扣预缴税款适用税率如表 5－4 所示。

表 5 - 4　　　　个人所得税预扣率表二（居民个人劳务报酬预扣预缴适用）

级数	预扣预缴应纳税所得额	预扣率（%）	速算扣除数（元）
1	不超过 20 000 元的部分	20	0
2	超过 20 000 元至 50 000 元的部分	30	2 000
3	超过 50 000 的部分	40	7 000

第三，居民个人按次取得稿酬所得、特许权使用费所得时，预扣税率为20%。

第四，居民个人就本纳税年度综合所得汇算清缴和取得符合条件的股票期权、股票增值权、限制性股票、股权奖励等股权激励时，适用税率如表 5 - 5 所示。

表 5 - 5　　　　个人所得税税率表一（年度综合所得适用）

级数	全年应纳税所得额	税率（%）	速算扣除数（元）
1	不超过 36 000 元的部分	3	0
2	超过 36 000 元至 144 000 元的部分	10	2 520
3	超过 144 000 元至 300 000 元的部分	20	16 920
4	超过 300 000 元至 420 000 元的部分	25	31 920
5	超过 420 000 元至 660 000 元的部分	30	52 920
6	超过 660 000 元至 960 000 元的部分	35	85 920
7	超过 960 000 元的部分	45	181 920

居民个人取得全年度一次性奖金、中央企业负责人年度绩效薪金延期兑换收入和人气奖励（2024 年度以前），以及按月领取企业年金、职业年金等所得，适用按月征收综合所得税税率，如表 5 - 6 所示。

表 5 - 6　　　　个人所得税税率表二（月度综合所得适用）

级数	全月应纳税所得额	税率（%）	速算扣除数（元）
1	不超过 3 000 元的部分	3	0
2	超过 3 000 元至 12 000 元的部分	10	210
3	超过 12 000 元至 25 000 元的部分	20	1 410
4	超过 25 000 元至 35 000 元的部分	25	2 660

级数	全月应纳税所得额	税率（%）	速算扣除数（元）
5	超过 35 000 元至 55 000 元的部分	30	4 410
6	超过 55 000 元至 80 000 元的部分	35	7 160
7	超过 80 000 元的部分	45	15 160

（2）非居民个人取得工资薪金、劳务报酬、稿酬、特许权使用费等所得时，适用税率如表 5 - 7 所示。

表 5 - 7　　　个人所得税税率表三（非居民个人工资薪金等 4 项所得适用）

级数	应纳税所得额	税率（%）	速算扣除数（元）
1	不超过 3 000 元的部分	3	0
2	超过 3 000 元至 12 000 元的部分	10	210
3	超过 12 000 元至 25 000 元的部分	20	1 410
4	超过 25 000 元至 35 000 元的部分	25	2 660
5	超过 35 000 元至 55 000 元的部分	30	4 410
6	超过 55 000 元至 80 000 元的部分	35	7 160
7	超过 80 000 元的部分	45	15 160

（3）经营所得，适用 5% ~ 35% 的五级超额累进税率如表 5 - 8 所示。

表 5 - 8　　　　　　个人所得税税率表四（经营所得适用）

级数	全月应纳税所得额	税率（%）	速算扣除数（元）
1	不超过 30 000 元的部分	5	0
2	超过 30 000 元至 90 000 元的部分	10	1 500
3	超过 90 000 元至 300 000 元的部分	20	10 500
4	超过 300 000 元至 500 000 元的部分	30	40 500
5	超过 500 000 元的部分	35	65 500

（4）财产租赁所得，财产转让所得，利息、股息、红利所得，偶然所得，适用比例税率，税率为 20%。

二、个人所得税税率的税收筹划

我国的个人所得税除具有国家筹集财政收入的目的外，还承担着调节个人收入差距的功能，因此根据税收量能负担原则，我国个人所得税制度采取了综合与分类相结合的征收模式，但由于其特定的收入调节功能，又对其中两个应税税目（即综合所得与经营所得）采取超额累进税率。其他的应税税目基本上都采取比例税率的形式。从个人所得税税率筹划的角度看，纳税人应尽可能创造条件将适用于高税率的项目通过转换、分拆收入或加大税前扣除项目，将其适用比例税率或低税率的应税项目。

（一）高边际税率向低边际税率方向的筹划

高边际税率向低边际税率的筹划是基于累进税率本身，累进税率的特点在于收入高，其应税项目适用的税率也高。对于适用累进税率制度的高收入工薪阶层，应尽可能地降低名义货币工资所得，在税法允许和生活福利水平不降低的情况下将工资福利化。特别要注意"疯狂的一元钱"现象，避免多领一元钱，导致税率上升一个级次，使税负大幅增加，税后利益减少。

（二）累进税率向比例税率方向的筹划

综合所得的最高边际税率为45%，经营所得适用的最高边际税率为35%，其他收入的税率一般为20%。一般来说，个人收入越高，比例税率会带来相对税负下降，而在累进税率下，所得的增加也会导致税率的提高，从而相对税负也会相应提高。因此，如果所得规模较小，则应该尽量将其转换为适用于累进税率的综合所得或经营所得；如果所得规模较大，则可以考虑将高税率的工资、薪金所得，以及劳务报酬所得等综合所得，转换为相对税负较低的股息、红利所得或者股权转让所得等。

一般来说，个人收入越高，比例税率会带来相对税负下降，而累进税率则不同。表5-9和表5-10结合我国现行的两类个人收入所适用的不同种类税率做了理论分析，给出了同样的收入因性质不同导致税率不同，从而带来的绝对税负和相对税负的差别。表5-9和表5-10给出了2021年一位雇员、一个人投资者以及混合以上两种身份下的年收入所面临的税率及实际税负的变化表（假设雇员每月附加扣除为2 000元，无专项附加扣除）。

表 5 – 9　　　　两类纳税人适用不同税率情况下绝对税负的实际变化

纳税人身份	收入性质	300 000 元的税负（元）	600 000 元的税负（元）	900 000 元的税负（元）
雇员身份	综合所得	26 280	101 880	199 680
个人投资者身份	利息、股息红利所得	60 000	120 000	180 000
混合身份	混合两项所得	26 280	86 280	146 280
最高与最低税负差额		33 720	33 720	53 400

表 5 – 10　　　　两类纳税人适用不同税率情况下相对税负的实际变化

纳税人身份	收入性质	300 000 元的税负（%）	600 000 元的税负（%）	900 000 元的税负（%）
雇员身份	综合所得	8.76	16.98	22.19
个人投资者身份	利息、股息红利所得	20	20	20
混合身份	混合两项所得	8.76	14.38	16.25
最高与最低税负差额		11.24	5.62	5.94

（1）从绝对税负来看，在收入相对较低的阶段，个人投资者的税负最高，此时，由于该收入范围下综合所得适用的税率低于比例税率，因此作为混合身份或雇员身份的税负明显低于个人投资者；在中高收入阶段，个人投资者与雇员的个人所得税税负都较高，而在混合身份下，由于所得的一部分适用于累进税率，一部分适用于较低的比例税率，此时将收入划分成两类不同的收入性质所缴纳的税负最低。

（2）从相对税负看，个人投资者收入的相对税负一直保持20%不变；而雇员年收入为300 000～900 000元时，税负上升了13.43%，随着收入的继续提高，累进税率会使得相对税负呈现持续上升趋势，这也体现出累进税率对收入分配的调节作用；相对来说，混合身份下的相对税负保持在20%以下，处于最低水平。

由以上分析可以得出以下结论：在中低收入阶段，由于雇员工资适用累进税率较低，应尽可能地将其收入作为综合所得处理；在高收入阶段，应尽可能创造条件将收入作为适用于比例税率的收入项目处理。但相较于以上两种做法，采用混合身份是税负最低的方式，特别对于规模较小的公司来说，可以在入职前就成为公司股东，或是在入职后通过集资的方式使员工成为股东，利用以上的身份转换筹划法实现收入性质的转换，从而巧妙地避免所得适用较高税率。

【例 5 - 16】收入低时，创造条件适用累进税率

李某是 W 公司的股东同时也是该公司的总裁。其从公司取得的各项收入年合计为 500 000 元，每月五险一金专项扣除额为 2 500 元，每月专项附加扣除为 3 000 元，问：李某该如何做才能实现税负最小，经济利益最大？

方案：若李某的这笔收入以工资薪金的方式取得，则李某年应纳税额为 61 580 元 [=（500 000 - 5 000 × 12 - 2 500 × 12 - 3 000 × 12）× 25% - 31 920]；若李某将该笔收入作为利息、股息红利所得，此时，李某年应纳税额为 100 000 元（= 500 000 × 20%）。工资薪金与利息、股息红利所得相比，一年节省税款 38 420 元（= 100 000 - 61 580），因此当李某收入属于中低水平时，应尽可能创造条件使其收入适用于综合所得项目，这样既可以利用费用扣除数，又可以享受应纳税所得额减少所带来的税率降低的好处。

【例 5 - 17】收入高时，创造条件适用比例税率

李某是 W 公司的股东同时也是该公司的总裁。其从公司取得的各项收入年合计为 900 000 元，每月五险一金专项扣除额为 2 500 元，每月专项附加扣除为 3 000 元，问：李某该如何做才能实现税负最小，经济利益最大？

方案：若李某的这笔收入以工资薪金的方式取得，则李某年应纳税额为 184 980 元 [=（900 000 - 5 000 × 12 - 2 500 × 12 - 3 000 × 12）× 25% - 31 920]；若李某将该笔收入作为利息、股息红利所得，此时，李某年应纳税额为 180 000 元（= 900 000 × 20%）。利息、股息红利所得与工资薪金所得相比，一年节省税款 4 980 元（= 184 980 - 180 000）。因此，当李某收入较高时，作为利息、股息红利收入能减轻税负，增加税后收益，纳税人应尽可能创造条件使其收入适用比例税率项目，以实现税负最小，经济利益最大。

第四节 个人所得税税收优惠政策的税收筹划

一、个人所得税税收优惠政策的法律界定

《个人所得税法》《个人所得税法实施条例》以及财政部、国家税务总局的若干规定等，都对个人所得项目给予了减免税的优惠。

（一）免征个人所得税的优惠

个人所得税的优惠政策如表 5－11 所示。

表 5－11　　　　　　　　　　　个人所得税优惠政策分类

项目	内容
特定的 收入类型	（1）省级人民政府、国务院部委和中国人民解放军军以上单位，以及外国组织颁发的科学、教育、技术、文化、卫生、体育、环境保护等方面的奖金。 （2）国债和国家发行的金融债券利息。 （3）按照国家统一规定发给的补贴、津贴。 （4）福利费、抚恤金、救济金。 （5）保险赔款。 （6）国际公约以及签订的协议中规定免税的所得。 （7）乡、镇及以上人民政府或经县及以上人民政府主管部门批准成立的有机构、有章程的见义勇为基金或者类似性质组织，奖励见义勇为者的奖品。 （8）企业和个人按照省级以上人民政府规定的比例提取并缴付的住房公积金、医疗保险金、基本养老保险金、失业保险金，允许在个人应纳税所得额中扣除，免予征收个人所得税。超过规定的比例缴付的部分应并入个人当期工资、薪金收入，计征个人所得税。 （9）储蓄存款利息。 （10）从事代扣代缴工作的办税人员取得的扣缴利息税手续费所得。 （11）个人举报、协查各种违法、犯罪行为而获得的奖金。 （12）个人转让自用达 5 年以上并且是唯一的家庭居住用房取得的所得。 （13）个人投资者从投保基金公司取得的行政和解金。 （14）个人转让上市公司股票取得的所得。 （15）个人从公开发行和转让市场取得的上市公司股票，持股期限超过 1 年的，股息、红利所得暂免征收个人所得税；持股期限在 1 个月以内（含 1 个月）的，其股息、红利所得全额计入应纳税所得额；持股期限在 1 个月以上至 1 年（含 1 年）的，股息、红利所得暂减按 50% 计入应纳税所得额。 （16）单张有奖发票奖金所得不超过 800 元（含 800 元）的，暂免征收个人所得税。 （17）购买社会福利有奖募捐券、体育彩票一次中奖收入不超过 10 000 元的暂免征收个人所得税。 （18）乡镇企业的职工和农民取得的青苗补偿费，暂不征收个人所得税。 （19）亚洲开发银行支付给我国公民或国民（包括为亚行执行任务的专家）的薪金和津贴
特定的 纳税对象	（1）军人的转业费、复员费。 （2）按照国家统一规定发给干部、职工的安家费、退职费、基本养老金或者退休费、离休费、离休生活补助费。 （3）各国驻华使馆、领事馆的外交代表、领事官员和其他人员的所得。 （4）生育妇女按照有关规定制定的生育保险办法取得的生育津贴、生育医疗费或其他属于生育保险性质的津贴、补贴。 （5）对工伤职工及其近亲属按照《工伤保险条例》规定取得的工伤保险待遇，免征个人所得税。 （6）因工作需要，延长离休退休年龄的高级专家，其在延长离休、退休期间的工资薪金所得。 （7）符合相关条件的外籍专家取得的工资薪金所得。 （8）拆迁补偿款。 （9）参加疫情防治工作的医务人员和防疫工作者按照政府规定标准取得的临时性工作补助和奖金，以及单位发给个人用于预防新型冠状病毒感染的药品、医疗用品和防护用品等实物（不包括现金）

续表

项目	内容
特定的经营范围	从事种植业、养殖业、饲养业和捕捞业取得的所得

（二）减征个人所得税的优惠

（1）个人投资者持有 2019～2023 年发行的铁路债券取得的利息收入，减按 50% 计入应纳税所得额计算征收个人所得税。税款由兑付机构在向个人投资者兑付利息时代扣代缴。铁路债券是指以中国铁路总公司为发行和偿还主体的债券，包括中国铁路建设债券、中期票据、短期融资券等债务融资工具。

（2）自 2019 年 1 月 1 日起至 2023 年 12 月 31 日，一个纳税年度内在船航行时间累计满 183 天的远洋船员，其取得的工资、薪金收入减按 50% 计入应纳税所得额，依法缴纳个人所得税。

这里所称的远洋船员是指在海事管理部门依法登记注册的国际航行船舶船员和在渔业管理部门依法登记注册的远洋渔业船员。在船航行时间是指远洋船员在国际航行或作业船舶和远洋渔业船舶上的工作天数。一个纳税年度内的在船航行时间为一个纳税年度内在船航行时间的累计天数。远洋船员可选择在当年预扣预缴税款或者次年个人所得税汇算清缴时享受上述减征优惠政策。

（3）有下列情形之一的，可以减征个人所得税。

①残疾、孤老人员和烈属的所得。

②因严重自然灾害遭受重大损失的。

③国务院可以规定其他减税情形，报全国人民代表大会常务委员会备案。

上述减征条款的具体幅度和期限，由省、自治区、直辖市人民政府规定。例如，就第一项来看，云南省政府规定：残疾、孤老人员和烈属的所得，在每年应纳税额 7 000 元的限额内减征 100% 的个人所得税，超过限额部分不予减征。四川省政府规定：残疾人限额减征年应纳个人所得税税额 6 000 元；孤老人员、烈属限额减征年应纳个人所得税税额 10 000 元。且上述所得仅限于劳动所得，具体所得项目为：工资、薪金所得；个体工商户的生产经营所得；对企事业单位的承包经营、承租经营所得；劳务报酬所得；稿酬所得；特许权使用费所得。

二、个人所得税税收优惠政策的税收筹划

针对个人所得的不同应税项目，国家出台了一系列优惠政策给予了不同

程度的减税、免税优惠，用以减轻个人所得税税负。纳税人需要熟悉并掌握相关政策，有效利用这些税收优惠来达到减计应纳税所得额，适用低税率，实现不多缴，不错缴个人所得税的目的，从而达到个人所得税税负最小，经济利益最大。

第五节　个人所得税税收筹划对其他税种的影响

一、个人所得税税收筹划对增值税及消费税的影响

（一）个人所得税与增值税及消费税的关系

个人所得税是以自然人取得的各项应税所得为征税对象而征收的一种税，是政府利用税收对个人收入进行调节的一种手段。增值税是对在我国境内销售货物或者提供加工、修理修配劳务，交通运输业、邮政业、电信业、部分现代服务业，以及进口货物的企业单位和个人，就其销售货物、提供应税劳务、提供应税服务的增值额和货物进口金额为计税依据而课征的一种流转税。一般情况下，这两个税种并无太大关联度，只有在特定经济情况下，个人所得税才会与增值税产生关系。

（二）个人所得税税收筹划对增值税及消费税的影响

个人所得税税收筹划最常用的方法是将部分工资薪金福利化，这种方法对增值税的税负会产生影响。具体来讲，分两种情况，第一种情况：当企业为了减少名义工资将部分工资薪金以实物的形式发放给员工，发放的实物是企业自产或者委托加工的货物，则依据增值税条文规定"将自产、委托加工的货物用于集体福利或者个人消费，视同销售"，增值税税负增加；第二种情况：当企业为了减少名义工资将部分工资薪金以实物的形式发放给员工，发放的实物是企业外购的货物，表面上企业的进项税额增加，但实际依据增值税条文规定"当纳税人购进的货物或接受的应税劳务和应税服务不是用于增值税应税项目，而是用于非应税项目、免税项目或用于集体福利、个人消费等情况时，其支付的进项税额就不能从销项税额中抵扣"，进项税额转出，增值税税负增加。在上述两种情况下，虽然个人所得税税负得以降低，但增值税税负增加，此时个

245

人所得税税负与增值税税负呈逆向变化。

需要特别指出的是，若上述个人所得税税收筹划中用于职工福利的实物是消费品，则纳税人个人所得税税负下降的同时消费税税负增加，此时个人所得税税负与消费税税负呈逆向变化。

此外，本章第二节股息、红利税收筹划的部分提到了，由于实践中员工身份的叠加以及个人与企业经济活动界定不清，利用个人支出与企业支出重叠的部分可以减轻个人所得税税负，但同时企业进项税额增加，使得企业增值税税负降低，此时个人所得税税负与增值税税负呈同向变化。

二、个人所得税税收筹划对房产税的影响

（一）个人所得税与房产税的关系

个人所得税是以自然人取得的各项应税所得为征税对象而征收的一种税，是政府利用税收对个人收入进行调节的一种手段。而房产税则是以房屋为征税对象，按照房屋的计税余值或租金收入，向产权所有人征收的一种财产税。由于增值税与房产税的征税范围并无交集，一般情况下，这两个税种并没有直接联系，只有基于特殊的经济活动，当个人无租使用企业提供的房产时，个人所得税才会与房产税产生关系。

（二）个人所得税税收筹划对房产税的影响

本章第二节关于工资薪金税收筹划的［例5-1］中提到，企业通过给员工提供免费宿舍的方式，降低员工名义工资，帮助员工节省个人所得税。在该项经济活动中企业为员工提供的房屋产权属于公司。这种特殊的经济活动中，一方面个人所得由于福利化计税依据减少，个人所得税税负降低，另一方面，依据《财政部 国家税务总局关于房产税城镇土地使用税有关问题的通知》（财税〔2009〕128号）第一条规定"无租使用其他单位房产的应税单位和个人，依照房产余值代缴纳房产税"，员工需要代缴企业房产税，房产税税负增加，此时，个人所得税税负与房产税税负呈逆向变化。

三、个人所得税税收筹划对企业所得税的影响

（一）个人所得税与企业所得税的关系

在我国税制体系中，个人所得税和企业所得税是构成所得税的两大税种，

这两个税种既相互区别又相互联系。个人所得税是以自然人取得的各项应税所得为征税对象而征收的一种税，是政府利用税收对个人收入进行调节的一种手段。企业所得税是对我国境内的企业和其他取得收入的组织的生产经营所得和其他所得征收的一种税。两者的关系在本书第四章第六节企业所得税与个人所得的关系中有详细阐述，此处不再赘述。

（二）个人所得税税收筹划对企业所得税的影响

在实践中，企业人事结构复杂，可能存在身份重叠的现象。职工、债权人、股东身份相互交叉；个人的工资薪金所得、利息所得、股息红利所得界限不明；个人投资者自身的消费性支出、财产性支出与纳税人本身生产经营所发生的成本费用无法明确区分，纳税人利用这些特点进行税收筹划，往往起到一箭双雕的效果。

纳税人在经济活动发生之前，通过合理合法的安排，将企业具有多重身份的员工支出列入企业生产经营的成本费用，一方面可以降低个人所得税计税依据，使得个人所得税税负降低；另一方面，个人支出加大了企业扣除，缩小了企业所得税计税依据，减轻了企业所得税税负，使得个人所得税税负与企业所得税税负同时下降，呈同向变化。

值得注意的是，在本章第二节中提到，将工资薪金福利化的方式支付给员工可以降低个人所得税，但企业这一福利化支出仅能作为职工福利费在规定限额内扣除，无法作为成本费用在税前全额扣除。因此，这会使得企业产生多缴纳企业所得税的税务风险，此时个人所得税税负与企业所得税税负呈逆向变化。

第六章

契税、城镇土地使用税、房产税、土地增值税的税收筹划

第一节　契税的税收筹划

2021 年 9 月 1 日起，《中华人民共和国契税法》（以下简称《契税法》）施行，1997 年 7 月 7 日国务院发布的《中华人民共和国契税暂行条例》（以下简称《契税暂行条例》）同时废止，这一法律的颁布推进了我国"税收法定"的进程。契税是指在我国境内转移土地、房屋权属，根据当事人双方签订的契约合同，以所有权发生转移变动的不动产为征税对象，向产权承受人征收的一种财产税。契税的征收有利于增加财政收入，保护合法产权，减少产权纠纷。但契税的计税依据为不动产的价格，实行 3% ~ 5% 的浮动税率，因此对于纳税人而言，一旦涉及产权转移的经济活动时，契税的税收负担不容小觑，对契税进行合理的筹划也变得不可或缺。

一、契税纳税人的税收筹划

（一）纳税人的法律界定

契税的纳税义务人是承受境内转移土地、房屋权属的单位和个人。境内是指中华人民共和国实际税收行政管辖范围内。土地、房屋权属是指土地使用权

和房屋所有权。单位是指企业单位、事业单位、国家机关、军事单位和社会团体以及其他组织。个人是指个体经营者及其他个人，包括中国公民和外籍人员。

（二）纳税人的税收筹划

根据税法的规定，凡是涉及境内转移土地、房屋权属，承受的单位和个人都是契税的纳税人。但对于权属的承受人而言，契税的税收筹划空间依旧存在。

较为常见的契税应税行为大致分为两种：婚姻关系或直系亲属之间土地、房屋权属的转移；其他单位和个人之间的土地、房屋权属的转移。

（1）针对直系亲属与婚姻关系之间房屋权属转移的问题而言，房屋权属承受人为子女或者配偶的涉税情况大有不同。婚姻关系存续期间夫妻之间变更土地、房屋权属；根据《财政部 税务总局关于契税法实施后有关优惠政策衔接问题的公告》（财政部 税务总局公告 2021 年第 29 号），夫妻因离婚分割共同财产发生土地、房屋权属变更的，免征契税。

现在几乎每一个家庭都可能会遇到这样的问题：长辈的房屋若要过户给晚辈，究竟以什么方式最合适，且过户费用最少？从目前来看，房屋过户主要分为三种方式：法定继承、赠与和买卖，这三种方式所要缴纳的契税也不同。

子女以法定继承的方式获得父母的土地、房屋权属，不需要缴纳契税。法定继承是指遗产人去世后进行产权的过户；赠与过户和继承过户相比，需要缴纳契税，在取得土地、房屋权属后，受赠人如果再次交易，需要面临比较高的个人所得税；如果将赠与转变为买卖，由于经济活动性质的改变，涉税状况也有所不同。父母将土地、房屋权属以较低的价格出售给子女，契税的计税依据缩小，就可以少缴纳一部分契税；如果子女再次转让土地、房屋权属时，可降低个人所得税。总而言之，通过转变经济活动的性质，可以改变契税纳税人的涉税情况，从而降低应缴纳的契税。

在此需要注意，如果遗嘱继承中被指定继承人为除法定继承人以外的一人或数人时，应按继承额缴纳契税。

（2）针对其他单位和个人之间土地、房屋权属转移的问题，如果充分运用税法中的规定，改变经济活动的性质，同样可以使其避免成为契税的纳税人。

当企业需要购置土地、房屋时，如果直接按照产权转移来处理，在转让产权的环节会涉及土地增值税、契税、增值税以及其他相关税费。《财政部 税务总局关于继续执行企业 事业单位改制重组有关契税政策的公告》（财政部 税务总局公告 2021 年第 17 号），此公告自 2021 年 1 月 1 日起至 2023 年 12 月 31 日执行中规定：在股权（股份）转让中，单位、个人承受公司股权（股份），公司土地、房屋权属不发生转移，不征收契税。因此，企业可以通过改变经济活动的性质，将土地、房屋权属买卖行为变为股权交易，这样就能够避免成为上述税种的纳税人，从而降低企业的税收负担。

二、契税计税依据的税收筹划

（一）计税依据的法律界定

契税的计税依据为不动产的价格。由于土地、房屋权属转移方式与定价方法不同，因此计税依据应视不同情况而决定。

（二）征税范围的相关规定

契税的征税范围可以判定发生的经济活动是否需要交纳契税，具体规定如表 6-1 所示。

表 6-1　　　　　　　　　　　契税计税依据和征税范围

经济活动		是否缴纳契税	计税依据	备注
土地使用权出让		是	成交价格	（1）纳税人申报的成交价格、互换价格差额明显偏低且无正当理由的，由税务机关依法核定（下同）；（2）法定继承人通过继承承受土地、房屋权属，免征契税；（3）土地使用权转让不包括土地承包经营权和土地经营权的转移；（4）互换价格相等的，互换双方计税依据为零；互换价格不相等的，以其差额为计税依据，由支付差额的一方缴纳契税
土地使用权转让	出售		成交价格	
	赠与		税务机关参照土地使用权出售、房屋买卖的市场价格依法核定的价格	
	互换		所互换的土地使用权、房屋价格的差额	
房屋权属	买卖		成交价格	
	赠与		税务机关参照土地使用权出售、房屋买卖的市场价格依法核定的价格	
	互换		所互换的土地使用权、房屋价格的差额	

续表

经济活动		是否缴纳契税	计税依据	备注
以作价投资（入股）、偿还债务、划转、奖励等方式转移土地、房屋权属的，应当依照本法规定征收契税	作价投资（入股）	是	投资房产价值或房产买价（成交价）	
	偿还债务		房屋现值	
	划转		税务机关参照土地使用权出售、房屋买卖的市场价格依法核定的价格	
	奖励		税务机关参照土地使用权出售、房屋买卖的市场价格依法核定的价格	
其他	承受与房屋附属设施所有权或土地使用权		房屋附属设施（包括停车位、机动车库、非机动车库、顶层阁楼、储藏室及其他房屋附属设施）与房屋为同一不动产单元的，计税依据为承受方应交付的总价款，并适用与房屋相同的税率；房屋附属设施与房屋为不同不动产单元的，计税依据为转移合同确定的成交价格，并按当地确定的适用税率计税	对不涉及土地使用权和房屋所有权转移变动的，不征收契税
	采取分期付款方式购买房屋附属设施土地使用权、房屋所有权		按合同规定的总价款	
	以预购方式或者预付集资建房款方式承受土地、房屋权属		按合同规定的总价款	如果合同价格明显偏低，税务机关核定
	划拨		补缴的土地出让价款	以划拨方式取得的土地使用权，经批准改为出让方式重新取得该土地使用权的
			补缴的土地出让价款和房地产权属转移合同确定的成交价格	先以划拨方式取得土地使用权，后经批准转让房地产，划拨土地性质改为出让的
			房地产权属转移合同确定的成交价格	先以划拨方式取得土地使用权，后经批准转让房地产，土地性质未发生改变的

（三） 计税依据的税收筹划

1. 利用房屋交换进行筹划

根据《契税法》规定：土地使用权互换、房屋互换，以所互换土地使用权、房屋价格的差额为计税依据。交换价格相等时，免征契税，交换价格不等时，由多交付的货币、实物、无形资产或者其他经济利益的一方缴纳契税。根据《财政部 税务总局关于贯彻实施契税法若干事项执行口径的公告》（财政部 税务总局公告 2021 年第 23 号）规定：土地使用权互换、房屋互换，互换价格相等的，互换双方计税依据为零；互换价格不相等的，以其差额为计税依据，由支付差额的一方缴纳契税。因此，纳税人可以在条件允许的前提下，通过合法的途径将购置行为转换成交换行为，从而降低契税税负。

【例 6-1】甲在 A 区拥有一套房屋，价值 200 万元；乙在 B 区拥有一套房屋，价值 270 万元。甲想要出售已有房屋，在 B 区重新购置房屋。此时，乙想要出售已有房屋，搬往 A 区居住。对于甲乙二人来说，想要重新购买住房都将负担较高的契税，那么，应如何对甲、乙想要重新购买房屋的行为进行安排，才能降低二人所负担的契税？（假定契税税率为 3%）

方案一：按一般的房屋出售与购置处理，若乙购买甲在 A 区的房屋，应缴纳的契税为 6 万元（=200×3%）；若甲购买乙在 B 区的房屋，应缴纳的契税为 8.1 万元（=270×3%）。

方案二：甲、乙二人经协商，同意交换房屋，并由甲向乙支付房款的差价。对于甲而言，只需要对 70 万元的差价缴纳契税 2.1 万元（=70×3%），节约税款 6 万元；对于乙而言，免缴契税，从而节约税款 6 万元。这样甲乙双方均可受益，一举两得。

2. 利用合同分拆法进行筹划

【例 6-2】乙公司拟购买甲公司一生产车间，整体评估价为 600 万元，其中，生产厂房、土地的评估价为 400 万元，机器设备（固定资产）的评估价为 120 万元，树木（生物资产）评估价为 80 万元。乙公司按整体评估价 600 万元购买，则应缴纳契税 18 万元（=600×3%），试分析，如何安排此项经济活动才能降低契税的税负？

方案：根据《财政部 税务总局关于贯彻实施契税法若干事项执行口径的公告》（财政部 税务总局公告 2021 年第 23 号）规定"房屋附属设施（包括停车位、机动车库、非机动车库、顶层阁楼、储藏室及其他房屋附属设施）与房屋为同一不动产单元的，计税依据为承受方应交付的总价款，并适用与房屋相同的税率；房屋附属设施与房屋为不同不动产单元的，计税依据为转移合同确定的成交价格，并按当地确定的适用税率计税"。因此，企业可以通过分开签订合同的方法，清晰区分土地使用权、房屋所有权以及机器设备、树木发生转移的部分，以达到节税的目的。

如果甲公司与乙公司签订三份销售合同，分别转让生产厂房与土地、机器设备（固定资产）和树木（生物资产）。此时，乙公司只需要对转让生产厂房与土地使用权缴纳契税 12 万元（＝400×3%），节约契税 6 万元。

但需要提及的问题是，上述方案将整个经济活动拆分为三种资产进行转让，由于各资产适用的增值税税率不同，对乙企业的进项税取得会有影响。而对于树木是否可以单独转让的问题，税法中并没有明确规定，因此企业在利用此方法进行筹划时要和税务机关及时沟通并达成共识。

三、契税税率的税收筹划

契税实行 3%～5% 的幅度税率。考虑到我国地区经济发展不平衡的实际情况，各省、自治区、直辖市人民政府可以在规定的税率幅度内提出适用税率，报同级人民代表大会常务委员会决定，并报全国人民代表大会常务委员会和国务院备案。

由于契税是地方税种，实行幅度税率，不同地区的适用税率也有所不同。因此，在相同条件下，若企业在不同地区的生产经营不存在差异，则可以选择在契税税率低的地区；其次，由于契税为地方税种，而"营改增"全面推行之后地方财力匮乏，契税征收、减征和免征的范围可能会有所调整。企业则可以对本地区契税的相关规定是否会发生变动进行合理的预判，并对购买土地、房屋的时间作出合理的选择，从而避免因地方政策的变动而多缴纳契税。

目前，对于契税适用税率，有 27 个省、自治区、直辖市确定为 3%；湖南省确定为 4%；河北、辽宁、河南 3 个省确定了 3% 和 4% 两档税率，其中河北和辽宁对个人购买普通住房、河南对住房权属转移适用 3% 税率；全国尚无适用 5% 税率的地区。

企业在选址或个人购买住房时，可综合考虑各方面因素，在同等条件下选择契税税率较低的地区，从而降低契税税负。

四、契税税收优惠政策的税收筹划

（一）契税税收优惠政策

近年来，在我国房地产市场快速发展、房地产交易量快速增加的同时，也出现了投机严重、价格虚高等问题，影响了房地产市场乃至整个国民经济的稳定健康发展。而契税独特的税制设计对于引导合理消费住房、抑制投机炒房行为和规范房地产市场具有一定的作用。然而，并非所有涉及房屋产权转移的经济活动都是商业投机行为，所以契税对于一些特殊的经济活动给予了一定的优惠政策，纳税人充分利用优惠政策，也是税收筹划的一种方法。具体规定如表6-2所示。

表6-2　　　　　　　　　　　　契税税收优惠表

经济活动	是否缴纳契税	备注
国家机关、事业单位、社会团体、军事单位承受土地、房屋权属用于办公、教学、医疗、科研、军事设施	免征	根据国民经济和社会发展的需要，国务院对居民住房需求保障、企业改制重组、灾后重建等情形可以规定免征或者减征契税，报全国人民代表大会常务委员会备案
非营利性的学校、医疗机构、社会福利机构承受土地、房屋权属用于办公、教学、医疗、科研、养老、救助		
承受荒山、荒地、荒滩土地使用权用于农、林、牧、渔业生产		
婚姻关系存续期间夫妻之间变更土地、房屋权属		
法定继承人通过继承承受土地、房屋权属		
依照法律规定应当予以免税的外国驻华使馆、领事馆和国际组织驻华代表机构承受土地、房屋权属		
因土地、房屋被县级以上人民政府征收、征用，重新承受土地、房屋权属	省、自治区、直辖市可以决定免征或者减征契税	省、自治区、直辖市人民政府提出，报同级人民代表大会常务委员会决定，并报全国人民代表大会常务委员会和国务院备案
因不可抗力灭失住房，重新承受住房权属		
城镇职工按规定第一次购买公有住房的	免征	公有制单位为解决职工住房而采取集资建房方式建成的普通住房或由单位购买的普通商品住房，经县级以上地方人民政府房改部门批准、按照国家房改政策出售给本单位职工的，如属职工首次购买住房，比照公有住房免征契税。已购公有住房经补缴土地出让价款成为完全产权住房的，免征契税
外国银行分行按照《中华人民共和国外资银行管理条例》等相关规定改制为外商独资银行（或其分行），改制后的外商独资银行（或其分行）承受原外国银行分行的房屋权属的		

经济活动	是否缴纳契税	备注
企业按照《中华人民共和国公司法》有关规定整体改制，包括非公司制企业改制为有限责任公司或股份有限公司，有限责任公司变更为股份有限公司，股份有限公司变更为有限责任公司，原企业投资主体存续并在改制（变更）后的公司中所持股权（股份）比例超过75%，且改制（变更）后公司承继原企业权利、义务的，对改制（变更）后公司承受原企业土地、房屋权属	免征	根据《财政部 税务总局关于继续执行企业 事业单位改制重组有关契税政策的公告》（财政部 税务总局公告2021 第17号）（1）本公告所称企业、公司，是指依照我国有关法律法规设立并在中国境内注册的企业、公司。 本公告所称投资主体存续，是指原改制重组企业、事业单位的出资人必须存在于改制重组后的企业，出资人的出资比例可以发生变动。 本公告所称投资主体相同，是指公司分立前后出资人不发生变动，出资人的出资比例可以发生变动。 （2）本公告自2021年1月1日起至2023年12月31日执行。自执行之日起，企业、事业单位在改制重组过程中，符合本公告规定但已缴纳契税的，可申请退税；涉及的契税尚未处理且符合本公告规定的，可按本公告执行
事业单位按照国家有关规定改制为企业，原投资主体存续并在改制后企业中出资（股权、股份）比例超过50%的，对改制后企业承受原事业单位土地、房屋权属		
两个或两个以上的公司，依照法律规定、合同约定，合并为一个公司，且原投资主体存续的，对合并后公司承受原合并各方土地、房屋权属		
公司依照法律规定、合同约定分立为两个或两个以上与原公司投资主体相同的公司，对分立后公司承受原公司土地、房屋权属		
（企业破产相关）企业依照有关法律法规规定实施破产，债权人（包括破产企业职工）承受破产企业抵偿债务的土地、房屋权属		
（企业破产相关）对非债权人承受破产企业土地、房屋权属，凡按照《中华人民共和国劳动法》等国家有关法律法规政策妥善安置原企业全部职工规定，与原企业全部职工签订服务年限不少于三年的劳动用工合同的，对其承受所购企业土地、房屋权属		
（企业破产相关）与原企业超过30%的职工签订服务年限不少于三年的劳动用工合同	减半征收	
（企业资产划转相关）对承受县级以上人民政府或国有资产管理部门按规定进行行政性调整、划转国有土地、房屋权属的单位	免征	

续表

经济活动	是否缴纳契税	备注
（企业资产划转相关）同一投资主体内部所属企业之间土地、房屋权属的划转，包括母公司与其全资子公司之间，同一公司所属全资子公司之间，同一自然人与其设立的个人独资企业、一人有限公司之间土地、房屋权属的划转	免征	根据《财政部 税务总局关于继续执行企业 事业单位改制重组有关契税政策的公告》（财政部 税务总局公告2021 第17号）（1）本公告所称企业、公司，是指依照我国有关法律法规设立并在中国境内注册的企业、公司。本公告所称投资主体存续，是指原改制重组企业、事业单位的出资人必须存在于改制重组后的企业，出资人的出资比例可以发生变动。本公告所称投资主体相同，是指公司分立前后出资人不发生变动，出资人的出资比例可以发生变动。
（企业资产划转相关）母公司以土地、房屋权属向其全资子公司增资，视同划转		
经国务院批准实施债权转股权的企业，对债权转股权后新设立的公司承受原企业的土地、房屋权属		
以出让方式或国家作价出资（入股）方式承受原改制重组企业、事业单位划拨用地的	对承受方应按规定征收契税	（2）本公告自2021年1月1日起至2023年12月31日执行。自执行之日起，企业、事业单位在改制重组过程中，符合本公告规定但已缴纳契税的，可申请退税；涉及的契税尚未处理且符合本公告规定的，可按本公告执行
在股权（股份）转让中，单位、个人承受公司股权（股份），公司土地、房屋权属不发生转移	不征	
对易地扶贫搬迁贫困人口按规定取得的安置住房	暂免征	有效至2025年12月31日

（二）契税税收优惠政策的税收筹划

1. 利用企业重组法进行筹划

现阶段，企业改组改制的情况众多，税法也对此做出了特殊的规定。企业可以充分了解和利用这些规定来寻找契税的税收筹划空间。

【例6-3】甲公司拟用土地投资成立一家乙公司，但《契税法》第二条中明确规定"以作价投资（入股）、偿还债务、划转、奖励等方式转移土地、房屋权属的，应当依照本法规定征收契税"。对于此经济活动而言，乙公司要负担较高的契税。试分析，是否有更合理的方案能降低契税的税收负担？

方案：《财政部 税务总局关于继续执行企业事业单位改制重组有关契税政策的公告》（财政部 税务总局公告2021年第17号，本公告自2021年1月1日起至2023年12月31日执行）中规定"公司依照法律规定、合同约定分立为两个或两个以上与原公司投资主体相同的公司，对分立后公司承受原公司土地、房屋权属，免征契税"。因此，甲企业可以通过分立的形式，将该土地分立到新成立的乙公司中，这样乙公司可以免征契税。甲公司与乙公司拥有同一投资主体，所以实质上是为二者的股东节约了契税。需要注意的问题是，企业分立的工商流程在实际操作中较为复杂，因此其可行性需根据实际情况来判断。

【例6-4】甲公司与乙公司拥有同一个投资主体，出于战略经营的目标，股东拟将甲公司的一块土地以投资的方式转移到乙公司。根据《契税法》规定"以作价投资（入股）、偿还债务、划转、奖励等方式转移土地、房屋权属的，应当依照本法规定征收契税"。因此，甲公司将要负担较高的契税。试分析，是否有更合理的方案能降低契税的税收负担？

方案：根据《财政部 税务总局关于继续执行企业 事业单位改制重组有关契税政策的公告》（财政部 税务总局公告2021年第17号，本公告自2021年1月1日起至2023年12月31日执行）中规定"对承受县级以上人民政府或国有资产管理部门按规定进行行政性调整、划转国有土地、房屋权属的单位，免征契税；同一投资主体内部所属企业之间土地、房屋权属的划转，包括母公司与其全资子公司之间，同一公司所属全资子公司之间，同一自然人与其设立的个人独资企业、一人有限公司之间土地、房屋权属的划转，免征契税"。因此，可以将甲公司的土地划转给乙公司，这样乙公司就可以避免因接受赠与而全额缴纳契税。需要注意的问题是，在实际操作中，"划转"与"投资"在概念上容易混淆。"划转"的前提是土地、房屋权属划入与划出方在土地转移之前就已经存续，只有符合此条件，企业才能享受此优惠政策。

2. 选择性条款筹划方法

当个人购买家庭唯一住房时，可在满足自身需求的前提下，选择面积为90平方米及以下的房产，纳税人就可享受减按1%的税率征收契税的优惠政策；而如果选择面积为90平方米以上的房产，则可享受减按1.5%的税率征收契税的优惠政策。

五、契税税收筹划对其他税种的影响

（一）契税税收筹划对增值税的影响

契税的筹划方法较为单一，除了利用税法中对特殊经济活动的规定外，主要运用契税的优惠政策进行筹划。尽管如此，契税的税收筹划同样会对增值税产生影响。

（1）当同一个投资主体在不同的子公司之间划转土地、房屋权属时，可以避免缴纳契税，但是要缴纳增值税。根据《国家税务总局关于纳税人资产重组有关增值税问题的公告》（国家税务总局公告 2013 年第 66 号）：企业在资产重组过程中，通过合并、分立、出售、置换等方式，将全部或者部分实物资产以及与其相关联的债权、负债经多次转让后，最终的受让方与劳动力接收方为同一单位和个人的，仍适用《国家税务总局关于纳税人资产重组有关增值税问题的公告》（国家税务总局公告 2011 年第 13 号）的相关规定，其中货物的多次转让行为均不征收增值税。同时，这一经济活动也不缴纳契税。

（2）当采取合同拆分法进行筹划时，购买方只对涉及土地、房屋权属的部分缴纳契税，对其他资产及劳务和服务的购买不征收契税，同时又能够取得购买土地、房屋权属和其他资产及劳务和服务的进项税额。因此，契税税负与增值税税负呈同向变化。

（3）当企业采取购买股权的方式进行契税的筹划时，由于改变了经济活动的性质，不涉及土地、房屋权属转让的契税。但是，若企业直接购买土地、房屋能够取得可以抵扣的进项税额，此时契税税负与增值税税负呈逆向变化。因此，企业应分析综合税负情况对筹划方法进行选择。

（4）2016 年 5 月 1 日全面推行"营改增"后，企业将取得土地、房屋权属的买价进行价税分离，取得进项税额的同时缩小了契税计税依据，此时契税与增值税呈同向变化。根据"营改增"对房地产行业的具体规定，"老项目"按 5% 的征收率进行价税分离，"新项目"以 9%（一般纳税人适用税率）或 5%（小规模纳税人适用征收率）的税率进行价税分离，因此"新、老"项目对进项税额也会产生影响。

（5）契税作为地方税种，采用幅度税率。"营改增"以后，由于地方财力可能出现缺口，地方政府可能将契税税率上调，因此在契税适用税率较低时购置房屋能够少缴纳契税。

（二）契税税收筹划对房产税的影响

契税是在转移土地、房屋权属时，承受的单位和个人负担的税费；而房产税是纳税人在房屋的持有环节负担的税费。在一般情况下二者存在一定的关联，对契税进行筹划时，会对房产税产生影响。由于取得房屋所支付的价款越少，需要缴纳的契税税额就越少，同时会使房产税的计税依据缩小，房产税税额也因此而减少，此时契税税负与房产税税负呈同向变化。

（三）契税税收筹划对印花税的影响

由于契税的计税依据为土地、房屋的价格，此时涉及的印花税的计税依据为产权转移书据记载的金额，实质上二者并无差异，因此在缩小契税计税依据的同时会缩小印花税的计税依据。此时契税税负与印花税税负呈同向变化。

（四）契税税收筹划对土地增值税的影响

对于土地、房屋权属转移的经济活动而言，契税由权属承受方负担，土地增值税由权属转移方负担，表面上二者并无关联。但实际上，当企业再次转让土地、房屋时，契税的筹划会对土地增值税产生较大的影响。

（1）如果企业不进行契税的筹划，只是以购买的方式取得土地、房屋权属时，应以公允价值进行交易。如果企业通过购买股权的形式取得土地、房屋权属，可以避免缴纳契税，但土地、房屋价值应按历史成本入账。如果房地产处于增值的趋势，其公允价值会高于历史成本。因此，当企业再次转让土地、房屋权属时，以历史成本作为可扣除项目就会导致多缴纳土地增值税，此时契税税负与土地增值税税负呈逆向变化。

（2）当企业对土地进行开发时，取得土地时缴纳的契税要计入开发成本当中。企业通过税收筹划减少了契税税额，在后期转让开发的房地产时，契税税额的降低会导致可扣除项目金额减少，土地增值税税额增加，此时契税税负与土地增值税税负呈逆向变化。

（五）契税税收筹划对个人所得税的影响

契税与个人所得税的联系极少，只有涉及再次转让土地、房屋权属时，契税的税收筹划才会对个人所得税产生影响。例如，对于父母将房产赠与子女的经济活动，从契税的筹划角度，应该将赠与（评估价）变为购买（成交价），这样就能以较低的买价缴纳契税。如果子女对此房屋再次转让时，需缴纳的个人所得税低于以接受赠与取得土地、房屋权属方式缴纳的个人所得税，此时契税税负与个人所得税税负呈正向变化。

（六）契税税收筹划对企业所得税的影响

1. 持有环节

在取得土地、房屋权属时负担的契税税额应计入成本当中，契税的筹划会减少应缴纳的契税，也因此影响了土地的摊销额或房屋的折旧额，从而降低了企业所得税应纳税所得额的税前扣除项目金额。此时契税税负与企业所得税呈逆向变化。

2. 转让环节

在对契税进行税收筹划时，无论是采用资产拆分还是利用分立、划转等方式，均会影响取得土地、房屋的成本。采用合同拆分法，把拟购进的土地、房屋权属拆分为不同类型的资产，当企业再次转让土地、房屋时，会因房屋成本降低而增大企业所得税的应纳税所得额；因采用分立、划转等方式的筹划，对土地、房屋成本进行核算时，是以历史成本入账，再次转让土地、房屋时，由于土地、房屋的增值可能会导致增大企业所得税的应纳税所得额。基于上述情况，契税税负与企业所得税呈逆向变化。事实上，企业无论通过何种方式进行筹划，只要契税税额降低，就会减少企业所得税的税前扣除金额，使其应纳税所得额增加，此时契税税负与企业所得税税负呈逆向变化。

第二节　城镇土地使用税的税收筹划

城镇土地使用税是以开征范围内的土地为征税对象，对拥有土地使用权的单位和个人征收的一种税。征收城镇土地使用税有利于促进土地的合理、节约使用，调节土地级差收入，也有利于筹集地方财政资金，完善地方税体系。对于城镇土地使用税的纳税人而言，从整体上把握城镇土地使用税的特点以及相关法律法规是进行税收筹划的重要突破口。

一、城镇土地使用税的法律界定

（一）城镇土地使用税的纳税人及征税范围

城镇土地使用税的纳税人为在城市、县城、建制镇、工矿区范围内使用土地的单位和个人。具体包含以下几类：（1）拥有土地使用权的单位或个人缴纳；（2）拥有土地使用权的纳税人不在土地所在地的，由代管人或实际使用人缴纳；（3）土地使用权未确定或者权属纠纷未解决的，其实际使用人为纳税人；（4）土地使用权共有的，共有各方都是纳税人，由共有各方分别纳税。其征税范围包括城市（包括市区和郊区）、县城、建制镇和工矿区内国家所有及集体所有土地。

（二）城镇土地使用税的税率

城镇土地使用税实行分级幅度税额，如表 6 - 3 所示。

表 6 - 3　　　　　　　　　　　城镇土地使用税税率

级别	每平方米税额（元）
大城市	1.5 ~ 30
中等城市	1.2 ~ 24
小城市	0.9 ~ 18
县城、建制镇、工矿区	0.6 ~ 12

各省、自治区、直辖市人民政府可根据市政建设情况和经济繁荣程度在规定税额幅度内确定所辖地区的适用税额幅度。经济落后地区可适当降低标准，但降低额不得超过上表规定最低税额的 30%。经济发达地区的标准可适当提高，但需报财政部批准。

城镇土地使用税规定幅度税额主要考虑到我国各地区存在悬殊的土地级差收益，同一地区内不同地段的市政建设情况和经济繁荣程度也有较大差别。幅度税额可以调节不同地区、不同地段之间的土地级差收益，尽可能平衡税负。

（三）城镇土地使用税的计算

城镇土地使用税的全年应纳税额为计税土地面积（m^2）乘以适用税额。对在城镇土地使用税征税范围内单独建造的地下建筑用地，按规定征收城镇土地使用税。其中，已取得地下土地使用权证的，按土地使用权证确认的土地面积计算应征税款；未取得地下土地使用权证或地下土地使用权证上未标明土地面积的，按地下建筑垂直投影面积计算应征税款。对上述地下建筑用地暂按应征税款的 50% 征收城镇土地使用税。

（四）城镇土地使用税税收优惠政策

（1）国家机关、人民团体、军队自用的土地，免征城镇土地使用税。
（2）国家财政部门拨付事业经费的单位自用的土地，免征城镇土地使用税。
（3）宗教寺庙、公园、名胜古迹自用的土地，免征城镇土地使用税。
（4）市政街道、广场、绿化地带等公共用地，免征城镇土地使用税。
（5）直接用于农、林、牧、渔业的生产用地，免征城镇土地使用税。
（6）经批准开山填海整治的土地和改造的废弃土地，从使用的月份起免征城镇土地使用税 5 ~ 10 年。
（7）省、自治区、直辖市地方税务局确定减免城镇土地使用税的优惠：
①个人所有的居住房屋及院落用地；

②房产管理部门在房租调整改革前经租的居民住房用地；

③免税单位职工家属的宿舍用地；

④集体和个人办的各类学校、医院、托儿所、幼儿园用地。

（8）免税单位无偿使用纳税单位的土地（如公安、海关等单位使用铁路、民航等单位的土地），免征城镇土地使用权；纳税单位无偿使用免税单位的土地，纳税单位应照章缴纳城镇土地使用税。纳税单位与免税单位共同使用、共有土地使用权土地上的多层建筑，对纳税单位可按其占用的建筑面积占建筑总面积的比例计征城镇土地使用税。

（9）由财政部另行规定免税的能源，交通、水利用地和其他用地，免征城镇土地使用税，如：

①对石油天然气生产建设用地中的地质勘探、钻井、井下作业、油气田地面工程等施工临时用地和企业厂区以外的铁路专用线、公路及输油（气、水）管道用地，暂免征收城镇土地使用税。

②在城市、县城、建制镇以外工矿区内的消防、防洪排涝、防风、防沙设施用地，暂免征收城镇土地使用税。

享受上述税收优惠的用地，用于非税收优惠用途的，不得享受本通知规定的税收优惠。

③对核电站的核岛、常规岛、辅助厂房和通信设施用地（不包括地下线路用地），生活、办公用地按规定征收城镇土地使用税，其他用地免征城镇土地使用税；对核电站应税土地在基建期内减半征收城镇土地使用税。

④对盐场的盐滩、盐矿的矿井用地，暂免征收城镇土地使用税；对盐场、盐矿的其他用地，由省、自治区、直辖市税务局根据实际情况，确定征收城镇土地使用税或给予定期减征、免征的照顾。

⑤对水利设施及其管护用地（如水库库区、大坝、堤防、灌渠、泵站等用地），免征城镇土地使用税。

⑥对城市公交站场、道路客运站场、城市轨道交通系统运营用地，免征城镇土地使用税。（有效至2023年12月31日）

⑦对从事大型民用客机发动机、中大功率民用涡轴涡桨发动机研制的企业及其全资子公司从事大型民用客机发动机、中大功率民用涡轴涡桨发动机研制项目自用的科研、生产、办公房产及土地，免征房产税、城镇土地使用税。（自2018年1月1日起至2023年12月31日止）

⑧对物流企业自有（包括自用和出租）或承租的大宗商品仓储设施用地，减按所属土地等级适用税额标准的50%计征城镇土地使用税。（自2020年1月1日起至2022年12月31日止）

⑨对商品储备管理公司及其直属库自用的承担商品储备业务的房产、土地，免征城镇土地使用税。商品储备管理公司及其直属库，是指接受县级以上人民政府有关部门委托，承担粮（含大豆）、食用油、棉、糖、肉 5 种商品储备任务，取得财政储备经费或者补贴的商品储备企业。（2022 年 1 月 1 日至 2023 年 12 月 31 日）

⑩对"三北"地区向居民供热收取采暖费的供热企业（以下简称"供热企业"），为居民供热所使用的厂房及土地免征城镇土地使用税；对供热企业其他厂房及土地，应当按照规定征收城镇土地使用税。

第一，对专业供热企业，按其向居民供热取得的采暖费收入占全部采暖费收入的比例，计算免征的城镇土地使用税。

第二，对兼营供热企业，视其供热所使用的厂房及土地与其他生产经营活动所使用的厂房及土地是否可以区分，按照不同方法计算免征的城镇土地使用税。可以区分的，对其供热所使用厂房及土地，按向居民供热取得的采暖费收入占全部采暖费收入的比例，计算免征的城镇土地使用税。难以区分的，对其全部厂房及土地，按向居民供热取得的采暖费收入占其营业收入的比例，计算免征的城镇土地使用税。

第三，对自供热单位，按向居民供热建筑面积占总供热建筑面积的比例，计算免征供热所使用的厂房及土地的城镇土地使用税。

"三北"地区，是指北京市、天津市、河北省、山西省、内蒙古自治区、辽宁省、大连市、吉林省、黑龙江省、山东省、青岛市、河南省、陕西省、甘肃省、青海省、宁夏回族自治区和新疆维吾尔自治区。（执行期限延长至 2023 年供暖期结束）

⑪对农产品批发市场、农贸市场（包括自有和承租，下同）专门用于经营农产品的房产、土地，暂免征收城镇土地使用税。对同时经营其他产品的农产品批发市场和农贸市场使用的房产、土地，按其他产品与农产品交易场地面积的比例确定征免城镇土地使用税。（有效期至 2023 年 12 月 31 日）

⑫为社区提供养老、托育、家政等服务的机构自有或其通过承租、无偿使用等方式取得并用于提供社区养老、托育、家政服务的房产、土地，免征房产税、城镇土地使用税。（自 2019 年 6 月 1 日起至 2025 年 12 月 31 日止）

⑬对易地扶贫搬迁安置住房用地，免征城镇土地使用税；在商品住房等开发项目中配套建设易地扶贫搬迁安置住房的，按安置住房建筑面积占总建筑面积的比例，计算应予免征的安置住房用地相关的契税、城镇土地使用税。（2025 年 12 月 31 日止）

⑭对体育场馆自用的房产和土地城镇土地使用税政策通知如下：

第一，国家机关、军队、人民团体、财政补助事业单位、居民委员会、村民委员会拥有的体育场馆，用于体育活动的房产、土地，免征城镇土地使用税。

第二，经费自理事业单位、体育社会团体、体育基金会、体育类民办非企业单位拥有并运营管理的体育场馆，同时符合向社会开放，用于满足公众体育活动需要且体育场馆取得的收入主要用于场馆的维护、管理和事业发展，拥有体育场馆的体育社会团体、体育基金会及体育类民办非企业单位，除当年新设立或登记的以外，前一年度登记管理机关的检查结论为"合格"这三个条件的，其用于体育活动的房产、土地，免征城镇土地使用税。

第三，企业拥有并运营管理的大型体育场馆，其用于体育活动的房产、土地，减半征收城镇土地使用税。

以上所称体育场馆，是指用于运动训练、运动竞赛及身体锻炼的专业性场所。大型体育场馆，是指由各级人民政府或社会力量投资建设、向公众开放、达到《体育建筑设计规范》（JGJ 31—2003）有关规模规定的体育场（观众座位数 20 000 座及以上），体育馆（观众座位数 3 000 座及以上），游泳馆、跳水馆（观众座位数 1 500 座及以上）等体育建筑。用于体育活动的房产、土地，是指运动场地，看台、辅助用房（包括观众用房、运动员用房、竞赛管理用房、新闻媒介用房、广播电视用房、技术设备用房和场馆运营用房等）及占地，以及场馆配套设施（包括通道、道路、广场、绿化等）。

享受上述税收优惠体育场馆的运动场地用于体育活动的天数不得少于全年自然天数的 70%。体育场馆辅助用房及配套设施用于非体育活动的部分，不得享受上述税收优惠。高尔夫球、马术、汽车、卡丁车、摩托车的比赛场、训练场、练习场，除另有规定外，不得享受城镇土地使用税优惠政策。

各省、自治区、直辖市财政、税务部门可根据本地区情况适时增加不得享受优惠体育场馆的类型。

⑮对国家级、省级科技企业孵化器、大学科技园和国家备案众创空间自用以及无偿或通过出租等方式提供给在孵对象使用的房产、土地，免征城镇土地使用税。（2023 年 12 月 31 日）

⑯对股改铁路运输企业及合资铁路运输公司自用的房产、土地暂免征收城镇土地使用税。其中股改铁路运输企业是指铁路运输企业经国务院批准进行股份制改革成立的企业；合资铁路运输公司是指由铁道部及其所属铁路运输企业与地方政府、企业或其他投资者共同出资成立的铁路运输企业。

（10）由省、自治区、直辖市人民政府根据本地区实际情况，以及宏观调控需要确定，对增值税小规模纳税人、小型微利企业和个体工商户可以在 50% 的税额幅度内减征城镇土地使用税。增值税小规模纳税人、小型微利企业和个体工商户已依法享受城镇土地使用税其他优惠政策的，可叠加享受本条优惠政策。

（11）对在一个纳税年度内月平均实际安置残疾人就业人数占单位在职职工总数的比例高于25%（含25%）且实际安置残疾人人数高于10人（含10人）的单位，可减征或免征该年度城镇土地使用税。具体减免税比例及管理办法由省、自治区、直辖市财税主管部门确定。

（12）根据地方文件规定，对服务业小微企业和个体工商户减免租金的出租人，可按规定减免当年房产税、城镇土地使用税。

二、城镇土地使用税的税收筹划

（一）利用税收优惠进行税收筹划

利用税收优惠政策是纳税人常用的税收筹划方法之一，对于城镇土地使用税而言，其税收优惠政策针对性较强，筹划空间较为有限。可以从以下几个方面考虑：

（1）利用改造废弃土地进行筹划。税法规定，经批准开山填海整治的土地和改造的废弃土地，从使用月份起免缴城镇土地使用税5～10年。纳税人可以充分利用城市、县城、建制镇和工矿区的废弃土地或进行开山填海利用土地，获得免税优惠政策。

（2）通过准确划分与核算用地进行筹划。如果纳税人能准确划分与核算用地面积，就可以充分享受城镇土地使用税的优惠条款。例如，将农、林、牧、渔的生产用地与农副产品加工场地和生活办公用地分离，就可享受生产用地的免税政策。

（二）利用选择性条款进行税收筹划

选择性条款是指同一纳税事项，因其前提条件发生变化而可以选择适用截然不同的税收政策。这就使得同一纳税事项会出现不同的纳税处理方式，这往往会形成税收负担的差别。

就纳税人保有土地的城镇土地使用税这一情况进行分析，城镇土地使用税实行幅度税额，大城市、中等城市、小城市、县城、建制镇、工矿区的税额各不相同。即使在同一地区，由于不同地段的市政建设情况和经济繁荣程度有较大区别，城镇土地使用税的税额规定也不相同，最大的相差20倍。纳税人在投资前就应当结合自身所处的经济环境进行筹划，选择适当级别的土地进行投资。

三、城镇土地使用税税收筹划对其他税种的影响

从税收筹划整体进行分析，城镇土地使用税税收筹划在减少应纳城镇土地使用税税额的同时也会对于其他税种税收负担的大小产生影响。

对于房地产企业的土地增值税而言，保有环节缴纳的城镇土地使用税减少，会相应减少土地使用权转让环节的土地可扣除项目成本，从而增加应纳土地增值税税额。在这一情形下，城镇土地使用税税收负担与土地增值税税收负担呈逆向变化。

从企业所得税方面分析，城镇土地使用税作为企业所得税应纳税所得额的税前扣除项目，其应纳税额的减少会使得企业所得税的计税依据增加，应纳企业所得税额增加。城镇土地使用税的税收负担与企业所得税税收负担呈逆向变化。

第三节　房产税的税收筹划

房产税是以房屋为征税对象，以房屋的计税余值或租金收入为计税依据，向产权所有人征收的一种财产税。从国家角度来看，征收房产税可以配合城市住房制度改革；从政府角度来看，征收房产税不仅有利于地方政府增加财政收入，还有利于加强房产管理与稳定市场房价；从企业角度来看，随着房地产市场的发展，国家对房产税的征管和稽查力度在不断地加大，房产税已成为企业税费的重要组成部分。

房产税的征收是地方政府稳定的财政收入，也逐渐成为其主体税源之一，由于"营改增"的全面推行，地方收入下降，而政府对小税种的重视程度也会逐步提高。因此对于企业而言，对房产税进行合理的税收筹划势在必行。

一、房产税纳税人的税收筹划

（一）纳税人的法律界定

房产税以在征收范围内的房屋产权所有人为纳税人。其中：

（1）产权属国家所有的，由经营管理单位纳税；产权属集体和个人所有的，由集体单位和个人纳税。

（2）产权出典的，由承典人纳税。

（3）产权所有人、承典人不在房屋所在地的，或者产权未确定及租典纠纷未解决的，由房产代管人或者使用人纳税。

（4）无租使用其他单位房产的应税单位和个人，依照房产余值代缴房产税。

（5）自2009年1月1日起，外商投资企业、外国企业和组织以及外籍个人，依照《房产税暂行条例》缴纳房产税。

（二）纳税人的税收筹划

在现行市场经济的体制下，对于企业的资产结构而言，房地产所占的比例逐渐增长。事实上，企业持有房地产的确具备特殊的优势，例如：房地产具有一定的增值空间，与其持有闲置资金，不如投资购入房地产来获取更大的价值；其次，多数企业的生产经营离不开大量周转资金的支撑，而以房地产作为不动产抵押能使企业获取银行贷款，从而降低融资的难度。因此，越来越多的企业倾向于选择持有大量的房地产。

表面上来看，企业持有房地产确实有其独到的优势，但从税收的角度分析，企业持有大量的房地产并非明智之举。首先，随着市场的变化，房地产增值的趋势日益消退，其价值增加的空间有限，并不能为企业带来预期的收益；其次，对于企业而言，在房地产的购入、持有、处置的各个环节均有其相应的税负，若企业对房地产的自持比例过高，税负也就越重，不但不能获取收益，反而会使税负成为企业的包袱；最后，对于企业自持物业而言，其商业价值如果不能准确地预判，其涉及的房产税与城镇土地使用税等的税额会使企业得不偿失。简而言之，对于企业持有房地产数量而言，应取舍有度，过度地购置房地产对企业并无益处，合理地控制房地产的持有比例才有助于企业的生产经营。因此，企业要尽量避免因持有大量闲置的房屋而加重房产税税负，这也是房产税税收筹划的思路之一。

二、房产税计税依据的税收筹划

（一）计税依据的法律界定

房产税的计税依据是房产的计税余值或房产的租金收入。按照房产计税价值征税的，称为从价计征；按照房产租金收入计征的，称为从租计征。

1. 从价计征

《房产税暂行条例》规定，房产税依照房产原值一次减除10%～30%后的余值计算缴纳。具体减除幅度，由省、自治区、直辖市人民政府规定。

（1）对按照房产原值计税的房产，无论会计上如何核算，房产原值均应包含地价，包括为取得土地使用权支付的价款、开发土地发生的成本费用等。宗地容积率低于 0.5 的，按房产建筑面积的 2 倍计算土地面积并据此确定计入房产原值的地价。

某企业有一块占地面积为 20 000 平方米的土地，每平方米平均地价为 2 万元，土地上的厂房、仓库和办公楼建筑总面积为 10 200 平方米，房屋价值总计 55 000 万元（假设以上价款均不含增值税）。

由于该土地的宗地容积率为 0.51（= 10 200 ÷ 20 000），因此该企业应将这块土地的价值全额计入房产原值。当地房产税原值减除比例为 30%，因此该企业每年应缴纳房产税为：（55 000 + 20 000 × 2）×（1 − 30%）× 1.2% = 798（万元）。

若该企业对仓库、厂房和办公楼进行适当改建，使地上建筑面积减少至 9 500 平方米，那么这块土地的宗地容积率降低为 0.475（= 9 500 ÷ 20 000），低于 0.5；按照税法规定，该企业只需按房产建筑面积的 2 倍计算土地面积并据此计入房产原值。在这种情况下，该企业每年应缴纳的房产税为：（55 000 ÷ 10 200 × 9 500 × 2 × 2）×（1 − 30%）× 1.2% = 1 721.17（万元）。

与原来相比，每年多缴 923.18 万元房产税。

（2）房产原值应包括与房屋不可分割的各种附属设备或一般不单独计算价值的配套设施，主要有：暖气、卫生、通风、照明、煤气等设备；各种管线，如蒸气、压缩空气、石油、给水排水等管道及电力、电信、电缆导线；电梯、升降机、过道、晒台等。属于房屋附属设备的水管、下水道、暖气管、煤气管等从最近的探视井或三通管算起。电灯网、照明线从进线盒连接管算起。其中对于更换房屋附属设备和配套设施的，将其价值计入房产原值时，可扣减原来相应设备和设施的价值；对附属设备和配套设施中易损坏、需要经常更换的零配件，更新后不再计入房产原值。

为维持和增加房屋的使用功能或使房屋满足设计要求，凡以房屋为载体，不可随意移动的附属设备和配套设施，无论在会计核算中是否单独记账与核算，都应计入房产原值，计征房产税。

（3）纳税人对原有房屋进行改建、扩建的，要相应增加房屋的原值。

（4）对于投资联营的房产，在计征房产税时应予以区别对待：①对于以房产投资联营，投资者参与投资利润分红，共担风险的，按房产余值作为计税依据计征房产税；②对于以房产投资，收取固定收入，不承担联营风险的，实际是以联营名义取得房产租金，应根据《房产税暂行条例》的有关规定由出租方按租金收入计缴房产税。

【例6-5】甲公司和乙公司为同一集团公司的子公司，均为一般计税方法纳税人，采用一般计税方法计税。甲公司将其自有的房产采用投资联营的方式提供给乙公司使用，该房产原账面价值是5 000万元。现有两套对外投资方案可供选择：

方案一：甲公司向乙公司收取固定收入，不承担风险，当年取得的固定收入共计500万元（不含税）；税额为500×12% =60（万元）。

方案二：甲公司参与投资利润分红，与乙公司共担风险，当年取得的分红为500万元。已知当地房产原值减除比例为30%。甲公司应如何进行税收筹划？税额为5 000×（1 -30%）×1.2% =42（万元）。

方案二比方案一少缴纳3.6万元的房产税，但纳税人应当进行成本效益分析，以决定如何选择。

（5）对融资租赁的房产，由承租人自合同约定开始日起的次月按照房产余值缴纳房产税。

（6）对居民住宅区内业主共有的经营性房产，由实际经营（包括自营和出租）的代管人或使用人缴纳房产税。其中自营的，依照房产原值减除10% ~30%后的余值计征，没有房产原值或不能将业主共有房产与其他房产的原值准确划分开的，由房产所在地地方税务机关参照同类房产核定房产原值；出租的，依照租金收入计征。

（7）凡在房产税征收范围内的具备房屋功能的地下建筑，包括与地上房屋相连的地下建筑以及完全建在地面以下的建筑、地下人防设施等，均应依照有关规定征收房产税：①工业用途房产，以房屋原价的50% ~60%作为应税房产原值；②商业和其他用途房产，以房屋原价的70% ~80%作为应税房产原值；③对于与地上房屋相连的地下建筑，如地下室、停车场、商场的地下部分等，应与地上房屋视为一个整体，按地上房屋标准计算缴纳房产税。

（8）产权出典的房产，由承典人依据房产余值缴纳房产税。

2. 从租计征

《房产税暂行条例》规定，房产出租的，以房产租金收入作为房产税的计税依据。所谓租金收入，是房屋产权所有人出租房产使用权所得到的报酬，包括货币收入和实物收入。

对以劳务或者其他形式为报酬抵付房租收入的，应根据当地同类房产的租金水平，确定租金标准，依率计征。对出租房产，租赁双方签订的租赁合同约定有免收租金期限的，免收租金期间由产权所有人按照房产原值缴纳房产税。出租的地下建筑，按照出租地上房屋建筑的有关规定计算征收房产税。

（二）计税依据的税收筹划

对于房产税的税收筹划而言，缩小计税依据是最大的突破口，而房产税的计税依据为房产原值一次减除 10% ~30% 后的余值或房产的租金收入。因此，减少房产原值或租金收入是房产税税收筹划的关键。

1. 针对减少房产原值的筹划

房产原值是指房屋的造价，包括与房屋不可分割的各种附属设备或一般不单独计算价值的配套设施，而房产原值的多少也就直接决定了房产税的高低。对房产原值的筹划可在以下几个方面寻找空间：

（1）对附属设备的拆分。税法中对与房屋不可分割的各种附属设备有详细的规定，但仍有进一步筹划的余地。当一项固定资产的某些组成部分在使用效能上与该项资产相对独立，并且有不同的使用年限时，应将该组成部分单独确认为固定资产，可以不计入房产原值。明确区分房屋与构筑物也是企业在房产税税收筹划中不容忽视的一部分，企业应在房地产规划建设的初期将其分开，同时对会计核算科目进行明确区分，从而减少房产税的计税依据。

（2）具备房屋功能的地下建筑。具备房屋功能的地下建筑分为三种：工业用途的自用地下建筑，以房屋原值的 50% ~60% 作为应税房产原值；商业和其他用途的自用地下建筑，以房屋原值的 70% ~80% 作为应税房产原值；与地上房屋相连的地下建筑，应将地上与地下部分视为一个整体作为应税房产原值。企业可以结合上述规定与自身发展规划，合理选择地下建筑的形式，达到预期筹划的效果。

（3）房产的修理与改扩建。房产的修理与改扩建支出是否会计入房产原值，对于房产税计税基础的税收筹划非常关键。从实质上讲，房屋的修理是为了恢复房屋的功能，修理支出应当费用化，不计入固定资产原值；而房屋的改扩建则是为了增加房屋的功能，相关支出应当计入固定资产原值。

根据《企业所得税法实施条例》规定：固定资产的改建支出是指改变房屋或者建筑物结构、延长使用年限等发生的支出。对于已足额提取折旧的固定资产的改建支出，按照固定资产预计尚可使用年限分期摊销；租入固定资产的改建支出，按照合同约定的剩余租赁期限分期摊销。除上述两类外，以改建过程中发生的改建支出增加计税基础。

2. 房产与附属建筑物分离的筹划

【例 6-6】某企业欲兴建一个工厂，除厂房、办公用房外，还包括厂区围墙、水塔、变电塔、室内停车场、露天凉亭、室内游泳池、喷泉设施等建筑物，总造价为 1 亿元。如果 1 亿元都作为房产原值，该企业自工厂建成的次月起就应缴纳房产税，每年应纳房产税（假定扣除比例为30%）为84万元 $[=10\,000\times(1-30\%)\times1.2\%]$。这84万元的税负只要该工厂存在，就不可避免。如果以20年计算，就是1\,680万元。假设在不考虑使用功能的情况下，将房屋与非房屋建筑物的造价进行拆分，尽量降低房屋原值，降低房产税的计税基础，从而节约房产税。根据《财政部 税务总局关于房产税和车船使用税几个业务问题的解释与规定》（财税地字〔1987〕3号）规定："房产"是以房屋形态表现的财产。房屋是指有屋面和围护结构（有墙或两边有柱），能够遮风避雨，可供人们在其中生产、工作、学习、娱乐、居住或储藏物资的场所。独立于房屋之外的建筑物，如围墙、烟囱、水塔、变电塔、油池油柜、酒窖菜窖、酒精池、糖蜜池、室外游泳池、玻璃暖房、砖瓦石灰窑以及各种油气罐等，不属于房产。因此，企业应该在建设初期，事先对建筑规划进行拆分，合理区分房屋与独立于房屋之外的建筑物，并把非房屋建筑物与厂房、办公用房的造价分开，在会计账簿中单独记载，则属于非房屋建筑物的造价不计入房产原值，不缴纳房产税。

该企业经过估算，除厂房、办公用房外的构筑物造价为800万元左右，独立出来后，每年可少缴房产税6.72万元 $[=800\times(1-30\%)\times1.2\%]$，以20年计算，可节约超过134.4万元的房产税。

3. 针对减少租金收入的筹划

房产的租金收入，是房屋产权所有人出租房产使用权所得的报酬，包括货币收入和实物收入。因此租金收入的多少就直接决定于房产税的高低。而对于租金收入的筹划而言，主要体现在以下方面：

（1）对整体租金收入进行拆分。

对房地产进行整体出租是现行市场中比较常见的形式，其中往往会包含各种具体业务的一体化管理。因此，企业可以将不同的业务进行拆分，通过降低租金收入的金额来降低房产税税负，这也是房产税从价计征方式下使用最为广泛的筹划方法。

【例6-7】2021年，甲企业斥资建造一栋商业楼，完工以后与乙投资企业协商，将该商业楼整体出租给乙企业，每年收取租金200万元。则甲企业需要以租金收入缴纳房产税，即 $200\times12\%=24$（万元）。试分析如何安排该项业务，才能够降低甲企业的房产税税额？

方案：分析甲企业出租商业楼的经济活动，在整个环节中，可能会涉及水电的供应和其他管理工作，甲企业可以和乙企业协商，将其中涉及的水电供应与其他管理工作分开订立合同，即120万元房屋租金与80万元其他管理费用，这样能够降低房产税的计税依据，从而降低房产税的应纳税额，节约房产税税额为 80×12% =9.6（万元）。

（2）关联转租的应用。

现如今，多数企业因长远稳定的发展目标而拥有若干行业的子公司。这不仅拓展了经营业务范围，同时也为企业进行税收筹划提供了有利的条件。企业可以将自持的闲置房地产以低价出租给其负责设计装修的子公司，通过子公司对其进一步包装与开发，进行其他项目的经营，这样，母公司仅对较低的租金部分缴纳房产税，而子公司对房地产的转型包装经营会给企业带来更大的收益空间。但需要注意的是，对于转租的问题，由于房产税为地方税种，不同的地区对此规定可能存在差异。大部分地区对转租行为趋向不征房产税，因此企业在运用转租进行税收筹划时应遵循地方的具体规定。

【例6-8】甲企业想要利用一个废弃厂房进行装修开发，再通过对外出租来获取租金收入。由于甲企业规模较大，拥有专门从事设计装潢的子公司乙，因此甲企业先将废弃厂房以低价出租给子公司乙，其年租金为30万元，再由乙公司进行装修设计后，以高端的店面形式出租给其他企业，年租金为100万元，此时，对于甲企业而言，只需要对30万元的租金按12%的适用税率缴纳房产税，比直接以100万元每年的租金对外出租节约房产税8.4万元。同样，此方式是否可行，要依据不同地区对于转租涉税问题的详细规定。

（3）转变经济活动的性质。

在多元化发展的市场经济体制下，企业的经营业务范围也在逐渐扩大。越来越多的企业拥有房地产资源，并以此作为一项经营业务。因此，复杂的经济活动与宽泛的业务范围往往会给企业带来较大的税收筹划空间。

【例6-9】甲企业拥有一个闲置仓库，决定出租给乙企业使用。对于甲企业而言，此项经济活动需要按照收取的租金收入以12%的适用税率计征房产税。那么，如何安排该经济活动才能降低企业的税收负担？

方案：房产税是以房屋为征税对象，按照房屋的计税余值或租金收入，向产权所有人征收的一种财产税。上述案例中，甲企业将闲置库房用于出租，按租金收入的12%缴纳房产税。若从房产税税收筹划的角度思考，甲企业可以换一种经营模式，将其转变为向乙企业提供仓储服务。通过上述转变，企业既是房产税纳税人，又是增值税纳税人，改变了单一的纳税人身份。出租仓库以从租计征的形式缴纳房产税，其适用税率为12%，以出租不动产缴纳增值税，其适用税率为9%。但转变为提供仓储服务后，该项经济活动则属于提供应税服务的范畴，其适用增值税税率为6%。尽管配备仓库管理员可能会增加人员的工资开支，同时还需要以仓库原值一次减除10%~30%后的余值按1.2%的税率缴纳房产税，但这些支出低于由出租仓库变为提供仓储服务减少的房产税税额，并且上述支出项目可以在计算企业所得税时全额扣除。因此综合考虑各税种的税收负担，企业不仅降低了应纳房产税税额，总体税负也呈下降趋势。

三、房产税税率的税收筹划

（一）税率的法律界定

我国现行房产税采用的是比例税率。由于房产税的计税依据分别为从价计征和从租计征两种形式，所以房产税的税率也存在两种：一种是按房产原值一次减除10%～30%后的余值计征的，税率为1.2%；另一种是按房产出租的租金收入计征的，税率为12%；自2008年3月1日起，对个人出租住房，不区分用途，一律按4%的税率征收房产税。

（二）税率的税收筹划

由于房产税有从价计征和从租计征两种形式，所以房产税的税率也存在两种形式。对于房产税税率的筹划而言，当企业可以通过转变经济活动性质来改变房产税计征方式时，企业应考虑实际状况，通过综合测算来选择房产税的计征方式，与此同时也就选择了其适用的房产税税率。其中，可能涉及的特殊经济活动形式包括：

1. 用房产进行投资联营的税收筹划

对投资联营的房产，由于投资方式不同，房产税计征也不同。因此，对投资方式的选择成为房产税税收筹划的一个突破口。

对于以房产投资联营、投资者参与投资利润分红、共担风险的，被投资方要以房产余值作为计税依据计征房产税；对于房产投资，收取固定收入、不承担联营风险的，实际是以联营名义取得房产租金，应由投资方按租金收入计缴房产税。因此，纳税人可以进行成本效益分析，以决定如何选择。

2. 无租使用房产的税收筹划

《财政部　国家税务总局关于房产税城镇土地使用税有关问题的通知》（财税〔2009〕128号）中规定：无租使用其他单位房产的应税单位和个人，依照房产余值代缴纳房产税。基于上述规定，企业可以换一个角度思考，对于无租使用房产的问题，仍然存在房产税税收筹划的空间。

【例6－10】李某准备成立一家有限责任公司，股东为李某和其父母（共3人）。经商议，准备用李某父母的房产作为公司经营地点（房产证注明产权为其父母所有），此时，根据《财政部　国家税务总局关于房产税城镇土地使用税有关问题的通知》（财税〔2009〕128号）中规定："无租使用其他单位房产的应税单位和个人，依照房产余值代缴纳房产税。"对于李某需要缴纳的房产税而言，此方式是否为最佳的选择？

方案：经分析，该经济活动需要依照房产余值代缴纳房产税。如果换一个思路，由于该公司为李某和其父母所有，李某可以和其父母签订一份租房合同，以较低的租金出租房产，然后按从租计征的方式缴纳房产税。此时，李某可以通过对两种方式下房产税税负的测算，选择一种税负较低的方式。需要注意的是，如果租金价格偏离市场价格，税务机关不一定认同，所以应确定合理的租金价格，避免纳税调整产生涉税损失。

四、房产税税收优惠政策的税收筹划

（一）房产税税收优惠政策

房产税的税收优惠是根据国家政策需要和纳税人的负担能力制定的。由于房产税属于地方税，因此给予地方一定的减免权限，有利于地方因地制宜地处理问题。目前，房产税的税收优惠政策有：

（1）下列房产免纳房产税。

①国家机关、人民团体、军队自用的房产；

②由国家财政部门拨付事业经费的单位自用的房产；

③宗教寺庙、公园、名胜古迹自用的房产；

④个人所有非营业用的房产；

⑤经财政部批准免税的其他房产；

⑥除上述规定外，纳税人纳税确有困难的，可由省、自治区、直辖市人民政府确定，定期减征或者免征房产税。

（2）由省、自治区、直辖市人民政府根据本地区实际情况，以及宏观调控需要确定，对增值税小规模纳税人、小型微利企业和个体工商户可以在50%的税额幅度内减征房产税；增值税小规模纳税人、小型微利企业和个体工商户已依法享受房产税其他优惠政策的，可叠加享受本优惠政策。（2022年1月1日至2024年12月31日）

（3）对商品储备管理公司及其直属库自用的承担商品储备业务的房产、土地，免征房产税。（2022年1月1日至2023年12月31日）

（4）对"三北"地区向居民供热收取采暖费的供热企业（以下简称"供热企业"），为居民供热所使用的厂房及土地免征房产税；对供热企业其他厂房及土地，应当按照规定征收房产税。

①对专业供热企业，按其向居民供热取得的采暖费收入占全部采暖费收入的比例，计算免征的房产税。

②对兼营供热企业，视其供热所使用的厂房及土地与其他生产经营活动所使用的厂房及土地是否可以区分，按照不同方法计算免征的房产税。可以区分的，对其供热所使用厂房及土地，按向居民供热取得的采暖费收入占全部采暖费收入的比例，计算免征的房产税。难以区分的，对其全部厂房及土地，按向居民供热取得的采暖费收入占其营业收入的比例，计算免征的房产税。

③对自供热单位，按向居民供热建筑面积占总供热建筑面积的比例，计算免征供热所使用的厂房及土地的房产税。（执行期限延长至2023年供暖期结束）

（5）对国家级、省级科技企业孵化器、大学科技园和国家备案众创空间自用以及无偿或通过出租等方式提供给在孵对象使用的房产、土地，免征房产税。（自2019年1月1日起执行至2023年12月31日）

（6）对农产品批发市场、农贸市场（包括自有和承租，下同）专门用于经营农产品的房产、土地，暂免征收房产税和城镇土地使用税。对同时经营其他产品的农产品批发市场和农贸市场使用的房产、土地，按其他产品与农产品交易场地面积的比例确定征免房产税和城镇土地使用税。（自2019年1月1日起执行至2023年12月31日）

（7）为社区提供养老、托育、家政等服务的机构自有或其通过承租、无偿使用等方式取得并用于提供社区养老、托育、家政服务的房产、土地，免征房产税。（自2019年6月1日起执行至2025年12月31日）

（8）对高校学生公寓免征房产税，高校学生公寓是指为高校学生提供住宿服务，按照国家规定的收费标准收取住宿费的学生公寓。（自2019年1月1日起执行至2023年12月31日）

（9）对按政府规定价格出租的公有住房和廉租住房，包括企业和自收自支事业单位向职工出租的单位自有住房；房管部门向居民出租的公有住房；落实私房政策中带户发还产权并以政府规定租金标准向居民出租的私有住房等，暂免征收房产税。

（10）①国家机关、军队、人民团体、财政补助事业单位、居民委员会、村民委员会拥有的体育场馆，用于体育活动的房产、土地，免征房产税；

②经费自理事业单位、体育社会团体、体育基金会、体育类民办非企业单位拥有并运营管理的体育场馆，同时符合向社会开放，用于满足公众体育活动需要；体育场馆取得的收入主要用于场馆的维护、管理和事业发展；拥有体育

场馆的体育社会团体、体育基金会及体育类民办非企业单位，除当年新设立或登记的以外，前一年度登记管理机关的检查结论为"合格"这三个条件的，其用于体育活动的房产、土地，免征房产税；

③企业拥有并运营管理的大型体育场馆，其用于体育活动的房产、土地，减半征收房产税。

（11）对纳税人及其全资子公司从事大型民用客机发动机、中大功率民用涡轴涡桨发动机研制项目自用的科研、生产、办公房产及土地，免征房产税。（自 2018 年 1 月 1 日起执行至 2023 年 12 月 31 日止）

（12）对股改铁路运输企业及合资铁路运输公司自用的房产、土地暂免征收房产税。

（13）对青藏铁路公司及其所属单位自用的房产、土地免征房产税；对非自用的房产、土地照章征收房产税。

（14）根据地方文件，对服务业小微企业和个体工商户减免租金的出租人，可按规定减免当年房产税。

（二）房产税税收优惠政策的税收筹划

房产税的税收优惠政策是国家对某些特定使用范围内房屋的税收减免，意味着国家放弃一笔财政收入而给予纳税人的优惠。纳税人可以充分利用法定的减免税规定，对经济活动进行合理的安排，以达到节税的目的。

五、房产税税收筹划对其他税种的影响

房产税是以房屋为征税对象，按照房屋的计税余值或租金收入，向产权所有人征收的一种财产税。在对房产税进行税收筹划的同时，其他税种往往也会产生或多或少的增减变动。企业进行税收筹划的目的是降低整体税负，而房产税的计税基础较大，涉税金额较多，因此，综合分析房产税税收筹划对其他税种的影响同样是必要之举。

（一）房产税税收筹划对增值税的影响

房产税的税收筹划方向具有针对性，缩小计税依据是其主要出发点。对于房产税而言，以房地产的购置、持有、转让等环节为契机，均可以寻找缩小计税依据的空间；而增值税作为流转税，在经济活动的各个环节均可涉及，因此房产税的税收筹划会影响增值税税负的变化。在特殊经济活动的前提下，作出如下分析：

1. 拆分计税依据的筹划对增值税的影响

通过对计税依据进行拆分，从而达到缩小计税依据的方式主要包括两种情况，即对房屋价值进行拆分或者是对租金收入进行拆分。具体表现为对房屋与非房屋建筑物的分离、房屋与其他设备的分离、房屋租赁与物业管理服务的分离等的经济活动。一般情况下，对于房产税而言，当从租赁活动中拆分出其他增值税应税服务时，房产税税负降低，同时增值税税负也会降低。例如从整体租赁服务中拆分出物业管理服务，其中物业管理服务不征收房产税，而增值税税率也由9%降低为6%，此时房产税税负与增值税税负呈同向变化。

2. 转变经济活动性质的筹划对增值税的影响

转变经济活动的性质，是企业进行各税种税收筹划时使用较为广泛的一种方法，对房产税进行税收筹划也同样适用。例如将房屋租赁转变为提供仓储服务等增值税应税服务，不仅降低了房产税税负，增值税的适用税率也由9%降为6%，对企业而言，可谓一举两得，此时，房产税税负与增值税税负呈同向变化。

3. 时点的筹划对增值税的影响

税法的时效性是企业进行税收筹划时不容忽视的问题，而对时点的筹划则变得至关重要。

对于房产税而言，在"营改增"前后存在显著的差异。例如：当企业恰逢改革之际需要购买一栋房屋，预算价格为1 000万元。若在2016年5月1日之前购入，则无法进行取得进项税，同时房产税的计税依据为取得房屋的原值1 000万元，房产税税负最高；当企业在2016年5月1日之后，在"营改增"的过渡时期购入房屋，若该房屋为税法中规定的"老项目"，则需要以5%的征收率进行价税分离，此时房产税的计税依据为1 000÷（1＋5%）＝952.4（万元）。不仅降低了房产税税负，也降低了增值税税负，此时房产税税负与增值税税负呈同向变化；当企业选择购入房地产开发的新项目时，则需要以9%的增值税税率进行价税分离，此时房产税的计税依据为1 000÷（1＋9%）＝917.43（万元），既缩小了计税依据又取得了进项税额，而且由于进项税可以进行抵扣，此时房产税税负与增值税税负同样呈同向变化。因此，企业应充分利用时点的筹划，合理安排购入房屋的时间，从而实现税负最小化，经济利益最大化。

（二）房产税税收筹划对消费税的影响

房产税与消费税在一般情况下并无直接联系，只有企业在自建房屋时使用了自产的应税消费品时才会产生关联。例如企业使用了自产的实木地板与涂料等用于房屋的建设，按照消费税税法规定应作视同销售处理，税额需要计入房屋的价值。对于房产税的税收筹划而言，在不影响前期建筑设计方案的前提下，尽量避免使用应税消费品来进行房屋的建设，这样既减少了房产税的计税依据，降低了房产税，又规避了消费税的缴纳，此时房产税税负与消费税税负呈同向变化。

（三）房产税税收筹划对土地增值税的影响

房产税与土地增值税的关联度极高，任何涉及房地产的经济活动均离不开这两个税种，因此二者之间的相互影响也是企业需要尤为重视的问题。对于房产税而言，从筹划的角度出发无疑是要减少计入房屋的成本，从计税基础上来降低房产税，但这仅仅是出于对房产持有期间的筹划。但是，任何企业都不能保证永久性地持有某一项不动产，因此当涉及房产转让环节时，由于最初降低了房产的原值，对于土地增值税而言，可扣除项目金额也因此降低，从而增加了土地增值税的税收负担。总而言之，房产税税负与土地增值税税负呈逆向变化，而企业也应对各项房产的未来状况进行合理预判，综合衡量两个税种的税收负担，避免因房产税的税收筹划而导致在处置环节产生过高的土地增值税税负。

（四）房产税税收筹划对契税与印花税的影响

契税的计税依据为不动产的价格，印花税为产权转移书据记载的金额，因此房产税与契税和印花税可谓息息相关，凡涉及房屋产权等的相关经济业务均会对契税与印花税带来影响。从房产税税收筹划的角度来分析，企业在取得房产初期，凡是出于旨在缩小房产税计税依据的筹划方案，均会影响到房屋价值，也就是说当企业转让该房产时，会影响到契税与印花税计税依据的大小。当房产税降低时，同样契税与印花税也会降低，此时房产税税负与契税和印花税税负呈同向变化。

（五）房产税税收筹划对企业所得税的影响

应缴房产税作为企业所得税应纳税所得额的税前扣除项目，其金额的大小必然会对企业所得税产生一定的影响。

企业资产的多样性为房产税计税依据的筹划提供了空间，与此同时，这也会对企业所得税的应纳税所得额产生影响，具体筹划方法的影响分析如下：

（1）当通过对房屋与构筑物进行拆分时，由于减少了房屋的价值，缩小了计税依据，从而使房产税降低。但是，对于不动产的折旧而言，尽管房屋的折旧额减少，但是其他构筑物同样可以计提折旧，整体折旧额并没有发生变化，因此，对企业所得税的应纳税所得额并无影响。

（2）当通过对房屋与其他资产进行拆分时，例如涉及的属于生物资产的各种树木等。通过拆分，房屋的价值降低，缩小了计税依据，从而使房产税降低。对于企业不动产的折旧而言，房屋的折旧额降低。但生物资产是否可以计提折旧以及其折旧年限需根据税法的详细规定进行处理，因此，对企业所得税应纳税所得额会产生影响。

（3）2016年5月1日全面推行"营改增"后，需要对房屋的购置金额进行价税分离，此时房产税的计税依据降低，同时也减少了增值税税负。而增值税不能在计算企业所得税时进行税前扣除，因此，在此情况下房屋的折旧额降低引起企业所得税应纳税所得额增加。

事实上，企业无论通过何种方式进行筹划，只要房产税税额降低，就会减少企业所得税的税前扣除金额，使其应纳税所得额增加，因此，房产税税负与企业所得税税负呈逆向变化。

第四节　土地增值税的税收筹划

土地增值税是对有偿转让国有土地使用权及地上建筑物和其他附着物产权，取得增值性收入的单位和个人征收的一种税。征收土地增值税增强了政府对房地产开发和交易市场的调控，有利于抑制炒买炒卖土地获取暴利的行为，同时也增加了国家财政收入。从这一方面来看，土地增值税开征与国家宏观政策导向有关，因此，企业应尽量避免产生过多涉及土地增值税的经济活动。尽管土地增值税的征收范围有一定局限性，但由于其自身的特点，仍然可以构成一个企业的主要税收负担并直接关系到企业的经营发展，如房地产开发企业等。因此，对于企业而言，寻找土地增值税税收筹划空间是一个不容忽视的环节。

一、土地增值税纳税人的税收筹划

（一）纳税人的法律界定

土地增值税的纳税人是转让国有土地使用权及地上建筑物和其他附着物产权、取得增值性收入的单位和个人。概括起来对纳税人的规定有以下四个特点：

（1）不论法人还是自然人。即不论是企业、事业单位、国家机关、社会团体及其他组织，还是个人，只要有偿转让房地产，都是土地增值税的纳税人。

（2）不论经济性质。即不论是全民所有制企业、集体企业、私营企业、个体经营者，还是联营企业、合资企业、合作企业、外商独资企业，只要有偿转让房地产，都是土地增值税的纳税人。

（3）不论内资与外资企业、中国公民与外籍个人。即不论是内资企业还是外商投资企业、外国驻华机构，也不论是中国公民、港澳同胞、海外华侨，还是外国公民，只要有偿转让房地产，都是土地增值税的纳税人。

（4）不论部门。即不论是工业、农业、商业、学校、医院、机关等，只要是有偿转让房地产，都是土地增值税的纳税人。

上述是根据《土地增值税暂行条例》概括的纳税人特点，而在实际工作中，土地增值税的纳税人又可以主要分为两大类：一类是从事房地产开发的纳税人，也就是房地产开发企业；另一类是房地产开发企业以外的其他纳税人。这两类纳税人的相关经济业务涉税处理也不尽相同。

（二）纳税人的税收筹划

对于土地增值税应纳税额的计算而言，针对同一经济活动，不同类型纳税人的处理方法也不同。

1. 非房地产企业纳税人的税收筹划

《财政部 税务总局关于继续实施企业改制重组有关土地增值税政策的公告》（财政部 税务总局公告 2021 年第 21 号，执行期限为 2021 年 1 月 1 日至 2023 年 12 月 31 日）中规定：

（1）按照法律规定或者合同约定，两个或两个以上企业合并为一个企业，且原企业投资主体存续的，对原企业将国有土地、房屋权属转移、变更到合并后的企业，暂不征收土地增值税。

（2）按照法律规定或者合同约定，企业分设为两个或两个以上与原企业投资主体相同的企业，对原企业将国有土地、房屋权属转移、变更到分立后的企业，暂不征土地增值税。

（3）单位、个人在改制重组时以国有土地、房屋进行投资，对其将国有土地、房屋权属转移、变更到被投资的企业，暂不征土地增值税。

（4）上述改制重组有关土地增值税政策不适用于房地产转移任意一方为房地产开发企业的情形。

对于非房地产企业而言，在重组的过程中，符合上述规定的经济活动不需要缴纳土地增值税。从另一个角度分析上述规定，非房地产企业也可以通过改变经济活动的性质，规避土地增值税。例如，非房地产企业甲公司要将土地使用权转让，如果按一般出售，需要用转让土地使用权的收入减去可扣除项目金额计算出增值额，再采用速算扣除方法计算应缴纳的土地增值税。但如果改变该项经济活动的性质，在不改变原企业投资主体的基础上，将转让土地使用权变为以土地使用权投资成立新公司，再整体转让新公司的股权。通过这一变化，既避免了土地增值税的缴纳，同时又成功转让了土地使用权。但需要注意的是，《国家税务总局关于以转让股权名义转让房地产行为征收土地增值税问题的批复》（国税函〔2000〕687号）中指出，转让企业100%的股权，且这些以股权形式表现的资产主要是土地使用权、地上建筑物及附着物，对此应按土地增值税的规定征税。因此企业在投资设立新公司时，应尽量使投入资产的形式多样化并避免一次性全部转让新公司的股权。

上述筹划方案成功地避免了土地增值税的缴纳，对于该经济活动而言，采取企业分立的方式也可以达到同样的税收筹划效果。不同的是，在实际工作中，由于企业债权债务的构成情况相对复杂，因此采取企业分立方法的实际操作性不强。

另外，对于非房地产企业承受土地使用权的经济活动，如接受以土地作价投资、购买土地等，采取合并的方式处理与上述投资、分立的处理方法有异曲同工之处，都可以实现降低企业税收负担的目的。

需要注意的是，采取上述投资方式进行土地增值税的税收筹划会增加受资企业的契税。而不改变原企业的投资主体的前提下，采取合并、分立的形式则可以规避契税的缴纳。因此，企业在进行税收筹划决策时应从多税种的角度综合考虑整体税负的高低，从而实现经济利益最大化的目标。

2. 房地产企业纳税人的税收筹划

《财政部 税务总局关于继续实施企业改制重组有关土地增值税政策的公告》（财政部 税务总局公告2021年第21号）第五条："上述改制重组有关土地增值税政策不适用于房地产转移任意一方为房地产开发企业的情形。"基于此，对于房地产开发企业而言，应尽量减少将开发产品用于职工福利、奖励、对外投资、分配给股东或投资人、抵偿债务、换取其他单位和个人的非货币性资产等视同销售行为的产生，避免成为土地增值税纳税人。

尽管政策的规定使房地产开发企业的土地增值税税收筹划受到限制，但对于特殊的经济活动而言，同样可以寻找一定的筹划空间。例如，某非房地产企业出于战略发展的需要，准备成立一家具有房地产开发资质的企业，针对该项经济活动的土地增值税税收筹划，企业可以选择以投资或分立的形式成立一家非房地产性质的全资子公司，待后期再到工商局进行企业性质的变更，改为房地产企业。在成立该全资子公司的过程中，未涉及房地产开发，只是后期更改了企业性质，以此避免土地增值税的缴纳。但具体而言，此方案的可行性有待商榷，这仅是一个税收筹划的思路，企业还需结合自身实际情况作出决策。

二、土地增值税计税依据的税收筹划

（一）计税依据的法律界定

土地增值税按照纳税人转让房地产取得的增值额和规定的税率计算征收，计算公式为：$\sum$（每级距的土地增值额×适用税率），但实际工作中一般采用速算扣除方法，即增值额乘以适用税率减去扣除项目金额乘以速算扣除系数。

根据《土地增值税暂行条例》及其《土地增值税暂行条例实施细则》的规定，纳税人转让房地产取得的应税收入，应包括转让房地产的全部价款及有关的经济收益。从收入的形式来看，包括货币收入、实物收入和其他收入。

计算土地增值税应纳税额，并不是直接对转让房地产所取得的收入征税，而是要对收入额减除国家规定的各项扣除项目金额后的余额计算征税。

准予纳税人从转让收入中扣除的项目包括：

（1）取得土地使用权所支付的金额。

（2）房地产开发成本、费用。

（3）新建房及配套设施的成本、费用，或者旧房及建筑物的评估价格。

（4）与转让房地产有关的税金。

（5）财政部规定的其他扣除项目。

（以上各扣除项目的具体内容详见《土地增值税暂行条例实施细则》）

与此同时，需要注意以下两点：

（1）上述提及的财政部规定的其他扣除项目，房地产企业可以对取得土地使用权所支付的金额与房地产开发成本之和，加计20%扣除。

（2）纳税人有下列情形之一的，按照房地产评估价格计算征收：隐瞒、虚报房地产成交价格的；提供扣除项目金额不实的；转让房地产价格低于房地产评估价格又无正当理由的。

（二）征税范围的相关规定

土地增值税是对转让国有土地使用权及其地上建筑物和附着物的行为征税，不包括土地使用权出让所取得的收入。对土地增值税征税范围与不征税范围的大致分类，如表6-4所示。

表 6 - 4　　　　　　　　　　　　　土地增值税征税范围概览

	有关行为	是否征税	备注
	基本征税范围		
1	取得国有土地使用权后未进行土地开发或仅进行土地开发，直接将空地出售	征收土地增值税	向政府缴纳了土地出让金
2	地上的建筑物及附着物连同国有土地使用权一并转让	征收土地增值税	
3	存量房地产的买卖	征收土地增值税	原土地使用权属于无偿划拨的，应到土地管理部门补交土地出让金
	特殊征税范围		
1	继承、赠与	继承不征（权属转移但无收入）、赠与直系亲属或承担直接赡养义务的人不征；赠与中的公益性赠与（通过中国境内非营利社会团体、国家机关）；非公益性赠与征税	
2	出租	不征（有收入但无权属转移）	
3	房地产抵押	抵押期间不征；对抵押期满转让产权的征税	
4	房地产交换	单位之间换房的征税；个人之间互换自有居住用房的免征	
5	合作建房	建成后分房自用的，暂免征收；建成后转让的征税	
6	房地产的代建房行为	不征（取得收入属于劳务性质，无权属转移）	
7	房地产重新评估增值	不征（无收入且无权属转移）	
8	国家回收房地产权	不征	
	企业改制重组土地增值税相关规定（不适用于房地产开发企业）		
1	对整体改建前的企业将国有土地、房屋产权转移、变更到改建后的企业	暂不征土地增值税	非公司制企业整体改建为有限责任公司或者股份有限公司，有限责任公司（股份有限公司）整体改建为股份有限公司（有限责任公司）。整体改建是指不改变原企业的投资主体，并继承原企业权利、义务的行为

续表

有关行为	是否征税	备注
企业改制重组土地增值税相关规定（不适用于房地产开发企业）		
2　两个或两个以上企业合并为一个企业，且原投资主体存续，对原企业将国有土地、房屋权属转移、变更到合并后的企业	暂不征土地增值税	企业改制重组后再转让国有土地使用权并申报缴纳土地增值税时，应以改制前取得土地使用权时所支付的地价款及按规定缴纳的有关费用作为该企业"取得土地使用权所支付的金额"扣除。如果在改制过程中，国家以国有土地使用权作价出资入股的，再转让该宗土地使用权并申报缴纳土地增值税时，应该以作价入股时省级以上（含省级）国土管理部门批准的评估价格，作为该企业"取得土地使用权所支付的金额"扣除。如不能提供批准文件和批准的评估价格，不得扣除
3　企业分设为两个或两个以上与原企业投资主体相同的企业，对原企业将国有土地、房屋权属转移、变更到分立后的企业	暂不征土地增值税	
4　单位、个人在改制重组时，以国有土地、房屋进行投资，对其将国有土地、房屋权属转移、变更到被投资的企业	暂不征土地增值税	
非直接销售和自用房地产的土地增值税相关规定		
1　房地产开发企业将开发产品用于职工福利、奖励、对外投资、分配给股东或投资人、抵偿债务、安置用房、换取其他单位和个人的非货币性资产等，发生所有权转移时，应视同销售房地产	征收土地增值税	房地产企业视同销售行为中，收入的确认按同一地区、同一年度销售的同类房地产的市场价格或评估价值确定。若无上述参考，则由主管税务机关参照当地当年、同类房地产市场价格或评估价值确定
2　房地产开发企业将开发的部分房地产转为企业自用或用于出租等商业用途时，产权未发生转移时	不征收土地增值税	在税款清算时不列入收入，不扣除相应成本和费用

（三）计税依据的税收筹划

计税依据的筹划是土地增值税税收筹划的关键所在，针对土地增值税应纳税额计算方法的特点，应当以转让房地产的增值额与可扣除项目金额为出发点，寻找税收筹划的空间。

1. 拆分法的运用

【例6-11】2021年9月，某生产型企业准备将一个废弃的厂房转让给某房地产开发企业，厂房内有机器设备若干。经进一步核算协商，该厂房整体转让价格为800万元，其可扣除成本为500万元。此项经济活动涉及土地增值税的缴纳，在这一情形下，企业应该如何安排该项经济活动，才能降低企业的整体税负？

方案：根据分析得知，交易双方有一方为房地产开发企业，因此通过企业合并、分立、投资等形式不能规避土地增值税的缴纳。因此，企业应从其他方面寻找税收筹划的空间。

进一步分析此项经济活动，该企业整体转让生产车间，对于该生产企业而言，生产车间的构造除了土地使用权以及房屋外，还有其生产使用的机器设备等，从税收筹划的角度分析，双方企业可通过协商，将生产车间整体出售行为拆分成销售房地产与销售机器设备两项经济活动，分别签订产权转移合同和机器设备购销合同，分别核算相关税费。假定该车间机器设备的成本为100万元，通过拆分收入将转让房地产的收入由800万元变成了700万元，增值额由300万元变成了200万元。相对应的土地增值税则由之前的95万元（＝300×40%－500×5%）变为60万元（＝200×30%），税负降低了35万元。另一方面，企业销售使用过的固定资产需要缴纳增值税。因此，该方案的实施需要考虑综合税负的高低，从而作出最有利于自身的选择。

上述方案是对拆分法的合理利用，即对经济活动产生的计税依据进行拆分，从而达到降低税收负担的目的。对于相对复杂的经济活动，拆分法的应用十分广泛，能更有效地实现企业税负最小化，经济利益最大化。

2. 税负转嫁法的应用

【例6－12】甲房地产开发企业旗下拥有若干子公司，业务范围涉及设计、建筑、景观绿化、房屋中介等。由于该企业规模庞大，涉及业务种类繁多，因此其税收筹划具有较大的空间，可以多方面多角度进行筹划分析。例如，对于土地增值税而言，转让房地产的收入与扣除项目金额是应纳土地增值税税额的决定因素。以此作为税收筹划的出发点，甲企业可以将利润转移到负责设计、建筑、景观绿化和房屋中介等子公司中，即增加其建筑成本，以此来加大扣除项目的金额，从而降低其适用的土地增值税税率。此方案将更多的利润沉淀到该企业的其他子公司中，通过减少收入，加大可扣除项目金额以实现降低土地增值税税负的目的。

上述方案应用了税负转嫁法，通过关联交易将利润转移到子公司，从而降低税负。当企业的经济活动涉及关联交易时，应注意税法的相关规定，避免进行纳税调整。

三、土地增值税税率的税收筹划

（一）税率的法律界定

土地增值税按照纳税人转让房地产取得的增值额和规定的税率计算征收，

实行四级超率累进税率，但实际工作中一般采用速算扣除方法，即增值额乘以适用税率减去扣除项目金额乘以速算扣除系数。土地增值税四级累进税率及扣除系数如表6-5所示。

表6-5   土地增值税税率   单位：%

级数	增值额与扣除项目金额的比率	税率	速算扣除系数
1	不超过50%的部分	30	0
2	50%～100%的部分	40	5
3	100%～200%的部分	50	15
4	超过200%的部分	60	35

（二）税率的税收筹划

土地增值税的计算适用四级超率累进税率与相应速算扣除系数，其税率是由增值额与扣除项目金额决定的。由于转让房地产的相关经济业务涉及金额较高，因此相对应的税率与速算扣除系数的选择成为影响土地增值税应纳税额大小的关键因素。对于土地增值税的税收筹划而言，合理地控制转让房地产产生的增值额与扣除项目金额至关重要，这将关系到增值率的大小，从而改变其适用的税率与速算扣除系数。

对于税率的税收筹划思路，上述案例中均有涉及。其核心就是对适用税率的选择，即合理地控制增值额与扣除项目金额的比率。

【例6-13】2022年1月，一家房地产开发企业的居民住宅工程已完工准备出售，初步预定毛坯房的售价为15 000元/平方米（以下所述均为不含增值税价格），可扣除项目金额为12 000元/平方米，此时增值额为3 000元/平方米，增值率为25%，每平方米需要缴纳900元土地增值税，扣除土地增值税后的利润为2 100元/平方米。由于土地增值税是该企业涉及的主要税种之一，经财务部与市场部共同研究，制定如下方案，以控制企业税负：

（1）直接销售毛坯房，售价为15 000元/平方米；

（2）直接销售毛坯房，售价降低为14 328元/平方米；

（3）简装修，装修费用2 400元/平方米并计入成本，售价为15 000元/平方米；

（4）简装修，装修费用2 400元/平方米并计入成本，售价提高为16 800元/平方米；

（5）精装修，装修费用3 300元/平方米并计入成本，售价提高为18 600

333

333

元/平方米；

（6）精装修，装修费用 3 300 元/平方米并计入成本，售价提高为 23 700 元/平方米；

具体情况如表 6-6 所示。在这一情形下，如何制定每平方米住宅的售价比较合理？（不考虑其他附加税费）

表 6-6　　　　　　　　　[例 6-13]　具体数据

方案	房屋类型	售价（不含税）（元/平方米）	房屋成本（可扣除项目）（元/平方米）	增值额	增值率（%）	税率（%）	土地增值税（元/平方米）	利润（指扣除土地增值税时的利润）（元/平方米）
一	毛坯房	15 000	12 000	3 000	25	30	900	2 100
二	毛坯房	14 328	12 000	2 328	19		0	2 328
三	简装修	15 000	14 400	600	4		0	600
四	简装修	16 800	14 400	2 400	17		0	2 400
五	精装修	18 600	15 300	3 300	22	30	990	2 310
六	精装修	23 700	15 300	8 400	55	40	2 595	5 805

对表 6-6 显示的数据（四舍五入，保留整数）进行分析

方案一：企业选择直接销售毛坯房，增值率超过了 20%，故需要缴纳土地增值税，扣除土地增值税后的利润为 2 100 元/平方米。

方案二：企业选择降低售价销售毛坯房，增值率未超过 20%，免征土地增值税，销售后的利润为 2 328 元/平方米。

方案三：企业进行简装修且不提高销售价格，增值率未超过 20%，免征土地增值税，销售后的利润为 600 元/平方米。

方案四：企业进行简装修并提高售价。根据税法规定，装修费用可以作为开发成本在税前扣除，本方案在提高售价的同时加大了可扣除项目金额，从而降低了增值率且未超过 20%，免征土地增值税。综合测算此方案，企业的利润比方案一和方案二都高；但与方案三相比，同样进行了简装修，销售价格的变动使得利润增加了 1 800 元/平方米。但销售价格的变动可能会引起市场销售额的变化，因此企业需要结合市场需求进行综合分析。

方案五：企业进行精装修，根据税法规定，装修费用可以作为开发成本在税前扣除，由于装修费用大大提高，会使企业同步提升销售价格。在这一情形下，增值率超过了 20%，需要缴纳土地增值税 990 元/平方米。与以上方案相比，虽然增加了土地增值税税负，但利润比方案一和方案三都高。同样，对精

装修住房的市场需求量的分析是影响此方案成功与否的关键。

方案六：企业进行精装修并提高售价，使其达到优质住房标准，装修费用可以作为开发成本在税前扣除，同时在方案四的基础上进一步提高销售价格，使其增值率超过50%，缴纳土地增值税2 595元/平方米。与上述方案相比，该方案在增加土地增值税的同时，因大幅度提高销售价格使得销售利润并没有降低。但随着销售价格的上升，必然会对精装修优质住房的市场需求量产生影响，因此该方案的执行需要综合权衡各影响因素。

综上所述，税收只是影响企业决策的一个方面，针对土地增值税计税依据相关的税收筹划，企业要结合生产经营的实际状况与市场需求、品牌定位等各个方面，综合分析并作出合理选择。需要注意的是，全面推行"营改增"以后，销售不动产需要缴纳增值税，因此企业在计算土地增值税时，应将售价还原成不含税售价。

四、土地增值税税收优惠政策的税收筹划

（一）土地增值税税收优惠政策

土地增值税税收优惠政策概况，如表6-7所示。

表6-7 土地增值税税收优惠政策概况

	有关行为	是否征税	备注
1	建造普通标准住宅出售，增值额未超过扣除项目金额的20%	免征土地增值税	普通标准住宅，是指按所在地一般民用住宅标准建造的居住用住宅。高级公寓、别墅、度假村等不属于普通标准住宅。普通标准住宅与其他住宅的具体划分界限由各省、自治区、直辖市人民政府规定。对于纳税人既建造普通标准住宅，又建造其他房地产开发的，应分别核算增值额。不分别核算增值额或不能准确核算增值额的，其建造的普通住宅不能适用这一免税规定
2	企事业单位、社会团体以及其他组织转让旧房作为改造安置住房房源、经济住房房源或公租房房源，且增值额未超过扣除项目金额的20%	免征土地增值税	享受优惠政策的公租房是指纳入省、自治区、直辖市、计划单列市人民政府及新疆生产建设兵团批准的公租房发展规划和年度计划，或者市、县人民政府批准建设（筹集），并按照《关于加快发展公共租赁住房的指导意见》（建保〔2010〕87号）和市、县人民政府制定的具体管理办法进行管理的公租房。"企事业单位、社会团体以及其他组织转让旧房作为公租房房源，且增值额未超过扣除项目金额的20%，免征土地增值税"此项优惠政策执行至2023年12月31日

续表

	有关行为	是否征税	备注
3	因国家建设需要依法征收、收回的房地产。因城市实施规划、国家建设的需要而搬迁，由纳税人自行转让原房地产的，比照此规定免征	免征土地增值税	
4	继承、赠与方式无偿转让房地产的行为	免征土地增值税	
5	个人销售住房	暂时免征土地增值税	
6	个人之间互换自有居住用房地产	可以免征土地增值税	经当地税务机关核实，才可以免征

（二）土地增值税税收优惠政策的税收筹划

土地增值税的征收一方面增强了政府对房地产开发和交易市场的调控，有利于抑制炒买炒卖土地获取暴利的行为，另一方面也增加了国家财政收入。涉及土地使用权转让的经济活动虽然存在炒买炒卖的现象，但大部分是遵从国家政策导向性的正常交易行为。因此，税法中对一些特定的经济行为给予了一定的优惠政策，这也是土地增值税税收筹划的一个重要方向。

五、土地增值税税收筹划对其他税种的影响

由于土地增值税是对有偿转让国有土地使用权及地上建筑物和其他附着物产权，取得增值收入的单位和个人征收的一种税。因此，在一般情况下土地增值税对其他税种不会产生较大的影响，但基于特殊的经济活动，土地增值税的税收筹划还是会影响其他税种。

（一）土地增值税税收筹划对增值税的影响

对于土地增值税税收筹划，一般是从降低转让房地产的收入或者加大可扣除项目的金额两个角度出发。对增值税的影响分析如下：

1. 减少收入的土地增值税税收筹划

企业可以通过拆分收入的方式，在合理范围内降低转让房地产的收入。即将整个经济活动拆分为房地产的转让和设备、原材料等资产的购销两部分。

【例 6 – 14】 某房地产企业有一项完工的居民住宅准备出售，按照传统模式，准备销售毛坯房。由于市场的引导，"拎包入住"销售方式开始占据市场，因此企业决定顺应市场要求，采取新的销售形式。

方案一：为了达到"拎包入住"的房屋标准，企业将毛坯房进行装修，其中家具家电的购入成本为 4 万元（以下所述均为不含增值税价格），房屋与装修的成本总计 80 万元，房屋整体售价初步定为 100 万元，此时出售该房屋需缴纳土地增值税 6 万元，增值税 9 万元，合计税负 15 万元。

方案二：从土地增值税税收筹划角度出发，将房屋和室内家具家电分开核算，签订一份产权转移合同和一份家具家电购销合同，通过降低销售房屋的收入来降低土地增值税。

将收入拆分成两部分之后，房屋售价 90 万元，可扣除成本 76 万元；家具售价 10 万元，成本 4 万元。对于土地增值税而言，由于收入的减少，使增值率低于 20%，免征土地增值税；对于增值税而言，销售房屋适用税率为 9%，销售家具适用税率为 13%。因此与方案一相比，方案二的土地增值税减少了 6 万元，而增值税由 9 由万元上升到 9.4 万元，增加了 0.4 万元，但企业总体税负却有所下降（见表 6 – 8）。

表 6 – 8　　　　　　　　　　　[例 6 – 14] 详细数据情况

项目		收入（万元）	可扣除项目/成本（万元）	增值额（万元）	增值率（%）	土地增值税（万元）	增值税		税负合计（万元）
							税率（%）	税额（万元）	
整体出售		100	80	20	25	6	9	9	15
分开出售	房屋	90	76	714	18.4	0	9	8.1	8.1	9.4
	家具	10	4				13	1.3	1.3	

基于该项经济活动的特殊性，在方案一中涉及两个问题值得关注。首先，在整体出售的前提下，家具的成本是否可以在可扣除项目中进行扣除，税法中并没有明确说明；其次，由于选择整体出售时，同时出售房屋与家具是否涉及增值税的混业经营问题，依据税法的规定，对于兼有不同税率的销售行为，未分别核算销售额的，应选择从高适用税率。在这一情形下，方案二的销售方式更为合理，既降低了税收负担，又避免了涉税风险。

综合上述分析，在此类经济活动中，土地增值税税负下降，但应缴纳的增值税税额相应上升，土地增值税的税负与增值税税负呈反向变化。

2. 加大扣除项目的土地增值税税收筹划

企业加大可扣除项目金额一般通过增加房地产开发成本的方式实现。

【例6–15】 某企业建造一栋办公楼，拟于两年后出售，售价既定。计划在办公楼内安装空调，可以选择安装中央空调或者台式空调，假设两种方案的成本相同。方案一：如果企业选择安装中央空调，会增加房地产的开发成本。当转让房地产时，可扣除项目金额的增加，使得土地增值税税负下降。方案二：如果企业选择配备台式空调，则台式空调的成本不能计入房屋成本，当转让房地产时，可扣除项目金额的减少，使得土地增值税的税负增加。

从土地增值税税收筹划的角度分析，假定企业选择安装中央空调，房屋售价为1 100万元（以下所述均为不含增值税价格），可扣除项目为920万元。当出售该房屋时，由于增值率低于20%，不需要缴纳土地增值税；另一方面，转让房屋应缴纳增值税99万元；如果企业选择安装台式空调，房屋售价为1 100万元，可扣除项目为800万元，当出售该房屋时，则需负担土地增值税90万元，转让房屋的增值税99万元，出售空调的增值税15.6万元，整体税负高于安装中央空调产生的税负。在企业进项税为零的前提下，此时土地增值税税负与增值税税负呈同向变化。具体情况如表6–9所示。

表6–9　　　　　　　　　　［例6–15］详细数据情况　　　　　单位：万元

方案	安装类型	房屋售价	可扣除项目	出售空调	土地增值税	增值税		税负合计
						房屋的增值税（9%）	出售空调的增值税（13%）	
一	中央空调	1 100	920	—	0	99		99
二	台式空调	1 100	800	120	90	99	15.6	204.6

综合上述分析，从土地增值税扣除项目税收筹划的角度考虑，空调是否进入房屋成本成为两个方案产生税负差异的原因。但整个交易过程中涉及转让房屋和空调，增值税税率差异也是影响税负高低的重要因素。若企业选择安装中央空调，在购买空调时增值税适用税率为13%，转让房屋时，中央空调和房屋被视为不动产，增值税适用税率为9%；若企业选择安装台式空调，转让房屋时，增值税适用税率为9%，而企业在购买与转让空调时增值税适用税率都为13%。基于上述种种因素，就综合税负而言，选取中央空调更为合理。

需要注意的是，2016年5月1日全面推行"营改增"，结合此案例分析，在"营改增"以前，安装中央空调是属于非增值税应税项目，其取得的进项税额无法抵扣。而台式空调的进项税可以抵扣，所以从增值税的角度而言选用台式空调税负低；"营改增"后由于中央空调的进项税也可抵扣，而中央空调作为房屋的一部分，转让时适用9%的税率，因此选用中央空调增值税税负低。由于该经济活动涉及税种较多，通过对其进行全面的分析，对各税种的影响情况如表6－10所示。

表6－10　　　　　　　　　　　[例6－15]　各方案的情况

方案	增值税	房产税	土地增值税	备注
方案一（安装中央空调）、"营改增"前	不得抵扣	最大	可扣除项目最大	由于计入房屋的成本含增值税，因此房产税计税依据最大，土地增值税扣除金额最大
方案二（安装中央空调）、"营改增"后	可抵扣	次之	可扣除项目次之	由于计入房屋的成本不含增值税，因此房产税计税依据次之，土地增值税扣除金额次之
方案三（安装台式空调）、"营改增"前	可抵扣	最少	可扣除项目最少	由于空调成本不计入房屋成本，因此房产税计税依据最少，土地增值税扣除金额最少
方案四（安装台式空调）、"营改增"后	可抵扣	最少	可扣除项目最少	由于空调成本不计入房屋成本，因此房产税计税依据最少，土地增值税扣除金额最少

（二）土地增值税税收筹划对于消费税的影响

土地增值税与消费税在一般情况下没有直接联系，在纳税人生产经营的过程当中，只有特殊应税消费品视同销售等经济活动发生时才能将这两者联系起来。例如企业将自产的木地板或涂料等应税消费品用于房屋的建设，加大了房屋可扣除成本，降低了土地增值税，但应税消费品作视同销售处理增加了应缴纳的消费税额。在这一特殊的经济业务活动下，土地增值税税负与消费税税负呈反向变化。

（三）土地增值税税收筹划对于房产税的影响

房产税是以房屋为征税对象，按照房屋的计税余值或租金收入，向产权人征收的一种财产税。产权人在持有房地产时需要缴纳房产税，而土地增值税是产权人在转让房地产时缴纳的税种，因此，从土地增值税税收筹划的角度进行分析，只有在涉及加大可扣除项目金额，也就是增加房屋成本时，才会影响到房产税税负的高低。

如果企业拟通过加大可扣除项目金额来降低土地增值税税负，则相对应的房屋成本同比增加。例如［例6-15］，在该案例中，由于中央空调的成本计入了房屋的成本，计算土地增值税可扣除项目增加的同时，房产税从价计征的计税依据也相应增加，房产税额上升。在这一情形下，土地增值税税负与房产税呈逆向变化。

（四）土地增值税税收筹划对于契税的影响

契税是指在我国境内转移土地使用权和房屋所有权时，根据当事人双方签订的契约合同，以所有权发生转移变动的不动产为征税对象，向产权承受人征收的一种财产税。

结合土地增值税的税收筹划进行分析，对拥有同一投资主体的企业改制重组过程中，涉及房地产交易，就会将土地增值税与契税相联系。例如，非房地产企业甲公司要将土地使用权转让，在不改变原企业投资主体的情形下，将直接转让土地使用权形式变为以土地使用权去投资成立一家新公司，再整体转让新公司的股权，这样就将一般的土地使用权转让的经济活动变为公司整体股权的转让，从而避免了土地增值税的缴纳。但对于该接受投资行为而言，受资方需要就接受土地使用权这一行为缴纳契税。对同一投资主体的企业，虽规避了土地增值税的缴纳，但需要缴纳契税，此时土地增值税税负与契税总体呈逆向变化。

（五）土地增值税税收筹划对于印花税的影响

印花税是以经济活动和经济交往中，书立、领受应税凭证的行为作为征收对象征收的一种税。印花税共有十四个税目，设置了五档比例税率。

对于土地增值税税收筹划而言，若筹划方案涉及拆分房地产转让收入，将收入总额分为房地产的转让收入和设备、原材料等资产的购销收入两部分，在这一情形下，需要签订一份产权转移合同和一份机器设备购销合同。在拆分收入降低土地增值税税负的情况下，由于购销合同印花税适用税率低于产权转移书据的适用税率，印花税税负也呈下降趋势。土地增值税税负与印花税税负呈同向变化。

（六）土地增值税税收筹划对于企业所得税的影响

企业所得税是对我国境内的企业和其他取得收入的组织的生产经营所得和其他所得征收的一种税。而土地增值税作为应纳税所得额的税前扣除项目，其金额的大小必然会对企业所得税产生一定的影响。

一方面，加大扣除项目金额既是土地增值税税收筹划的思路之一，同时也适用于企业所得税的税收筹划，例如，利用加计扣除来加大土地增值税税前扣除项目金额，此时土地增值税税负与企业所得税税负呈逆向变化；另一方面，由于土地增值税是应纳税所得额的税前扣除项目，因此，降低土地增值税税负的同时，也就减少了应纳税所得额的税前扣除项目金额，增加了企业所得税税负，此时土地增值税税负与企业所得税税负呈逆向变化。

【例 6 - 16】 位于某市的 A、B 两公司均为甲公司的全资子公司。2018 年，B 公司以 8 000 万元购入一幢写字楼，缴纳契税并能提供完税凭证；2021 年，A 公司因业务规模扩大，需要扩充办公场所，B 公司的该幢写字楼刚好闲置。在甲公司的统一安排下，现有以下方案可供选择：

方案一：A 公司按同类房产的市场价格 10 000 万元向 B 公司购买写字楼。

方案二：A 公司按市场价格 1 000 万元/年向 B 公司租用写字楼。

方案三：B 公司将写字楼赠与 A 公司。

方案四：B 公司用写字楼对 A 公司进行投资。

方案五：B 公司将写字楼以投资联营的方式提供给 A 公司使用，向 A 公司收取固定收入，不承担风险，每年取得固定收入共计 1 000 万元。

方案六：B 公司将写字楼以投资联营的方式提供给 A 公司使用，B 公司参与投资利润分红，与 A 公司共担风险，假设当年取得的分红为 1 000 万元。

方案七：甲公司直接将 B 公司的写字楼划转给 A 公司。

方案八：通过资产重组的方式，将 B 公司分立为 B1 公司和 B2 公司，B2 公司仅分得该幢写字楼，而后将 B2 与 A 进行合并。

注：A、B 公司均为增值税一般纳税人且非房地产开发企业；上述金额均不含增值税；假设当地契税税率为 3%；税务机关确认该幢写字楼的重置成本价为 12 000 万元，成新度折旧率为 70%。

上述方案的涉税情况如表 6 - 11 所示。

表 6 - 11　　　　　　　　　[例 6 - 16] 各方案涉税情况

方案	公司	增值税	城市维护建设税、教育费附加和地方教育附加	印花税	契税	土地增值税	合计
方案一	A	-900.00	—	5.00	300.00	—	-595.00
	B	900.00	108.00	5.00	—	320.10	1 333.10
	甲	—	108.00	10.00	300.00	320.10	738.10

续表

方案	公司	增值税	城市维护建设税、教育费附加和地方教育附加	印花税	契税	土地增值税	合计
方案二	A	-90.00	—	1.00	—	—	-89.00
	B	90.00	10.80	1.00			101.80
	甲	—	10.80	2.00			12.80
方案三	A	-900.00	—	5.00	300.00		-595.00
	B	900.00	108.00	5.00		320.10	1 333.10
	甲	—	108.00	10.00	300.00	320.10	738.10
方案四	A	-900.00	—	5.00	300.00		-595.00
	B	900.00	108.00	5.00		320.10	1 333.10
	甲	—	108.00	10.00	300.00	320.10	738.10
方案五	A	-90.00	—	1.00			-89.00
	B	90.00	10.80	1.00			101.80
	甲		10.80	2.00			12.80
方案六	A	-900.00	—	5.00	300.00		-595.00
	B	900.00	108.00	5.00		320.10	1 333.10
	甲		108.00	10.00	300.00	320.10	738.10
方案七	A	-900.00		5.00			-895.××
	B	900.00	108.00	5.00		320.10	1 333.10
	甲		108.00	10.00		320.10	438.10
方案八	A	-900.00		5.00			-895.00
	B	900.00	108.00	5.00			1 013.00
	甲		108.00	10.00			118.00

由上可知，在一个纳税年度内，不考虑城镇土地使用税、房产税与企业所得税的情况下，对于 A 公司来说，税负最低的是方案七和方案八；对于 B 公司来说，税负最低的是方案二和方案五；对于甲公司来说，税负最低的也是方案二和方案五。

但需要注意的是，对拥有该写字楼所有权的公司，每年要缴纳一定数额的城镇土地使用税，这会影响到 A、B 公司的税负，但不会影响甲公司的总体税负。对于方案二和方案五来说，B 公司每年应缴纳的房产税税额为 120 万元（ ＝1 000×12% ）、印花税税额为 2 万元；而在其他方案中，假设当地房地产减除比例为 30%，则 A 公司每年应缴纳的房产税税额为 84 万元〔 ＝10 000×

（1－30%）×1.2%］；随着时间的推移，税负高低也会产生变化。

在企业所得税中，不同的方案有其对应的处理方法，但是企业要特别注意资产重组法，因企业在进行资产重组时，需要满足特定条件且相关流程较为复杂，企业应根据实际情况酌情选用。除此之外，从 2022 年 7 月 1 日起，国务院对企业改制重组可以规定减征或者免征印花税，报全国人民代表大会常委会备案。

第七章

其他税种的税收筹划

第一节　资源税的税收筹划

　　资源税是以应税资源为课征对象，对在中华人民共和国领域和中华人民共和国管辖的其他海域开发应税资源的单位和个人为纳税人。我国开征资源税主要的依据是受益原则、公平原则和效率原则。一方面，资源属国家所有，开采者因开采国有资源而得益，自然需要付出相应代价；另一方面，由于资源的储存状况、开采条件等存在较大差异，会导致资源开采的收入获得状况大相径庭，通过差别税额标准调节收入，有利于促进行业平稳高效发展。《中华人民共和国资源税法》（以下简称《资源税法》）自 2020 年 9 月 1 日起施行。《资源税法》的主要内容包括：第一，明确了分级分类确定税率的权限划分方式。对原油、天然气、中重稀土等战略资源实行固定税额，由税法直接确定；其他应税资源实行幅度税率，由税法确定幅度，并授权省级人民政府提出本地区的具体适用税率，报同级人大常委会决定。第二，明确了以从价计征为主的征税方式。资源税法巩固了资源税从价计征改革的成果，从法律上确立了从价计征为主，从量计征为辅的资源税征税方式。第三，明确了按原矿、选矿分别设定税率。资源税从价计征改革期间，每种税目按其主要销售形态原矿或选矿选定一个税率，对于销售其他形态矿产品的纳税人，通过设置折算率、换算比来计算其计税销售额，以平衡原矿、选矿税负。资源税法在总结改革经验的基础上，进一步简化，规范税制，改为按原矿、选矿分别设定税率。

对于资源税的税收筹划而言，从整体上了解和把握资源税的特点以及相关法律法规至关重要，基于此，才能从有限的筹划空间内寻找出税收筹划的突破口。

一、资源税的法律界定

（一）资源税纳税人

现行资源税的纳税人是指在中华人民共和国领域和中华人民共和国管辖的其他海域开发应税资源的单位和个人。应税资源目前包括矿产品、盐、部分地区的水资源。

国务院根据国民经济和社会发展需要，依照本法的原则，对取用地表水或者地下水的单位和个人试点征收水资源税。征收水资源税的，停止征收水资源费。

（二）资源税的征税范围

资源税法将征税范围的表述由原来的"开采矿产品和生产盐"改为"开发应税资源"，拓展了征税范围，并授权国务院根据国民经济和社会发展需要对取用地表水或者地下水的单位和个人试点征收水资源税，为水资源税改革试点提供了法律依据，预留了改革的空间。资源税的征税范围，依照《税目税率表》执行。《资源税法》共设置了5个一级税目，17个二级子税目。

《水资源税改革试点实施办法》由国务院规定，报全国人民代表大会常务委员会备案。国务院自本法施行之日起五年内，就征收水资源税的试点情况向全国人民代表大会常务委员会报告，并及时提出修改法律的建议。

（三）资源税的税率

分析税率的相关规定，资源税的税率实施"级差调节"的原则，所谓的级差调节是指运用资源税对因资源储存状况、开采条件、资源优劣、地理位置以及对生态环境的影响等客观存在的差别而产生的资源级差收入，通过实施差别税额标准进行调节。资源条件好，税率、税额相对高；资源条件差，税率、税额相对低（见表7-1）。水资源税根据当地水资源状况、取用水类型和经济发展等情况实行差别税率。

表 7 - 1 　　　　　　　　　　　　　　　　资源税税目、税率表

税目			征税对象	税率
能源矿产	原油		原矿	6%
	天然气、页岩气、天然气水合物		原矿	6%
	煤		原矿	2%～10%
	煤成（层）气		原矿	1%～2%
	铀、钍		原矿	4%
	油页岩、油砂、天然沥青、石煤		原矿或者选矿	1%～4%
	地热		原矿	1%～20% 或者每立方米 1～30 元
金色矿产	黑色金属	铁、锰、铬、钒、钛	原矿或者选矿	1%～9%
	有色金属	铜、铅、锌、锡、镍、锑、镁、钴、铋、汞	原矿或者选矿	2%～10%
		铝土矿	原矿或者选矿	2%～9%
		钨	选矿	6.5%
		钼	选矿	8%
		金、银	原矿或者选矿	2%～6%
		铂、钯、钌、铱、铑	原矿或者选矿	5%～10%
		轻稀土	选矿	7%～12%
		中重稀土	选矿	20%
		铍、锂、锆、锶、铷、铯、铌、钽、锗、镓、铟、铊、铪、铼、镉、硒、碲	原矿或者选矿	2%～10%
非金属矿产	矿物类	高岭土	原矿或者选矿	1%～6%
		石灰岩	原矿或者选矿	1%～6% 或者每吨（每立方米）1～10 元
		磷	原矿或者选矿	3%～8%
		石墨	原矿或者选矿	3%～12%
		萤石、硫铁矿、自然硫	原矿或者选矿	1%～8%
		天然石英砂、脉石英、粉石英、水晶、工业用金刚石、冰洲石、蓝晶石（矽线石）、长石、滑石、刚玉、菱镁矿、颜料矿物、天然碱、芒硝、钠硝石、明矾石、砷、硼、碘、溴、膨润土、硅藻土、陶瓷土、耐火黏土、铁矾土、凹凸棒石黏土、海泡石黏土、伊利石黏土、累托石黏土	原矿或者选矿	1%～12%

续表

税目			征税对象	税率
非金属矿产	矿物类	叶蜡石、硅灰石、透辉石、珍珠岩、云母、沸石、重晶石、毒重石、方解石、蛭石、透闪石、工业用电气石、白垩、石棉、蓝石棉、红柱石、石榴子石、石膏	原矿或者选矿	1%~12%
		其他黏土（铸型用黏土、砖瓦用黏土、陶粒用黏土、水泥配料用黏土、水泥配料用红土、水泥配料用黄土、水泥配料用泥岩、保温材料用黏土）	原矿或者选矿	1%~5%或者每吨（或者每立方米）0.1~5元
	岩石类	大理岩、花岗岩、白云岩、石英岩、砂岩、辉绿岩、安山岩、闪长岩、板岩、玄武岩、片麻岩、角闪岩、页岩、浮石、凝灰岩、黑曜岩、霞石正长岩、蛇纹岩、麦饭石、泥灰岩、含钾岩石、含钾砂页岩、天然油石、橄榄岩、松脂石、粗面岩、辉长岩、辉石岩、正长岩、火山灰、火山渣、泥炭	原矿或者选矿	1%~10%
		砂石	原矿或者选矿	1%~5%或者每吨（每立方米）0.1~5元
	宝玉石类	宝石、玉石、宝石级金刚石、玛瑙、黄玉、碧玺	原矿或者选矿	4%~20%
水气矿产	二氧化碳气、硫化氢气、氦气、氡气		原矿	2%~5%
	矿泉水		原矿	1%~20%或者每立方米1~30元
盐	钠盐、钾盐、镁盐、锂盐		选矿	3%~15%
	天然卤水		原矿	3%~15%或者每吨（或者每立方米）1~10元
	海盐			2%~5%

《税目税率表》中规定征税对象为原矿或者选矿的，应当分别确定具体适用税率。《税目税率表》中规定实行幅度税率的，其具体适用税率由省、自治区、直辖市人民政府统筹考虑该应税资源的品位、开采条件以及对生态环境的影响等情况，在《税目税率表》规定的税率幅度内提出，报同级人民代表大会常务委员会决定，并报全国人民代表大会常务委员会和国务院备案。

（四）资源税应纳税额的计算

资源税目前所列的 164 个税目中，有 158 个税目实行从价计征的方式，部分税目可视征管便利度来选择实行从价计征或者从量计征的方式，分别以应税产品的销售额乘以纳税人具体适用的比例税率或者以应税产品的销售数量乘以纳税人具体适用的定额税率计算。具体规定为：

（1）销售数量，包括纳税人开采或者生产应税产品的实际销售数量和视同销售的自用数量。

（2）纳税人开采或者生产同一税目下适用不同税率应税产品的，应当分别核算不同税率应税产品的销售额或者销售数量；未分别核算或者不能准确提供不同税率应税产品的销售额或者销售数量的，从高适用税率。

（3）纳税人的免税、减税项目，应当单独核算销售额或者销售数量；未单独核算或者不能准确提供销售额或者销售数量的，不予免税或者减税。

（4）纳税人开采或者生产应税产品自用的，应当依照本法规定缴纳资源税；但是，自用于连续生产应税产品的，不缴纳资源税。

（5）纳税人以外购原矿与自采原矿混合为原矿销售，或者以外购选矿产品与自产选矿产品混合为选矿产品销售的，在计算应税产品销售额或者销售数量时，直接扣减外购原矿或者外购选矿产品的购进金额或者购进数量。

纳税人以外购原矿与自采原矿混合洗选加工为选矿产品销售的，在计算应税产品销售额或者销售数量时，按照下列方法进行扣减：

准予扣减的外购应税产品购进金额（数量）＝外购原矿购进金额（数量）×（本地区原矿适用税率÷本地区选矿产品适用税率）

不能按照上述方法计算扣减的，按照主管税务机关确定的其他合理方法进行扣减。

（五）资源税的税收优惠政策

资源税遵循普遍征收、级差调节的原则，因此规定的减免税项目较少。

（1）有下列情形之一的，免征资源税：

①开采原油以及在油田范围内运输原油过程中用于加热的原油、天然气。

②煤炭开采企业因安全生产需要抽采的煤成（层）气。

（2）有下列情形之一的，减征资源税：

①从低丰度油气田开采的原油、天然气，减征 20% 资源税。

②高含硫天然气、三次采油和从深水油气田开采的原油、天然气，减征 30% 资源税。

③从衰竭期矿山开采的矿产品，减征30%资源税。

④稠油、高凝油减征40%资源税。

⑤自2014年12月1日至2023年8月31日，对充填开采置换出来的煤炭，资源税减征50%资源税。

根据国民经济和社会发展需要，国务院对有利于促进资源节约利用、保护环境等情形可以规定免征或者减征资源税，报全国人民代表大会常务委员会备案。

（3）有下列情形之一的，省、自治区、直辖市可以决定免征或者减征资源税：

①纳税人开采或者生产应税产品过程中，因意外事故或者自然灾害等原因遭受重大损失。

②纳税人开采共伴生矿、低品位矿、尾矿。

前款规定的免征或者减征资源税的具体办法，由省、自治区、直辖市人民政府提出，报同级人民代表大会常务委员会决定，并报全国人民代表大会常务委员会和国务院备案。另外，纳税人开采或者生产同一应税产品同时符合两项或者两项以上减征资源税优惠政策的，除另有规定外，只能选择其中一项执行。

二、资源税的税收筹划

（一）利用税收优惠政策的筹划方法

资源税法规定了减征资源税的一些特殊情形，并规定了每一情形的具体含义。纳税人应充分利用税法优惠政策，尽量符合优惠政策的适用条件，从而享受资源税的减征优惠。例如，稠油、高凝油减征40%的资源税，其中高凝油，是指凝固点高于40℃的原油。那么当某纳税人在对凝固点在40℃以下的原油项目A和凝固点在40℃以上的原油项目B进行选择时，除了结合自身要求和开采成本等需考虑的因素外，纳税人也应充分考虑和利用税收优惠政策。但值得注意的是，税收筹划只是企业经济活动的一个层面，单纯追求税负最小化，可能有悖于企业整体发展战略，偏离企业的品牌定位，阻碍其长远发展。

（二）通过准确核算的筹划方法

资源税法规定，纳税人的减免税项目应当单独核算课税数量，未单独核算或者不能准确提供减免税产品课税数量的，不予减税或者免税。纳税人开采或生产不同税目应税产品的，应当分别核算不同税目应税产品的课税数量，否则从高适用税率。因此，纳税人可以通过准确核算各税目的课税数量，分清免税产品与征税产品，分清不同税率产品，从而充分享受税收优惠，降低应缴纳的资源税。

（三）利用延期纳税方法的筹划方法

利用延期纳税方法进行税收筹划，整体纳税额不会发生变化，在合理的时间内履行纳税义务，最大限度降低资金占用量，提高企业流通货币的时间价值。例如，砂石作为优质的建筑材料、混凝土原料而广泛应用于房屋、道路、公路、铁路、工程等领域，在资金结算时间上都会存在一定的时间差，所以在销售数量确定的前提下，只要结合实际情况，在签订合同时，针对性地选择有利的结算方式和纳税时间，就能充分提高货币的时间价值。

三、资源税税收筹划对其他税种的影响

我国的税制结构相对完整，各税种之间存在着一定的联系，因此，资源税的税收筹划也会对其他税种产生影响。

如果应税产品以从价定率方式征收资源税，产品销售额为其计税依据。资源税的销售额是指纳税人销售应税产品向购买方收取的全部价款和价外费用，但不包括收取的增值税销项税额；这一计税依据与增值税的计税依据在一般情况下具有一致性，通过降低销售额的方式减少应纳资源税额，也会减轻增值税税收负担。资源税税收负担与增值税税收负担呈同向变化。随着资源税法的实施，从价计征范围不断扩大，这一影响将越来越显著。

从企业所得税方面分析，资源税作为企业所得税应纳税所得额的税前扣除项目，其应纳税额的减少会使得企业所得税的计税依据增加，应纳企业所得税额增加。在这一情形下，资源税的税收负担与企业所得税税收负担呈逆向变化。

第二节　车辆购置税的税收筹划

《中华人民共和国车辆购置税法》（以下简称《车辆购置税法》）自 2019

年 7 月 1 日起施行。车辆购置税是以在中国境内购置的汽车、有轨电车、汽车挂车、排放量超过 150 毫升的摩托车为课税对象、在特定的环节向车辆购置者征收的一种税。征收车辆购置税有利于合理筹集财政资金,规范政府行为,调节收入差距,也有利于配合打击车辆走私行为和维护国家权益。与此同时,从购买环节设置车辆购置税体现了政府宏观政策的导向性,旨在不鼓励对车辆的过度消费。"购置"不仅仅指购买行为,还包括进口、受赠、自产自用、获奖使用以及拍卖、抵债、走私、罚没等方式,因此对车辆购置税的筹划也是纳税人不可忽视的一部分。

一、车辆购置税的法律界定

在中华人民共和国境内购置《车辆购置税税法》规定的车辆的单位和个人,为车辆购置税的纳税人,应当依照条例缴纳车辆购置税。车辆购置税的税率为 10%。

(一) 车辆购置税的征税范围

纳税人发生的车辆购置税的应税行为是指在中华人民共和国境内购置应税车辆的行为。其中购置是指购买使用行为、进口使用行为、受赠使用行为、自产自用行为、获奖使用行为以及拍卖、抵债、走私、罚没等方式取得并使用的行为。这些行为都属于车辆购置税的应税行为。

车辆购置税的征收范围包括汽车、有轨电车、汽车挂车、排气量超过 150 毫升的摩托车。

(二) 车辆购置税的计税依据

车辆购置税以应税车辆为课税对象,属于从价税,车辆价格是否合理会直接影响税款的高低。发生应税行为的不同,计税价格的组成也就不同,车辆购置税的计税依据有以下几种情况:

第一,纳税人购买自用的应税车辆,计税价格为纳税人购买应税车辆而实际支付给销售者的全部价款,依据纳税人购买应税车辆时相关凭证载明的价格确定,不包括增值税税款。所称的购置应税车辆时相关凭证,是指原车辆所有人购置或者以其他方式取得应税车辆时载明价格的凭证。

第二,纳税人进口自用的应税车辆计税价格的计算公式为:

$$计税价格 = 关税完税价格 + 关税 (+消费税)$$

第三,纳税人自产自用应税车辆的计税价格,按照纳税人生产的同类应税车辆的销售价格确定，不包括增值税税款；没有同类应税车辆销售价格的，按照组成计税价格确定。

$$组成计税价格 = 成本 × (1 + 成本利润率)(+ 消费税)$$

第四，纳税人受赠、获奖或其他方式取得自用应税车辆的计税价格，分情况讨论：

（1）非自产。

①计税价格按照购置应税车辆时，相关凭证载明的价格确定，不包括增值税税款；

②若无法提供相关凭证的，参照同类应税车辆市场平均交易价格确定其计税价格。

（2）原车辆所有人为车辆生产或销售企业。

①未开具机动车销售统一发票的，按照车辆生产或者销售同类应税车辆的销售价格确定应税车辆的计税价格。

②若无同类应税车辆销售价格的，按照组成计税价格确定应税车辆的计税价格。

（三）车辆购置税的主要税收优惠政策

下列车辆免征车辆购置税：

（1）依照法律规定应当予以免税的外国驻华使馆、领事馆和国际组织驻华机构及其有关人员自用的车辆；

（2）中国人民解放军和中国人民武装警察部队列入装备订货计划的车辆；

（3）悬挂应急救援专用号牌的国家综合性消防救援车辆；

（4）设有固定装置的非运输专用作业车辆；

（5）城市公交企业购置的公共汽电车辆。

根据国民经济和社会发展的需要，国务院可以规定减征或者其他免征车辆购置税的情形，报全国人民代表大会常务委员会备案。其他减免税规定可参照财政部、税务总局、工业和信息化部相关公告。

二、车辆购置税的税收筹划

（一）利用分拆法的筹划方法

准确分拆车款与其他相应费用是车辆购置税税收筹划的主要方法。在购买车辆时，往往附带临时牌照费、购买工具的费用、车辆装饰费用等相关费用以及各类代收款项，如果合并开具凭证，则应一起并入车辆购置税的计税依据当中。因此，纳税人可以要求卖方分开开具发票，降低车辆购置税的计税依据，从而降低应缴纳的车辆购置税。

（二）利用税收优惠政策的筹划方法

尽管征收车辆购置税有利于合理筹集财政资金，调节收入差距，但车辆购置税的税收优惠政策中对特定的情形给予了减免税的规定。同时，利用税收优惠政策也是税收筹划常用的方法之一。例如，回国服务的在外留学人员用现汇购买1辆个人自用国产小汽车属于免税范围，把握好相关条件，就能充分享受到车辆购置税的税收优惠政策。

（三）利用政策导向性的筹划方法

征收车辆购置税是规范政府、单位及个人车辆购置行为的重要手段，有利于合理筹集财政资金，打击车辆走私行为和维护国家权益。开征车辆购置税是国家政策导向的重要体现，旨在限制纳税人过度使用车辆，因此，合理、适度地购买车辆，避免不必要的车辆购置支出是税收筹划的重要思路。

（四）利用选择性条款的筹划方法

免征车辆购置税的新能源汽车是指纯电动汽车、插电式混合动力（含增程式）汽车、燃料电池汽车。从2020年7月1日，全国范围实施轻型汽车国六排放标准，禁止生产国五排放标准车辆。不过，这并不意味着市场上就没有国五排放的车辆销售了，因为环境保护部在2016年就公布了《轻型汽车污染物排放限值及测量方法（中国第六阶段）》，文件称在2025年前，家用车依然会沿用"国五"标准进行检验。但是，对于有购车计划的朋友，还是尽量选择购买"国六"车。因为目前市场上大多数车型都已经满足了"国六"排放标准，可选择的范围相当广。并且购买了"国六"车后，不会有后顾之忧，比如后续作为二手车高排放汽车限行等问题。"国六"出台后，新能源汽车成为大势，因此，从纳税人个人角度出发，在购买车辆时，也应根据车型等进行综合考量。

三、车辆购置税税收筹划对其他税种的影响

车辆购置税的筹划思路单一，分拆法是车辆购置税税收筹划的常用方法。所谓分拆法即是将车辆购置的总价款细分为车辆价款和其他项目的金额，在这

一情形下，车辆购置税的税收筹划会对增值税产生影响。一方面，分拆车辆购置总价款，使得车辆购置税计税依据缩小，应纳车辆购置税额减少；另一方面，购买车辆的增值税税率为13%，若分拆出的其他项目的适用税率低于13%，则进项税额减少，这一方式增加了应纳增值税额，车辆购置税税收负担与增值税税收负担呈逆向变化。若分拆出的其他项目增值税适用税率为13%，则车辆购置税税收筹划对增值税不会产生影响。从国家政策导向性考虑，纳税人若减少购买车辆，会相应减少取得的进项税额，增加应缴纳的增值税，此时车辆购置税税收负担与增值税税收负担呈逆向变化。

对于企业所得税而言，车辆购置税应计入车辆的成本，最终以折旧的形式作为企业所得税税前扣除项目，车辆购置税应纳税额的减少会使得企业所得税计税依据增加，应纳企业所得税额增加。在这一情形下，车辆购置税的税收负担与企业所得税税收负担呈逆向变化。

第三节　车船税的税收筹划

《中华人民共和国车船税法》（以下简称《车船税法》）自2012年1月1日起施行。对中华人民共和国境内属于车船税法所附《车船税税目税额表》规定的车辆、船舶的所有人或者管理人，为车船税的纳税人，应当依法缴纳车船税。作为一种典型的财产税，车船税具有为地方政府提供收入来源、调节居民收入分配的作用。由于车船税是地方税种，有利于实现政府的施政目标，有利于车船管理与合理配置，可为地方政府筹集财政资金，同时还可以调节财富差异。车船税的设立体现政府宏观政策的导向性，不鼓励企事业单位或个人因过度消费而导致大量闲置车辆的产生。

一、车船税的法律界定

车船税是指在中华人民共和国境内车辆、船舶的所有人或者管理人按照《车船税法》应缴纳的一种税。车船税采用定额税率，适用税额依照车船税法所附的《车船税税目税额表》执行。

车船税的主要税收优惠政策：

1. 法定减免

（1）捕捞、养殖渔船。

（2）军队、武装警察部队专用的车船。

（3）警用车船。

（4）依照法律规定应当予以免税的外国驻华使领馆、国际组织驻华代表机构及其有关人员的车船。

（5）对节约能源、使用新能源的车船可以减征或者免征车船税。

使用新能源的车辆包括纯电动汽车、燃料电池汽车和混合动力汽车。纯电动汽车、燃料电池汽车不属于车船税征收范围，其他混合动力汽车按照同类型车辆适用税额减半征收。

（6）省、自治区、直辖市人民政府根据当地实际情况，可以对公共交通车船，农村居民拥有并主要在农村地区使用的摩托车、三轮汽车和低速载货汽车定期减征或者免征车船税。

2. 特定减免

（1）经批准临时入境的外国车船和香港特别行政区、澳门特别行政区、台湾地区的车船不征收车船税。

（2）按照规定缴纳船舶吨税的机动船舶，自《车船税法》实施 5 年内免征车船税。

（3）依法不需要在车船登记管理部门登记的机场、港口、铁路站场内部行驶或作业的车船，自《车船税法》实施之日起 5 年内免征车船税。

（4）国家综合性消防救援车辆由部队号牌改挂应急救援专用号牌的，一次性免征改挂当年车船税。

二、车船税的税收筹划

（一）利用选择性条款的筹划方法

由于对乘用车按发动机汽缸容量（排气量）分档规定税额，因而产生了应纳车船税税额相对排气量变化的临界点。在临界点上下，排气量虽然相差不大，但临界点两边的税额却有很大变化，因此在这种情况下进行税收筹划十分必要。建议企业尽量选用小排量的乘用车，这样不仅可以少缴税款，还可以为保护环境献出自己的一份力量。

（二）利用税收优惠政策的筹划方法

车船税的税收优惠政策中对特定范围的车辆给予了减免税的规定，比如依照我国有关法律和我国缔结或者参加的国际条约的规定，应当予以免税的外国驻华使馆、领事馆和国际组织驻华机构及其有关人员的车船。许多企业和个人使用车船并非从一开始便具备享受税收优惠政策的条件，这就需要企业和个人为自己创造条件，达到利用税收优惠政策合理筹划的目的，即"挂靠"。同时，对于已享有税收优惠的纳税人来说，应将应税项目和免税项目清楚地区分，以求最大限度节省税款。

（三）利用政策导向性的筹划方法

车船税的征收有利于对纳税人车船进行管理和合理配置，同时也借此进一步规范政府、单位及个人的车船购置行为，使得纳税人在合理范围内使用车辆，开征车船税是国家政策导向性的重要体现。因此，合理适度购买车辆、船舶，避免产生不必要的购置支出是税收筹划的重要思路。

三、车船税税收筹划对其他税种的影响

车船税的应税范围较为单一，与其他税种关联度并不高，因此，车船税的税收筹划对大部分税种并没有显著的影响。对于增值税而言，由于政策导向性的筹划思路可能会使企业减少购买车辆，相应会减少取得的进项税税额，增加应缴纳的增值税。但从企业所得税方面分析，车船税作为企业所得税应纳税所得额的税前扣除项目，其应纳税额的减少会使得企业所得税的计税依据增加，应纳企业所得税额增加。在这一情形下，车船税的税收负担与企业所得税税收负担呈逆向变化。

第四节　印花税的税收筹划

《中华人民共和国印花税法》（以下简称《印花税法》）自 2022 年 7 月 1 日起施行。印花税是以经济活动和经济交往中书立、领受、使用的应税凭证的行为作为征税对象而征收的一种税，是一种兼有行为性质的凭证税。印花税具有征收面广、税负轻、由纳税人自行购买并粘贴印花税票完成纳税义务等特点。对比原先的《印花税暂行条例》，印花税法明确了印花税的税目、税率、计税依据等。印花税共有 14 个税目，涉及企业经济活动的方方面面，但在税收体系中它又是税额较小、计算简单的税种，在实际

工作中容易被纳税人忽视。因此对印花税进行税收筹划，对企业来说大有裨益。

一、印花税的法律界定

在中华人民共和国境内书立应税凭证、进行证券交易的单位和个人，为印花税的纳税人，应当依照本法规定缴纳印花税。在中华人民共和国境外书立，在境内使用的应税凭证的单位和个人，应当依照本法规定缴纳印花税。

纳税人为境外单位或者个人，在境内有代理人的，以其境内代理人为扣缴义务人；在境内没有代理人的，由纳税人自行申报缴纳印花税，具体办法由国务院税务主管部门规定。

印花税共有买卖合同、融资租赁合同、承揽合同、建设工程合同、运输合同、仓储合同、保管合同、借款合同、财产保险合同、技术合同、租赁合同、产权转移书据（土地使用权出让数据；土地使用权、房屋等建筑物和构筑物所有权转让书据；股权转让书据；商标专用权、著作权、专利权、专有技术使用权转让书据）、营业账簿、证券交易 14 个税目。印花税的税率按照比例税率，共分为 5 个档次，分别为 0.05‰、0.25‰、0.3‰、0.5‰、1‰。

下列凭证免征印花税：

（1）应税凭证的副本或者抄本。

（2）依照法律规定应当予以免税的外国驻华使馆、领事馆和国际组织驻华代表机构为获得馆舍书立的应税凭证。

（3）中国人民解放军、中国人民武装警察部队书立的应税凭证。

（4）农民、家庭农场、农民专业合作社、农村集体经济组织、村民委员会购买农业生产资料或者销售农产品书立的买卖合同和农业保险合同。

（5）无息或者贴息借款合同、国际金融组织向中国提供优惠贷款书立的借款合同。

（6）财产所有权人将财产赠与政府、学校、社会福利机构、慈善组织书立的产权转移书据。

（7）非营利性医疗卫生机构采购药品或者卫生材料书立的买卖合同。

（8）个人与电子商务经营者订立的电子订单。

根据国民经济和社会发展的需要，国务院对居民住房需求保障、企业改制重组、破产、支持小型微型企业发展等情形可以规定减征或者免征印花税，报全国人民代表大会常务委员会备案。

二、印花税的税收筹划

（一）利用税收优惠政策的筹划方法

国家在制定具体的税收政策时，对于需要鼓励的经营活动或纳税人，通常会规定具体的税收优惠政策，利用税收优惠政策也是税收筹划常用的方法之一，例如：个人与电子商务经营者订立的电子订单免征印花税，又如，自2018年1月1日至2023年12月31日，对金融机构与小型企业、微型企业签订的借款合同免征印花税。尽管印花税涉及的行业广泛，但所列出的税目清晰，因此其优惠政策也更加具有针对性，纳税人应该充分利用税收优惠政策来寻找印花税的筹划空间。

（二）利用分拆法的筹划方法

通常情况下，经济活动的多样性可能使一个合同涉及多项业务，税法中也明确规定"同一应税凭证载有两个以上税目事项并分别列明金额的，按照各自适用的税目税率分别计算应纳税额；未分别列明金额的，从高适用税率。"印花税的特点是将各应税项目界定清晰，适用税率也作出了明确规定。因此，将不同类型的业务分开订立合同，使其适用不同的印花税税率，可以避免由多缴纳印花税造成的涉税损失。

（三）利用选择性条款的筹划方法

根据税法规定，应税合同、产权转移书据未列明金额的，印花税的计税依据按照实际结算的金额确定。计税依据按照前款规定仍不能确定的，按照书立合同、产权转移书据时的市场价格确定；依法应当执行政府定价或者政府指导价的，按照国家有关规定确定。或者双方在订立合同时，充分考虑以后经济交往中可能会遇到的各种情况，确定比较合理、保守的金额，防止未载的金额小于市场价格。

（四）利用缺陷性条款的筹划方法

一般来说，周转资金是企业生产经营不可或缺的一部分，因此融资是企业的一项基本经济活动。根据税法的规定，银行及其他金融机构与借款人所签订的合同（不包括同业拆借），应按照"借款合同"税目缴纳印花税。但是，企业之间或者企业与自然人之间的借款合同不需要贴花，即不需要缴纳印花税。

因此，选择合适的方式周转资金，会降低应缴纳的印花税。

（五）利用选择性条款的筹划方法

根据税法规定，各类合同的当事人为印花税的纳税人。由于企业生产经营过程中，不可避免会签订大量的合同，因此以合同签订的相关事项为突破口，可以寻找印花税的筹划空间。

就企业实际经营状况而言，同一项经济活动可能会涉及多个中间企业参与，例如：同一控制下的母子公司均为建筑公司，母公司将项目分包给某个子公司，该子公司又分别向其他子公司分包，此时，母公司可以直接向最终负责建筑的各个子公司分包项目，减少合同签订环节，避免因过多经济活动者参与而负担额外的印花税。因此通过减少经济活动参与者的数量而减少转让环节则成了印花税税收筹划的一个思路；此外，出于战略发展规划的要求，企业可能签订数量较多的合同，但其中有部分合同短期内并不会履行，这就导致企业产生了印花税的涉税损失，因此，企业应该充分了解经济活动的实质，合理掌控合同的履行率，并以此来避免因大量空立合同而负担额外的印花税税额。

三、印花税税收筹划对其他税种的影响

印花税的应税范围较为广泛，涉及 14 个税目，适用比例税率，分拆法是印花税税收筹划使用最广泛的方法。一般情况下，印花税的计税依据为各种应税凭证上所记载的金额，当对经济活动中各项目进行印花税的税收筹划时，往往会对其他税种的计税依据产生影响。纳税人对其他税种进行税收筹划时，一定要考虑到印花税税负的变化。

从企业所得税方面分析，由于印花税是企业所得税的税前扣除项目，因此，当对印花税进行筹划而降低应缴纳的印花税时，也就减少了税前扣除项目金额，使企业所得税增加。因此，契税税负与企业所得税税负呈逆向变化。

第五节　关税的税收筹划

为了维护国家的主权和利益，加强海关监督管理，促进对外经济贸易和科技文化交往，保障社会主义现代化建设，特制定《中华人民共和国海关法》（以下简称《海关法》）。另外，为了贯彻对外开放政策，促进对外经济贸易和

国民经济的发展，根据《海关法》的有关规定，制定了《中华人民共和国进出口关税条例》（以下简称《进出口关税条例》）。随着我国经济日益国际化，国际贸易迅速发展，在商品交易中不可避免地要涉及关税。关税是海关依法对进出境货物、物品征收的一种税。从税收筹划的角度看，关税在税目、税基、税率以及减免优惠等方面都规定得相当具体，税收筹划空间相对较小。但是，通过对现行海关法、进出口关税条例和其他有关海关法律法规的深入研究，我们发现可以从完税价格等角度进行税收筹划。

一、关税的法律界定

我国目前还没有专门的关税法，现行关税制度的基本法律依据主要有：《海关法》《进出口关税条例》《进出口税则》《海关进出口货物征税管理办法》《海关审定进出口货物完税价格办法》《中华人民共和国海关进出口货物减免税管理办法》等。

（一）征税对象与纳税义务人

1. 征税对象

关税的征税对象是准许进出境的货物和物品。货物是指贸易性商品；物品指入境旅客随身携带的行李物品、个人邮递物品、各种运输工具上的服务人员携带进口的自用物品、馈赠物品以及其他方式进境的个人物品。

2. 纳税义务人

进口货物的收货人、出口货物的发货人、进境物品的所有人，是关税的纳税义务人。

（二）税率

1. 进口关税税率

进口关税设置最惠国税率、协定税率、特惠税率、普通税率、关税配额税率等税率。对进口货物在一定期限内可以实行暂定税率。

2. 出口关税税率

出口关税设置出口税率。对出口货物在一定期限内可以实行暂定税率。

3. 特别关税

按照有关法律、行政法规的规定对进口货物采取反倾销、反补贴、保障措施的，其税率的适用按照《中华人民共和国反倾销条例》《中华人民共和国反补贴条例》《中华人民共和国保障措施条例》的有关规定执行。

（三）进出口货物完税价格的确定

进出口货物的完税价格，由海关以该货物的成交价格为基础审查确定。成交价格不能确定时，完税价格由海关依法估定。

1. 一般进口货物的完税价格

进口货物的完税价格包括货物的货价、货物运抵中华人民共和国境内输入地点起卸前的运输及其相关费用、保险费。

2. 出口货物的完税价格

出口货物的完税价格包括货物的货价、货物运至中华人民共和国境内输出地点装载前的运输及其相关费用、保险费，但是其中包含的出口关税税额，应当予以扣除。

（四）关税减免

关税减免是对某些纳税人和征税对象给予鼓励和照顾的一种特殊调节手段，是贯彻国家关税政策的一项重要措施。关税减免分为法定减免税、特定减免税和临时减免税。

1. 法定减免税

法定减免税是税法中明确列出的减税或免税。符合税法规定可予减免税的进口货物，纳税人无须提出申请，海关可按照规定直接予以减免税。海关对法定减免税货物一般不进行后续管理。

2. 特定减免税

特定减免税也称政策性减免税。在法定减免税之外，国家按照国际通行规定和我国实际情况，制定发布的有关进出口货物减免关税的政策，称为特定或政策性减免税。特定减免税货物一般有地区、企业和用途的限制，海关需要进行后续管理，也需要进行减免税统计。

3. 临时减免税

临时性减免税是指以上法定和特定减免税以外的其他减免税，即由国务院根据《海关法》对某个单位、某类商品、某个项目或某批进出口货物的特殊情况，基于特别照顾，一案一批，专文下达的减免税。一般有单位、品种、期限、金额或数量等限制，不能比照执行。

二、关税的税收筹划

（一）利用税收优惠政策的筹划方法

1. 利用关税减免政策进行税收筹划

关税的税法条例中规定了各种各样的减免政策，纳税人可以依据关税优惠政策的导向，从事关税政策所鼓励的进出口贸易活动，比如进口科教用品、残疾人个人专用品等免征进口环节关税和进口环节增值税和消费税。因此，纳税人利用关税税收优惠政策，从事关税鼓励的经济贸易活动是最直接的税收筹划方式之一。

2. 利用保税制度进行税收筹划

保税制度是指海关对进口货物暂不征税，但保留征税权的一种制度。其具体做法是：国外的货物进口后，不先征收进口税，而是暂时存放在海关指定的地点，若该批货物进入国内市场销售，则补交进口税；若复出口，则不必缴纳进口税。存放保税货物的地点，设有保税区、保税仓库等。利用保税区等进行税收筹划，纳税人就要积极在保税区内投资设厂，开展为出口贸易服务的加工整理、保障、运输、仓储、商品展出和转口贸易，以获取进出口关税的豁免权。

（二）价格转让法的筹划方法

在税率确定的情况下，完税价格的高低决定了关税的轻重。当采用从价计征时，若税率不变，完税价格高，则关税税负重；完税价格低，关税税负轻。而且在许多情况下，完税价格的高低还会影响关税的税率。因此，合理控制完税价格也是关税筹划的重要切入点，纳税人应尽量选择同类产品中成交价格比较低、运输杂项费用相对较小的货物进出口可以达到降低完税价格的目的。当然，不能把完税价格筹划法片面地理解为降低申报价格，如果为了少缴关税而降低申报价格，就会陷入偷税的境地。比如，设立子公司进行国际转让定价，从而通过转让定价实现税收筹划。但是，由于不同国家或地区的税收法规及征管环境存在差异，加之数字经济兴起引发对国际税收规则的挑战，国际税收环境更加复杂多变，企业应重视可能存在的转让定价风险。

（三）利用选择性条款的筹划方法[①]

1. 选择原产地适用不同的税率

我国进口税则设有最惠国税率、协定税率、特惠税率、普通税率共四项税率。同一种进口货物的原产国不同，适用的税率也将有很大区别。而关于原产地的确认，我国设定了全部产地标准和实质性加工标准。正确合理地运用原产地标准，选择合适的地点，就可达到税收筹划的效果。

目前许多跨国公司在全球不同国家设立了分支机构，这些机构在某种商品的生产过程中承担了一定的角色，可以说，成品是用在不同国家生产的零部件组装起来的，那么最后组装成最终产品的地点（即原产国）就非常重要，一般应选择在同进口国签订有优惠税率的国家或地区，避开进口国征收特别关税的国家和地区。

2. 完税价格的确定

（1）选择货物的进口方式。

不同的货物进口方式选择，就为纳税人提供了筹划空间。境内纳税人进口货物除了采用一般方式报关进口外，还可以采取其他特殊方式进口货物，这时报关的完税价格也有区别：运往境外修理的货物以海关审定的境外修理费和料件费，以及该货物复运进境的运输及其相关费用、保险费估定完税价格；运往境外加工的货物以海关审定的境外加工费和料件费，以及该货物复运进境的运输及其相关费用、保险费估定完税价格；租赁方式进口货物，在租赁期间以海关审定的租金作为完税价格等。例如，纳税人要引进国外新设备扩大生产，就可以通过计算向国外购买该设备和租赁该设备的关税成本进行决策。

（2）选择货物的运输方式。

运输方式的差异导致运费的不同。由于运费在完税价格中占有重要的比重，因此，不同的运输方式为关税的税收筹划带来空间。如以一般陆运、空运、海运方式进口的货物，运费为到起卸地点的价格；以邮运方式进口的货物，以邮费作为运输及其相关费用、保险费等。另外，纳税人也可以利用不同的外贸运输方式进行税收筹划，如进出口货物有 CIF 价格，FOB 价格，不同的外贸运输方式完税价格的计算方式也不同，因而具有一定的税收筹划空间。

[①] 本部分参考计金标：《税收筹划》（第七版），中国人民大学出版社 2019 年版，第 247 页。

三、关税的税收筹划对其他税种的影响

关税作为进出口环节征收的特殊税种，其税收筹划将会对增值税、消费税、企业所得税等其他税种产生影响。

（一）关税的税收筹划对增值税的影响

对进口环节增值税而言，关税税收筹划一方面降低了关税，另一方面也使增值税组成计税价格缩小，进项税额下降，增值税税负上升，此时关税与增值税呈逆向变化。

对出口环节增值税来讲，需要从三个角度分析。第一，当出口货物免税并退税时，由于出口环节免征增值税，因此关税的税收筹划不会对增值税税负产生影响；第二，当出口货物不免税也不退税时，关税税收筹划带来的税负下降会使得增值税的组成计税价格缩小，从而降低增值税税负，此时关税与增值税呈同向变化；第三，当出口货物免税不退税时，与第一种情况相同，由于出口环节免征增值税，因此关税的税收筹划不会对增值税税负产生影响。

（二）关税的税收筹划对消费税的影响

对进口环节消费税而言，若购进的应税消费品直接用于销售，则关税下降会使得消费税组成计税价格缩小，此时消费税税负下降，关税与消费税呈同向变化；若购进的应税消费品用于国内连续生产应税消费品，则关税下降带来消费税的减少会使得连续生产应税消费品过程中可抵扣的消费税减少，此时关税与消费税呈逆向变化。

对出口环节消费税来讲，也需要从三个角度进行分析。第一，当出口货物免税并退税时，由于出口环节免征消费税，因此关税的税收筹划不会对消费税税负产生影响；第二，当出口货物不免税也不退税时，关税税收筹划带来的税负下降会使得消费税的组成计税价格缩小，从而降低消费税税负，此时关税与消费税呈同向变化；第三，当出口货物免税不退税时，与第一种情况相同，由于出口环节免征消费税，因此关税的税收筹划不会对消费税税负产生影响。

（三）关税的税收筹划对企业所得税的影响

对进口环节企业所得税而言，由于关税计入企业购进材料、固定资产的成本，关税的下降会使得企业在计算企业所得税时的费用和折旧额扣除减少，从而使得企业所得税税负上升，此时关税与企业所得税呈逆向变化。

对出口环节企业所得税来讲，关税的减少使得企业所得税可扣除金额减少，企业所得税税负上升，关税与企业所得税呈逆向变化。

第六节　环境保护税的税收筹划

为了保护和改善环境，减少污染物排放，推进生态文明建设，2016年12月25日制定了《中华人民共和国环境保护税法》（以下简称《环境保护税法》）。排污费改为环保税后，"多排多征、少排少征、不排不征"征税原则，倒逼企业提升环保意识，让曾经的污染大户获得"新生"，主动节能减排，生态环境得到明显改善。绿色税制在激励企业绿色转型升级上发挥了积极作用，推动生态优先、绿色发展成为社会共识。利用税收优惠政策和政策的导向型为企业合理避税，从长远角度看不仅能为企业带来经济上的利益，也增强了企业的社会责任担当。

一、环境保护税的法律界定

环境保护税是指在中华人民共和国领域和中华人民共和国管辖的其他海域，直接向环境排放应税污染物的企业事业单位和其他生产经营者为环境保护税的纳税人，应当依照本法规定缴纳环境保护税。其中，所称应税污染物，是指环境保护税法所附的《环境保护税税目税额表》《应税污染物和当量值表》规定的大气污染物、水污染物、固体废物和噪声。

环境保护税应纳税额按照下列方法计算：

（1）应税大气污染物的应纳税额为污染当量数乘以具体适用税额。

（2）应税水污染物的应纳税额为污染当量数乘以具体适用税额。

（3）应税固体废物的应纳税额为固体废物排放量乘以具体适用税额。

（4）应税噪声的应纳税额为超过国家规定标准的分贝数对应的具体适用税额。

下列情形，暂予免征环境保护税：

（1）农业生产（不包括规模化养殖）排放应税污染物的。

（2）机动车、铁路机车、非道路移动机械、船舶和航空器等流动污染源排放应税污染物的。

（3）依法设立的城乡污水集中处理、生活垃圾集中处理场所排放相应应税污染物，不超过国家和地方规定的排放标准的。

（4）纳税人综合利用的固体废物，符合国家和地方环境保护标准的。

（5）国务院批准免税的其他情形。

二、环境保护税的税收筹划

（一）利用税收优惠政策的筹划方法

国家在制定具体的税收政策时，对于需要鼓励的经营活动或纳税人，通常会规定具体的税收优惠政策。例如，税法规定：纳税人排放应税大气污染物或者水污染物的浓度值低于国家和地方规定的污染物排放标准30%的，减按75%征收环境保护税。纳税人排放应税大气污染物或者水污染物的浓度值低于国家和地方规定的污染物排放标准50%的，减按50%征收环境保护税。同时，税法表示各级人民政府应当鼓励纳税人加大环境保护建设投入，对纳税人用于污染物自动监测设备的投资予以资金和政策支持。在缴税与优惠之间，企业应该选择后者。企业提高资源利用率、进行超低排放技术改造，还能享受资源税、环保税等税收优惠政策，有效降低了企业的生产成本，实现了技术革新和产业转型，步入良性循环。

（二）利用政策导向性的筹划方法

制定《环境保护税法》，是落实新发展理念、推动环境保护费改税、用严格的法律制度保护生态环境要求的重大举措，目的是保护和改善环境、减少污染物排放、推进生态文明建设。"多排多缴、少排少缴、不排不缴"是《环境保护税法》明确倡导的价值理念。因此，节能减排，避免产生不必要的购置支出是税收筹划的重要思路。在政策正向激励下，越来越多的企业走上节能减排的绿色发展之路。

（三）利用缺陷性条款的筹划方法

对于纳税人而言，充分利用税法的缺陷与漏洞，在不违法的前提下争取实现税负最小化，企业经济利益最大化，也是理性经济人的必然选择。应税污染物中的噪声，仅指工业噪声，但没有明确的文件或者政策规定什么是工业噪声。关于具体是否属于工业噪声还应该以当地税务局的具体通知为准。因此，对于没有明确规定的纳税范围，进行税收筹划也是一种重要思路。

三、环境保护税税收筹划对其他税种的影响

我国的税制结构相对完整，各税种之间存在着一定的联系，因此，资源税税收筹划也会对其他税种产生影响。

从增值税角度分析，企业通过加大购买环境保护建设的技术和设备来减少缴纳环境保护税税额，相应会增加取得的进项税税额，减少应缴纳的增值税。

从企业所得税角度分析，环保税作为企业所得税应纳税所得额的税前扣除项目，其应纳税额的减少会使得企业所得税的计税依据增加，应纳企业所得税额增加。在这一情形下，环保税的税收负担与企业所得税税收负担呈逆向变化。

主要参考文献

［1］陈茂芬．企业纳税业务与税务筹划示范大全［M］．北京：人民邮电出版社，2014．

［2］程林．论大数据下的企业税收筹划［J］．纳税，2021，15（7）．

［3］李超．纳税筹划［M］．南京：南京大学出版社，2018．

［4］李林娟．论环保企业税收筹划的策略［J］．中国集体经济，2021（35）．

［5］梁文涛．企业纳税筹划方案设计［M］．北京：中国人民大学出版社，2015．

［6］林松池．依法纳税，合理节税［M］．杭州：浙江工商大学出版社：悦读丛书，2014．

［7］蔺娜娜．房地产企业并购重组中的税收筹划研究探讨［J］．财经界，2022（4）．

［8］刘海燕．税收筹划［M］．重庆：重庆大学出版社，2020．

［9］刘晶．个人所得税纳税筹划的意义与问题研究［J］．投资与创业，2021，32（24）．

［10］潘耀杭．关于企业所得税税收优惠筹划工作的思考［J］．财经界，2021（35）．

［11］平准．房地产开发企业会计核算与纳税实务［M］．北京：人民邮电出版社，2017．

［12］冉宏国．个人所得税纳税筹划研究［J］．冶金财会，2022，41（5）．

［13］姚多航．浅谈中小企业税务筹划困境及应对措施［J］．营销界，2022（10）．

［14］姚曦．企业税务筹划理论与实务分析［J］．纳税，2021，15（36）．

［15］张昆．企业如何做好增值税纳税筹划［J］．投资与创业，2021，32（22）．

［16］张璐．企业税收筹划的涉税风险与规避［J］．财会学习，2022（17）．

［17］张琴．浅谈企业重组的税务筹划问题［J］．审计与理财，2022（4）．

［18］朱沙，张桂茂，董立. 税收筹划实务与案例［M］. 重庆：重庆大学出版社，2018.

［19］Peter Rayney. Rayney's Tax Planning for Family and Owner – Managed Companies 2021/22［M］. Bloomsbury Publishing：2021 – 09 – 30.